甘肃省志

·档案志·

（1991—2013）

甘肃省地方史志编纂委员会
甘肃省志档案志编纂委员会　编纂

甘肃文化出版社

图书在版编目（CIP）数据

甘肃省志. 档案志：1991—2013 / 甘肃省地方史志
编纂委员会，甘肃省志档案志编纂委员会编纂. -- 兰州：
甘肃文化出版社，2018.9
ISBN 978-7-5490-1633-4

Ⅰ. ①甘… Ⅱ. ①甘… ②甘… Ⅲ. ①甘肃—地方志
②档案工作—概况—甘肃—1991-2013 Ⅳ. ①K294.2

中国版本图书馆CIP数据核字(2018)第223730号

甘肃省志·档案志(1991—2013)

甘肃省地方史志编纂委员会 ┃ 编纂
甘肃省志档案志编纂委员会

责任编辑 ┃ 何荣昌

出版发行 ┃ 甘肃文化出版社
网　　址 ┃ http://www.gswenhua.cn
投稿邮箱 ┃ press@gswenhua.cn
地　　址 ┃ 兰州市城关区曹家巷 1 号 ┃ 730030(邮编)

营销中心 ┃ 王　俊　贾　莉
电　　话 ┃ 0931-8454870　　　　8430531(传真)

印　　刷 ┃ 甘肃新华印刷厂
开　　本 ┃ 787 毫米×1092 毫米　1/16
字　　数 ┃ 495 千
插　　页 ┃ 17
印　　张 ┃ 27.25
版　　次 ┃ 2018 年 9 月第 1 版
印　　次 ┃ 2018 年 10 月第 1 次
印　　数 ┃ 1~3000 册
书　　号 ┃ ISBN 978-7-5490-1633-4
定　　价 ┃ 120.00 元

甘肃省地方史志编纂委员会

主　　　任：黄　强

副　主　任：李德新　马　森　滕继国　张正锋　张永贤
　　　　　　张军利

委　　　员：（按姓氏笔画为序）

丁　杰　丁巨胜　马占元　马虎成　马学礼

王　军　王奋彦　王海燕　石为怀　包东红

朱　涛　李志勋　李明生　李振宇　李清凌

杨建武　杨建新　张云戟　张文学　张正龙

张伟文　张旭晨　张建昌　张勤和　陈卫中

赵国强　赵凌云　郝宗维　都　伟　贾廷权

高志凌　黄泽元　崔景瑜　管钰年　戴　超

臧秋华

甘肃省地方史志办公室

主　　　任：张军利

副　主　任：郝宗维　李振宇　张正龙

《甘肃省志》

主　　　编：张军利

副　主　编：郝宗维　李振宇　张正龙　石为怀

第一届《甘肃省志·档案志(1991—2013)》
编纂委员会

主　　　任：刘玉生

副　主　任：张蕊兰　张　烜　孙小林

委　　　员：（以姓氏笔画为序）

甘　宏　白　静　冯志萍　刘建章　许宝林

李永新　李　安　李金香　李星明　宋彩萍

汪开云　沈渭才　张立新　张　勇　陈　鹏

杨兴龙　赵海林　栗震中　高月莲　梁永芳

梁永鉴　曹座城　寇　雷　魏宏举

第二届《甘肃省志·档案志(1991—2013)》
编纂委员会

主　　　任：张蕊兰

副　主　任：王少华　张　烜　孙小林　赵海林

委　　　员：（以姓氏笔画为序）

马余良　王丽君　甘　宏　白　静　田锡如

冯志萍　刘建章　李永新　李　安　李永生

李生瑞　宋彩萍　汪开云　沈渭才　陈　鹏

张立新　张君洋　张　勇　栗震中　饶清兰

高月莲　梁永芳　梁永鉴　曹座城　寇　雷

第三届《甘肃省志·档案志(1991—2013)》
编纂委员会

主　　　任：赵国强

副　主　任：王少华　张　烜　孙小林　赵海林

　　　　　　白　静(后增)　马保福(后增)

　　　　　　冯志萍(后增)　宋彩萍(后增)

委　　　员：(以姓氏笔画为序)

　　　　　　王西山　王志刚　王禄明　甘　宏　吉长录

　　　　　　许　彤　刘建章　李永生　李永新　吕国盛

　　　　　　李海洋　陈世平　陈乐道　李清兆　张君洋

　　　　　　陈　肃　陈奋旗　陈　政　陈　鹏　吴居善

　　　　　　杨道党　赵德斌　饶清兰　高月莲　梁永鉴

　　　　　　崔庆春　寇　雷　韩稚燕　潘玲莉

第四届《甘肃省志·档案志(1991—2013)》
编纂委员会

《甘肃省志·档案志(1991—2013)》
编辑部

总 序

甘肃省副省长、甘肃省地方史志编纂委员会主任 黄 强

修志问道，以启未来。地方志是传承中华文明、发掘历史智慧的重要载体，具有存史、资政、育人的重要价值。继本世纪初我省第一部社会主义新方志《甘肃省志》出版之后，经过多年努力，又一部全面反映甘肃改革开放伟大历程的鸿篇巨制《甘肃省志续志》陆续付梓。这是我省文化建设的又一重大成果，值得庆贺！

纂修方志是中华民族所独有的优秀文化传统，两千年延绵不断，代代相续，数万卷典籍浩如烟海，熠熠生辉，忠实记载了中华民族的发展历程，为人们在继承与创新中开拓美好未来提供着重要历史借鉴。地处黄河上游的甘肃作为华夏文明的发祥地之一，历史悠久，物华天宝，地灵人杰，这里也曾诞生过数百部地方志书，记载传承着陇原各族儿女开疆拓土、改善民生、创造文化、谱写历史篇章的辉煌业绩。盛世修志。中华人民共和国成立后到20世纪后期，承平既久，海内晏清，全国上下兴起编纂社会主义新方志的热潮。1985年5月，甘肃省人民政府制定全省修志规划，启动《甘肃省志》编纂。经过全省80多个部门数千名党政领导、专家学者和社会人士20多年艰苦努力，基本完成全志编纂。业已完成的《甘肃省志》，是我省第一部社会主义新通志。全志上起先秦，下讫20世纪后期，凡72卷、5000多万言、3000多幅图片，是甘肃有史以来卷帙最为浩繁，内容最为丰富的创修通志。该志以辩证唯物主义和历史唯物主义为指导，采用新观点、新方法和新体例，统合古今，突出当代，全面记述甘肃自然地理和社会因革演变的发展历程，举凡舆地沿革、山川形胜、物产矿藏、税赋徭役、书院学校、职官人物、金石艺文、民族风俗、气候灾异等情无不穷搜毕罗，堪称"甘肃之全史"和甘肃历史百科全书。《甘肃省志》的刊行，不仅为传承历史、垂鉴后世留下了宝贵的文化遗产，而且在资治教化、服务现实、促进经济社会发展中发挥着重要作用。

历史在前进，时代在发展。《甘肃省志》截稿后，甘肃又走过了改革开放30多年的辉煌历程。在中国共产党的正确领导下，中共甘肃省委、省人民政府团结带领全省各族人民高举中国特色社会主义伟大旗帜，以马克思列宁主义、毛泽东思想、邓小平理论、"三个代表"重要思想、科学发展观、习近平新时代中国特色社会主义思想为指导，认真贯彻落实中央各项大政方针政策，全面落实习近平总书记视察甘肃重要讲话和"八个着力"重要指示精神，牢牢把握发展这个执政兴国的第一要务，励精图治，奋发图强，艰苦创业，全省社会面貌发生了历史性巨变，开创了经济社会持续健康发展的新局面。全省生产总值由1978年的64.73亿元增加到2016年的7152.04亿元；财政收入由20.53亿元增加到786.81亿元；固定资产投资由9.30亿元增加到9534.10亿元；粮食总产量由510.55万吨增加到1140.59万吨；工业增加值由34.66亿元增加到1729.0亿元；农民人均可支配收入和城镇居民人均可支配收入分别由101元和408元达到7456.9元和25693.5元。教育、科技、文化、卫生等社会事业全面推进。经过30多年的持续发展，全省经济建设、政治建设、文化建设、社会建设和生态文明建设迈出了新步伐，呈现出政治安定、经济繁荣、文化发展、生态向好、社会进步的可喜景象。

记录伟大时代，续写壮丽史章，是历史赋予我们的光荣使命。根据国务院统一部署，2004年2月，甘肃省人民政府制定全省第二轮修志规划，启动《甘肃省志续志》编纂。《甘肃省志续志》是我省历史上规划的第一部断代体省志，上限一般与《甘肃省志》各卷下限衔接，下限断于本世纪初叶。编纂工作仍由省上各有关部门、相关学术机构和社会人士承担。出于前后两志体例统一的考虑，同时遵循续志编纂的通例，《甘肃省志续志》继续采用横排门类、纵述沿革，卷类相从、以卷为志的大编目体式，在主要卷目与前志基本对应的同时，于不同层面增设了反映新的社会门类和新兴产业的卷目或篇章。全志仍由《概述》《大事记》、各专志、《人物志》和《附录》等72卷组成。《甘肃省志续志》的编纂借鉴第一轮修志的成功经验，吸收方志理论研究的最新成果，顺应时代发展变化，既继承传统，又积极创新，多角度、全景式反映历史面貌，力求使该志成为一部全面、系统、客观、准确记述历史的具有较高学术价值、文化价值和社会价值的资料性文献。与其他史籍明置褒贬以寓惩戒的方式不同，志书向以辑录资料为第一要旨，即所谓"述而不作"，寓观点于资料之中。《甘肃省志续志》尊崇治志所重的"实录"精神，记述改革开放的当代史实，档案资料系统完备，采访资料时近迹真，加之编纂人员钩沉提要，取精用弘，注重以资料反映消长，彰明因果，体现规律，力求达到资料性与思想性、科学性的统一，使该志质量力争有新的提高。志书编纂过程中，数千名参编人员不辱使命，黾勉以之，殚精竭虑，忘我工作，为按期完成任务、保证志书质量付出了艰辛努力，他们的业绩将和这部志书一道载入史册。希望各级地方志工作部门和广大修志工作者进一步增强责任感、使命感，提高政治站位，牢固树立政治意识、大局意识、核心意识、看齐意识，坚持编纂社会主义新方志的指导思想，继续发扬爱岗敬业、艰苦奋斗、默默奉献的精神，以对党、对人民、对

甘肃省志 档案志

历史高度负责的态度，再接再厉，恪尽职守，全面完成《甘肃省志续志》编纂任务，不断推出更多更好的优秀志书，为促进全省经济社会平稳健康发展和社会和谐进步做出新的贡献。

"欲知大道，必先为史。"孔子辑五经为世所重，汉兴收篇籍先典攸高。方志内容宏富、包罗万象，是一地一方的信息总汇和百科全书，就辅翼治道而言，其借鉴意义和参考价值为其他史籍所不及。历代前贤常常览方志而察形势，经国济世。革命先辈每每借方志而知地情，成就大业。习近平总书记2014年2月在北京首都博物馆考察时强调，要"高度重视修史修志"，"把历史智慧告诉人们，激发我们的民族自豪感和自信心，坚定全体人民振兴中华、实现中国梦的信心和决心"。从历史经验中汲取营养，从地志史籍中察知地情，是每一个为政创业者应有的思维品格，也是各级决策者顺应历史潮流、把握时代脉搏、认准前进方向的重要途径。新的历史时期，肩负领导责任的各级干部尤其应善于从历史经验中汲取营养，重视读史用志，通过方志这一地情信息宝库深入了解当地历史，把握当地特点，发现地方优势，理清发展思路，做出科学决策，推动当地各项事业健康发展。

地方志事业是社会主义文化建设的重要组成部分。2006年5月，国务院颁布《地方志工作条例》，以政府法规确立了地方志工作在经济社会发展全局中的地位和作用，地方志工作进入法制化、科学化发展的新阶段。2009年1月，甘肃省人民政府以国务院《地方志工作条例》为依据，制定了《甘肃省地方志工作规定》，对全省地方志工作做出了进一步规范。2015年8月，国务院办公厅印发《全国地方志事业发展规划纲要（2015—2020年)》，对全国地方志事业做出了规划部署。2016年5月，甘肃省政府办公厅印发《甘肃省地方志事业"十三五"发展规划》，对"十三五"期间全省地方志事业的总体目标、主要任务、保障措施、组织领导等做出了具体规划安排。各级党委、政府要充分认识地方志工作服务各项事业发展的功能和作用，认真抓好国务院《地方志工作条例》和《甘肃省地方志工作规定》的贯彻施行，切实提高依法治志的水平。要抓紧抓好《全国地方志事业发展规划纲要（2015—2020年)》和《甘肃省地方志事业"十三五"发展规划》的贯彻落实，认真谋划好、实施好本地方、本部门的地方志工作，全面完成全省地方志工作各项规划任务。要加强组织领导，把地方志工作纳入经济社会发展规划及各级政府工作任务之中，做到认识到位、领导到位、机构到位、编制到位、经费到位、设施到位、规划到位、工作到位，为地方志工作创造良好条件。

翻开历史画卷，我们充满自豪，一代又一代陇原儿女拼搏进取，在这片热土上谱写了光辉灿烂的篇章；展望未来前景，我们满怀信心，决胜全面建成小康社会，开启全面建设社会主义现代化国家新征程，建设幸福美好新甘肃的光荣使命激励我们砥砺前行。让我们以党的十九大精神为指引，深入学习贯彻习近平新时代中国特色社会主义思想，全面落实习近平总书记视察甘肃重要讲话和"八个着力"重要指示精神，动员带领全省各级党组织、广大党员和各族人民，更加紧密地团结在以习近平同志为核心的党中央周围，不忘初心，牢记使命，高举中国特色社会主义伟大旗帜，万众一心，奋发进取，努力同全国一道全面建成小康社会，开启全面建设社会主义现代化国家新征程，用智慧和汗水创造无愧于历史、无愧于时代、无愧于人民的业绩，为加快建设经济发展、山川秀美、民族团结、社会和谐的幸福美好新甘肃而努力奋斗！

是为序。

2018年1月

总序

序 | 言

中共甘肃省委副秘书长、甘肃省档案局局(馆)长　赵国强

《甘肃省志·档案志（1991—2013)》在全省档案工作者的关注和支持下，经编纂人员的辛勤努力，历经暑寒，终告成篇。

这部志书，是第一轮《甘肃省志·档案志》的续志，记载了1991年至2013年全省档案工作发展的基本状况。这一时期，是我省档案事业发展史上的一个重要时期。1992年，中共十四大提出建立社会主义市场经济体制目标。随着社会主义市场经济体制的逐步确立与完善，整个社会的政治、经济、文化等发生重大变化，给甘肃档案工作也带来了深刻的影响。在省委、省政府的领导下，全省档案部门坚持党和国家对档案事业发展的基本要求，以甘肃省情为基础开展工作，全省档案事业有了新发展，档案工作服务社会经济的能力有了新提升。同时，这一时期也是档案管

1

理方法和管理手段发生重要变革的时期。随着信息化和电子技术的发展，档案工作领域出现了许多新事物和新管理方法，这些新管理方法在档案工作实践中发挥着重要作用。

全书以甘肃档案、档案工作、档案事业的发展为主线，系统、准确地记述了全省20多年来档案事业的发展历程。兴衰起伏，来自实践；经验教训，寓于史实。志书实事求是，所述史实准确，既有翔实的文字记述，又有各个历史时期重要的图片展示，真实、立体地展现出全省档案工作的发展过程和历史面貌。志书注重分门别类，横排纵述，脉络清晰，突出重点，全方位地反映这一时期全省档案事业的基本面貌，且又着眼于一些重要细节的叙述，编纂者尽其辛劳，而使读志者得其便利。

存史资政，修志载言。一部档案志，在于客观记述既往，提供有益镜鉴，在于总结经验，避免失误，不断提高工作水平，激励人们创造更加美好的明天。如今付梓，必将对甘肃档案事业未来之发展起到积极的助推作用。

是为序。

2018 年 2 月 28 日

甘肃省志

档案志

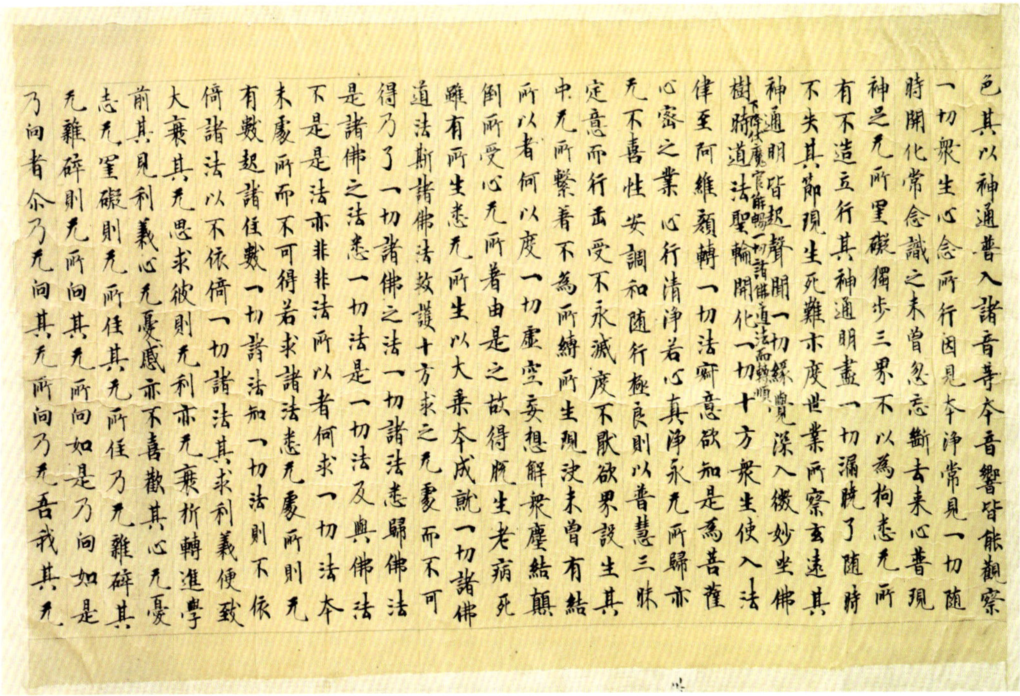
色其以神通普入諸音尋本音響皆能觀察
一切衆生心念所行因見本淨常見一切隨
時開化常念識之未曾忽忘斷去來心普現
神足无所罣礙獨步三界不以為拘悉无所
有不造立行其神通明盡一切漏曉了隨時
不失其節現生死難亦度世業所察玄遠其
神通明皆起聲聞一切緣覺深入微妙坐佛
樹時道法聖輪開化一切十方衆生使入法
律至阿維顏轉一切法審意欲知是為菩薩
心審之業心行清淨若心真淨永无所歸亦
无不喜性安調和隨行極良則以普慧三昧
定意而行乖受不永滅度不猒欲界設生其
中无所繫着不為所縛所生現決未曾有結
所以者何以度一切虛空妄想解衆塵結顛
倒所受心无所着由是之故得脫生老病死
雖有所生悉无所生以大乘本成就一切諸佛
道法斯諸佛法救護十方求之无處而不可
得乃了一切諸佛之法一切諸法悉歸佛法
是諸佛之法悉一切法是一切法及與佛法
不是法亦非非法所以者何求一切法本
末處所而不可得若求諸法悉无處所則无
有數起諸住數一切諸法知一切法則不依
倚諸法以不依倚一切諸法其求利義便致
大衰其无思求彼則无利亦无衰析轉進學
前其見利義心无憂感亦不喜歡其心无憂
志无罣礙則无所住其无所住乃无離碎其
无離碎則无所向其无所向如是乃向如是
乃向者介乃无向其无所向乃无吾我其无

▲省档案馆藏唐代敦煌写经

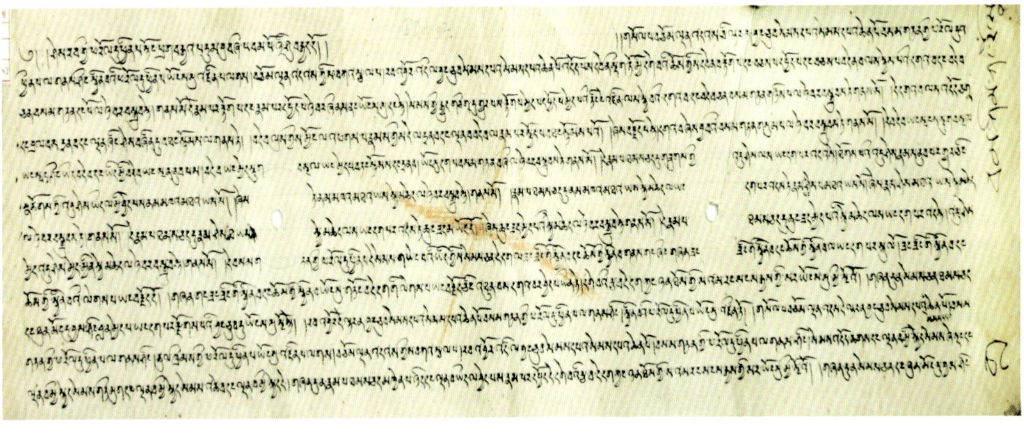

▲敦煌市档案馆藏唐代敦煌写经

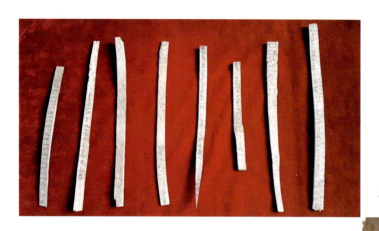

◀省档案馆藏汉
代简牍

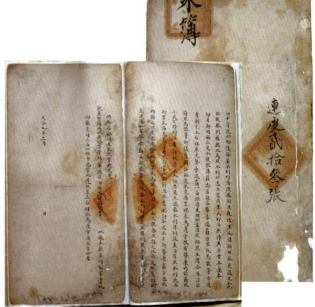

▶兰州市七里河区档案馆藏
明清时期水簿

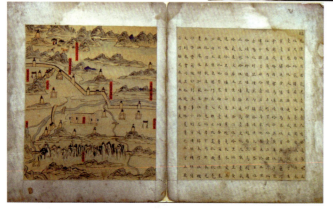

◀永登县档案馆藏明代庄浪
卫长城图册

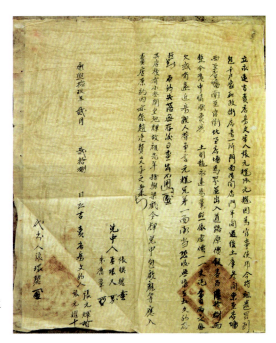

▶省档案馆藏清康熙十九年
（1680年）地契

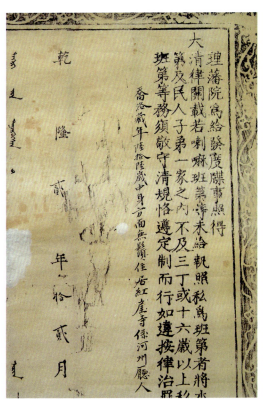

◀临夏州档案馆藏清乾隆二年
（1737年）红崖寺喇嘛度牒

3

▶天祝县档案馆藏雍正二年(1724年)招安书

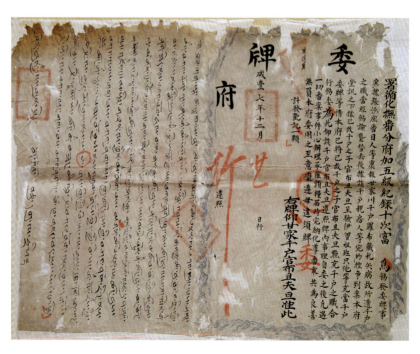

▲临夏州档案馆藏咸丰七年(1857年)委牌

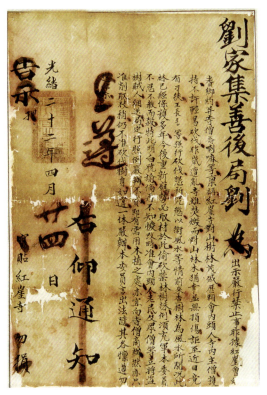

▲临夏州档案馆藏光绪二十二年
（1896年）刘家集善后总局护林布告

▶临夏州档案馆藏清代磨帖、传票、路照

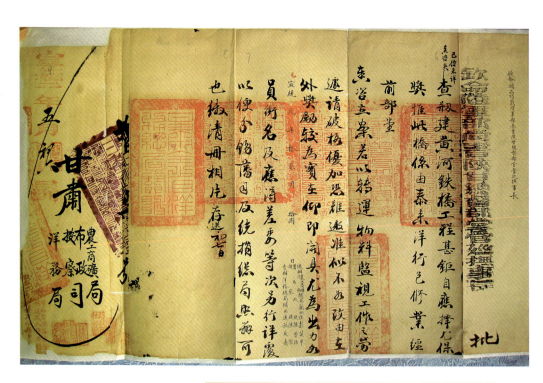

▲省档案馆藏兰州黄河铁桥档案

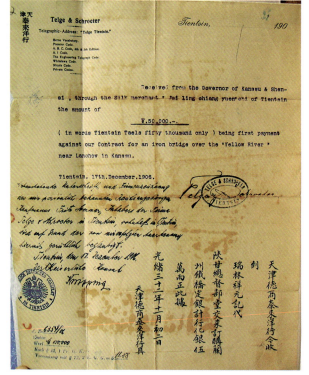

▲省档案馆藏兰州黄河铁桥档案

▲永登县档案馆藏永登连城鲁土司家谱

▶临夏县档案馆藏河州马福禄家谱

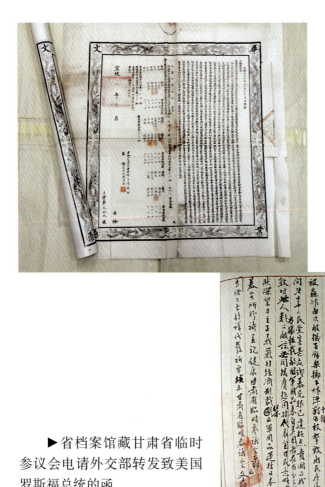

▲兰州大学档案馆藏甘肃全省法政学堂毕业文凭

▶省档案馆藏甘肃省临时参议会电请外交部转发致美国罗斯福总统的函

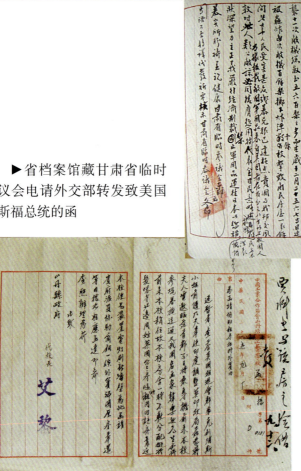

◀省档案馆藏路易·艾黎档案

甘肃省历年遭受敌机空袭损害统计表

民国二十六年十二月至卅年八月

县市别 安袭种别	被炸次数	投弹数	没炸弹数	死伤人数 合计	死 男	女	计	伤 男	女	计	财产损失 合计	房屋	器具	现款	服装物	其他		备地
总计	71																
兰州市																	
天水	城内外	3															
武威	城内外	6															
平凉	城内外	8															
靖远	城内外	11															
固原	城内外	2															
永昌	城内外	1															
泾川	城外	1															
陇西	城内外	1															
临洮	城内外	1															
武都		1															

资料来源：根据甘肃省防空司令部及各县分别呈报之损害报告表编制。

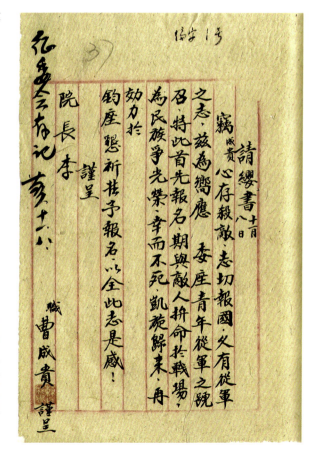

▲省档案馆藏甘肃省历年遭受敌机空袭损害统计表

▶省档案馆藏知识青年抗战从军请愿书

请缨书　十月八日

窃成贵心存毁敌，志切报国，父有从军之志，兹为响应

委座青年从军之号召，特此首先报名，期与敌人拼命于战场，为民族争光荣，幸而不死，凯旋归来，再效力于

钧座，恳祈祐予报名，以全此志是感！

院长李　谨呈

职曹成贵谨呈

9

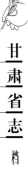

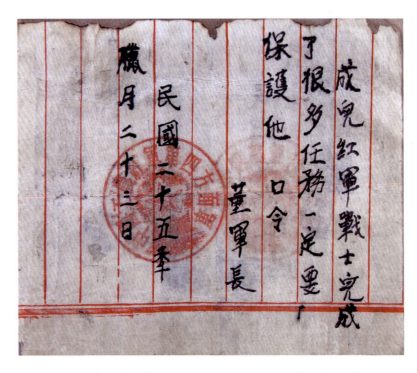

▲张掖市档案馆藏红四方面军董振堂保护红军战士口令

▼庆阳市档案馆藏抗战时期陕甘宁边区锄奸保卫工作总结

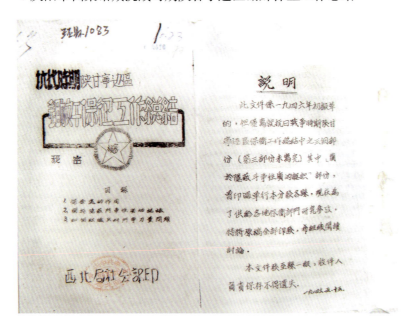

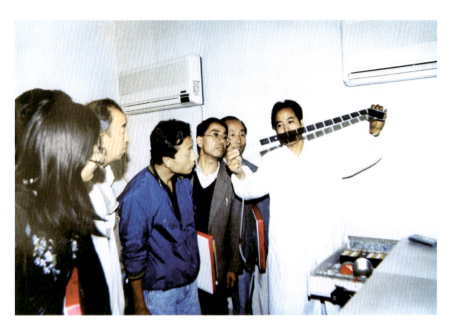

▲ 缩微阅读胶片（省档案馆 1992 年）

▼省档案馆档案修复工作现场（2011 年）

▲ 省档案馆档案整理工作现场（2008 年）

▲ 省档案馆档案整理工作现场（2008 年）

▲ 2007年4月12日，省档案局举行《杨遇春先生珍藏史料捐赠仪式》，兰州市民杨遇春将《金刚般若波罗蜜经》《大宝积经》两件敦煌写卷捐赠给省档案馆

◀2004年11月7日，省档案馆举行邓宝珊、任震英档案史料捐赠仪式

甘肃省志

档案志

▲1996年9月9日，出席在北京召开的第13届国际档案大会的美国开放社会档案馆执行主任特鲁迪·H·皮特森女士、律师格里·M·皮特森先生,日本驹泽大学图书馆馆长所理喜夫教授、公证会会计师山本茂先生等四名代表参观甘肃省档案馆

▲2005年9月30日,省档案馆与曾协助甘肃地方政府开办甘肃近代工业的清末比利时人林辅臣的后裔、现居美国的安妮·麦高文女士等三人座谈,并互赠史料

▲省档案馆档案查阅利用大厅

▲ 省档案馆电子文件阅览区

▲省档案馆档案特藏展

▲省档案馆爱国主义教育基地展览

▲省档案馆五节铁皮档案柜

▼省档案馆手摇式密集柜

▲省档案馆档案库房

▲省档案馆档案库房

凡 例

一、本志以马克思列宁主义，毛泽东思想、邓小平理论、"三个代表"重要思想、科学发展观、习近平新时代中国特色社会主义思想为指导，坚持辩证唯物史观，严格遵循编纂地方志的原则和要求，力求实事求是地记述甘肃省1991年至2013年档案工作发展的基本状况。

二、本志是《甘肃省志·档案志》（2013年9月版）的续志，上限始于1991年，与前志相衔接，下限断至2013年，个别有因果关联的事，时间适当上溯或下延。

三、本志由序言、概述、大事记、志文、附录、后记和图片组成。志文设档案资源，体制、机构和人员，档案基础业务建设，档案馆库建设与安全保管，档案资源开发利用，档案抢救与保护，档案法制建设，档案工作监督指导，档案宣传、科技和教育，学术交流与档案学会10章。附录由先进个人与先进集体名录、档案工作重要文献辑存组成。

四、本志对记述时限内档案工作领域出现的诸如"电子文件""以'件'为保管单位的归档文件整理"等新事物、新管理方法，进行重点记述。

五、本志主要记述时限内省内各级档案馆（室）收藏的档案。1991年以后本省境内考古发现的或第一轮《甘肃省志·档案志》中遗漏的古代档案，也编入第一章"档案资源"。

六、人物入志，除为叙述某一历史事实冠以职务外，一律直书姓名，不加称谓；各种机构、会议等名称均写全称，全称较长又多次出现时，首次使用时用全称，括注简称，以后用简称；本省市（县）名称几经变易，叙述涉及时，均指当时行政区划名称。

七、本志中涉及年代、年份用语，一律采用公元纪年，如"20世纪90年代""1998年"；涉及的古代年份采用年号纪年，并括注公元纪年，如"清光绪三十三年（1907年）"。

八、本志所用的统计数字，主要采用《档案事业统计综合年报》的数字，缺项部分，采用有关部门提供的数字。数字按照2011年中华人民共和国国家质量检验检疫总局和中国国家标准化管理委员会联合发布的《出版物上数字用法》书写。

九、本志资料来源，主要来自省档案馆和市（县）档案馆馆藏档案及资料，少部分选用地方志、图书馆及调查、访问材料。

目　录

目
录

1

概　述

一

甘肃档案积淀深厚，档案记载年代连续。从1967年灵台县百草坡发现的刻有铭文的西周时期金石档案算起，甘肃主要历史时期的档案记载基本没有断线。尤其是20世纪初在河西走廊的驿站、烽燧、屯田区发掘出土的汉简，再现了竹木简牍的历史；敦煌藏经洞发现的文书，是中古时期纸质文献的重要遗存。汉简、敦煌文书与殷商甲骨、明清大内档案并列为近代中国文化的四大发现，这是甘肃有别于其他省份的一个重要特点。

20世纪90年代初，甘肃省各级各类档案馆馆藏量严重不足，省档案馆馆藏档案资料仅20余万卷（册），在全国省级档案馆排名靠后；有的县档案馆馆藏尚不足万卷。这种状况，与全省经济建设、社会发展不相适应，丰富馆藏成为这一时期的重要任务。为了改变因馆藏不足造成的被动局面，1993年省档案局缩短省档案馆档案接收年限，恢复20世纪70年代省直机关的永久档案在本机关保存15年后即由省档案馆接收的做法。1997年9月29日，甘肃省八届人大常委会第二十九次会议审议通过的《甘肃省档案管理条例》，把省档案馆档案接收进馆的年限调整为自形成之日起满15年。自此，省档案馆接收立档单位永久保管档案的年限，由20年调整为15年，加快了档案接收进馆的步伐。

全省各级各类档案馆紧紧抓住现行机关保管期满档案接收工作的主渠

道，加强档案接收工作。省档案局连续发出关于档案资料的接收办法和加强档案移交进馆工作的通知，派员到移交单位督促指导到期档案接收工作，解决移交中遇到的各种困难与问题。同时，根据甘肃各地实际，加强对撤销、合并机关单位档案的接收和对遗留档案全宗和重要档案的接收工作。2000年8月5日，省委办公厅、省政府办公厅联合发出《关于机构改革中加强档案工作的通知》，就机构改革中档案的交接与归属问题做出规定，保证了档案资源的安全和及时接收进馆。根据档案管理信息化和电子化的发展趋势，2004年3月，省档案局发出通知，要求从2005年1月起，包括"光盘、磁盘"等不同载体、不同形式，划定为永久保存的档案"列入移交范围"。2007年，全省开展"档案资源建设年"活动，同年1月，省委办公厅转发了省档案局党组《关于进一步加强全省档案资源建设工作的意见》，指出："为了加强全省档案资源建设，各级各类机关单位要在档案行政管理部门的指导下，建立齐全完整、标准规范的档案，并按规定向档案馆移交优质档案资源。要从省直机关做起，逐步向档案馆移交电子文件目录和电子档案。档案馆特别是档案资源明显贫乏的档案馆，要努力克服困难，积极接收按规定应当进馆的档案，尽快解决到期档案进馆难的突出问题。"对档案移交进馆起到了很大的保证和促进作用。

与此同时，广泛开展征集散存于社会和个人手中的历史档案工作。1992年和2001年，省档案局、省档案馆在《甘肃日报》等媒体两次发布《关于征集历史档案资料的通告》，向社会广泛征集档案资料。一大批流散于民间和社会的珍贵的档案史料由省档案馆和各地档案馆征集进馆，丰富了甘肃档案馆藏。1998年11月，省档案馆征集58幅反映民国十八年（1929年）甘肃旱灾惨景的历史照片，涉及兰州、永登、古浪、临夏、景泰、天水、礼县等12个县（市），弥补了民国十八年（1929年）甘肃大旱有文字记载而鲜见照片的空白。2002年6月，省档案馆征集到记载兰州颜氏家族500年变迁史的《皋兰颜氏家谱汇录》，这部家谱从一个侧面反映了明洪武年间各地移民大规模迁徙甘肃的史实。2004年5月，省档案馆征集到反映日军侵华罪证的7幅侵华日军印制的甘肃境内靖远县等以及甘青交界处的军事秘密地图。2007年，省档案馆从民间征集到从敦煌藏经洞流散的两件唐代写卷。同年7月，张掖市档案馆征集到当事者本人捐赠的盖有"中国工农红军第四方面军"印章的董振堂军长"口令"，成为红西路军征战河西走廊留存下来为数不多的档案原件之一。

这一时期，甘肃的档案资源入选《中国档案文献遗产名录》。省档案馆"兰州黄河铁桥档案"和省档案馆、敦煌市档案馆联合申报的"敦煌写经"，分别于2002年和2010年入选第一批和第三批《中国档案文献遗产名录》。

经过20多年坚持不懈的努力，一个数量众多、内容丰富、载体多样、价值珍贵的甘肃档案资源体系逐步形成。截至2013年底，全省各级国家综合档案馆馆藏纸质档案10577个全宗，5297879卷，1927331件，资料702455册；各级国家专门档案馆馆藏纸质档案3个全宗，144477卷，5641件，资料4600册；部门档案馆馆藏档案3个全宗，346502卷，409530件，资料56670册；企业集团和大型企业档案馆馆藏档案451414卷，216379件，资料5871册；省属事业单位档案馆馆藏档案159458卷，237903件，资料3277册。这些档案资料是甘肃各个历史时期经济、社会、文化、民族等方面的真实记录，是宝贵的历史文化遗产。

二

1991年至2013年是甘肃档案资源建设的重要时期。这一时期，随着科学技术的发展，档案的载体出现了多样性，录音、录像档案和缩微胶片档案得到广泛应用。尤其是20世纪90年代以来，档案载体发生了革命性的变化，出现了以各种代码和激光为介质读写的磁性载体档案、光盘文件以及依赖电子计算机设备和相关软件读写的电子档案。电子文件的出现与应用，是档案载体最重要的一次变革，对传统的档案管理原则、档案基本理论带来了巨大的挑战，同时影响着档案工作者的思维观念，它的出现与应用，形成了纸质和胶片、磁带、磁盘、光盘等多种档案载体兼容共存的局面。同时，这一时期也是甘肃各级各类档案馆（室）藏档案结构不断趋向合理、数量明显增加、馆（室）藏更加丰富与优化的时期。

随着科学技术的发展和经济社会的进步，这一时期，档案工作领域出现了许多新事物和新管理方法。这些新管理方法，在档案工作实践中发挥着重要作用。可以概括为以下几点：

一是密集架得到广泛应用，档案保管保护水平进一步提高。20世纪90年代初期，省内各级各类档案馆（室）的档案装具主要为木质档案柜和铁皮档案柜。这两种档案柜沿袭20世纪60年代"档案工作战备"时的档案柜样式，即便于搬移、拆卸的五节组合柜。90年代中期以来，档案装具结构、功能发生了很大变化，档案馆（室）开始用密集架（也称密集柜）储存档案，淘汰旧的档案装具，密集架逐渐成为档案装具的发展趋势。密集架是在复柱式双面固定架的底座上安装轴轮，可沿地面铺设的小导轨直线移动的柜架，可根据需要将多个柜架靠拢或分开，由此节省库区面积，增大档案材料的储存空间。1995年12月，白银市档案馆添置密集架8组，成为甘肃省首家应用现代化装具的国家综合档案馆。省内一些大型企事业单位档案馆也开始采用密集架存放档案。2004年省档案馆由牟家庄老馆搬迁至雁滩新馆后，馆藏档案全部存入密集架，馆藏资料全部存入铁皮档案柜。2007年以后，全省档案馆库建设步伐加快，兴建了一批面积大、功能齐全的市、县档案馆库，这些档案馆用密集架贮存馆藏档案，铁皮柜贮存资料。至2013年，全省档案馆（室）的档案装具以密集架和铁皮档案柜为主，基本淘汰了防火防虫性能差的木质档案柜。与此同时，各级各类档案馆和企事业单位档案室采用具有防磁、防火、防盗特点的防磁柜保存录音带、录像带、CD光盘、移动硬盘。

二是电子文件的形成、归档与管理，改变了传统的档案管理方式。电子文件的大量产生与广泛应用，在20世纪90年代就已经引起中国档案界的重视。1995年，国家档案局发布了行业标准《磁性载体档案管理与保护规范》，此标准的发布与实施，是电子文件和电子档案标准化工作的开始。1997年3月，省档案局在给国家档案局的一份报告中首次提出电子文件归档专柜存放问题。2003年国家档案局公布《电子公文归档管理暂行办法》，与此同时，国家档案局、中央档案馆发出《关于认真贯彻执行〈电子公文归档管理暂行办法〉的通知》，电子文件归档与管理工作自21世纪初开始步入规范化、标准化、制度化轨道。2005年10月，中共甘肃省委办公厅、甘肃省人民政府办公厅转发的《甘肃省档案局关于加强全省档案信息化建设的意见》中提出，"已产生电子公文的各级机关要尽快建立和完善电子公文归档制度，并逐步实现电子公文及时归档"。电子文件这种需要借助计算机等数字设备才能阅读的载体，它的形成、归档使得无纸化办公成为现实，从根本上改变了档案管理方式。

三是以"件"为保管单位的归档文件整理，适应了现代化的需要。2000年12月6日，国家档案局颁布《归档文件整理规则》，提出完全不同于传统的"立卷"方法的"文件级"整理方法。此前，中国以"立卷"作为归档文件整理方法，以"案卷"作为文书档案的基本保管单位。在手工模式下进行档案管理和检索，"立卷"不失为一种好的文件整理方式，为实现手工检索目的，提高手工检索效率提供了便利。随着电子计算机广泛应用于档案管理，其高效、快捷、灵活的检索、编辑功能，为归档文件整理改革提供了技术条件和方向。由"案卷"级改为"文件"级，为归档文件整理改革提供了解决方案。从2002年1月1日起，以"件"为保管单位的归档文件整理办法在本省部分地区和省直机关开始实施，2003年起在全省范围内实施，全省各地机关单位每年按照《归档文件整理规则》，以"件"代"卷"，进行以"件"为保管单位的归档文件整理。同时，按照档案的移交年限和规定，各级机关档案室向同级档案馆移交以"件"为保管单位的档案。至2013年，全省各级各类档案室以件为保管单位保存的档案省直机关866473件，市（州）机关4092459件，县（市、区）机关单位11239427件，企业档案室22485126件，事业单位1017438件。

四是纸质档案数字化，使档案利用更加方便快捷。21世纪初，采用扫描仪等对纸质档案进行数字化加工，以计算机存贮档案数字图像和数字文本，即"纸质档案数字化"工作提到日程。2005年3月，省档案局在天水市召开的全省档案信息化建设经验交流会上确定以数据库建设为重点，抓好档案信息资源建设。同年10月，省委办公厅、省人民政府办公厅在转发的《甘肃省档案局关于加强全省档案信息化建设的意见》中提出，本着"利用优先、分步实施"的原则，有序推进传统载体档案数字化进程。同年，甘肃省档案数字化处理中心成立。2006年6月，省档案局（馆）筹措专项资金200万元，购买档案信息化建设所需硬件及相关软件，初步满足了"十一五"期间省档案馆的数字化需求，省档案馆的档案全文扫描工作、档案数字化的基础工作得以全面开展。与此同时，全省各级各类档案馆（室）藏档案文件级目录的录入和全文扫描工作逐步开展。2008年1月，省档案局成立电子文件管理处，加强了档案数据库建设与管理。同年，省档案馆对全部已公开现行文件进行电子扫描并上传到政府政务网，通过该网可对省直48个单位的17000多份现行已公开文件进行查询利用。2009年，省档案馆实现馆藏开放档案的网络检索和利用，档案利用者到查阅室可以直接在电脑上查阅馆藏开放档案全文。

五是档案网站的运行，开辟了档案工作新领域。随着信息化的飞速发展，在互联网上建立档案网站，成为档案工作的新领域。1999年5月，酒泉地区档案馆制作了"阳关"经济信息网，成为甘肃首家上互联网的档案馆。2001年12月，省档案局（馆）"甘肃档案信息网"开通，成为全省第一家档案类专业网站，也是西北五省（区）的第一家档案网站。网站设档案讯息、政务公开、档案文化、馆藏档案、业务工作、法律法规、公众服务、精神文明6个版块，下分60个二级栏目，全方位介绍甘肃档案事业发展情况。2004年11月，省档案局印发《甘肃档案信息网管理办法》，规定了信息采集、审核和发布的具体办法。2005年10月24日，省委办公厅、省人民政府办公厅在转发的《甘肃省档案局关于加强全省档案信息化建设的意见》中提出："要加强档案信息网站建设，充分利用网络提供利用服务。充分利用互联网为社会公众提供已公开档案信息、已公开现行文件及其他政府公开信息服务。"2012年，省档案局（馆）对"甘肃档案信息网"升级开发，购置新的网站群管理系统及新型高性能服务器，增加网络防火墙系统、网页防篡改系统等网络安全硬件设施。在扩大省档案局网站容量的同时，也为全省没有档案网站的市（县）档案馆制作、挂接子站。

1991年以后，甘肃境内又连续发掘出各个朝代、各种载体形式的档案，在省内外产生极大影响，有的还填补了中国档案史的空白。其中以1991年在敦煌与瓜州交界处的悬泉置遗址发掘出的两汉简牍为大宗。悬泉置是汉代敦煌郡效谷县下辖的一处邮驿机构。悬泉汉简中保留了大量具体而翔实的邮驿文书档案，生动地体现了中国汉代的驿传文化和档案文书的特点。除此之外，这批简牍中还有诏书、律令、科品、檄记、爰书、簿籍、符传、历谱、术数、医方以及一些古籍残篇。这些都是研究甘肃档案史不可多得的文化遗产和信息资源。

<h1 style="text-align:center">三</h1>

1992年，中共十四大提出建立社会主义市场经济体制目标。随着社会主义市场经济体制逐步确立与完善，整个社会的政治、经济、文化等发生重大变化，给甘肃档案工作也带来了深刻的变化和影响。在省委、省政府的领导下，全省档案部门坚持党和国家对档案事业发展的基本要求，以甘肃省情为基础，开展工作，甘肃档案事业有了新发展，档案工作服务社会经济的能力有了新提升。

（一）通过1979年至1981年档案工作的恢复、整顿，1983年的机构改革，全省档案工作逐步恢复开展起来。1985年，党中央、国务院做出关于调整国家档案工作领导体制的重大决定，明确各级档案管理机构性质上仍既是党的机构，又是政府机构，列入政府编制序列。1986年11月，省委、省政府调整全省档案工作领导体制，全省各级档案局列入政府编制序列，档案馆归口同级档案局管理。1996年4月，甘肃省启动省级机构改革，省档案局与省档案馆合并，一个机构，两块牌子，仍然实行省委、省政府双重领导体制，由省政府领导改归省委管理，履行全省档案事业行政管理和档案保管、利用两种职能。随后，各地（州、市）、县（市、区）档案部门也相继改革，亦由政府序列组成部门改为隶属地、县委，实行局、馆合一的管理体制。

（二）20世纪80年代末，《中华人民共和国档案法》及《中华人民共和国档案法实施办法》相继颁布，档案事业步入法制轨道。1992年开始，全省地（州、市）、县（市、区）档案局及部分大型企业事业单位档案部门成立档案执法监督检查领导小组，全省各级档案局单独或会同司法部门对本地各部门档案执法情况进行检查。1996年，省档案局设立政策法规处，作为全省档案行政执法管理的专门机构。1997年，省档案局和全省14个地（市、州）、85个县（市、区）档案行政管理部门的行政执法主体资格得到确认。同年9月，省人大常委会审议通过《甘肃省档案管理条例》，甘肃省有了第一部地方性档案法规。2009年11月27日，《甘肃省档案管理条例》经省第十一届人大常委会第十二次会议修订通过，以《甘肃省档案条例》名称公布施行。全省各级

概
述

档案行政管理部门全面执行执法责任制，规范档案行政执法行为，更好地依法管理档案事业。

（三）20世纪80年代末90年代初，随着档案事业的不断发展，档案行政管理部门的职能也适时地进行转变。各级档案行政管理部门加强对各级档案工作的宏观管理、监督和指导，发布文件，制定政策，解决档案工作面临的重大问题。1993年，省档案局把竞争、激励机制引入档案工作，在全省范围开展了目标管理责任制。这是甘肃档案部门第一次将目标责任制引入档案事业的管理中。2002年5月，省委办公厅、省人民政府办公厅转发《关于协调解决全省档案事业发展中若干突出问题会议纪要》，对部分地、县和省档案馆库建设、档案事业经费、档案管理现代化、档案工作人员待遇和充分发挥地方档案行政职能等问题提出了解决的方案和途径。重点加强经济科技和民生工作两大领域的档案工作。在经济科技领域，坚持事前介入、事中指导、事后跟踪，为建设项目提供及时便捷的档案服务；坚持指导国有企业和扶持引导民营企业的原则，出台《促进省属国有企业档案工作发展的指导意见》，深入实施《甘肃省民营企业档案工作"十百千"工程实施办法》，充分发挥档案在促进国有、民营企业经济发展中的重要作用；坚持以创建全国社会主义新农村建设档案工作示范县和甘肃省"千村百乡"档案工作示范工程为载体，全面推进社会主义新农村建设档案工作。在民生领域，进一步加大社会保险、城市社区、婚姻登记、伤残抚恤、林权改革等方面的建档力度，提高档案信息资源开发利用水平。同时，围绕国家档案局提出的构建"三个体系"（覆盖人民群众的档案资源体系、方便人民群众的档案利用体系和确保档案安全保密的档案安全体系），省档案局努力实施，在全省范围内，建立起思想重视、组织健全、设施完善、设备先进、制度严密、措施到位、防治兼备的档案安全体系，建立起高度共享的数字化、网络化并兼具手工检索功能的档案信息利用体系，建立起门类更加齐全、内容更加丰富、特色更加鲜明、整理编目更加系统规范的覆盖广大人民群众的档案资源体系。

（四）20世纪90年代以来，全省各级国家档案馆依据国家关于档案开放的各项规定，打好一系列基础工作，制定和完善本馆开放制度，分期分批地向社会开放档案，档案开放进入高潮阶段。21世纪以来，省档案局总结各地档案开放经验，进一步规范了档案开放的各项办法。2001年7月，省档案局制定《甘肃省各级综合档案馆开放档案实施办法（试行）》，进一步规定和完善了全省各级档案馆开放档案的期限和范围、条件和要求、利用及利用程序。随着档案信息化进程的加快，各级档案馆亦逐步实现了开放档案案卷级目录的网上查询，以及开放档案的档案原件和电子档案的并行提供利用。同时，各级各类档案部门除了收集原党政机关的档案外，逐渐把建设小康社会进程中产生的各种与人民群众密切相关的档案纳入接收范围，并对事关公民的工龄认定、婚姻证明、身份证明、招工招干、医疗社保、林权房产、知青等档案加大了审核开放、数字化处理保护力度。本省一些部门档案馆和大型企业档案馆，对已逾保密期限和其中含有丰富经济信息的档案，也列入了开放范围。档案馆作为档案信息服务中心的功能进一步提高。至2013年，全省各级国家档案馆已向社会开放档案1329098卷，以件为保管单位档案482419件；部门档案馆向社会开放档案36966卷；企业集团和大型档案馆开放档案191875卷；省部属事业单位档案馆向社会开放20160卷。

（五）20世纪90年代初，全省沿袭80年代确定的"上下结合，地方为主，省上资助"的三级投资建馆政策，把地、县档案馆库建设列入省上和当地政府的基建计划，一批地、县档案馆库相继建成。到"九五"（1996年—2000年）末，在地、县档案馆中，有85个已经建成了新馆库，馆库总建筑面积达到90300平方米，比"八五"末增长9.8%。1996年，省档案馆库异地重建。2004年10月，省档案馆新馆竣工使用。2007年，省财政逐步加大对全省档案馆库建设的投入，全省馆库建设发展加快。同年8月，省档案馆（省级）、兰州市档案馆（市级）、庆城县档案馆（县级）三个符合标准条件的国家综合档案馆作为本省2000年以来档案馆建筑的代表入选《当代中国档案馆建筑》。"十二五"（2011年—2015年）期间，省档案局紧紧抓住国家支持中西部地区县级档案馆建设大好机遇，完成34个县级综合档案馆新建、扩建、改建任务，积极推进市（州）档案馆建设，一批面积达标、设施完善、功能齐全、安全实用的现代新型档案馆建成，使甘肃省的档案馆基础设施条件得到根本改善。

（六）1991年，省档案局将重点档案抢救和保护工作纳入全省档案工作目标管理考核。这一时期，依靠国家和省上两级有限的投资，全省抢救濒危档案和破损档案。从2006年起，国家和省上加大了对本省国家重点档案抢救和保护经费投入力度，省档案局提出"濒危优先"的原则，不断完善抢救与保护的项目管理，把握抢救和保护两个内容，采取统筹规划、分步实施、分级负责的方法，精心组织，落实配套经费，集中抢救保护，较好地完成了抢救保护的项目任务。同时，对突发的自然灾害和社会群体性事件中损毁的档案积极采取措施，及时进行抢救和保护。

（七）档案教育、科技与宣传。在档案教育方面，20世纪90年代，全省档案教育工作根据本省实际，主要注重发展高等和中等档案专业教育，坚持在职档案人员学历教育和业务培训并举成为这一时期的基本方针。2000年以后，由于高等院校扩招，以及在职档案人员学历普遍提高，报名参加在职学历教育的档案人员逐步减少，档案专业学历教育趋于弱化。在这种情况下，省档案局将档案教育的重点转移到在职干部培训上来，提出"全面落实大规模教育培训干部任务，健全和完善干部教育培训机制，进一步加强干部教育培训基础建设"的任务，重点开展市（州）、县（市、区）档案局（馆）长、档案室负责人的教育培训，档案人员岗位培训和档案专业技术人员继续教育，形成了分层次、分类别、多渠道、大规模、重实效的干部教育培训的格局。在档案科技方面，1999年6月，国家档案局、中央档案馆首次下达甘肃档案科技立项项目。天水市档案馆"综合深度开发多媒体档案管理系统"、嘉峪关市档案局"档案库房温度测定及人工调节基本方法"、敦煌市档案局参与研究的"国际敦煌艺术档案信息系统"，列入国家档案局、中央档案馆1999年度科技项目计划。2000年5月，国家档案局、中央档案馆下发《国家档案局中央档案馆关于下达2000年度国家档案局科技项目计划的通知》，省档案局与西北师范大学共同承担电子文件归档问题研究等科技项目获得国家资助。甘肃档案科技工作逐步走向正轨。2007年4月，省档案局开始每年向国家档案局、中央档案馆上报本省档案部门的科技计划项目。同年9月，省档案局印发《甘肃省档案科技项目管理办法（试行）》，规定甘肃省档案科技项目管理内容及办法。至2013年，通过各级档案部门的努力，涌现出一批具有甘肃实际及特色的档案科技成果，推动了本省档案科技工作的发展。在档案宣传方面，在20世纪90年代初宣传《档案法》，提高全社会档案意识的基础上，进一步拓宽档案宣传渠道与形式，发挥公共新闻媒体和网络的作用，举办短期展览和长期展览，依据馆（室）藏档案出版高质量图书，不断扩大档案工作影响，为全省档案事业发展营造了良好的社会氛围。

　　1991年至2013年是甘肃档案事业发展史上一个关键时期。记述这一时期档案工作的发展变化、兴衰起伏，从中获得有益的经验和借鉴，对于未来全省档案事业的持续、健康发展，将是一笔宝贵的财富。在新的形势下，甘肃档案工作面临新的发展机遇，全省各级档案部门和档案工作者在省委、省政府的领导下，以改革创新为动力，以档案法治建设为保障，切实加强档案安全保障体系、档案资源建设体系和档案利用体系建设，不断完善档案馆"五位一体"功能，为全省经济社会发展和全面建成小康社会做出新的贡献。

概

述

大事记

1991 年

3月30日，甘肃省档案局、甘肃省人事局表彰189个甘肃省档案系统先进集体和108名甘肃省档案系统先进工作者。

4月4日，省档案局制定《甘肃省档案事业"八五"计划（1991—1995)》，提出在全省范围内基本上建成与国民经济和社会发展相适应的门类齐全、结构合理、管理科学、有效服务的档案事业体系的奋斗目标和稳定、协调、完善、效益的指导思想，以及"八五"期间档案工作的主要任务。

4月19日，省教委批复，同意甘肃档案学校和省联合中专联合办学，并从1991年起省档案学校恢复招生。

5月23日，省档案局向省人民政府提出关于"八五"期间易地重建省档案馆库的报告。省档案馆始建于1966年，由于选址不当，地质条件差，已造成建筑物缓慢不均匀下沉。

8月23日，全国档案系统表彰先进大会在北京召开。酒泉地区档案处处长杨奎福被授予全国档案系统劳动模范称号，甘肃省4个全国档案系统先级集体、7名全国档案系统先进个人受到国家档案局、人事部表彰。

9月22日，永靖县文件中心课题研究成果鉴定会在永靖县召开。会议听取了《永靖县文件中心课题研究成果报告》，国家档案局和省、州专家认为，在县级机关组建文件中心是符合中国国情的高层次的机关档案管理组织形式，是有效可行的，具有推广价值。

1992 年

2月18日，省档案馆在《甘肃日报》发布《关于征集历史档案资料的通告》。

5月8日，省档案局、省科委、省建委印发《甘肃省科学技术事业单位档案管理升级试行办法》。

7月10日，省财政厅、省档案局通知各地，从1992年起，地、县档案管护费由地、县财政部门列入档案馆事业费预算。

7月24日，省政协委员、省文史馆名誉馆长张思温向临夏回族自治州档案馆捐赠档案史料。

8月6日，省档案学会、省图书馆学会、省科技情报学会召开甘肃省档案、图书、情报学首次学术讨论会。中顾委委员王世泰、省人大常委会副主任刘毓汉参加会议。

8月10日，省档案局批准《甘肃省档案馆开放档案实施细则》。该细则规定，省档案馆馆藏档案资料，一般自形成之日起，满30年即向社会开放。经济、技术、科学、文化等类档案资料，一般自形成之日起满20年向社会开放。凡我国公民和组织，持有介绍信或身份证等有效合法证件，均可查阅利用开放的档案资料。

8月16日，国家档案局副局长刘国能在甘肃调研少数民族档案工作。

9月5日，省档案局、省档案馆举行纪念《档案法》颁布5周年暨档案开放新闻发布会。省档案馆宣布向社会开放历史档案10个全宗7370卷。

9月16日，省委书记顾金池到省档案馆调研，并为省档案馆题词："保护利用档案，为社会经济发展服务。"

10月中下旬，省档案局派出3个检查组，对全省14个地（州、市）及部分省直机关、大型企业事业单位进行档案执法检查。

12月16日，甘肃省历史档案资料目录中心成立。

1993 年

2 月6日，省档案馆的编研资料《甘肃省引洮山上水利工程历史概况简介》，受到分管农业的副省长路明的重视，他向省委书记顾金池、省长阎海旺推荐，说："这是一篇很好的材料，以史为镜，可以知兴衰。"

5 月，《档案》杂志获全国档案学、档案事业类核心期刊。

7 月，兰州市城建档案馆新馆落成。

9 月23日，兰州大学图书情报系档案专业班开学，学员36名，学制两年。

11 月26日，省政府办公厅批转省档案局关于进一步加强企业档案工作的意见的通知。要求在企业转换经营机制，进一步推向市场的情况下，各级人民政府应当加强对档案工作的领导，把档案事业的建设列入国民经济和社会发展计划。各级档案行政管理部门和专业主管机关应当转变管理职能，从微观管理转向宏观管理，从行政手段管理转向用法律手段管理。

1994 年

8 月3日，由国家档案局、甘肃省档案局联合举办，中国档案学会、甘肃省档案学会和甘肃省敦煌学会协办的敦煌遗书档案国际研讨会在敦煌市召开。

省档案局公布《甘肃省档案法规体系方案》。该方案确定了三个档案法规方案的构成层次，第一层次为地方档案法规，第二层次为地方档案行政规章，第三层次为档案工作规范性文件。

12 月23日，《档案》期刊在由省委宣传部、省新闻出版局、省版协期刊研究会主办的省首届社科期刊评级中，获甘肃省二级期刊。

1995 年

1 月，副省长韩修国为白银市档案馆题词："开发档案资源，为两个文明建设服务。"

1 月19日，省档案局发出公告，首批授予白银有色金属公司等38个企业为企业档案工作"三优"（优质管理、优质设施、优质服务）称号。

15

8月21日，原美国史密森研究院档案馆馆长威廉·W·莫斯到敦煌市档案馆参观访问。

12月11日，在全国档案工作暨表彰先进会议上，国家档案局、人事部授予张掖地区档案局、天水市秦城区档案局获"全国档案系统先进集体"称号，授予环县档案局李丽萍"全国档案系统先进工作者"称号。国家档案局、中央档案馆授予省土地局档案室、兰州化学工业公司情报档案处"全国档案工作先进集体"称号，授予省地质矿产局工程地质队科技档案情报室李廷奇、兰州市国税局档案室廖群、省审计厅文书档案科庞慧征、甘肃农业大学综合档案室刘占英"全国模范档案工作者"称号。

1996 年

1月22日，肃北蒙古族自治县委办公室、县政府办公室制发《肃北县乡镇档案管理暂行规定》。

2月14日，省委决定，张前林、拓志平（女）、李虎任甘肃省档案局（馆）副局（馆）长。

3月12日，省委办公厅、省政府办公厅决定，授予张掖地区档案局等192个单位"全省档案工作先进集体"称号，授予李利平等112名同志"全省先进档案工作者"称号。

28日，省档案局印发《甘肃省档案事业发展"九五"计划（1996—2000）》。

4月4日，省委办公厅印发甘肃省档案局（甘肃省档案馆）职能设置、内设机构和人员编制方案。方案确定，省档案局和省档案馆合并，一个机构挂甘肃省档案局和甘肃省档案馆两块牌子，为正厅级建制，由省委办公厅管理。

6月14日，酒泉地区档案馆向社会开放1964—1965年馆藏酒泉地委等38个全宗单位785卷档案。

《档案》杂志被评为由北京高校图书馆期刊工作研究会和北京大学图书馆联合会鉴定并确认的（1992—1994年）全国档案学、档案事业类核心期刊。在12家被列入全国档案学、档案事业类核心期刊的档案期刊中，《档案》杂志排名第7名。

7月1日，临夏市档案馆向社会开放馆藏5个全宗1038卷档案。至此，市档案馆累计开放档案39个全宗9229卷。

2日，以辽宁省档案局局长艾鸿举为团长、甘肃省档案局局长王爱彦为副团长的中国档案工作者代表团一行8人访问了澳大利亚、新加坡。访问期间，代表团考察了档案保护技术和档案现代化管理工作。

12日，国家档案局二司副司长刘淑英考察永靖县文件中心。指出，要认真总结永靖县文件中心八年来的实践经验，巩固已有成果，进一步完善制度，提高管理水平，无论外部条件，还是内部管理，都要扎扎实实，创一流水平，把我国第一个文件中心的事情办好，真正起到在全国典型示范作用。

26日，省人大常委会副主任穆永吉在甘肃电视台发表学习贯彻《中华人民共和国档案法》电视讲话，要求各级各部门的领导干部，把重视和支持档案工作提高到依法治国、依法行政，建设社会主义法制国家的高度来认识，切实为档案部门实施《档案法》，解决一些靠档案部门自身难以解决的实际问题。

8月3日，省人大常委会副主任王金堂在接受甘肃电视台记者采访时指出，要发挥档案在国民经济和社会发展过程中的重要作用，要把档案工作纳入法制管理的轨道。

9日，国家档案局致函甘肃省档案局（馆），同意省档案局（馆）重建省档案馆库的报告，在全国档案事业发展"九五"计划中已将甘肃省档案馆库建设列入计划。希望抓紧立项，多方筹资，早日建成新馆。此前，甘肃省档案馆库，由于历史和地质的原因，地基严重下沉，已被鉴定为危房。

25日，甘南藏族自治州档案局邱巧英《拉卜楞寺藏经楼概览》，被国际图联组委会评为优秀论文，并作为大会发言作者被邀请出席同日在北京召开的第62届国际图联大会。

28日，王爱彦任甘肃省档案局局长、甘肃省档案馆馆长、党组书记。

1996年8月，平凉地区档案馆向社会开放档案611卷，至此，已开放5批14713卷。白银市档案馆向社会开放一批农业、畜牧、轻工业外贸物价等方面的馆藏档案。

9月2日，第13届国际档案大会在北京召开。本省王爱彦、张启安、王威琴、胡雁、康斗南、庞慧征、李淑萍、鄂璋作为中国代表团第二分团代表出席会议。

9日，出席在北京召开的第13届国际档案大会的美国开放社会档案馆执行主任特鲁迪·H·皮特森女士、律师格里·M·皮特森先生，日本驹泽大学图书馆馆长所理喜夫教授、公证会会计师山本茂先生四名代表参观甘肃省档案馆。

10月，张掖地委在《张掖地区县（市）党政领导班子及其成员工作实绩考核实施细则》中，把"县（市）机关档案工作上等升级达标率"作为县（市）党政领导班子及其成员工作实绩考核内容。

11月11日，省计划委员会批复，同意省档案馆异地搬迁。批复确定建设地址为兰州市城关区雁滩乡小雁滩村，新建档案馆库总面积控制在10000平方米以内，主要建设内容有：档案馆库6000平方米，技术用房2000平方米，办公及其他用房1000平方米。项目总投资控制在2000万元以内。

12月，经省委宣传部、省新闻出版局批准，《中国档案报》甘肃记者站成立，站长姜洪源。

24日，甘肃省档案装具标准化管理中心成立。经省机构编制委员会办公室批准为县级事业单位，核定自收自支事业编制5名、处级职数2名。甘肃省档案装具标准化管理中心的职责是：根据国家档案装具的标准，提出贯彻推行的意见和建议；负责全省国家档案标准装具的设计、格式规范和印刷制作；负责全省档案标准装具的推广和应用。

1996年12月30日，省档案馆根据《档案法》的规定，加快开放档案的步伐，在1992年以来先后开放四批档案的基础上，又开放了第五批档案108个全宗，101717卷。其中，历史档案65个全宗，43812卷；中华人民共和国成立后档案43个全宗，57905卷。至此，省档案馆保存起满30年的1965年以前形成的应开放档案全部开放。

省档案局通报1996年度省级机关文书立卷归档情况。1996年度省直137个单位立卷归档11871卷，其中永久4603卷，长期4471卷，短期3336卷。自1982年，省档案局实行省级机关文书立卷案卷质量检查验收制度以来，已形成制度。

1997 年

2 月，甘肃省档案馆、中国藏学研究中心合编《甘肃省所存西藏和藏事档案史料目录（1412—1949）》由中国藏学出版社出版。

3 月 6 日，省档案局和省经贸委联合召开全省企业档案工作会议，要求全省企业档案工作为企业"三改一加强"做好服务工作，即企业档案工作要为企业的改革、改制、改组做好服务，在企业加强管理工作中，进一步加强企业档案管理工作，并为企业加强管理做好服务。会议通过了《甘肃省企业档案工作目标管理办法》。

5 月 13 日，中国档案学会第三次档案学优秀成果（1991—1995）评奖活动揭晓。评出获奖成果 210 项，其中甘肃省 5 项。张启安《汉代简牍档案的管理》获论文二等奖，胡雁《建设馆库回廊要因地制宜》、臧耀成《当前县级机关档案人员素质问题的调查与思考》获调研报告类四等奖，甘肃省档案馆编纂《国民党军追堵红军长征和西路军西进档案史料汇编》获汇编成果类四等奖。

7 月 16 日，全国档案专业技术人员继续教育研讨会在兰州召开。会议对我国档案专业技术人员继续教育和档案干部在职培训问题进行研讨。会议认为，要根据档案事业发展的需要和档案干部队伍的特点，不断探索行之有效的继续教育形式，研究和丰富继续教育内容，为进一步发展档案继续教育事业提供可靠保障。

8 月 7 日，省委命名甘肃省档案馆为甘肃省爱国主义教育基地。1997 年 12 月 22 日，基地正式挂牌。

9 月 5 日，省档案馆主编的《甘肃省档案馆指南》《中共甘肃工作委员会档案文献选编》《甘肃清朝档案史料汇编（第一辑）》由甘肃人民出版社出版。

19 日，新疆维吾尔自治区档案工作代表团出访俄罗斯，在俄罗斯古代档案馆等地查阅有关新疆档案时，发现许多涉及甘肃省、黑龙江省和内蒙古自治区等省（区）的有关档案。

29 日，甘肃省八届人大常委会第二十九次会议审议通过了甘肃省第一部地方性档案法规《甘肃省档案管理条例》。

9月30日，甘南藏族自治州档案馆在已开放四批档案的基础上，向社会开放了第五批档案，包括5个大类、8个全宗共1186卷。州档案馆前后五批开放档案10641卷。

11月5日，省人大常委会副主任姚文仓在甘肃电视台发表电视讲话，要求各级人大常委会监督本级人民政府依法管理档案事业，及时了解和掌握《档案法》《甘肃省档案管理条例》的执行情况，切实加强档案执法工作，促进全省档案事业不断向前发展。

6日，由美国第二国家档案馆、中国国家档案局、马里兰大学共同主办的"第三届中国地方档案国际研讨会"在美国马里兰州举行。国家档案局副局长、中央档案馆副馆长沈正乐以及西藏、新疆、青海、甘肃、宁夏等省（区）档案局（馆）长参加了研讨会。甘肃省档案局（馆）副局（馆）长张前林代表甘肃省档案局（馆）参加了研讨会。

12月3日，根据国家档案局《省级和副省级市、计划单列市档案馆目标考核办法》，经国家档案局目标管理考评组评审，省档案馆以94.36分的成绩，达到国家一级馆的标准。

12月15日，省人民政府签发省档案局行政处罚实施机构资格证书，确认甘肃省档案局为档案行政处罚主体资格单位。

30日，根据《档案法》和《甘肃省档案管理条例》公布档案的要求，《档案》杂志出版一期增刊，公布了甘肃省档案馆部分档案。

1998 年

4月18日，省政协委员、省文史馆馆员、西北师范大学教授李鼎文将19种21件书稿捐赠给武威地区档案馆。李鼎文祖籍甘肃武威，自1989年以来多次将其收藏的书籍、手稿、照片、书信、证章等捐赠给武威地区档案馆。

20日，白银市平川区宝积乡响泉村发现了一批清道光十七年（1838年）、同治十三年（1875年）和民国时期的土地契约。

5月29日，省档案局、省高等教育自学考试委员会、西北师范大学在兰州联合召开档案学专业（独立本科段）助学工作协调会。会议根据甘肃地处边远、人才缺乏的实际，商定适当放宽报考条件。

6月18日，省委书记孙英听取了省委副秘书长翟克勇、省档案局局长王爱彦就省档案馆新馆建设的专题汇报时指出，一定要把省档案馆建起来，建设好，并在省档案局的建馆报告上作了批示。

7月10日，省档案局部署"国际档案周"宣传活动。1998年是国际档案理事会成立50周年，为此，国家档案局、中央档案馆发出通知，决定在全国档案系统开展"国际档案周"宣传活动，活动的主题是"档案连着我和你"，宣传档案与公民的联系和对社会的作用，宣传《档案法》所规定的公民保护档案的义务和利用档案的权利。

7月12日，定西地区档案馆和定西地区档案学会主办的《档案信息》定期公布开放档案目录，为公民提供档案资料的信息和来源。该刊公布档案目录篇幅较短，一般在20条之内；内容集中，每期反映一个主题。

15日，中国档案报第三次全国通联工作会议在兰州召开。

是月，庆阳地区西峰市董志乡建立了全省首家乡级档案馆。

是月，全省14个地（市、州）、85个县（市、区）及省档案行政管理部门的行政执法主体资格已全部确认并向社会公布；同时，经各级法制部门培训，全省已有346名档案人员领取档案行政执法资格证，142名档案人员领取行政执法监督检查证。

9月16日，省委书记孙英考察张掖地区档案馆工作。

是月，青海省档案馆在组织业务人员整理积存零散历史档案时，发现一批民国时期甘肃重要档案。这批民国元年至三十三年（1912—1944年）的甘肃历史档案涉及人事任免、民政、治安，民国年间甘肃全省分县地图以及马步芳在甘肃各地驻军时的电报。

10月，嘉峪关市档案馆首次向社会开放反映该市建市初期政治、经济、文化等方面的馆藏档案。

11月5日，省档案馆征集到反映民国十八年（1929年）甘肃旱灾情形的历史照片58幅，涉及兰州、永登、古浪、临夏、景泰、天水等12个县（市）。这批照片均系真品原件，系时任甘肃省赈灾救济委员会委员的王煊前往上述地区视察灾情、进行赈灾工作时拍摄、收集和保存的。王煊去世后，由其后人收藏未经示人。

16日，根据《甘肃省档案专业兼职教师资格标准及考核聘任颁发》规定，省档案局召开档案专业兼职教师座谈会，向9名同志颁发档案专业兼职教师证书。

是月，《档案》杂志在甘肃省新闻出版局开展的1998年全省报刊编校质量检查工作中，以1.1／万的差错率列33家编校质量达标期刊的第5名。

12月，省档案局制发了《关于规范地县综合档案馆建立全宗编定全宗号工作的意见》。

1999 年

2月1日，秦安县举行第二轮土地承包合同归档交接仪式。县委、县政府、县直机关及各乡镇领导300多人参加交接仪式。首次向档案馆移交部分村镇土地承包合同53000份。

4月9日，省档案馆成立馆藏档案开放与公布领导小组，负责依法制定省档案馆馆藏档案开放与公布的政策、原则和规章制度，审查、批准需要开放与公布的档案。

21日，省委常委、省委秘书长牟本理到省档案局（馆）检查工作，针对个别地县档案局在机构改革中行政管理和行政执法职能有所削弱的问题指出，档案部门的行政管理和行政执法职能不能削弱。

是月，甘肃省档案局发布《甘肃省村级档案管理办法》。

张蕊兰任甘肃省档案局副局长、副馆长。

5月8日，酒泉地区档案馆编辑制作的酒泉地区档案主页，登陆酒泉地区"阳关"经济信息网，成为甘肃馆藏档案首家上因特网的档案馆。

30日，省委宣传部、省新闻出版局、省出版工作者协会期刊研究会组织全省第二届社科类期刊评选工作，《档案》杂志被评为甘肃省一级期刊。

1999年5月，天水市档案局"综合深度开发多媒体档案管理系统"、嘉峪关市档案局"档案库房温湿度测定及人工调节基本方法"和敦煌市档案局参与研究的"国际敦煌遗书档案信息系统"列入国家档案局、中央档案馆下达的1999年度科技项目计划。

6月1日，国家档案局、中央档案馆下达1999年度国家档案局科技项目计划。天水市档案馆"综合深度开发多媒体档案管理系统"、嘉峪关市档案局"档案库房温度测定及人工调节基本方法"、敦煌市档案局参与研究的"国际敦煌艺术档案信息系统"列入国家档案局科技项目计划。

《甘肃省档案局行政执法过错追究办法》出台。

7月27日，庆阳地区档案馆首次接待外国查档者。韩国籍中国南京大学留学生朴尚洙查阅陕甘宁地区有关档案撰写论文。

8月15日，为研究抗日战争时期兰州空战史实，省档案馆公布了抗战时期兰州空战有关的《空军第四军烈士碑记》及其所附《东岗镇空军烈士公墓中苏军烈士碑文》。抗战以来，经过60余年，原建于兰州东岗古城坪的烈士陵园地面文物无存。

9月13日，全国档案学会秘书长座谈会在兰州召开。会议交流了做好档案学会的经验，并对学会工作深化改革问题进行了深入研讨。

10月20日，天水市档案馆市列科技项目《综合深度开发多媒体档案管理系统》通过市科委的鉴定验收。鉴定认为，该项目多媒体功能健全，实现了稳、图、声像档案计算机一体化，达到省内领先水平。

22日，省档案馆举行建馆40周年大会。省委副秘书长翟克勇、省委宣传部副部长石星光出席大会并致辞，指出省档案馆要认真总结建馆40年来的经验，要为中央发展战略向中西部转移和实现甘肃经济腾飞做出贡献，要积极发挥省档案馆爱国主义教育基地的作用。同日，由省档案馆举办的《甘肃新民主主义革命斗争史档案展览》开展。

省政协副主席邓成城将纪念邓宝珊将军诞辰90周年、100周年的题词、题诗等9件藏品捐献给省档案馆。

12月7日，在全国档案工作暨表彰先进会议上，天水市档案局、武威市档案局获"全国档案系统先进集体"称号，省电力公司档案馆获"全国档案工作优秀集体"称号。张掖地区档案处处长廉毓获"全国档案系统先进工作者"称号，省粮食局王建华、省林业勘察设计院谭雅枝、省卫生厅陈曦、兰州铁路局单景忱、兰州军区朱兰芳获"全国优秀档案工作者"称号。

是月，夏河县档案馆将12个乡、59个行政村、394个村民小组计8868户二轮土地承包合同书接收进馆，分类整理，编写人名目录、案卷目录，为农牧民查找利用提供方便。

2000 年

3 月，为配合全省植树种草、退耕还林工程的深入开展，省档案馆公布馆藏清代全宗档案中《甘肃奏稿》有关清朝末年武威《栽种树木谕并示》。

4 月 13 日，省档案局（馆）举办档案标准化著录暨民国档案案卷级目录报送培训班，来自全省30个单位30余名档案人员参加培训。

省档案馆成立西部大开发档案开发研究小组，编辑了第一批《西北经济开发档案要目》，提供社会各界。

19 日，为纪念敦煌藏经洞发现100周年，省档案馆公布馆藏敦煌艺术研究所筹备委员会档案一组。

5 月 30 日，《档案》杂志在四年一度的全国中文期刊评选中，被评为全国档案学和档案事业类核心期刊。

6 月，甘南藏族自治州公开选拔州档案局副局长。这是本省根据中组部《关于进一步做好公开选拔领导干部工作的通知》精神，第一次面向社会为档案系统公开选拔领导干部。

7 月 4 日，省委办公厅、省政府办公厅联合发出《关于在机构改革中加强档案工作的通知》，要求保证机构改革中档案的完整与安全，合理处置机构变动部门档案的归属与流向。

9 月 15 日，西北地区第十一次档案工作协作会在敦煌市召开。会议对西部大开发档案专题进行了研讨，会议收到学术论文30篇。

18 日，甘肃省农业和农村档案工作经验交流会在张掖召开。国家档案局经科司副司长王积才指出，农业产业化、农村科技档案是发展农村经济，使农民真正成为农业市场主体的有效方式，农业农村档案工作要在狠抓基础建设的同时重点强化服务功能。

10 月 9 日，李建勋任甘肃省档案局（馆）局（馆）长、党组书记。

是月，《平凉市自然灾害纪事录》出版，此书记录了历代及1949年以后的50年发生在平凉市（县）内的风、水、洪、雹、虫、地震、病疫等各种灾害情况。

2001 年

1 月 1 日，甘肃省档案馆利用馆藏档案在《西部商报》推出专版《甘肃百年 10 件大事》。这十件大事是：1.1900 年敦煌发现藏经洞；2.1906 年清末彭英甲掀起甘肃第一次开发高潮；3.1929 年甘肃大灾荒；4.1935 年中国工农红军长征胜利的标志——会宁会师；5.1949 年甘肃全境解放；6.1953 年 16 个重点项目奠定兰州重工业基础；7.1957 年中国第一个石油工业基地在玉门建成；8.1974 年刘家峡水电站建成发电；9.1987 年"引大入秦"工程全面开工；10.1995 年"121 雨水集流"工程实施。

3 月，甘肃开展"十馆百室示范工程"。其指导思想是：改善档案管理基础设施设备，强化档案业务基础建设，加强档案管理现代化进程，不断增强全省各级各类档案馆、室开发利用档案信息资源的能力。拟经过三年努力，在全省范围内树立 10 个左右的示范档案馆，100 个左右的示范档案室，将其作为反映和代表甘肃省档案工作最新发展方向和最高发展水平的样板。

4 月 28 日，全国人大科教文卫委员会委员谢光、教育部语言文学应用管理司副司长杨光等一行 5 人，对省档案局（馆）贯彻落实《国家通用语言文字法》和档案工作中规范用语用字情况进行了考察和调研。

5 月，天水市档案馆利用馆藏档案资料编辑出版《天水生态环境问题档案资料汇编》。

22 日，甘肃、安徽两省档案部门首次进行的中西部文化合作与交流学术活动《徽州历史档案与敦煌历史档案开发利用学术研讨会》在合肥召开。两省档案部门、兰州大学、安徽大学、敦煌研究院等单位 30 余人参加了研讨会。

6 月 6 日，白银市地震局利用档案成功预报景泰县 5.9 级地震。中国地震局监测预报司称："作为一个地市级的地震局，能利用有限的监测资料，做出这么好的地震预报意见，实属难能可贵。"

7 月 25 日，为纪念中国共产党成立 80 周年，省档案馆在《河西晨报》开辟《在党旗指引下·陇原革命斗争史》专栏，刊登系列文章 20 余篇。

27 日，省档案馆在《甘肃日报》发布关于征集历史档案资料的通告，广泛、长期地在全国范围内开展甘肃历史档案、资料的征集工作。

8月8日，省档案局发出通知，2001年将与西北师范大学联合开办秘书学专业（档案方向）（专升本）和秘书学专业（档案方向）（高升本）自学考试本科班。

31日，省档案局贯彻落实国家档案局"中国档案文献遗产工程座谈会"精神，成立了甘肃省档案文献遗产工程工作机构，举办中国档案文献遗产工程申报工程培训班。

2002 年

1月，徽县档案局在陇南电视台发出通告，为私有、民营企业和个人代管保存档案。代管采取存储自愿、科学管理、利用方便、依法保护、保密安全的原则，所代管档案者持县档案局《私有档案证》免费查阅。

4月22日，西北师范大学历史系原主任、教授、通渭籍人士陈守忠将珍藏的一件清代档案和著述《宋史略论》捐赠给通渭县档案馆。这件清代档案是光绪三十三年（1907年）直隶州署理通渭县事郡补正堂邢国弼将本县李家店蒙养学堂改为初等小学的谕。

是月，经国家档案局组织的"中国档案文献遗产工程"国家咨询委员会对全国首批申报的档案文献审定，甘肃省申报的省档案馆"兰州黄河铁桥档案"第一批入选《中国档案文献遗产名录》。

5月20日，省委办公厅、省政府办公厅转发了《关于协调解决全省档案事业发展中若干突出问题会议纪要》。该会议纪要对部分地县和省档案馆库建设、档案事业经费、档案管理现代化、档案工作人员待遇和充分发挥地方档案行政职能等五个问题，提出了解决的方案和途径。

6月13日，兰州市民颜鲁伟将家传的《皋兰颜氏家谱汇录》12卷及附卷1册捐赠给甘肃省档案馆。这套家谱为光绪十一年（1886年）第六次纂修，木刻本，记载了明洪武九年（1377年）兰州颜姓始祖颜胜迁徙至兰州，到光绪十一年500余年间的颜氏族谱。

6月，省档案局向省政协书面答复省政协八届五次会议上李并成委员《重视"口述历史"档案的建设》提案的办理情况。

7月，省委党史研究室、省档案馆合编的《中国共产党甘肃大事记》由中央文献出版社出版。

8月20日，省档案局副局长拓志平随中国档案宣传出版工作者考察团赴加拿大参观考察。代表团考察了加拿大国家档案馆、魁北克档案馆、安大略省档案馆，并听取了有关加拿大档案宣传出版工作的介绍。

9月2日，省档案局召开纪念《中华人民共和国档案法》公布15周年座谈会。省人大常委会副主任陈绮玲、省人大常委会教科文卫工作委员会主任魏庆同、省人大法工委副主任朱自清出席会议。会议指出，档案行政管理部门要把档案行政执法与切实解决当前全省档案事业发展中存在的突出问题紧密结合起来。

13日，"第二届敦煌历史档案与徽州历史档案开发利用研讨会"在兰州召开。省委副秘书长翟克勇出席并讲话。与会专家、学者提交了20多篇论文，从不同侧面、不同角度探讨了敦煌历史档案和徽州历史档案的开发利用等问题。

11月，甘肃省档案局批准兰州碳素（集团）有限责任公司、白银供电局、天水供电局成立档案馆。

10月8日，省委办公厅、省政府办公厅印发《甘肃省重大活动（事件）声像档案管理办法》。

2003 年

1月，景泰县档案馆将发现于景泰县芦阳镇的十余张西夏文字和一枚方形铁印整理成集，收录于《皋兰县红水分县采访事略》，内部发行。同年3月18日，西夏文的发现者马兰堂其父马世魁将西夏文原件捐赠县档案馆。

4月11日，刘玉生任甘肃省档案局局长、甘肃省档案馆馆长、党组书记。

24日，省人大常委会副主任杜颖以及省人大教科文卫工作委员会主任王洪宾、副主任顾军到省档案局（馆）调研。杜颖指出，省人大及其科教文卫工作委员会积极支持档案部门依法行政。

7月30日，省档案馆举行甘肃省现行文件查阅服务中心揭牌仪式。省委常委、省委秘书长洪毅，省政协副主席蔚振忠出席仪式并为中心揭牌。洪毅指出，开展现行文件利用工作，使其更好地为社会各界和人民群众服务，是新形势下对档案工作提出的新要求。甘肃省现行文件查阅服务中心要真正成为党委和政府为民办实事的"窗口"，使档案工作在服务甘肃经济、社会发展中做出新的贡献。

8月15日，经省委同意，省委办公厅发出《关于转发省档案局党组〈关于进一步加强全省档案工作意见〉的通知》，该通知针对省内一些地方和单位档案部门长期存在的实际困难和档案工作面临的形势，对积极建立现行文件查阅中心、开展社区档案工作、加大档案行政监督检查和执法力度、按投资体制把档案馆库建设列入计划部门的基建计划、将档案事业经费列入同级财政年度预算、加速档案信息化建设步伐、按规定落实档案人员岗位津贴等一系列问题都提出明确要求。

26日，以国家档案局副局长、中央档案馆副馆长杨冬权为组长的国家档案局行政执法检查组来甘检查工作。省委副书记韩忠信、省人大常委会副主任杜颖会见了检查组一行。9月3日，韩忠信在省档案局《关于国家档案局行政执法检查情况的报告》上批示，要求省档案局对检查中提出的问题和建议抓好落实，对有些具体问题专题研究解决。

是月，甘肃省档案馆编《天下黄河第一桥》由兰州大学出版社出版。

10月13日，甘肃省档案工作服务机制创新经验交流会在酒泉召开。会议要求各地档案部门要进一步深化对创新档案工作机制重要性的认识，不断探索创新的思路和方法，加强服务机制的创新的领导与指导，真正把服务机制创新的各项任务落到实处。

25日，山丹、民乐等地发生里氏6.1、5.8级强烈地震。省档案局（馆）编写出《历史上山丹、民乐地震概述》，及时为省委、省政府提供馆藏历史上山丹地震档案资料照片和震后救灾措施等资料。

是月，张家川县档案馆爱国主义教育基地向社会开放，同时展出《张家川县人文历史、发展成就暨馆藏档案展》。

12月12日，省档案馆召开档案资料寄存服务新闻发布会，宣布甘肃省档案馆开展档案寄存服务业务。

21 日，全国档案工作暨表彰先进会议上，甘肃省定西市档案局、徽县档案局和酒泉市档案局局长李金香被国家档案局授予全国档案系统先进集体和先进个人称号，西北师范大学档案馆、甘肃省公安厅档案馆、甘肃储备物质管理局档案室、刘家峡水电厂科技中心档案室和甘肃省人民检察院荀迎春、中国市政工程西北设计院程菊被国家档案局授予全国档案工作优秀集体和优秀档案工作者。

2004 年

2月13日，甘肃省档案学会第六次会员代表大会在兰州召开，罗浩当选为甘肃省档案学会理事长。

2月，甘肃省档案局印发了《甘肃省城市社区档案管理办法》。

25 日，康乐县退休干部朱和章将自己收藏多年的有关农林、畜牧、生态环境档案303卷、件捐赠给康乐县档案馆。

4月中旬，甘肃省档案馆从民间征集到百余件清代档案。这批档案的形成时间，最早为康熙四十四年（1705年），最晚为宣统三年（1911年），时间跨度206年，档案内容主要反映当时巩昌府秦州直隶州（今天水市）及所辖秦安、礼县、两当、甘谷、徽县等县土地、财产、婚姻、民事纠纷的诉状、司法提传票、案件判决方面的司法档案。这批档案使省档案馆馆藏档案历史年限推前300年。

5月10日，省委副书记韩忠信在听取省档案局领导班子工作汇报时指出，各级党政领导要为档案部门办实事，切实解决档案事业发展中的主要困难和问题。

23 日至6月底，甘肃省档案馆和兰州市博物馆在市博物馆联合举办"历史见证——兰州黄河铁桥史料展"。甘肃省档案馆保存的兰州黄河铁桥档案已首批入选《中国档案文献遗产名录》，此次展出的是兰州黄河铁桥从筹备、修建到竣工期间的部分原始档案。

7月14日，省人大常委、科教文卫委员会主任王洪宾带领的档案行政执法调研组对兰州市、永登县、皋兰县和白银市、白银区等市、县档案部门贯彻实施档案法律法规情况进行调研。

16日，省档案馆新馆竣工，经省工程质量监督总站监督验收，评定为合格工程。省档案馆新馆工程由省计委1996年11月11日批准立项，2000年6月26日开工，历时4年。新馆位于兰州市城关区雁滩路，主体16层，高68.2米，裙楼5层，建筑面积14300平方米，库区为环形走廊，框架结构。新馆在设计上突出了档案保管、利用、开放、服务功能，符合《档案馆建筑设计规范》和档案现代化管理要求，从设计到施工，从功能分区到布置安排，从阅档室到展览厅，都体现了档案馆的服务功能和历史文化氛围。

2004年7月，甘肃省档案馆征集到日军为侵华印制的甘肃境内及甘肃与青海交界处的军事秘密地图幅，地图为日本陆地测量部、参谋本部于日本昭和十四年（1939年）制版，同年十一月发行。

8月20日，甘肃省档案馆开始向新馆址搬迁，9月10日搬迁结束。30万卷（册）档案、资料安全、顺利迁入新馆。

10月11日，省档案局向各市（州）档案局印发了《甘肃档案信息网管理办法》。

17日，省委和省人大常委会主要负责同志到省档案局（馆）调研，视察了新落成的省档案馆，对全省档案工作提出了重要的指导性意见，强调要加强和改进档案管理工作，充分发挥各级档案馆社会公共服务的职能和作用。

18日，白银市档案馆现行文件阅览服务中心向社会开放。同日，定西市档案馆将现行文件查阅服务中心移入市行政服务中心大厅，更加方便了群众查阅已公开的"红头文件"。

20日，临夏回族自治州档案局上报的"永靖县文件中心的得失与发展"项目被国家档案局、中央档案馆列为2004年国家档案局科技项目计划。该项目通过对永靖县文件中心15年来得失与发展前景的研究，力争使其成为我国文件管理中心规范性示范典型，不断充实和发展我国档案管理理论。永靖县于1984年4月建立了我国第一家"文件中心"——永靖县文件中心，对24个参联机关单位的文件、档案实行一体化管理，同时"文件中心"把联合档案室与现行文件利用（阅览）机构紧密结合起来，实现了文档一体化管理。

21日，省委、省政府在兰州召开全省档案工作会议，重点研究解决全省档案工作存在的突出矛盾和问题。省委副书记韩忠信等出席了会议。各市（州）党委、政府分管档案工作的负责同志、省直各部门及中央在甘单位分管档案工作的负责同志以及各市（州）档案部门负责人共200余人参加会议。韩忠信指出，各级党委、政府要切实加强对档案工作的领导，重视档案工作，支持档案工作，想方设法为档案部门办实事。

22日，省档案馆举行新馆开馆暨建馆45周年庆典。省人大常委会副主任杜颖，全国政协常委邓成城，省政协副主席杨镇刚等出席庆典仪式并为新馆开馆剪彩。省直各部门，各市（州）党委、政府分管档案工作的领导及档案部门负责人以及广东、陕西、青海等省档案局的领导200余人参加了庆典仪式。国家档案局、中央档案馆专门发来贺电。

17日，甘肃省档案馆举行邓宝珊、任震英档案史料捐赠仪式。邓宝珊将军之子、全国政协常委、原省政协副主席邓成城，任震英的子女任侠等出席捐赠仪式。邓成城捐赠的邓宝珊先生的档案史料50件；任震英委托子女捐赠的档案史料1829件（册）。

25日，省工商业联合会、省非公有制经济办公室和甘肃省档案局联合召开民营企业档案工作座谈会。会议要求各级档案部门要逐步实现以管理为主向以服务为主的方式转变，采取切实有效的措施，大力扶持和促进民营企业档案工作，竭诚为民营企业搞好档案服务。

2005 年

2月28日，省档案局邀请徽县档案局局长田炜、景泰县档案局局长高正录给本局党员干部讲党课。徽县档案局荣获2004年"全国档案系统先进集体"称号；景泰县档案局荣获2004年荣获"全省档案工作先进集体"称号。

3月2日，省档案局（馆）长会议暨农业农村档案工作、档案信息化建设经验交流会在天水市召开。

23日，甘肃省、兰州市党政机关、大专院校，以及人民日报、光明日报驻甘肃记者站，甘肃日报，甘肃电视台等媒体60余名代表在省档案馆参加由省档案馆主办的"岁月印痕·历史见证——发展中的甘肃"和"记忆·拾珍·回味——甘肃档案史料特藏展"座谈会。省委副秘书长孙效东等出席座谈会。孙效东指出，要将展览推向社会，充分发挥爱国主义教育基地应有作用。

4月18日，省人大常委会副主任杜颖一行到省档案局（馆）检查指导工作。

是月，省档案馆在甘肃电视台《中国的西北角》栏目推出《天下黄河第一桥》专题片。

5月5日，为纪念中国人民抗日战争暨世界反法西斯战争胜利60周年，《档案》杂志开辟"日军轰炸兰州及甘肃各地，以档案见证日军侵华罪行"专刊。

6月，正宁县档案馆馆藏清乾隆二十八年（1863年）刻版《正宁县志》点注本由甘肃文化出版社出版。

2005年6月，康乐县档案馆举办的《历史的见证》档案展览开展。展览展示了1936年8月中国工农红军途经康乐县五户、景古、莲麓三乡期间组建苏维埃红色政权的遗物。

7月初至8月中旬，省委办公厅组织对各市（州）贯彻落实2004年全省档案工作会议精神，解决档案部门突出问题的情况进行督查。省上成立三个督察组，采取听汇报，看现场，与分管领导及人事、财政、发改、档案等有关部门负责人座谈等方式，从档案事业列入国民经济与社会发展计划、贯彻落实档案法律法规和档案部门为党政中心工作服务、档案资源建设和档案管护费落实、档案馆库建设、档案信息化建设、档案馆工作人员接触有毒有害物质岗位落实等方面，对定西、武威、平凉、嘉峪关、酒泉、张掖等11个市（州）档案工作进行了重点督察。

15日，徽县档案局开通档案信息网站。

20日，国家档案局局长、中央档案馆馆长毛福民到省档案局（馆）考察工作。毛福民表示，国家档案局请求在"十一五"规划中增加全国重点档案抢救费，中西部地区、贫困县档案专项补助资金以及信息化建设等三项专项资金，已列入国家计划，一旦落实到位，会向中西部档案部门倾斜。省委副书记、省纪委书记韩忠信会见国家档案局局长、中央档案馆馆长毛福民。

8月26日，由省委宣传部、省档案局、兰州市委、兰州市政府联合主办的"八路军驻甘办事处与甘肃抗战——纪念甘肃抗战胜利60周年主题展览"在八路军兰州办事处纪念馆开展。中共甘肃省委常委、省委宣传部长励小捷，副省长孙小系，省政协副主席拜玉凤等出席开幕式。励小捷指出，展览是进行爱国主义和革命传统教育的生动教材，对于推动全省经济社会可持续发展将发挥重要的激励作用。

30日，第四次西部十二省（市、区）档案工作研讨会在兰州召开。会议共收到论文33篇。会议交流了西部地区档案部门开展民营企业档案工作的情况与经验，就进一步提高民营企业建档意识、创新民营企业档案工作管理体制，为民营经济发展提供档案服务等问题进行了广泛深入的研讨。

9月30日，曾开办甘肃近代工业的清末比利时人林辅臣的后裔、居美国的安妮·斯普林格·麦格婉女士等三人到甘肃省档案馆查阅其先祖的档案史料，并与省档案馆有关人员座谈。省档案局局（馆）长刘玉生说，林辅臣父子在清末创办甘肃近代工业的史实，省档案馆档案中有详细记载，甘肃人对林辅臣父子在甘肃近代工业的发展做出的贡献是不会忘记的，希望双方多交流这方面的史料。刘玉生向安妮赠送了省档案馆编著的《天下黄河第一桥》，安妮将有关林氏父子的照片资料送给省档案馆。

10月12日，永靖县档案馆将中国工程院院士朵英贤对永靖县农业、旅游、生态等发展提出建议和意见的来信，作为永靖发展的重要资料入藏县档案馆。朵英贤原籍永靖县盐锅峡镇抚河村人。

2005年10月15日，甘肃省档案馆接待第一批双休日查阅档案的利用者。此前，省档案馆在《甘肃日报》刊登双休日接待查档公告，确保利用者能够像正常工作日一样利用档案。

18日，由全国历史档案资料目录中心主办的"全国历史档案资料目录数据采集研讨班"在兰州举办。各省、市、自治区档案部门60余人参加研讨班。国家档案局副局长、中央档案馆副馆长、全国历史档案资料目录中心领导小组组长杨公之指出，要突出目录中心工作服务党和国家工作的大局，服务广大人民群众这一主题，早日实现全国历史档案资料目录资源共享。

24日，省委办公厅、省政府办公厅转发《甘肃省档案局关于加强全省档案信息化建设的意见》。该意见提出，"十一五"期间，全省14个市（州）

和86个县（市、区）国家综合档案馆全部建立起档案数据库内网、档案数据库和电子文件归档系统，14个市（州）国家综合档案馆和有条件的县（市、区）国家综合档案馆还要建成档案信息网站。

2006 年

1月23日，中共甘肃省委常委、兰州市委书记陈宝生，市委副书记咸辉，市委常委、组织部长刘为民慰问省档案局（馆）职工。

是月，省委、省政府决定，将省、市、县三级国家综合档案馆确定为政务信息公开场所。

2月，省委副书记、省纪委书记韩忠信就档案事业发展的有关问题在北京接受了《中国档案报》记者专访，指出发展档案事业，各级领导重视是第一位的。

3月17日，陇南市档案馆拍摄制作的反映礼县第一人民医院医务工作者抗击"非典"的主题电视片《白衣丹心》在陇南市电视台播出。

是月，副省长冯健身召集省档案局、省财政厅负责同志专题研究国家重点档案抢救和保护工作。冯健身指出，保护档案是各级政府不可推卸的责任。从2007年起，把档案抢救与保护经费列入财政预算，并且多方争取中央专项支持，力度要加大。要提出项目，积极协调，积极鼓励社会捐赠，调动各方面力量，积极支持档案的征集、抢救与保护工作。

6月20日，为纪念中国工农红军三大主力会宁会师暨长征胜利70周年，《档案》杂志开辟《红军长征在甘肃》专刊。

是月，甘肃省档案局（馆）筹措专项资金200万元，投入档案信息化设备的购买和机房改造。通过政府采购，购买了服务器、磁盘阵列、磁带机、高速扫描仪、打印机、数码照相机、电子计算机等档案信息化建设所需硬件及相关软件。

7月12日，国家档案局、中央档案馆确定甘肃省和浙江省为档案事业发展综合评估工作试点单位。要求通过试点工作，使《档案事业发展综合评估工作试行办法（征求意见稿）》更趋完善，为全国的综合评估工作取得经验。

26日，省财政厅和省档案局在兰州联合举办"全省实施《国家重点档案抢救和保护补助费管理办法》培训班"，全省各市（州）财政部门和市（州）、县（区）档案部门的110名人员参加培训。

8月4日，临夏回族自治州档案局《悠久临夏》珍贵档案史料展览作为州庆50周年活动的重要内容向社会展出。国家民委副主任牟本理参观展览。

24日，甘肃省政协副主席俞正、蔚振忠到省档案局（馆）调研。

8月30日，甘肃省国家综合档案馆功能建设工作会议在平凉市召开。会议要求大力推进档案馆舍和设施设备建设、档案资源建设、爱国主义教育基地建设、馆藏档案资源开发利用、已公开现行文件查阅服务和档案信息化建设六个方面工作，不断拓展档案馆社会服务功能。

10月，由省档案局、省发展与改革委员会、省建设厅联合制定的《甘肃省建设项目竣工档案专项验收办法》出台。

11月21日，财政部、国家档案局给予我省重点档案抢救与保护工作的300万元和省财政配套的40万元专项经费拨付到位。全省101个综合档案馆中的67家得到国家资助。受到资助的100个抢救项目将使108834卷、31901件国家重点档案得到更好的保护，约占抢救任务的六分之一。

29日，甘肃省档案学会"新农村建设与档案工作学术研讨会"在兰州召开。

12月，省档案局（馆）以及《档案》杂志编辑部与兰州电视台合作推出《兰州往事》栏目。至2008年，已有《邱宅血案》《兰州大空战》《敦煌卷子流散记》等50余部专题片在兰州电视台播出。

2007 年

1月23日，省委办公厅转发《中共甘肃省档案局党组关于进一步加强全省档案资源建设工作的意见》。同时，将在2007年在全省开展"档案资源建设年"活动。该意见指出，大力加强档案资源的建设与开发利用，既是档案事业持续健康发展的根基和核心，又是党和国家加强新形势下信息资源开发利用工作的基本要求。各级党委和政府要将档案资源建设列入重要议事日程加以研究安排，及时解决遇到的困难和问题，大力协调各有关部门自觉服从全省档案资源建设总体部署，积极配合档案部门开展档案资源建设工作。

24日，甘肃省政协文史资料和学习委员会向九届政协五次会议提交"关于逐步解决全省档案系统'有馆无库'问题的建议""关于将全省电子文件管理中心设在省档案馆的建议"和"关于增加档案信息化建设经费、提升档案数字化管理水平的建议"的提案。

2月8日，省档案馆接收到一批反映甘肃抗美援朝工作、中苏友协、省国际活动指导中心的档案资料。这些档案资料由于机构演变、"文革"冲击等原因未能及时移交档案部门。

3月12日，张掖市档案馆征集到退休干部付积厚个人珍藏的30件清代档案。其主要内容是清康熙、乾隆、嘉庆、道光、咸丰、同治、光绪等不同时期的立典房屋、立卖田地、立领田地粮草等契约文书。据称，这些档案填补了市档案馆缺少清代档案的空白。

13日，《档案》杂志出刊200期座谈会在兰州召开。省委宣传部副部长马成洋、省新闻出版局副局长李玉政以及读者、作者代表50余人出席座谈会。

14日，省档案局发出通知，决定评选"甘肃省各档案馆馆藏百件（批）最珍贵档案"。通知提出了百件（批）档案珍品的申报条件。

4月1日，兰州市档案馆在兰州日报、西部商报、兰州电视台、兰州人民广播电台等新闻媒体刊播《兰州市档案局、兰州市档案馆关于征集各类历史档案资料的通告》。

12日，省档案馆举行"杨遇春先生珍贵史料捐赠仪式"。兰州市民杨遇春将收藏近半个世纪的敦煌卷子《金刚经》《大宝积经》和11件（部、册）隋、元、明、清时期的碑文旧拓捐赠省档案馆。据称，敦煌卷子《金刚经》和《大宝积经》入藏省档案馆，使省档案馆馆藏时间跨度延伸到唐代，也成为保存唐代档案的三个国家综合档案馆之一。

5月31日，省委常委、省委秘书长姜信治等到省档案局（馆）调研工作。姜信治指出，档案工作者用财富的理念管理档案、用保密的观念管好用好档案、用开放的意识管理档案、用现代化手段管理档案。

6月1日，《中国档案报》新闻宣传工作座谈会在兰州召开。中国档案报社总编郭海樱以及全国20多个省、市、自治区档案部门50余名代表出席会议。

11 日，庆阳市乡镇档案馆建设现场会在华池县召开。2005年以来，华池县投资数十万元，建成了怀安、元城、柔远、悦乐、山庄、南梁6个乡镇档案馆，使过去分散在各村、个人手中的档案资料集中、统一、有序地管理起来，并逐步向规范化、科学化、现代化迈进。

是月，天水市档案馆将168件老红军、老八路个人档案征集进馆。同时，建立了古树名木档案、古民居档案、古地名档案、稀有姓氏档案、百年老字号档案、民间艺人档案等8类新的档案资源。

7月9日，张掖市档案馆征集到一件由临泽县新华镇村民宋林发保存的中国工农红军西路军信件。信件盖有"中国工农红军第四方面军"印章，内容为红西路军第五军军长董振堂手迹。

18 日，全省电子文件暨档案资源建设工作会议在临夏召开。会议传达了中共中央政治局候补委员、中央书记处书记、中央办公厅主任王刚关于档案部门进一步加强电子文件管理的批示和全国电子文件中心建设交流会精神，部署了全省电子文件中心建设的主要工作。

是月，金昌市档案局参与创建全国文明城市活动。该市档案局作为市争创全国文明城市指挥部下设5个工作组之一的材料档案组，负责材料收集、审核、整理、建档等工作。

8 月14日，国家档案局、中央档案馆在兰州召开甘肃省档案事业发展综合评估核查情况通报会。甘肃省档案局以92.6分的成绩获"全国档案事业发展综合评估先进单位"。

9月18日，省档案馆陈乐道应邀参加"重庆大轰炸暨日军侵华暴行国际学术讨论会"，并作大会发言。论文《日本飞机轰炸兰州及甘肃各地史实初探》入选重庆出版集团、重庆出版社编著的《给世界以和平》一书。

11月16日，甘肃省直机关女领导干部弘扬"甘肃精神"实践活动在省档案馆举行。活动通过参观察看省档案馆的档案史料，全面了解甘肃省情。省直有关厅局的30多位女领导干部参加实践活动。省人大常委会副主任吴碧莲、省政协副主席黄亦纯以及省人大常委会原副主任胡慧娥、陈绮玲参加活动并调研。

2008 年

1月8日，经甘肃省机构编制委员会办公室批准，省档案局（馆）内设机构增设电子文件管理处。

16日，全国档案工作暨表彰先进会议在北京召开。金昌市档案局、平凉市档案局获人事部、国家档案局表彰的"全国档案系统先进集体"称号；景泰县档案局原局长、档案馆原馆长高正录获人事部、国家档案局表彰的"全国档案系统先进工作者"称号。甘肃省财政厅综合档案室、甘肃省电信有限公司档案馆、甘肃省白银监狱文秘档案科获国家档案局、中央档案馆表彰的"全国档案工作优秀集体"称号；甘肃省交通厅综合档案室调研员裴月娥、中国人民银行兰州中心支行档案科科长吴静荣获国家档案局、中央档案馆表彰的"全国优秀档案工作者"称号。

18日，十届甘肃省政协委员、省档案局（馆）长刘玉生在政协甘肃省十届一次会议分组讨论会上提交《建议将县级档案馆建设纳入省基本建设投资规划》和《请求增加历史档案抢救保护配套经费》的提案。

2月19日，中共甘肃省委书记、省人大常委会主任陆浩对档案工作做出批示，指出要进一步夯实工作基础，提高业务水平，更加重视运用信息技术手段保护和利用档案；要继续加强档案干部队伍建设，树立良好作风，提高综合素质，为我省经济社会各项事业发展做出更大贡献。

是月，省委常委、省委秘书长姜信治，副省长郝远在北京拜访了国家档案局领导，并参观了中央档案馆和中国第一历史档案馆。在与国家档案局局长、中央档案馆馆长杨冬权，国家档案局副局长、中央档案馆副馆长杨继波的会见中，姜信治、郝远感谢国家档案局多年来对甘肃档案工作的支持，并就档案的开发利用、珍贵档案的征集、档案馆建设等问题与国家档案局领导广泛交换了意见。

3月21日，省档案馆不定期编印《档案参考》，对馆藏档案综合加工，把与现实工作相关的档案史料整理编辑成专题资料，为领导决策和有关部门参考。第一期《档案参考》的内容是《档案记载的清代甘肃生态环境》，主要根据国务院总理温家宝对我省河西地区生态环境治理的指示精神和省委、

甘肃省志 档案志

省政府的有关工作部署，摘要概述了中国第一历史档案馆馆藏清代档案中记载的当时我省河西地区生态环境情况。

24 日，省档案局局长刘玉生任省委副秘书长。

27 日，省委常委、兰州市委书记陈宝生主持召开市委常委会议，专题研究全市档案工作。会议研究并原则通过兰州市委、兰州市人民政府《关于进一步加强全市档案工作的意见》。会议决定，将档案信息化建设纳入各级政府信息化建设总体规划，统一部署，同步实施。

5 月 12 日，汶川发生地震后，与四川毗邻的甘肃陇南八县一区受灾严重。陇南市档案系统也遭受地震灾害，礼县档案馆 12 间房屋倒塌，市档案馆在旧城山的库房山体崩塌，文县档案馆、武都区档案馆、徽县档案馆墙体和屋顶出现严重裂缝，大量档案柜被震倒，档案散落在地。陇南市档案系统全力投入抗震救灾工作。

21 日，副省长郝远在北京打电话给省档案局长刘玉生，要求档案部门全力以赴做好灾区档案抢救、保护和抗震救灾档案资料的收集工作，做到随着抗震救灾工作的进展将形成的各类档案资料及时收集归档，确保档案安全和抗震救灾档案资料齐全完整。

25 日，省委常委、省委秘书长姜信治出席在兰州召开的甘肃档案系统"迎奥运"体育运动会，并参观陇南市档案局在运动会主会场展出的抗震救灾图片展览。

29 日，由陇南市档案局和甘肃省档案局联合主办的"陇南抗震救灾大型摄影图片展"在兰州东方红广场展出。

6 月，甘肃省档案馆编《晚清以来甘肃印象》由敦煌文艺出版社出版。

7 月 15 日，省档案局（馆）召开艺术家档案收藏工作座谈会。自 2007 年 4 月省档案局和省文联印发《关于建立甘肃省艺术家档案的通知》后，省档案馆已征集到全省各类艺术家 31 人的 300 多件档案资料。

17 日，省档案馆征集到张维《陇右方志录》《兰州古今注》《甘肃青海土司志》《陇右边事录》《陇右民族录》《陇右财赋录》《陇右轶闻录》《陇右学医录》等的印本和手稿，以及其子张令煊《三陇方志见知录》《兰州百年大事记》等的印本和手稿。张维曾任甘肃省署秘书长、政务长、财政厅长、甘肃通志馆馆长、甘肃省参议会议长、甘肃文献征集会主任等职。

8月6日，省档案馆征集到《向阳川》《咫尺天涯》《大梦敦煌》等甘肃优秀歌剧、舞剧的剧本、手稿、录音带等档案资料。

9月23日，省档案学会在兰州召开实现"两个转变"、建立"两个体系"学术研讨会。会议收到论文83篇，会议对有关档案工作与和谐社会建设、民生档案、民营企业档案、城镇社区档案等问题进行研究讨论。

10月7日，甘肃省市、县档案局（馆）长培训班在天津开班。培训班是天津市档案局贯彻实施西部大开发战略以及天津市委、市政府关于支援对口省市经济社会发展要求，与甘肃省档案局联合举办的。甘肃省市（州）、县（市、区）档案局（馆）长50人参加培训。

12月，甘肃省档案馆再次向社会开放部分馆藏中华人民共和国成立后的档案42659卷，主要涉及中共甘肃省委、甘肃省人民政府、部分行政机关、企事业等73个全宗单位。

2009 年

1月8日，省档案局向省发改委上报档案备份库工程建设情况。

2月6日，省档案局向各市、州档案局转发《国家重点档案抢救和保护工作研讨会会议纪要》。

3月18日，省档案局印发《甘肃省"千村百乡"档案工作示范工程实施办法》。

4月8日，省档案局印发《甘肃省"城乡万户家庭建档活动"指导意见》。

5月10日，甘肃省市、县档案局（馆）长培训班在上海开班。

12日，由甘肃省人民政府、深圳市人民政府主办，两省、市档案局承办的"特区灾区·心手相连——深圳甘肃陇南甘南抗震援建图片展"在深圳市民中心开展。甘肃省副省长泽巴足等出席开幕式并致词。

18日，省档案局局长办公会议研究讨论国家重点档案抢救保护费申报项目和全省县级综合档案馆建设编制规划。

是月，甘肃省甘南藏族自治州卓尼县赵建军出资、洮砚艺人卢宏伟等雕刻制作的纪念"5·12"地震巨型洮砚入藏中央档案馆。国家档案局副局长、中央档案馆副馆长段东升、杨继波出席捐赠仪式。

6月16日，由国家档案局保管部主任许卿卿、技术部副主任蔡学美等四人组成的国家档案局档案安全专项督察组检查甘肃省档案局（馆）档案安全工作。

23日，国家档案局副局长、中央档案馆副馆长李和平考察华池县悦乐镇、西峰区董志镇等乡镇档案馆，指出新农村建设档案工作的首要任务是要建立一个适应新农村建设需要的档案资源体系。

8月6日，由国家档案局、中央档案馆主办，甘肃省档案局承办的《中国档案珍品展》在兰州开展。国家档案局副局长、中央档案馆副馆长李明华出席开幕式并讲话。省委书记陆浩、省长徐守盛等出席开幕式。副省长郝远致辞。与《中国档案珍品展》展览同时，还举办了《甘肃档案珍品展》。当天，兰州市民3800多人参观展览，至8月30日闭展，计6万人次观展。

同月，省档案馆编《建国以来甘肃印象》由敦煌文艺出版社出版；省档案馆编《兰州解放》列入"'十一五'国家重点图书出版规划项目全国档案学编研出版重点项目"，由中国档案出版社出版；省档案馆编《甘肃馆藏档案精粹》由甘肃人民美术出版社出版。

10月15日，甘肃省档案馆建馆50周年大会在兰州召开。

同月，静宁县档案局推行"村档乡管"模式，加强村级档案资料的管护。先后在城川、威戎、八里三个乡镇开展"村档乡管"工作，设立乡镇综合档案室，配备管护设施和档案人员，走出一条新农村建设档案管理新路子。

11月20日，甘肃省政协副主席栗振亚一行到省档案局（馆）调研工作。

27日，甘肃省第十一届人民代表大会常务委员会第十二次会议修订通过《甘肃省档案条例》。这是甘肃省自1997年制定地方性档案法规以来的第一次修订。

同年，秦安县档案馆在本地及外地征集一批清代和民国时期，以及中华人民共和国成立初期的土地房产所有证。

大事记

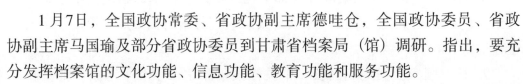

2010 年

1月7日，全国政协常委、省政协副主席德哇仓，全国政协委员、省政协副主席马国瑜及部分省政协委员到甘肃省档案局（馆）调研。指出，要充分发挥档案馆的文化功能、信息功能、教育功能和服务功能。

14日，甘肃省档案学会第七次会员代表大会在兰州召开。会议讨论通过《第六届理事会工作报告》，修订通过《甘肃省档案学会章程》，制定了《2010—2014年学术活动计划要点》，选举李虎为第七届甘肃省档案学会理事长。

2月5日，省委副书记刘伟平，省委常委、省委秘书长姜信治一行到省档案局（馆）调研工作。

3月11日，甘肃省档案馆藏《敦煌写经》列入国家档案局公布的第三批《中国档案文献遗产名录》。

4月18日，省委副秘书长、省档案局局长刘玉生一行赴四川省档案局，与该局就开展重要档案异地备份工作进行磋商。两省档案部门从备份档案的所有权和利用权、保管条件和技术要求等方面进行了具体协商，起草了《甘肃省档案馆与四川省档案馆开展重要档案异地备份工作协议书》。

5月11日，由甘肃省档案局、深圳市档案局、陇南市委、市人民政府、甘南藏族自治州州委、州人民政府、深圳市援建前方指挥部主办的"甘肃省地震灾区重建暨深圳援建工作图片展"在甘肃省博物馆开展。省委书记陆浩，省长徐守盛等出席开幕式并参观展览。

21日，省档案馆档案异地备份库奠基仪式在榆中县银山乡举行。省档案馆异地备份库工程项目包括库房楼、办公业务楼、宿舍楼等，总面积为3781平方米，建成后将承担起安全保管各类档案实体和电子载体档案备份的责任，使档案安全保障体系进一步完善。

6月23日，以"档案事业的发展与青年档案工作者的责任"为主题的2010年全国青年档案工作者研讨会在兰州召开。研讨会收到论文300余篇，其中102篇入选《档案事业发展与青年档案工作者的责任》文集。会议通过了向全国青年档案工作者的《倡议书》。

7月19日，西北地区第十六次档案工作协作会在兰州召开，来自西北五省（区）、新疆生产建设兵团和西安市的档案工作者60余人出席会议。会议主题是"加强和改进档案行政执法工作"。

是月，国家档案局、民政部专家组一行5人，对嘉峪关市档案馆、嘉峪关市民政局档案室的婚姻档案进行调研。

8月8日，甘南藏族自治州舟曲县突发特大山洪泥石流灾害，造成重大人员伤亡和财产损失。舟曲县档案局职工及亲属共11人遇难，全县19个单位的档案室不同程度地遭受泥石流冲击，有的被冲毁，有的被掩埋浸泡。

9日，省档案局召开党组扩大会议，成立了以省委副秘书长、省档案局局长刘玉生任组长的"舟曲县特大山洪泥石流灾害档案资料收集整理工作领导小组"，开展抢险救灾工作。

15日，省委常委、省委秘书长姜信治看望慰问了舟曲县档案局受灾干部职工。

9月8日，省政协原副主席葛世英工作笔记入藏甘肃省档案馆。葛世英长期在甘肃工作，2007年葛世英的夫人田素平就曾向省档案馆捐赠葛世英的信件、文件照片等1800余件。

25日，张蕊兰任甘肃省档案局（馆）长，党组书记。

10月，省委副书记鹿心社到省档案局（馆）检查工作。

2011 年

1月7日，省委书记、省人大常委会主任陆浩对全省档案工作做出批示，要求档案工作为实现全省经济社会跨越式发展做出新成绩。

21日，省档案馆与临夏州档案馆在兰州签订关于重要档案异地备份的协议。临夏州档案馆成为本省首家与省档案馆签订重要档案备份协议的市（州）级国家综合档案馆。

3月1日，在全国妇联召开的"巾帼建功集体表彰会"上，甘肃省档案局收集整理处获全国妇联授予的"巾帼文明岗"称号。

18日，酒泉市档案馆举行新馆开馆仪式。新落成的酒泉市档案馆按照《档案馆建筑设计规范》设计施工，建筑面积3300平方米，其中库区面积近

2000平方米。

4月，省档案局制定《甘肃省"档案安全体系建设年"活动实施方案》，在全省开展"档案安全体系建设年"活动。该方案提出，通过活动，在全省逐步建立起思想重视、组织健全、设施完善、设备先进、制度严密、措施到位、防治兼备的档案安全体系。

是月，全省档案信息化建设培训班在兰州举办，全省各地130余名档案人员参加培训。

5月，临夏州档案馆继翻印明嘉靖年《河州志》之后，又翻印了清康熙四十六年（1707年）《河州志》。

8月4日，参加过朝鲜战争的老战士康纪信将珍藏多年的1951年5月人民解放军西南军区司令员贺龙、政委邓小平向其亲属颁发的《中国人民解放军西南军区革命军人家属优待证明书》等42件档案资料捐赠给临夏州档案馆。

8月17日，2011年全省档案工作者年会在庆阳市召开。会议围绕"档案安全与档案服务"主题，就进一步提升全省档案安全保障能力进行交流。国家档案局政策法规司司长郭嗣平作专题辅导报告。

9月4日，中共甘肃省委原书记阎海旺来省档案馆参观，他希望档案部门继续开发档案资源，从档案中汲取经验智慧，建设美好新甘肃。

10日，酒泉市档案馆在档案利用工作中，创新工作思路，采取"六步"工作法，提高档案开放利用率。"六步"即一看，即查看有效证件；二查，即查阅档案目录；三调，即入库调阅档案；四监，即监督查档过程；五验，即验收查阅情况；六回访，即及时回访档案利用效益。

30日，省档案馆档案异地备份库项目建设工程通过竣工验收。该工程项目总投资1000万元，总建筑面积3781平方米。该备份库是在省档案馆原有后库基础上新建，位于兰州市榆中县境内，距兰州市区30公里。

10月9日，省档案馆编纂的《辛亥革命在甘肃》在兰州举行首发式。该书是为纪念辛亥革命100周年而编纂的，收录了《陇右光复记》以及《甘乱杂志》《甘宁青史略》《甘肃通志稿》等史料关于辛亥革命在甘肃的记载。

12月8日，西和县档案局举行王树立珍藏剧本捐赠仪式。王树立是本县戏剧工作者，他将一生收藏的3030册剧本捐赠给县档案馆，这些剧本包括中、英、美、法、苏联、朝鲜等十几个国家不同时期的40多个剧种，是十分珍贵的戏剧史料。

2012 年

1 月，省档案局印发《甘肃省"档案利用体系建设年"活动实施方案》，决定于本年度在全省范围内继续开展"档案利用体系建设年"活动。

2 月23 日，全省档案宣传工作会议在兰州召开。会议对白银市档案局、张掖市档案局、平凉市档案局、天水市档案局、临夏州档案局和陇南市档案局等6个全省档案宣传工作先进单位进行表彰。同日，省档案局举办"档案文化建设"专题报告会，国家档案局副局长、中央档案馆副馆长李明华作专题讲座。

3 月9 日，秦安县陇城镇、五营乡政府机关档案室通过省、市档案部门验收，成为首批甘肃省乡镇特级档案室。省特级档案室一般在省、市、县基础条件较好的机关单位中评选，标准高，要求严，在乡镇一级开展省特级档案室创建评选活动，在本省尚属首次。

4 月，宕昌县城关镇鹿仁村、立界村和新城子乡新平村、岳藏铺村等4个村的12户藏族群众家中发现抄写于明代的古藏文经卷12卷2000余页，属于在藏区流行的苯教经文。经县档案局协调，收藏者同意将复印件移交县档案馆。

17 日，省档案局督查组赴和政县、积石山县和临夏县督查县级档案馆建设项目进展及档案业务情况。督察组要求各县要珍惜国家支持中西部地区县级综合档案馆建设项目的机遇，按照"五位一体"功能要求，尽早动工，确保新馆建设通过全省综合档案馆建设项目验收。

同月，兰州市档案局、兰州市文联在当地报刊、电视台、网站和文艺团体发布《关于建立"当代兰州文艺界名人档案"的通告》。兰州市档案馆拟分别为文化名人建立档案。

11 月，省档案局组成5个考核组，分赴14个市（州），对全省本年度档案工作目标管理任务完成情况考核。

5 月9 日，临夏州档案馆在各学校举行校园文化周之际，开展"档案文化进校园"活动。州档案馆精选馆藏档案，制作展板在校园展出。

6月，民国时期珍贵资料《平凉调查》入藏平凉市档案馆。《平凉调查》是20世纪40年代末编辑出版的，民情资料丰富而全面。

7月17日，国务院办公厅秘书局档案现代化管理调研组和省政府办公厅文电处有关人员来省档案局调研，详细了解电子文件管理、档案数字化工作等情况，并与省档案局有关处室人员进行座谈。

23日，2012年度国家档案局优秀科技成果奖励评审会议在兰州召开。会议对全国档案系统申报的6类科技项目成果进行评审。国家档案局副局长、中央档案馆副馆长李和平带领的专家组一行出席会议。

26日，甘肃、四川两省档案馆在兰州举行重要档案异地备份交接仪式。此次四川省档案馆移交甘肃省档案馆异地备份的档案包括12张光盘和12块移动硬盘。

8月3日，以省人大常委会副主任崔玉琴为组长的调研组一行11人，对省档案局以及兰州、天水、陇南、张掖、酒泉等市及部分县（区）进行调研。

9月26日，省十一届人大常委会第二十九次会议听取了省档案局局长张蕊兰受省人民政府委托作的关于全省档案工作情况的报告，并书面听取审议了省人大常委会调研组《关于全省档案工作情况的调研报告》。会后，省人大常委会办公厅向省人民政府办公厅转送了《关于全省档案工作情况的调研报告中提出的意见建议的函》，要求省档案局抓好会议精神和决定事项的贯彻落实。

10月16日，甘肃省档案工作规范化现场会议在平凉市静宁县召开。会议指出要在精细化管理上下功夫，要更加注重转变方式，调整思路，努力在提高档案工作规范化管理上又新的进展。

11月，白银市档案馆编写的《民国时期会宁县情录》出版。该书汇集了民国时期会宁县自然、经济、政治、社会、文化诸方面的历史资料，具有了解当时民情、存史资政的价值。

2013 年

1月，根据《国务院办公厅关于推行行政执法责任制的若干意见》，省档案局制定《甘肃省档案局关于行政执法依据的公告》，对行政执法职权提出法规依据，供社会公众查询监督。

2月18日，省档案馆与兰州市档案馆举行民国数字档案交接仪式，省档案馆将馆藏13张内载2697卷民国兰州市政府档案的光盘移交给兰州市档案馆。由于历史原因，民国兰州市政府档案实体一直由省档案馆保存。

同月，永昌县档案馆征集到清康熙年间至民国时期土地契约和土地所有权证14张，这些档案反映了清代和民国时期当地土地管理和买卖交易的情况。

3月，兰州市档案馆启动仲裁信息系统电子档案管理工程。该工程分阶段实施，旨在实现全市区（县）仲裁案件办理过程和结果的信息共享。

4月16日，省档案局举行谷德春女士档案捐赠仪式。谷德春是民国时期甘肃省政府主席谷正伦的女儿，她向省档案馆捐赠1940年至1946年谷正伦主甘时期由其家人拍摄的社会活动等珍贵照片。

4月22日，国家档案局根据《关于支持甘肃档案事业发展的意见》，在北京为甘肃省分管档案工作的领导干部举办一期培训班。全省各地分管档案工作的领导及部分市、县档案部门负责人59余人参加培训。

同月，省档案局在全省开展"一县一特色"地方特色档案评选展示活动。评选活动要求各地申报的参评档案，应能够充分反映当地社会的政治、经济、科学、历史、文化、民俗民情等方面特点。特色档案的来源，既可以是国家档案馆及企事业单位档案馆的档案，也可以是个人所有的档案。

5月，泾川县档案局和县政协文史资料委员会联合成立工作小组，在全县城乡收集民俗文化档案资料及口述录音录像，编写《泾川县西王母文化》等文史资料7辑420余篇。

6月9日，省档案局与兰州大学共同举办"档案在你身边——2013年国际档案日主题活动"。活动现场，省档案馆和兰州大学档案馆联合举办馆藏档案珍品展，展出了包括列入中国档案遗产名录的《敦煌写经》、南梁苏维埃政府印章、甘肃法政学堂（兰州大学前身）档案等在内的珍贵档案。

7月，省委副秘书长赵国强任甘肃省档案局局长、甘肃省档案馆馆长、党组书记。

同月，泾川县档案局在基层开展业务指导工作中，在党原乡唐家村、丁寨村等地发现一批民国时期村级档案，包括20世纪40年代的乡村农业税、牧业税、契税变更登记册和会议记录，经整理形成261卷（册）。

9月，《甘肃省志·档案志》由甘肃文化出版社出版。

10月14日，省档案局在兰州召开市（州）档案局长座谈会，座谈讨论档案管护费落实情况、国家对西部地区档案馆建设规划等政策的落实情况。要求健全档案行政执法监督机制，坚持依法行政，加强对各市（州）落实情况的督查，确保国家政策的落实。

10月16日，全省建设项目档案工作工作会议召开。要求做好建设项目档案工作，从五方面着手：一是要抓提高认识，不断增强做好建设项目档案工作的自觉性；二是要抓重点领域，强力推进建设项目档案工作迈向新台阶；三是要抓关键环节，努力提高项目档案工作的有效性；四是要抓规范管理，严把建设项目建档的四道关；五是要抓督查落实，切实保证建设项目档案工作健康推进。

同月，积石山县档案局与县文化部门联系，协调征集该县申报非物质文化遗产代表作名录的项目档案资料，包括保安族腰刀锻制技艺流程、保安族服饰、保安族婚礼等非物质文化遗产的项目申报书、影像资料、图片，以及非遗传承人的主要作品专辑等档案资料。

12月，由国家档案局、中央档案馆和上海市档案局（馆）主办，甘肃省档案局（馆）承办的"'红星照耀中国——外国记者眼中的中国共产党人'档案巡回展"在省档案馆开展。30日，中共甘肃省委在兰全体常委集体参观展览。

同月，省档案馆启动《近代甘肃政要施政文献选编》编纂工作。该选编拟从省档案馆的近代档案和相关资料中，选编晚清至民国时期历任甘肃政要主政甘肃的有关文献。

第一章　档案资源

　　甘肃历史悠久，档案资源丰富。甘肃1991年以前历年发现的古代档案，在《甘肃省志·档案志》（甘肃文化出版社，2013年9月第一版）中已做记载。

　　随着考古发掘工作的进行，1991年以后，又有许多古代档案不断地被发现。甘肃礼县大堡子山秦公大墓发掘出的春秋战国时期金石档案，以及之前甘肃陇东地区发现的殷商、西周时期的金文档案，将甘肃的档案记载历史从秦代推前了800余年，同时，又给甘肃档案资源宝库增添了金文档案的类别。1991年至1992年，甘肃敦煌和瓜州交界处的悬泉置遗址出土了一批汉代简牍，成为迄今为止中国发现的保存最为完整、数量最多的汉魏邮驿档案。本志记载的"古代档案"，是指1991年以后本省境内发现的或存于其他省（区）且与本省有关的古代档案。

　　1991年以后，省内各级档案馆按照国家的规定，逐年接收或定期接收各所属机构档案、资料。同时，广泛向社会和民间征集档案资料，成为丰富馆藏档案资源的主要手段和途径。

　　随着科学技术的发展，档案的载体材料和信息记录工具与方式也在不断更新变化。20世纪90年代至21世纪初，出现了以各种代码和激光为介质读写的磁性载体档案、光盘文件以及依赖电子计算机设备和相关软件读写的电子文件。电子档案的出现，是档案载体最剧烈的一次变革。这一时期，甘肃省各级各类档案馆（室）开始收集电子档案，电子档案成为馆（室）藏档案新的重要组成部分。

第一节　古代档案

一、殷商至春秋战国时期金文档案

甘肃是周秦文明的重要发祥地之一，文化遗存颇为丰富。商朝时，已能在青铜器上加铸铭文。这一现象早由南宋史学家郑樵在《通志·金石略》中论及："三代而上，惟勒鼎彝。"西周时发展到专为记事铭文而铸青铜器，凡册命、赏赐、婚嫁、志功、征伐、诉讼等重大事件都要在青铜器上勒铭记载。古时先民以金属统称为"金"，故后人把铸刻在青铜器上的铭文称为"金文"。这种具有书史性质的青铜器铭文，档案界称为金文档案，不仅生动具体地补充了那一时期文献记载的不足，而且是第一手的记事文字，未经辗转抄录，可靠性极高。史学家和档案学家普遍认为，甲骨、金石、经籍"鼎足而三"。

殷商有铭铜器主要分布在平凉、庆阳等地，对探索陇东方国与商王朝的关系有重要的史料价值。西周有铭铜器主要集中在灵台、崇信等地，铭文记载的西周贵族除"泾伯"等外，还有"井伯""乖叔""吕姜"等，为研究甘肃东部西周社会状况提供了重要的文献资料。春秋、战国有铭铜器主要集中在礼县、西和县、天水及陇南等地，其中礼县大堡子山是甘肃出土有铭铜器数量最多的一个地点，为早期秦史的研究提供了参考资料。

（一）殷商时期金文档案

殷商时期（前1600年—前1046年）是我国古代文明发展的起始阶段，也是高度发达的青铜时代。在那个特定的时期，在特定的奴隶制统治下，青铜器以其造型和纹饰来体现一定的政治、宗教意义的主题，青铜器上的铭文亦记载了相应的史实。

甘肃出土的有铭文的青铜器，多为殷商中晚期作品，主要集中出土于陇东地区。1967年，灵台县百草坡发现的"父辛罍"，为商代晚期作品，有铭文三字，系西周军事贵族的战利品或上司的赏赐品。1972年12月，泾川县泾明公社蒜李大队出土"亚母鬲"，有铭文"亚口母"三字，为商代晚期作品，为祭祀某位女性先祖所作器。1974年3月出土于泾川县玉都公社下坳大队的"父丁觚""母乙爵"等器物，都带有一至三字的铭文。1981年，在庆阳县温泉西庄韩家滩村发现的商代晚期的"乌祖癸爵"，出土于崇信县于家湾的"戈"，以及礼县城关镇西山雷神庙遗址的"亚保父辛鼎"，都有三至五字的铭文记载。铭文字数较少是殷商时期甘肃陇东一带青铜器铭文的一个特点。同时，出土数量也较少，带有铭文的铜器只有九件，因此十分珍贵。

（二）西周时期金文档案

西周时期（前1046年—前771年）是中国古代青铜器发展的重要时期，西周时期有许多铸工精湛、造型雄奇的重器传世，且多有长篇铭文，是研究西周社会历史、文化、艺术的重要资料。

与殷商时期甘肃出土带有铭文的铜器相比，甘肃西周时期带有铭文的铜器出土数量较多，仍集中于陇东地区。

1934年，出土于灵台县境内的西周早期的"父乙妇好觯"，有铭文"父乙妇好"四字。这是作器者给名为"乙"的父亲所作的祭器，"妇好"或是族名，"乙"则是"妇好"家族的后裔。父乙妇好觯既是酒器，亦是宗庙祭器，还有被简化的金文祭辞，是研究西周社会和灵台西周早期历史的重要资料。

1972年，灵台县西岭西周墓出土一尊"吕姜作簋"，有"吕姜乍（作）簋"铭文，被断代为西周中期。吕姜是器主，一位夫人名，吕为氏名，姜为姓。姜姓部族是起源于西北地区古老强大的部族，最初活动于今陕西宝鸡地区。姜姓部族长期与周部族通婚，周部族的女性始祖姜嫄，即为姜部族女子，辅佐武王兴周灭商的姜太公，是姜姓部族的一位首领。姜姓中的一支，因佐禹治水有功而被封为吕氏，《通志·氏族略》："吕氏，姜姓，侯爵，炎帝之后也。虞夏之际受封于诸侯。"此簋可视为陇东地区商周时代确有吕国的物证。

1981年12月在宁县湘乐公社宇村发现的西周晚期的"仲生父鬲"铜器，有铭文"中（仲）生父乍（作）井孟姬口（宝）鬲口（其）万年子子孙孙永宝用"。周代王室、诸侯及其他贵族的女子出嫁时，其父母兄长等要为该女子铸造青铜器，供该女子在夫家作祭祀用器或生活用器。铸器时，在这些青铜器上铭刻文字，记下作器者身份称谓、出嫁女的称谓、所铸器的器类名称以及祝福的话语。此鬲是周之贵族仲生父为其嫁至井国的长女孟姬所作的媵器。

1983年10月9日在灵台县新集公社崖湾大队东庄墓葬中出土的"并伯甾"，系西周早期铜器，上有铭文五字"并白（伯）乍（作）宝彝"。并，姓氏，以地为氏，古之并州即今山西太原。并姓是殷商时期比干家族的后裔，伯是受西周王朝分封的一邦之长，"并伯"之并，按以地为氏的习惯，应指某一地区，当距泾水不远。并伯甾上的铭文记载，对研究西周社会历史具有重要的价值。

出土于庆阳地区的"戈簋"，有铭文"戈"字，为西周早期作品。戈为族徽，戈氏为臣服于商的方国、强族。《史记·夏本纪》末尾太史公曰："虞为姚姓，其后分封，用国为姓，故有夏后氏、有扈氏……辛氏、冥氏、斟氏、戈氏。"戈为夏人后裔，入殷后为方国。从戈氏铜器出土地点看，此地在商末周初时期，可能是戈部族的一个聚居地。

至2013年，甘肃出土西周时期带有铭文的铜器有37件。

（三）春秋时期金文档案

春秋时期（前770年—前475年）是中国古代青铜器制作的又一个高潮期，可分为春秋早期、春秋中晚期至战国早期、战国中晚期三个阶段。

1917年，在今甘肃省天水市秦岭乡梨树坡村与陇南市礼县红河乡北边交界的庙山上，一个牧羊人偶然发现一个铜质三足祭器。1919年此器流落至兰州，后经国学大师王国维等大家考证系春秋时期祭器，按其上铭文定名为"秦公簋"。器盖铸有铭文54字，器身铸有铭文51字，共105字，上下合一为一篇完整的祭祀文章。另外，器身和器盖处分别铸有秦汉间刻辞一行九字。重文四字，合文一字。器内铭与盖内铭连读，合而成篇。

器铭：

□秦公曰：不（丕）显朕皇且（祖），受天命，鼐宅禹贵（迹），十又二功，才（在）帝之坏（坯），严恭寅天命，保□乓（厥）业秦，虢（赫）事

□（蛮）夏，余虽小子，穆穆帅秉明德，刺刺□□（烈烈桓桓），迈（万）民是敕。

盖铭：

咸畜胤（俊）士，□□（蔼蔼）文武，□静（镇靖）不廷，虔敬□（朕）祀，乍（作）喤宗彝，□卲（以昭）皇且（祖），□□□（其严□）各，□（以）受屯（纯）鲁多厘，□□（眉寿）无疆，畯疐才（在）天，高引又（有）庆，灶圁□（造有四）方。宜。

器刻铭：西元器。一斗七升小拳（寸），□（簋）

盖刻铭：一斗七升大半升，盖

秦公簋作器者为秦景公（前576—前537年），属春秋早期。铭文歌颂了12位先祖为周王室在西戎保业兼而开拓了秦版图的丰功伟业，记述了襄公奉周宣王之命在西犬丘之地设立西缙、建立宗庙，对白帝和秦先祖进行祭祀的缘由，同时也表达了秦襄公欲建立霸业、统一天下的宏愿。此秦公簋现藏于国家博物馆。

除以上秦公簋外，国家博物馆还藏有1993年礼县大堡子山秦公大墓被盗掘之后入馆的秦公簋，上海市博物馆和甘肃省博物馆分别藏有礼县大堡子山秦公大墓出土的秦公簋，其铭文分别为五字至六字，有"秦公作宝簋"等铭文。

1993年，甘肃省西和县公安局缴获一批盗自礼县大堡子山春秋早期的器物，属于鼎的部件和残块共130余块，含铭文者20余块，藏于甘肃省博物馆。器铭昭示了大堡子山墓地的性质，意味着考古学界久觅未得的秦国西垂陵园已经呈现在世人面前。

1994年夏天，美国纽约出现一对出自甘肃礼县大堡子山秦公大墓的铭文铜壶，谓之"秦公壶"，器口内壁有铭文两行六字"秦公作铸尊壶"。1996年，出土于甘肃礼县大堡子山秦公大墓的"秦公壶"，系春秋早期。从其上之铭文看出，礼县大堡子山秦公大墓应是秦开国后最早营建的西垂陵地，墓主是秦开国之君襄公及其子文公。

出土于礼县的"秦子戈"，有铭文15字："秦子作造，左辟元用，左右币鈇，用逸宜。"记载了秦子（即位的幼君）做戈，秦君自用，左右两军，迅速出动，宜地"宜"为地名）所造。

2006年，出于礼县大堡子山秦公大墓的"秦子镈"，有铭文27字："秦子作宝和钟，以其三镈，厥音鉄鉄雝雝（雝）。秦子畯（峻）龢（命）在位，眉寿万年无疆。""镈"为古代如钟的青铜礼乐器。"秦子"是器主，"三镈"即三件编镈，"眉寿万年无疆"，金文习用祈福语。铭文表明，秦子镈的时代与大堡子山的编磬一样，属于春秋早期。

（四）战国时期金文档案

战国时期（前475年至—221年）是史学家对春秋之后、秦灭六国之前的历史时期的称谓，是中国继东周列国以来的又一个诸侯割据的时代。战国早期青铜器铭文与春秋晚期的青铜器铭文没有特别突出的区别，这时一般作器纪事的铭文减少了许多。

甘肃出土的战国时期带有铭文的铜器，多为战国晚期。

20世纪70年代发现于灵台县中台镇境内的"相邦密戈"，是灵台县文物工作者在县城废品收购站拾捡到的。铜戈上有铭文："相邦□□不韦密戈□□□十一□……""相邦"，先秦官名。战国初年，有些国家的卿大夫因掌握大权而渐渐变为有国之君，作为他们亲信的相室便成为邦国之相，相邦由此得名。"密"为地名，即今灵台县。据秦兵器铭文辞例格式，此处"密"应为人名。这件相邦戈及其铭文，即是秦国历史的实物见证，也是研究灵台地方史的重要资料。

20世纪70年代出土于礼县红河公社的战国时期的"右库工师戈"，有铭文15字："□□命（令）□文右库工师□□冶西工造。"铭文有"右库工师"字样，故学者多称为"右库工师"戈。铭尾曰"西工造"，"西"应指秦故都西垂之"西"，"西工造"即西垂工官所造，表明在秦都东迁关中后，其故都西垂仍为重要的武器铸造中心。

1993年8月陕西省博物馆征集的出自甘肃西和县的战国晚期"三十四年工师文罍"，有铭文17字："卅（三十）四年工币（师）文公安正十七斤十四两四斗。"透露出此罍为秦国器，制作年代在秦昭襄王三十四年，即公元前273年。此罍出土于甘肃西和县，西和县位于西汉水上游，战国秦汉时期是西县的组成部分，西县原称西犬丘，是秦人的发祥地。

2008 年，洛阳理工学院文物馆征集社会流散文物时，发现出自甘肃天水的战国晚期的"高陵君弩机"，其上有铭文九字："十九年，高陵君，工起、金。""十九年"，当为秦昭公十九年，即公元前228年。"高陵君"，曾封于高陵、彭、邓等地。彭在今甘肃镇原县一带。该弩机的发现，进一步证明高陵君曾封于彭地，为研究战国时期秦国的兵器提供了很好的物证。"工起"，工，铸造此弩机的工匠，起，工匠的名字。"金"，亦为工匠名。

二、秦代档案

秦代（前201年—前207年）档案以石刻、简牍、金石并行。秦代石刻，经过长期的自然损毁和人为破坏，多已剥蚀、漫漶、断裂、埋没或灭绝，而收录于甘肃临洮人张维《陇右金石录》的不足10通。1986年，甘肃天水北道区（今麦积区）党川乡放马滩一座秦墓中发掘出460余枚秦代简牍，说明战国晚期至秦朝初期，已经开始以竹简书文记事。这在《甘肃省志·档案志》（甘肃文化出版社，2013年9月第一版）之"秦代档案"中已经述及。而甘肃出土的秦代金石则主要记载了秦代曾向全国推行统一的衡制问题。

1967 年，甘肃秦安县陇城公社上袁家西汉墓中发现了一枚秦权，被送交到陇城公社后院小灶房内保管。当时，人们认不得这个铜疙瘩是秦代遗物，当成了阴阳铃子。时任公社副主任的李向东在灶房吃饭时，看见秦权上面两棱中间有小篆，就用报纸包住，放在床底下一直保管，后上交给文物部门，现保存于甘肃省博物馆。秦权是秦代为统一全国衡制而由官府颁发的标准衡器，以战国时期秦国的衡制为标准，也包括秦统一后加刻诏书重新颁发的战国秦权，实际上是天平衡杆的砝码。秦安县发现的秦权觚棱间刻秦始皇二十六年诏书铭文："二十六年，皇帝尽并兼天下诸侯，黔首大安，立号为皇帝，乃诏丞相状、绾，法度量则不壹，歉（嫌）疑者，皆明壹之。"还有秦二世诏书："元年，制诏丞相斯、去疾：'法度量尽始皇帝为之，皆有刻辞焉。今袭号，而刻辞不称始皇帝，其于久远殴，如后嗣为之者，不称成功盛德。刻此诏。'故刻左，使毋疑。"此秦权与1976年在甘肃镇原县城关镇富坪村发现的始皇诏版（俗称秦诏版，镇原县博物馆藏，2013年出版的《甘肃省志·档案志》有记载）上的秦二十六年诏书铭文完全相同。

1971年，在礼县永兴乡文家村和礼县永兴乡蒙张村南山，分别出土了秦末"天水马家鼎"，盖与腹同铭，一为："天水马家鼎，容三升，并重十斤"。另一为："天水马家鼎，容三升，并重十九斤。"两鼎均藏于礼县博物馆。"天水马家鼎"上的铭文"天水"一词是第一次出现，由此，"天水"一名的产生，至晚可上推至秦代。文家村和蒙张村同属永兴乡，隔西汉水南北相望，同属礼县大堡子山秦公陵园，是研究秦人早期活动的第一手资料。

1997年，礼县石桥乡瑶峪村发现的"西祠器铜豆"，系秦西垂祠庙祭器，有铭文10字："西祠器□□重一斤二两。"器铭字体与国家博物馆藏"秦公簋"盖刻铭"西元器"书风相近。这些新的发现，与史料记载亦相吻合。

三、汉代档案

汉代，文书档案的制成材料主要是简牍。自清光绪三十三年（1907年）以来，甘肃发掘出的汉简主要有敦煌汉简和居延汉简。至1991年，甘肃成为汉简出土最多的省份，累计有5万多枚。随着考古工作的进展，甘肃地区的汉简，不断有新的发现。

1992年，在甘肃敦煌与瓜州交界处悬泉置遗址发掘出大宗汉代简牍，共出土两汉简牍3.5万余枚，其中有字者2.3万余枚。主要出土于西墙外和东门外的灰区堆积中。简牍以木为主，竹质极少。按形制可分为简、牍、觚、两行、封检、削衣等，简牍文字的字体有正规的隶书、草书和半隶半草的草隶体，还有习字者所书的小篆和楷体字。简牍文书大多数编绳已朽，多已散乱。有比较完整的册子50余个。编册完整者多为细绳编联，分两道和三道两种。有先编后书者，也有先书后编者。每册所编简牍按内容而定，有3枚一编者，有5~8枚一编者，亦有10枚一编者。有数枚单简编联成册者，有数枚两行编联成册者，也有简和牍混编成册者，还有单简与两行混编成册者。这批简牍按内容可分为诏书、律令、科品、檄记、爰书、簿籍、符传、历谱、术数、医方以及一些古籍残篇。

悬泉置遗址出土如此众多的两汉简牍，是继20世纪30年代和70年代两批居延汉简发现之后的又一重大发现，经过整理考释，已编号者17803枚（另有4000余枚因难以释读，不在其中），有明确纪年者1900余枚，占全部简文的10.6%。最早纪年为武帝元鼎元年（前111年），最晚为东汉安帝永初元年（107年），主要反映这218年及其前后的有关史实。

作为邮驿机构的产物，悬泉汉简中保留了大量具体生动的邮驿资料。我国古代邮驿制度经过周秦时期的创立发展，到秦汉时期已基本成熟和完善。据简文记载，悬泉置当时是敦煌郡效谷县下辖的一处邮驿机构。敦煌郡当时有厩置九所，悬泉置当属其一。

悬泉汉简虽以邮驿资料见长，但鉴于当时邮驿机构在政治、经济、军事、外交以及社会等方面的综合功能，简文内容又广泛涉及社会生活的各个方面。简中33位敦煌太守及其具体活动的记载，结合史籍，可以排出他们任职的先后序列；敦煌太守及其属吏除补升转的记载，是研究地域政治史的极好材料；市场物价的详细记载，可以折射出河西地区社会经济的涨落起伏。丰富的律令文书和罪徒流徙材料不仅对研究汉代的法律有重大参考价值，而且对敦煌地区的人口构成提供了丰富的佐证；戍卒名籍不仅可以看到戍卒的更替和生活状况，还可从不同的籍贯看到内地与边郡的广泛联系。在科学文化方面，简中的历谱、医方、日书以及一些古籍残篇，都是研究有关问题的极好材料。此外，简中反映的书法艺术、文书格式以及服饰、饮食、兵器、车具、马匹等方面的材料，也都极大地丰富了有关问题的取材范围，是这批简文的重要内容。

悬泉置遗址等的汉代简牍的出土，使得甘肃汉简达到6万余枚。

2012年9月，在定西市安定区巉口镇汉代村落遗址中，出土牛骨一件，长43厘米，为牛肩胛骨，正面有星宿图及文字，左起书写，上部墨书"□□卫四方□□"。红色圆点用墨线连接的是星座。竖写"以家商四方"，亦为星座图，中间墨书"平夷"。中部为星座图，红色圆点，墨线连起，下墨书竖写"春正月"。下部分四排竖写"□冬□□□□"，"秋□□符见张黄头"，"夏□日画符□□□"，"□春三月画符鬼□"。此为星占与符箓为一体的占卜用具，被定为国家一级文物，现藏于安定区博物馆。

另外，甘肃境内多次发现汉代纸质残片，包括居延纸、金塔金关纸、天水放马滩纸、敦煌悬泉纸、兰州纸等，遗存丰厚。正是在这些雏形纸的基础上，蔡伦总结经验，推动了中国造纸技术的发展。

肩水金关纸。1973年，甘肃省居延考古队在金塔县肩水金关汉代遗址掘获残纸两片，纸背有帘纹，均早于"蔡伦献纸"。

放马滩纸。1986年，天水放马滩汉墓发现纸质地图一幅，细墨绘出山川、河流、道路等图形，是迄今发现的世界最早的纸质地图。

兰州纸。1987年9月，兰州市博物馆在兰州伏龙坪东汉晚期墓葬中发现了两片基本完好的墨迹纸。其中一片上有毛笔墨迹字40多个，另一片上有墨迹字60余个，被定为国家一级文物。

悬泉纸。1992年，敦煌悬泉置遗址出土纸张470余件，其中有大量汉代古纸，写有文字的纸残片10件。

四、魏晋南北朝档案

魏晋南北朝是文字书写材料的变革时期，这一时期经历了档案制成材料由简牍向纸质的转变过程。这种转变过程在甘肃也体现出来。在甘肃河西走廊高台县的魏晋墓葬中出土了相当数量的文书材料，以前秦和前凉时期文书为多，有买地券等，但均为木简。河西走廊直到十六国时期，作为文书的载体，纸才开始逐步取代简和帛，简牍除一些少数民族地区仍有适用外，至南北朝时已基本绝迹。因此，考古发掘中所出土的这一时期的历史档案有简牍和纸质文书两种，数量极少。1991年以前，本省敦煌等地发掘出西晋元康三年（293年）的木简《侦候符信》，以及纸质的《北魏禁军军官籍簿》和《西凉建初十二年（416年）敦煌户籍残卷》都充分说明了这一点。

1991年以后，魏晋南北朝文书档案省内又有新的发现。

1991年12月，在高台县骆驼城遗址出土了一件魏晋帛书，定名为《恭、宽、信、敏、惠之道》。帛书书写规整，字体谨严，平稳端凝，疏密均匀，一丝不苟，8000蝇头小字，无一丝错漏，时隔千年，字体仍清晰可辨，是一份重要的儒家文献，也是一篇不可多得的古代政论文书写实物和书法艺术珍品。现藏于高台县博物馆。这件帛书的出土，扩大了魏晋写本文献的载体材质。以往发现的魏晋时期文书，主要是简牍、纸质文书，且以官府文书居多，而高台帛书并非官府文书，而是学术类的著作，说明尽管纸张作为书写载体已经出现，但缣帛在魏晋时期仍在使用，战国以来简和帛同时使用的书写格局，到魏晋早期仍然持续。

2002年6月，甘肃省文物考古研究所在玉门市花海镇毕家滩考古发掘时，在前凉墓葬中发现遗失千年的《晋律注》残卷。《晋律注》是在前凉墓葬中被发现，写经体、墨书、楷字、竖排、正文大写，下有双排小注，先成书，后裱糊于棺盖之上。《晋律注》的发现对研究晋代的律令制度及法律构成有重要意义。

2004年，敦煌市博物馆人员于敦煌小方盘城遗址西南65公里处发现一处烽燧遗址，并于2008年对该遗址进行抢救性发掘。此次发掘出土了10余枚简牍，其中最为重要的是一件完整的封检，系胡杨木质，长44.3厘米，宽6厘米，厚2.2厘米。正面为竖长方形，上半部中间挖有供缠绳打封泥用的凹槽，凹槽略呈方形。凹槽上端正面竖书3行，下端并排竖书5行，字迹清楚。封泥保存完整，上有篆书阳文钤印。凹槽底部横向刻等距离的3道小槽，为封泥结绳头处，制作精致、规矩，系至今发现的唯一完整的西晋封检符信木牍实物。该封检系西晋元康三年"符信"，印证了西晋边塞巡查制度，同时也为甘肃档案文书史填补了空白。

2004年7月，宁县出土《大代持节幽州刺史山公寺碑》，该碑是北魏正始元年（504年）幽州刺史山累为孝文帝建立追献寺而立，正面为碑颂，额题为《大代持节幽州刺史山公寺碑颂》，碑阴主体及两侧为题名，碑阴顶部，即碑额背面，为隋开皇六年当地佛徒所造龛像及题名。该碑出土时已断，仅存上半部，碑颂基本完整，下面及其他三面题名下部残缺。此碑尽管残断，但对于了解山氏家族情况、北魏州县官府组织，以及当地民族构成等均有很大的价值。

2010年6月至8月，为配合兰新铁路第二双线（甘肃段）新改线路建设工程，南京师范大学文博系受甘肃省文物考古研究所委托，对位于张掖市临泽县城西南约4.5公里处的黄家湾滩墓群进行了考古发掘，共发掘汉至西晋时期戈壁洞室墓90座，其中在编号为M23的墓葬中发现保存较为完好的一批木质简牍，被命名为"建兴元年临泽县廷决断孙氏田坞案册"。该案册反映了西晋时期的法律制度，以及政治和社会制度。

五、唐代档案

1991年以后，唐代档案没有新的考古发现。但有一些流散于国外的唐代档案，通过民间途径送归敦煌研究院，或国内私人收藏的唐代档案，捐赠给甘肃档案部门。

1997年2月18日，敦煌研究院接收了日本收藏家青山庆示送归的八件唐代敦煌写卷。20世纪70年代，青山庆示的父亲青山衫雨从东京一家旧书铺买到八件唐代敦煌卷子，多年来，青山衫雨一直将这八件卷子珍藏在家里，曾嘱咐后辈："这是中国的古文献，将来无论如何要还给中国，这些文献只有回到它的原地才更有意义。"经过日本和中国专家的鉴定，认为这八件卷子是从敦煌藏经洞流散出去的。

第一件，正面为《国语·周语下》之"单穆公陈景王铸大钱"等三章，抄本年代不晚于北魏。字体古朴，颇多异体及奇字，此卷的价值可补《碑别字》之不足，为字学及墨林之宝。背面为《北魏太平真君十一年（450年）、十二年（451年）历谱》，除简牍谱外，此卷系敦煌纸本历书发现最早的一件。

第二件，正面为唐抄本《金刚经注》尾部。背面为《北宋乾德年代归义军宴司酒破用算会历》，俗称"归义军酒账"。此卷原为一完整的卷子，后被割裂，前11行保存在敦煌研究院，青山庆示送归的这部分为其后之12至49行，而该卷的第50至104行由法国人伯希和携去，现存巴黎。

第三件为《佛图棠所化经》，该卷在佛教文献中是仅存的，《大藏经》中无，既为孤本，又是绝本，在佛经和佛教史研究上具有很高价值。

第四件及第六件，为六朝佛经写本。第五件，为佛经写本，北朝写本。第七件，佛经，名品尚待查考。第八件，正背两面皆佛经疏释，北朝写本。

1997年10月9日，敦煌研究院举行"日本友人青山庆示捐赠敦煌文物仪式"。新华社甘肃分社记者以"流离失所，百年沧桑，敦煌八件文物首次回归故里"为题进行了报道。

2007年4月12日，甘肃省档案馆征集了兰州离退干部杨遇春捐赠的两件敦煌唐代写卷。1958年，杨遇春在废旧物品中，发现并收藏了这两个卷子。"文化大革命"中，曾将这两件卷子装于大瓮，深埋地下，保存至今。经敦煌研究院专家鉴定，这两件卷子是敦煌藏经洞流散出去的，均为唐代写卷。一件是《金刚经》，纸张的颜色、乌丝栏、天头、地脚、行数、每纸的宽度和高度，均与唐代写经相符，字迹结构、运笔、书法筋骨，均整端庄，经卷历千年而不腐，不失为真品、珍品；另一件是一张完整的唐纸，是《大宝积经》卷第九，经查阅名家收藏的写经目录，此件是藏经洞出土的写经中仅有的一件，纸张、字体均为唐风，为武周至盛唐时期写卷。

六、西夏档案

1038年至1227年，在今宁夏及陕北、甘肃西北部、青海东北部和内蒙古西部地区活跃着一个举足轻重的王朝，先后与宋辽、宋金鼎立，这就是以党项羌为主体建立的西夏。1227年，西夏为蒙古所灭，大批西夏文献遭到损毁。19世纪初，甘肃学者张澍首先在甘肃武威发现西夏文、汉文合璧的凉州感通塔碑之后，西夏文献在甘肃等地不断有新的发现。

1908年，俄国人科兹洛夫在哈拉浩特（黑城）西夏古城遗址发掘西夏文、汉文等文字材料文献8000余件。2013年出版的《甘肃省志·档案志》曾对此简单记述。随着《俄藏黑水城文献》六册出版，披露出西夏时代的汉文文献的具体数量和内容。汉文文献有313件，其中有佛教书籍249件，世俗文书63件。63件世俗文书中，政务类5件，经济类32件，军事类1件，律刑类4件，书籍类5件，医药类2件，占卜类3件，书信类10件，祭文1件。以上汉文文书，最多的是经济类文书。其中《南边榷场使呈书》《收税文书》《收姜椒绢等文书》直接反映了西夏边境贸易、进出口贸易制度、榷场使管理制度和文书制度。

1908年2月至5月，法国人伯希和在莫高窟期间，除了对藏经洞文献进行拣选并携走外，还对莫高窟北区洞窟进行盗掘，发掘出西夏文文献200余件。这些文献现收藏于巴黎国立法国图书馆东洋写本部。1941年—1943年，张大千挖掘了莫高窟北区部分洞窟，获得西夏文等文书百余件，这些文书原为张大千收藏，其中相当一部分现流散于日本天理大学附属天理图书馆。从1988年至1995年，敦煌研究院考古人员曾断断续续对莫高窟北区的248个洞窟进行发掘，发现了韩文、西夏文、藏文、蒙古文等文献。其中，在莫高窟北区的37个洞窟内共计发现西夏文文献整页、残页、残片179件，不少是境内仅存，有的是海内孤本，具有重要学术价值和文物价值。这批西夏文文献中，既有手抄本，又有活字印刷本，还有刻版印刷本，还有籍账等社会文书。

2003年，中国国家图书馆在整理、修复馆藏西夏文献过程中，在一些文献的封面和封底以及背面裱糊的纸张中发现了一些新的文献残页，其中有西夏时期的社会文书，如卖粮账、贷粮账、税账、户籍、人口簿、贷钱账、契约、军抄人员装备文书、审案记录、告牒文书等，有西夏文和汉文两种。

七、元代档案

本省现存的元代档案，主要是近代以来在元代属甘肃行省七路之一的亦集乃路（今额济纳旗）衙署所在地黑城遗址发掘的纸质文书，以及散存在省内各地的石刻。元代石刻内容丰富，底蕴深厚，为国人乃至海外研究者所瞩目。

1991年以后，又陆续发现元代石刻。1992年，清水县出土了元至正元年（1341年）的《清水县创建宣德堂记》碑，该碑反映馆驿设置情形。

1999年8月，出土于礼县食品公司院内的元至正五年（1345年）的《同知哈石公遗爱记》碑，详细记载了元代西康郡的六个军政组织机构及每个组织的职位设置和任职人员姓名，是了解元代政治机构的第一手资料。

2009年，天水市麦积区发现元中统三年（1262年）《建修朝云观碑记》。

天水市玉泉观存元代石碑两组11方，其一为元至正六年（1346年）正月的《敕封东华帝君五祖七真碑》，其二为元大德六年（1302年）创建的玉泉观记碑。一通是元大德六年翰林院学士中奉大夫唐仁祖撰《创建玉泉观记》，另一通是元至正十六年（1356年）何希贤撰《重修玉泉观记》。这两通石碑反映了玉泉观在整个元代从创建到扩建的过程。

2013年，陇西县发现元至正时期的《广严寺白话旨文碑》，该碑涉及帖木儿令旨、忽必烈皇帝圣旨、元惠帝的圣旨和八思巴帝师法旨，都是要求保护陇西广严寺的内容。同年，在陇西县城发现元代晚期巩昌府城隍庙功德题名碑。

八、明代档案

甘肃的明代档案保存下来的极少，主要原因是明崇祯末年、清顺治年间甘肃的战乱，明代档案被大量焚毁；而幸存的明肃王府及兰州旧档，又于民国二年（1913）被甘肃财政司长田骏丰所焚毁，故甘肃明代档案基本没有保存下来。

1991年以后，甘肃的明代档案不断有新的发现并进行征集。

（一）明正统三年至景泰七年（1438年—1456年）的《南京至甘肃驿铺图》

台北"故宫博物院"保存有明正统三年至景泰七年（1438年—1456年）的《南京至甘肃驿铺图》。该图系纸本彩绘长卷，纵22厘米，横2432厘米。卷首起自扬子江岸，注"东南"二字，卷尾止于吐鲁番沙州城，注"西北"二字。全图描述明代早期从应天卫到陕西布政司所在地西安府，再由西安府向西北经兰州渡黄河到陕西行都指挥使司所在地甘州，然后由甘州向西北至肃州卫，最后抵达吐鲁番沙州城的驿路——"陕甘路"。

图的方位大致东上西下，左北右南，视图方位固定，基本上以陕甘驿路为主轴，绘出沿线城镇、坛庙、名胜、山脉、水流、桥梁、巡检司以及驿站、急递铺、递运所等。各驿传机构人员、设备及设置地点、里程均有规定。《南京至甘肃驿铺图》所绘驿站多为陆驿，少有水驿，至河南后，递运所数量渐增。图中设置最多的是急递铺，明制规定，每十里设一铺，铺兵步行传送公文。

《南京至甘肃驿铺图》绘制兼具了山水画的艺术性及地图的实用性。以工笔描绘山势，山形大多平缓，蓝、青绿、土黄三色自顶而下，由深而浅，分列于驿路两旁。水流、湖泊用青绿双线表示，黄河用黄色。湖泊、扬子江，部分黄河加绘鳞状波纹。沿线所绘的驿站、递运所、急递铺、城镇、坛庙等，大多有固定的图示，城址用立面表示，城墙颜色为蓝色或黄色，部分绘有城垛和城楼，城围形状各异，应是依照当时形状所绘。城内标注衙署、坛庙、驿铺、道路、桥梁等。道路用棕色单线表示，驿站、递运所标黄色城围，急递铺仅以房屋一间表示，无城围。旁以小楷注记名称。另里程、方向，则注记在各城镇间的驿道上。

《南京至甘肃驿铺图》具有传统中国地图详于画水略于画山的特色。河流形状、所在、大小、方向等描绘详细，遇有驿路经过，图上绘出桥梁或注明为渡口，如兰州附近黄河上的浮桥。但图上所绘的山无法描述山势高低，提供的地理信息较河流、湖泊为少。若驿路由群山间经过，只大致绘出驿路方向。图上驿路下方山脉倒画，地名亦配合倒画山脉方向，推测是为了多人同时阅览方便而采用此种方式绘制。

图自庄浪卫后，各山烽燧渐增，足见甘、凉地区在边防上的地位。除东西向主线外，亦交错南北向驿道，以贯穿联系重要城镇，可以说明明代除南京至陕西布政司之间有驿路外，各布政司所属府、县之间也有相当数量的驿路相互联络。《南京至甘肃驿铺图》对研究明初驿站、急递铺、递运所配置分布及交通路线，考察明代西北及甘肃的边镇、卫所制度，具有重要价值，是难得的第一手资料。

（二）明嘉靖三年至十八年（1524年—1539年）的《丝路山水图》

故宫博物院收藏的《丝路山水图》约绘制于明嘉靖三年至嘉靖十八年（1524年—1539年）之间，是一幅属于明朝宫廷的皇家地图。整幅地图宽59厘米，长30.12米，用中国传统的青绿山水画法绘制于缣帛之飞上，全面反映了明代边关嘉峪关至天方（今沙特阿拉伯麦加）之间的陆路交通情况，这说明16世纪初期中国人的世界地理知识处于全球领先地位。该图原藏于明朝内府，20世纪30年代流至国外，被日本收藏机构藤井有邻馆收藏。2000年，该图由收藏家易苏昊斥巨资购回。

（三）明嘉靖二十三年（1544年）的《甘肃镇战守图略》

台北"故宫博物院"收藏有明嘉靖二十三年（1544年）的《甘肃镇战守图略》，纸本彩绘，册页，每半页纵90厘米，横52厘米。该图册编绘时间上限是嘉靖二十三年，下限为嘉靖末年。该图册为传世绝少的明代彩绘边防图中的珍本，就史料价值言，其中所绘河西地区之卫所、驿递、城堡、墩台、边墙以及西域地区的土地人物等数量很多，堪与同时期的边防图志相互比对，互补不足。

明初为了防御残元势力侵扰，在东起鸭绿江，西至嘉峪关延绵万里之线上设"九边"。初设辽东、宣府、大同、延绥四镇，继设宁夏、甘肃、蓟州三镇，又设山西、固原两镇，是为"九边"。各镇均设有总兵官一人。《甘肃镇战守图略》即为描述明代中期以前甘肃镇的军事防务。

《甘肃镇战守图略》包括前、后两部分，前部分为"图题"，后部分主述"西域土地人物"。

前部分"图题"，自东向西描述明代甘肃镇辖区的军事防务，一图一说，图在前，说在后，包括红城子堡、庄浪卫、西宁卫、镇羌驿、古浪千户所、凉州卫、镇番卫、永昌卫、山丹卫、甘州镇、高台千户所、镇夷守御千户所以及肃州卫13处，共18页。

由于上述档案材料反映了明代甘肃镇的真实情况，在此类档案十分稀缺的情形下，十分难得，故将此"一图一说"照录如下：

1. 红城子图说

红城子堡地里窎远，山口数多，极为难守。设有守备官一员。东至靖虏卫、芦塘湖。如贼由本湖奔红沟、傅家水、硖儿水，或由孙家沟、火烧沟墩、槽儿冲过边进境至南大通、红城子，过大路往西奔费家沙沟、可可川、红古城，过大通河犯暖州、弘化寺地方，西宁兵马在下川口沿河设备阻遏，庄浪、红城子、镇羌兵马随贼由青羊头岭、石板沟等处地方尾后夹攻截杀。如贼抢可可川等处地方，彼地山涧俱险，俟其分散我兵，亦随势击杀，或增兵并力，亦可期成功。一路由硖儿水透芦井儿、咸水河，越过苦水湾驿大路，由庄浪河口抢张、拓二台，如过黄河抢兰州、积积滩堡、阿干峺等处地方，庄浪、红城子兵马随贼尾后至河口据险处所堵截。如贼抢回，决不能全还，可成大捷。一路由芦井儿奔新添铺，往南透沙井驿过黄河抢西古城、兰州、临城、水磨沟、马寒山等处地方，庄浪、红城子兵马驰赴沙井驿，倚河堵截归路，兰州主客兵马并力追击，亦可成功。北邻庄浪卫地方。

深哨地方三处：米硖山离城二百五十里，芦塘湖离城四百里，五方寺离城四百五十里。

2.庄浪图说

庄浪卫，古河湟郡也。汉土杂居，地方冲要，设有参将一员。东至靖虏卫芦塘湖。如套贼由本湖自甘家水、寡妇水、斩石硖、土豹岭、常山儿分水岭透南，奔陈家沟、狼洞沟、破山口抢掠南大通、红城子地方；一路由教场沟漩、徐儿沟、马肠沟、石灰沟等处进境抢掠，临城人烟数少，堡寨坚固，收敛堤备，相机战守。如由杜家沙沟进境，仍踏先年故道，越过武胜驿，奔西大通，过黑山、大通河抢掠西宁、巴暖三川（编者注：巴暖三川，即今青海民和县古善）、河州、弘化寺地方，庄浪、红城子、镇羌人马合兵于马营沟边柞，结营拒堵，以过进入。或贼由石门侵犯，庄浪兵马数少不能阻遏。西宁人马递年于巴州一带，沿河设备。如冰桥结冻，数少，设备严密，止令守河；如冰结冻，数多漫散，西宁兵马前赴黑山拒险堵截，庄浪兵马尾后夹攻游击，凉州副总兵人马驰赴应援截杀，纵使贼众亦不能深入侵犯巴暖三川。南至红城子堡，北接镇羌驿地方。

深哨地方四处：芦塘湖离城三百五十里，五方寺离城五百里，大松山离城五百里，咸滩墩离城六百里。

3.西宁图说

西宁卫，古鄯善郡也。设在万山之中，汉土番夷杂居耕牧。昔年不经虏患，但今亦卜剌占据西海，杀散安定等卫藩篱。番达及套虏大肆侵掠巴暖三川，虏患日甚。设有兵备守备官二员。东至碾伯右千户所，以及庄浪卫。套贼由庄浪越过武胜驿、西大通，往南奔黑山过大通河至巴州川口驿、古鄯驿、河州、弘化寺等处抢掠。一路从红古城侵犯古鄯驿，亦抢弘化寺等处地方。果贼深入，庄浪兵马袭至大通河据险堵截，西宁、河州兵马联络夹攻，贼必不能获利而归。东南至黄河，与归德州相临，如海贼由李思牧川从挽尔朵硖、经纳硖、白崖子进境，各处山险路硖（狭），传调申中族、板撒儿族、隆奔族三枝西番据险堵截归路，我兵列阵夹攻，可成大功。西至西海。如海贼自剌剌山透第四沟、哈儿卜、西石硖、锁思塘、舍舍儿等处地方，各处俱有西番堵截后路，我兵追赶剿杀。西北至毛家山边墙七十里路，接大通川、西海，地方平漫。海贼先年大举累犯西宁。近议于毛家山创筑边墙一道二十余里，底阔一丈二尺，高一丈五尺，墙外壕堑一道，深一丈五尺，阔一丈五尺。工完后，达贼前至本边，窥见复回，至今再无侵犯。以后如大虏由彼侵犯，西宁守备带领马步官军屯兵登墙战守，地方可保无虞。北至沙塘川、哈剌只、红崖子沟脑，俱有番夷。海贼由西海、大通川透思包务硖、写儿缠山口、写儿冲山口犯沙塘川、哈剌只沟，兵马自干沟、西石峡截至威远墩拒堵，后路传调西番随贼追击，夹攻可成功矣。一西宁设立藩篱。番达四卫——安定卫、罕东右卫、曲先卫、阿端卫（编者注：安定、阿端、曲先三卫主要民族成分是撒里畏兀儿 [裕固族古称]，官员主要是蒙古人。罕东右卫的主要民族是蒙古族和藏族）俱在青海近境设，有巴哇等一十三族，各授官颁印，递年中纳金牌、茶马。自正德七年，亦卜剌、阿尔秃厮二枝占据青海，将安定等四卫并临近深藏等番夷抢杀散亡。见在临番巴哇族、隆奔族、贾儿即族、占咂族、革咂族、隆卜族、西纳族、申中族共八族，西番颇守法度，递年中马不敢为恶。其巴沙族、思冬沙族、写尔族、思恶思个儿族、薛咂等五族西番倚凭山险，敢于为恶，或突通衢，抢掠经行，或攻打庄寨，劫掠财畜，或拒敌官军，杀伤甚众。内巴沙族、思冬沙族、写尔等三族为恶深重，思阿（恶）思个儿、薛咱（咂）等二族次之。先年调集兵马剿捕后颇知惧，安分住牧，近年复又为患。虽常差遣抚夷官抚禁，犹尔跳梁，若不早为处置，夷性犬羊，诸番效尤，祸将日滋矣。

深哨地方三处：西海捣溏三百五十里，大小沙河七百里，江零口三百八十里。

4. 镇羌图说

镇羌驿堡设有守备官一员，西临西番，东临套虏，中通一路极为冲要，东至芦塘湖。如套虏由本湖自寡妇水、甘家水、斩石硖、黑马圈、野松林、孤头觜、二道沟，沿河由本堡经过大路透西分水岭、大通川、西海去讫凉州、永昌、洪水地方。该差夜不收并西番远哨，总兵官驻扎凉州适中地方，游击驻扎古浪，协守副总兵驻扎永昌，联络待报。如哨见前贼抢回，或奔镇羌，原路兵马驰至本堡古城堵截。如贼奔永昌，兵马撤回，随贼向往，相机截杀，可期成功。南至庄浪卫，西南至雪山三十里，俱有峇咱族番夷住牧，内有为恶生番，时肆抢掠，商旅经行者苦之。虽常抚禁，不遵约束，患犹前也。乘时加兵捕剿，示之以威，然后从而抚之，方得顺服。但彼夷众若不分别善恶，一概加兵，必致结党煽雪，恐山险路硖（狭），一旦扫除难尽。庄浪参将、西宁兵守官先将守法者加意抚处，使为恶者势孤不敢狂戾。一以加兵胜期万全，余番知警，地方获安矣。北接古浪大路。

深哨地方二处：迤东平岭散岔黑马圈河离城一百五十里，迤西阿西河古城分水岭红嵝岘离城一百三十里。

5. 古浪图说

古浪守御千户所，古和戎郡也。地方冲要，士马数少，设有操守官一员。东通黄羊川口、龙沟口。套虏由宁夏中卫、岗子墩至凉州、板井、芦沟、大松山、汃沙至黄羊川口，零贼由青石峡、红岭儿透龙沟口。如大举，套虏收抢西海，由黄羊川口经过黑松驿一线之路，况轻骑长驱，虽有凉、庄兵马，道路隔远，鲜能有济。龙沟口零贼出没无常，突至大路抢掠经行，黑松驿、安定递运所俱有按伏官军，往来迎送赖之墩塘哨瞭，人役不过谨严烽堠而已。且兵马窵远，山林险密，不能剿杀。东南通镇羌驿，西北至凉州地方。

深哨地方一处：红岭儿离城一百八十里。

6. 凉州图说

凉州卫，古武威郡也。地广川平，近年常被虏患。设有分守参政副总兵各一员。东接外境。如套虏由宁夏贺兰山透中卫、岗子墩至板井，透芦沟、尖山、汃沙犯本城，东南犯古浪。如由汃沙分路奔石门儿过边，至古浪地界、二道边，经过大路侵犯南山、丁家湾等处地方，南至南山宽沟、黄羊岘、把截营、金塔寺、朵兰口、炭山等口。炭山口、宽沟、黄羊岘道路颇宽，路通海、套二虏（编者注：海虏，对驻牧在青海蒙古部族的蔑称。套虏，对驻牧河套地区蒙古部族的蔑称）。其朵兰等口山险路硖（狭），大贼不通。西接永昌，北至镇番卫。如遇套虏大举，人畜收入城堡，兵马分布冲要，遇贼四散抢掠，兵马突出邀击截杀，可期成功。

深哨地方一处：板井离城三百里。

7. 镇番图说

镇番卫，古丽泽郡也。设有守备官一员。此地沙没平漫，又无山险壕堑阻遏，遍通贼径。止靠墩台瞭望，极为冲要孤悬。东通宁夏贺兰山。套虏由红山寺、哨马营、抹山墩犯本境，一路由红山寺往南透大小松山犯凉州地方，一路往西透鞍子山、独青山、来福山、九个井透永昌、昌宁湖地方，一路由独青山、拜亚湖山前透山丹卫山后透甘州。如零贼犯境必当严谨烽火，有警接举到城，守备领兵在于冲要堡寨按伏，待贼至分散抢掠，兵马突出截杀。若贼黉夜入境，失于瞭望，抢回之时，兵马袭至水头扑杀，乘其不备，可期成功。大贼犯境，收敛保固无虞。南至凉州地方。

深哨地方八处：红山寺离城七百二十里，天鹅湾离城五百五十里，鞍子山离城六百里，独青山离城三百五十里，拜亚湖离城五百五十里，白盐池离城三百七十里，常湖离城三百二十里，沙山湖离城一百五十里。

8.永昌图说

永昌卫，乃金川郡也。南通海寇，北连套虏，极为冲要。设有守备官一员，游击在彼驻扎。东通凉州卫，南至栾瑶口、平羌口、脑儿都口、人头沟、江零口。其平羌等口，道路崎岖，大贼难犯。独栾瑶口居道路宽平，路通海、套二虏，各口俱有刺咱、穷咱、红帽儿、亦朗骨四枝番夷住牧，尝有鼠窃居人财畜，抚夷官通抚，追给本主，颇不敢为恶，临期随机应变，恩威并施。如零贼由栾瑶口出没，至寒鸦沟分散抢掠高古城、水泉儿、古城凹、新城儿、屯兴堡、水磨川，俱轻骑虽常出兵追赶，彼山近回速，徒自疲劳。当严谨烽燧，早知有备。其栾瑶口每遇套虏收抢，西海达贼回还必至本口，从水磨川、临城经过，透昌宁湖，或透沙山湖迤北。套虏如抢西海，由镇番、九个井至，昌宁湖亦临城，乃必由之地，设有谋勇主将，调集大兵相机截剿。如零贼从昌宁透红崖口，侵犯郑家堡、董家寨，抢回必由梧桐古墩饮马、住歇。至镇番卫八十里，彼处兵马就近截杀，可期成功。若由破山口透永昌堡，本堡按伏官军二百员名，相机战守保固地方。如由压腰山侵犯牧羊川，严谨守瞭，遇先传报本城兵马迎敌，少缓则不及事矣。如由韭菜口、车路等沟侵犯水泉驿大路，则本城兵马驰救无及。

深哨地方五处。迤北三处：白盐池离城五百里，九个井离城三百里，梧桐古墩离城三百里。迤南二处：野马川离五百里，江零口驼山寺离城四百里。

9. 山丹卫图说

山丹卫古仙堤郡也。先年地方冲要，近设红水守备等官，虏患颇少，设有守备官一员。东通永昌卫，南至大黄山，西接甘州，北至青山口、石井口、独峰口、红寺儿口、龙头山口、东乐大口，俱通套贼。如零贼由脱罕山、青台泉、半截墩口侵犯本境，但彼地窎远，出没不常，摽掠回还。谋勇守备官，挑选本处精壮官军霄夜袭追，住歇水头扑杀，掩其惰归，可期成功。如大举由镇番卫、鞍子山、独青山、拜亚湖往西透脱罕山，如由山后透黑山口侵犯甘州，山前犯本处。有警二处，当严谨提备，预为收敛人畜，分兵设伏，俟其分散抢掠，相机剿杀。

深哨迤北地方三处：乱井离城三百五十里，半截墩离城二百五十里，青台泉离城三百里。

10. 甘州图说

甘州镇城乃张掖郡也。地平川阔，贼少不敢侵犯，大举之患不能免焉。设有镇巡协守、副总兵、行太仆寺卿、分巡副使、行都司等官。东至山丹卫，南至红水堡，各设有守备官一员。红水堡所管通海寇山口、白石崖口、遍都口、明番山口；甘州所管大都麻口、酥油口、大磁窑口、孛罗等口。先年海贼由各口出沼为患，今各口住牧剌咱、穷咱二枝番夷。近来红水堡添设守备花寨、黑城等堡，设有防守官军，自是虏患稍息。各夷颇守法度，不敢为恶。迤北套虏由镇番、山丹、脱罕山、将台透仁祖山口入境至甘州城。本口砌有边墙、墩台，颇堪阻遏。遇警举火，收敛人畜，分布兵马，据险守要，相机剿杀，保障地方。一路分往匡子泉透羊台山口入境至板桥堡，本堡设有防守官军三百员名。彼处时有零贼侵扰，本堡会合平川堡防守官，并力追逐捍卫。如由匡子泉透白盐池、芦泉侵犯高台、四霸、八九霸地方，高台平川镇夷兵马联络截杀。

深哨地方七处。迤北三处：将台离城三百五十里，匡子泉离城三百五十里，白盐池离城三百五十里。迤南四处：大都麻口离城一百二十里，酥油口离城一百里，剌哈油离城三百五十里，化林离城三百五十里。

11. 高台图说

高台守御千户所，古建康郡也。南番北虏防守颇难，设有钦依操守官一员。东通甘州，南至白城山、红崖堡、杨旗山口，路通西海达贼本口，砌垒石墙阻遏，又有西番住牧。如贼侵犯，各夷自相为防，不能深入。但此夷生拗，地方受害，当加兵抚剿之，居人方得安堵。西南至红泥沟，接镇夷、水塘湖地界。住牧沙州罕东左卫番夷帖木哥等，于嘉靖七年携领部落万余投来肃州时，总制尚书晋溪王会奏，一半安插肃州、威虏，一半分住高台、白城山。于内选夷兵四百名，分为四班，在于肃州赴班，按月支给口粮四斗五升，随军杀贼，一以分其势，一以羁其心。初来遵守法度，以后不遵，原议俱搬移白城山、甘州、孛罗等口，并永昌山后、黄城儿等地方盘旋住牧。商旅经行，时被抢劫。虽常抚追，竟不知畏。但彼夷众又与海寇结亲往来，比与别番抚治不同，若加兵威，必生异心。先年将各夷头目弟男羁留肃州为质，颇遵法矩，后多逃走，因无内顾，遂渐跳梁。经久之计，实当早图，不然养虎自贻患矣。西接镇夷地方。迤北套虏由石城、沙枣泉、枸杞泉、芦泉、高透四霸堡，低透八九霸等堡。前项泉口各设守哨，有警传报，收敛高台人马，会合平川堡防守人马，并力设伏，如贼分散抢掠，彼地种稻，沟渠颇多，相机分兵截杀，可期成功。

深哨地方二处：迤北石城离城二百九十里，迤南巴思洞川离城五百里。

12. 镇夷图说

镇夷守御千户所，古天城郡也。控制黑河之外，孤悬冲要重地，设有钦依操守官一员。东通高台，南至水塘湖以及南山、马营堡。虽有番夷住牧不常。西至鹅头山墩与肃州红口子墩接境。如套贼由亦集乃、兀鲁乃，透狼心山，越过毛目墩，自沙枣等墩空内潜入肃州、金塔寺，一路由鹅头山扑上大路，或至镇夷临城抢掠番夷，但地里平漫，来去疾速，不能截杀。遇冬黑河冰结，此患尤甚，当严加堤备。若得谋勇骁健之将相机截杀，或可策勋。一由大山口出没抢掠沙湾等堡及高台八九霸地方，当严烽燧，有警驰报。操守领兵前堡设伏，仍会高台操守官联络进兵截杀，地方不致失事，兵马可期成功矣。

深哨地方迤北三处：狼心山离城五百里，亦集乃离城一千余里，兀鲁乃离城七百余里。

13. 肃州图说

肃州卫，古酒泉郡也，乃中国绝域重地，腹背肘腋，俱皆受敌。设有兵备参将各一员。东关厢住居哈密卫忠顺王部落都督乩吉卜剌等，哈剌灰、畏兀儿二种，夷人与汉人杂处耕牧，知守法度。东通甘州一线之路，西南至文殊山口、磁硙山口、红山口、观音山口、干霸口，六处俱通海寇。西至嘉峪关七十里，以及回回墓、扇马城、赤斤蒙古卫、苦峪王子庄、川边，过卜隆吉河。一路分往西南瓜州、沙州、罕东左卫，一路分往西北坦力他失把力城至哈密，俱中正路由莽来川，三日无水，遇冬则驮载冰雪而行。此路径达哈密、肃州，至哈密卫计一千五百里。西域诸国进贡，道经哈密送至嘉峪关验入。正德年间，节被贡回奸夷诱土鲁番王速坛满速儿抢杀沙、瓜州，苦峪，赤斤等处藩篱，番达散亡肃州，临城住牧。正德十一年、嘉靖三年，番夷累犯甘州。总制晋溪王准其进贡，边患稍宁，将来逆顺难以亿度。夫各夷本藩屏内地者也，今返资我，以为捍御。生养蕃息，根深固蒂，已不能复其故土，江统之论可鉴也。查得迤北境外金塔寺、威虏等处地方，田土广阔，水草便利，先年曾有安插之名，缘未修理避患之所。为今之计，将金塔寺、威虏等城修理完固，再为酌量添筑屯塞，分派住守使各有栖止，不许擅越，境内庶华夷有所界限，而居民少得安辑。近闻土鲁番种田沙州、哈密，益无克复之期。嘉峪关外即非我有，河西之祸不自此殷耶。东北通套虏，往年侵犯，或由亦集乃（古居延也）、兀鲁乃透狼心山沿黑河越过天仓等墩，由昌平等墩空进入抢掠威虏、金塔寺等处。番夷如若进境，由小口子等处侵犯临水驿古城等处，汉番止是轻骑，未经大举、天仓头墩夜不收，遇冬严加瓜哨，如有踪迹，一面举放炮火，星飞走报，先传番夷堤备，仍赴城报知参将，即统兵驰去古城待报，相机剿杀，以保地方，可期成功。如天仓墩夜不收失误走报，致贼突入，兵马虽出，不能济事，汉番人畜必致损伤。

深哨地方四处：迤北狼心山离城四百里，迤西川边离城四百里，迤南白水河里城五百里，讨来川离城六百里。

《甘肃镇战守图略》采用青绿山水画法，上北下南，东起兰州城，西至嘉峪关，标注甘肃镇内的军堡、村堡、驿铺、城邑、长城墙体、隘口、各处墩楼以及河流、山脉、寺庙、泉源等。山形描绘依山势或平缓或瘦长，青绿色自上而下，由深而浅，山顶缀以黑点表现林木，河流用双线青色表示，不加波纹，唯黄河用黄色，另绘波纹。军堡、驿铺、城邑、聚落等用方框表现，依框的大小及单框、双框以及加绘门与否表现规模，框内多涂粉红色，但兰州城、红城子堡、庄浪卫等主城涂红色，框边加绘白色城垛。地名注记写在方框内，并标注道路方向、里程，大城写在方框内，其余写在方框下面。长城边墙用连续黄色略带锯齿状横条立面表现，小部分加绘白色墙垛，间或注出边墙名称，如"毛家山边墙"。墩楼分布极广，用白色立状城楼表示，大部分伫立在长城沿线，小部分夹杂在军堡之间。图说内容主述该地区一般兵员布防事务，并着重说明倘若敌人由某处来攻，应如何应对戍守或掌握制敌先机，最末述及该地区"深哨地方"几处以及距城里数几许等。

图册后部分内容主述"西域土地人物"。也是图在前，说在后，题名"西域土地人物略"及"西域沿革略"，图东起嘉峪关，西至鲁迷城，记录西域各地和人文景观。尤其详记从哈密到"鲁迷城"的道里以及沿途城、关隘、湖泊、山脉、河流、井泉、村庄、坟墓、寺院，以及人种、物产、宗教信仰、风俗习惯、生活状况等。绘图方式同前半部，较特别的是各种不同装饰的人物及建筑，色彩较为丰富，直接说明明代中期以前的西域民族。

（四）明嘉靖年间兰州普照寺经卷

1993 年，甘肃省图书馆由旧馆搬进位于兰州雁滩的新馆后，在对中国古籍名录分编工作中，发现被放置在一些大箱子里面的明版《大藏经》，经卷被包在包裹皮里，经卷内还夹有许多黄色和红色的小纸条，这些小纸条是僧人们阅后的题签，有的题签上还写有兰州普照寺僧人的名字。由此，可以确认这是1939年2月23日，以及同年11月16日、17日，日军对兰州进行连续大轰炸，炸毁兰州旧城东南隅的佛教名刹普照寺，而险遭毁灭的明代大藏经。

当年日军的轰炸，使普照寺成为一片瓦砾，也殃及寺内所藏的大藏经。李恭当年在《敌机袭兰纪略》中记载："二月二十三日，敌机进袭兰州时，普照寺见毁，蓝和尚众诚死焉。据闻该寺藏经七千余卷，多系明版，损坏十分之二，殊为可惜。三月二十日，余因郭杰三师得睹其烬，偶见卷末有嘉靖壬寅陈某施财刻版字样，历时盖三百九十五年矣。"为了挽救藏经，普照寺的继任方丈王月庵，先是将未被炸毁的经卷匆忙转移到兰州安宁堡某处，1939年5月，兰州佛教协会邓隆、裴建准和水梓将经卷又转移到更安全的颜家沟"煦园"水梓家中。一直到抗战胜利后的第三年，这批经卷被迎送到原普照寺未被日机炸毁的东侧院子。之后，这批经卷究竟存于何处？一直下落不明。随着时间的推移，人们都认为这些经卷已经不存于世。

甘肃省图书馆发现的这部明代经卷，是佛教大藏经系统中非常重要的一部藏经《永乐南藏》，是明肃王朱绅尧和他的母亲陈氏施财在南京印刷的，经办人是五泉山崇庆寺的僧人镜授和徒弟怀藏，共印刷了三套，分别藏在五泉山崇庆寺、嘉福寺和普照寺三处。《永乐南藏》是上等优质连史纸印刷，上下裱纸和经帙全用花纹锦缎裱装。藏经以千字文编号，始"天地玄黄"，以"巨野洞庭"的"野"终，凡638函，1612种，6364册。一般每函十册，多者十三四册，少者六七册不等。具体为：《大乘经》205函，537种，2085册；《小乘经》46函，243种，47册；《小乘律》50函，58种，456册；《大乘论》49函，92种，504册；《小乘论》74函，37种，720册；《续人藏论》5函，23种，48册；《此方撰述》148函，154种，1436册。

现在，这些经卷保存在甘肃省图书馆九州台《四库全书》馆内。

（五）明崇祯五年（1632年）三月执照

2009年，甘肃岷县大崇教寺新发现一批明清及民国年间的契约文书。其中有明崇祯五年（1632年）的文书一件。系巩昌抚民厅对束卜山、柏林中嘴山地归属大崇教寺僧人旦巴扎石所有的一份执照，具体记录了大崇教寺明代寺院经济活动。

大崇教寺位于甘肃省岷县梅川镇萨子山麓，兴建于明代，藏语为曲德贡寺或隆主德庆寺，是西北地区颇具影响力的藏传佛教寺院之一。中国国家博物馆就藏有明朝封赠岷州大崇教寺下寺崇隆寺、羊卷寺以及西宁西纳寺大喇嘛袭职的圣旨。

（六）抄写于明代的晚唐苯教古藏文经卷

2012年，在宕昌县城关镇鹿仁村、立界村和新城子乡和平村、岳藏铺村的12户藏族群众家中发现了晚唐时期的古藏文经卷，计12卷2000页，由于年代久远，存放条件简陋，已经发生破损，字迹亦严重褪色，还有一些经文写在羊皮上。宕昌县地方志办公室特邀中国社会科学院、西北师范大学和四川阿坝、西藏拉萨古藏文专家到宕昌进行专门研究，专家认为这些经卷的内容是晚唐时期流行的"苯教"经文。"苯教"是当地藏族群众信仰的一种宗教，在佛教传入之前已在当地流传。这些经文抄写于明代，有文字和图像两种版本，文字分为大小写（即繁体与简体），藏族群众称"文武版"。专家称，这批古藏文是全国唯有的、最早的苯教经文，对研究晚唐时期藏族语言、民俗、文化等具有多方面的价值。宕昌县档案馆保存着这些经文复制件。

九、清代档案

历史上，甘肃地区战乱频仍，清代以前的档案多毁于兵燹。清代档案的大宗也于民国初年被人为焚毁。1949年以后，各级档案部门向社会发出公告，采取向社会和民间征集等多种手段，重建甘肃清代档案体系，使流于社会和藏于民间的清代政府档案、民间文书，得以收集进馆。

甘肃的清代档案主要存于甘肃省档案馆、临夏回族自治州档案馆、甘南藏族自治州档案馆等市（县）综合档案馆，以及省内图书馆、博物馆等收藏部门。

甘肃形成的清代档案还有一部分保存在其他省（区）。由于历任甘肃巡抚、陕甘总督向清廷奏报当时甘肃各地的各类情况，所以这些档案现今集中保存在北京中国第一历史档案馆。甘肃巡抚时期所形成的反映清代甘肃气象、农业、牧业、水利、人口等情况的档案计2375件，从多层面、多角度记载了清代甘肃地区的生态环境，对于研究当时生态的变化具有重要的史料价值，是珍贵的清代甘肃生态环境档案。陕甘总督时期所形成的档案共9000余件，记载和反映了西北回族反清斗争、甘肃监粮冒赈案、左宗棠收复新疆等重大历史事件。国家图书馆藏有光绪年间甘肃全省收支四柱总册。由于历史上行政区划的原因，清代兰州府循化厅档案3000余卷，现存青海省档案馆。清代甘肃凉州镇、凉州府、甘州府、武威县、张掖县的清册、舆图，现存陕

西省档案馆。甘肃清代档案有相当一部分流失异域。

1991年，全省各级档案馆保存清代档案3929卷又577件。1991年以后，各级档案馆通过从社会和民间征集清代档案，使得甘肃清代档案在门类、内容诸方面又有所增加。

（一）甘肃省档案馆藏清代档案

甘肃省档案馆1991年之前，主要保存以下清代档案：（1）清代甘肃地方政府档案2252卷，主要是清康熙四十四年（1705年）至宣统三年（1911年）陕甘总督衙门和甘肃布政使司、按察使司、提学使司及其所属府、州、厅、县形成的，主要内容是清末甘肃全省、西宁办事大臣、宁夏部郎、新疆粮台和陕西部分地区的各项财政收支，以及行政、民政、军政、实业、教育等各项费用清册、奏销册、上喻则例、官弁人员履历及营旗哨员、军装甲械、马炮车驼等的收支移交清册、存留数目账、花名册等。（2）兰州黄河铁桥建设档案45卷，571件，2561页。起讫年代为光绪三十二年（1906年）五月十四日至宣统三年（1911年）六月十四日。主要内容为清朝中央政府有关部、天津督署、德国驻天津领事馆、天津德商泰来洋行、直隶火车货捐专局、郑州公泰转运公司、陕甘总督部堂、甘肃承宣布政使司、甘肃提刑按察使司、甘肃全省洋务总局、甘肃全省农工商矿总局、甘肃全省税捐总局、甘肃官报局、甘肃织呢局、兰州府、皋兰县等在建桥过程中产生的各种文电。兰州黄河铁桥档案2002年3月8日入选第一批《中国档案文献遗产名录》。（3）甘肃凉州府奏稿写本1卷，163页，系清末新政时期甘肃凉州府公文之汇抄，共65件。主要内容为清厘钱粮积欠、严禁书吏需索、处办案犯、开设学堂、办理保甲、审讯案件、募民屯垦、调处民族纠纷、办理洋务、开办城乡巡警、筹防实边、规正婚礼、栽植树木、招募工匠、招选农矿学徒、清查户口树木等方面的官方文书。（4）甘肃全省舆地图8卷，112张。包括全省总图，各府、直隶州及所属厅、州、县图，各卷有目录、图说、舆图。（5）《陇右纪实录》写本二十二卷六册。记录了甘肃开办蒙盐官局、农工商矿总局、农矿学堂、筹设督垦总局、设农务总会、设立劝工厂、开办织呢局、开办官报书局、开办洋腊胰子厂、筹设商品陈列所、开办石印书局、开办官银钱局、创办官铁厂、筹议商品陈列所、设商务总会、开办官银钱局、创办窑街官金铜厂以及创修黄河铁桥等的过程。

2003年4月，省档案馆从天水征集114件清代档案。这批档案最早为康熙四十四年（1705年），最晚为宣统三年（1911年），涉及康熙、乾隆、嘉庆、道光、咸丰、同治、光绪、宣统八个年号。其中，康熙年间1件，乾隆七年7件，乾隆二十六年2件，乾隆三十年2件，乾隆三十一年2件，乾隆五十年1件，乾隆五十一年3件，乾隆五十二年5件，嘉庆十年2件，嘉庆二十年1件，嘉庆二十一年5件，嘉庆二十二年1件，嘉庆二十三年3件，嘉庆二十四年6件，嘉庆二十五年7件，道光三年1件，道光十五年6件，道光十七年1件，道光十八年7件，道光十九年2件，道光二十一年1件，道光二十二年6件，道光二十四年7件，道光二十五年5件，道光二十七年2件，咸丰元年1件，咸丰七年5件，咸丰九年4件，咸丰十年4件，同治元年1件，同治八年10件，同治九年3件，同治十二年3件，光绪元年1件，光绪三年2件，光绪四年1件，光绪八年2件，光绪十一年1件，光绪十五年1件，光绪十八年4件，光绪二十七年4件，光绪二十八年1件，光绪三十一年2件，宣统年间19件。时间跨度206年，内容反映了当时巩昌府秦州直隶州（今天水市）及所辖秦安、礼县、两当、甘谷、徽县等县土地、财产、婚姻、民事纠纷、司法提传、案件判决等方面的情况，还有地丁银税征收、乡民承粮地垦申请，礼县乾隆三十八年（1773年）和秦安县宣统三年（1911年）的气象记载，以及两县同治年间天水书院考生试卷等。本次征集到如此数量多、内容广、年号较齐全的清代档案在省档案馆尚属首例，填补了省档案馆清代司法档案和清代天水地区经济、文化记载的空白。

2004年，省档案馆从民间征集清代档案9件。其中3件为康熙年间形成的，主要是：康熙六年（1667年）《陕西西宁昌营游击刘为泰预给饷银造具花名清册》，康熙五十九年（1720年）《安定县会宁县粮食价表》和《陕西西宁昌营千总进仁陕西宁远县粮价》。

2007年1月，省档案馆征集清代道光二十二年至光绪二十九年契约4件，《葛姓宗谱图》1幅。

2008年，省档案馆征集清代民间土地契约18件，其中嘉庆年间11件，道光年间6件。

2011 年，省档案馆征集清代民间租地契约、典当契约、地基契约、换地契约等19件。

甘肃省档案馆馆藏清代档案一览表

表 1—1

全宗号	全宗名称	起止年代	数量（卷）	数量（件）
1	甘肃地方政府档案	1759—1911	2304	–
5	兰州黄河铁桥档案	1906—1911	45	–
	各个年代的零散档案	–	–	123

（二）市、县档案馆藏清代档案

本省各市（州）档案馆和县（市、区）档案馆的清代档案，主要是1958年以后从民间征集的。

2013 年，各市（州）档案馆保存清代档案1026卷又586件，各县（市、区）档案馆保存清代档案3696卷又860件。

各市、县档案馆的清代档案收藏不均，且多为零散档案，但藏品特色鲜明，反映了清代甘肃地方政治、军事、文化、民族等方面的片段，以临夏回族自治州档案馆收藏为最多。其他收藏在张掖市档案馆、武威市档案馆、张掖市甘州区档案馆、天水市档案馆、甘南藏族自治州档案馆、积石山保安族东乡族撒拉族自治县档案馆、肃南裕固族自治县档案馆、夏河县档案馆、永靖县档案馆、榆中县档案馆、靖远县档案馆、甘谷县档案馆、泾川县档案馆等23个市、县档案馆中。其中，康熙至宣统年间的各类民间契约文书收藏较多，是各馆清代档案的主要藏品。一些藏品用满、蒙古、藏文字书写。

临夏回族自治州档案馆所存清代档案599卷，75件，起迄年代为乾隆二年（1737年）至宣统三年（1911年）。主要有：（1）河州地方契约159卷，是由马麒等家族形成的。其中嘉庆年间1件，道光年间39件，咸丰年间23件，同治年间75件，光绪年间283件，宣统年间35件，涉及买卖、典当、租赁、承嗣、纳妾、休妻、产权、继承等内容，契文中有钤盖官府印信的红契和无官府印信的白契两种，由于契约数量、内容、种类比较完整或具代表性，形成了州档案馆《清代河州契文档案汇集》。(2) 清廷掌管少数民族地区事务的理藩院颁发给河州居集红崖寺的喇嘛度牒50件，形成于乾隆二年（1737年）至咸丰四年（1854年），汉、满、蒙古三种文字书写，盖有理藩院印鉴，有些度牒还盖有"河州之印"，是研究清代宗教政策以及在临夏境内实施情况的珍贵档案。(3) 珍贵档案25件，主要有：道光十五年（1835年），道光皇帝颁给率陕甘军在浙江慈溪抗击英军的河州人朱贵的祖父的诰命，属清代诰命文书的典型文本；光绪元年（1875年），河州总兵沈玉隧为采办军粮给马悟真的谕帖；光绪二十二年（1896年），刘家集善后总局关于红崖寺封山护林的告示；光绪二十三年（1897年），总统甘军节制前敌各军提督董福祥嘉奖王应贵札；光绪二十三年至二十七年（1897年—1901年），河州知州杨增新给甘肃布政使司关于修筑城堡、建立书院、设置牛痘局的禀呈；光绪年间河州衙门绘制的《河州二十四关图》。河州二十四关是明洪武三年（1370年）由御史大夫邓愈统帅诸将攻克洮州、岷州、河州后，在当时河州（今临夏）卫的边境，沿白石山、太子山、小积石山脉，选择山巅、谷口、高阜，设置了数十座捍卫西陲重镇河州的关隘，这些关隘就是史书所称"明代河州二十四关"。《河州二十四关图》是迄今为止发现的由河州官府绘制的最早的一张原始地图。

甘南藏族自治州档案馆保存的乾隆、嘉庆、道光、咸丰、同治年间陕甘总督部堂、西宁办事大臣、洮州厅、循化抚番分府等的告示、执照、磨帖等，以及光绪年间拉卜楞寺嘉木样拉章活佛举办佛事活动等的各种账册等500余卷。

西和县档案馆保存康熙至宣统年清代政务、军务、刑事案件、民事案件、驿站奏销清册和信牌等档案344卷。

正宁县档案馆保存该县永和镇"燕翼堂"商号自嘉庆、咸丰、同治、光绪年间至1949年的土地、房屋、田产买卖、租赁、诉状等的账册，时间跨度大、内容记载连续，从一个商号的档案记载反映了当地各个时期经济、社会的微观状况。

卓尼县档案馆保存的卓尼杨土司衙门档案，记录了甘青一带土司制度政教合一的统治形式和当时的社会形态。现保存有康熙、雍正、乾隆、嘉庆、光绪至民国年间处置草山纠纷、典卖房屋、土地，出卖人身的契约，土司衙门的公务信函、票据，洮州厅土司指挥佥事印纸、土司家庙禅定寺募化布施底账、名册等文字材料42件和第19代土司杨积庆及其家人日常生活和社会活动的相关照片。

夏河县档案馆保存的乾隆至光绪年间藏、汉文土地契约、立卖林木合同20件，以及收藏有总督署给循化抚番府的公文等。

定西市档案馆、天水市档案馆、华池县档案馆等保存清代各类契约400余件，时间跨康熙、雍正、乾隆、嘉庆、道光、同治、光绪、宣统八个年号，内容涉及民间买卖、典当、货币借贷、兑换土地、产权继承等各种活动。这些契文上除记载买卖、租佃、典当、借贷、兑换双方和亲房、中人、代书的姓名、画押外，有些还钤盖官府的印信，用藏、满、汉三种文字书写。

武威市档案馆有清代契约50件，清代文书档案5件，是清康熙五十九年至宣统三年（1720年—1911年）形成的。其中康熙年间1件，乾隆年间5件，嘉庆年间2件，咸丰年间3件，同治年间3件，光绪年间32件，宣统年间10件。内容涉及买卖、出租、典当、房屋、田地、财产、树木、遗嘱、水利、分家、甘肃布政司"磨帖"、借贷、田粮、区乡议员选举、地方概况等。

有的市、县档案馆保存的清代档案，虽然零星，但很珍贵。主要有：

顺治十四年（1657年）分巡西宁道按察司副使杨春茂编写的《重刊甘镇志》4卷。详记了明代陕西行都司（治所甘州）所辖十二卫、四所的疆界地域、历史沿革、物产民风、官吏、儒士、马政、关隘、田赋税收、山川水利等情况。现藏张掖市档案馆。

康熙十四年（1675年）康熙皇帝封陕西西宁临巩镇保安堡守备王拱斗父母的诰命。载体为五彩精绫，满、汉文合璧书写。现藏积石山保安族东乡族撒拉族自治县档案馆。

雍正二年（1724年）招安书1件，载体为黄色真丝软缎，藏、汉文书写。记述了青海蒙古族罗布藏丹津率部发起叛乱，雍正二年（1724年）川陕总督、抚远大将军年羹尧，奋威将军岳钟琪奉清廷之命，剿讨平叛、安抚招安的史实。现藏天祝县档案馆。

乾隆三年（1738年）、咸丰十年（1860年）、光绪二十二年（1896年）的三件册封，均为黄色锦缎制成，分别是：达赖、班禅册封土司官衔的文书，藏文书写；十二世达赖册封堪布喇嘛开喀美美斋许图图之舅父为额尔德尼给蒙古地方的通告，蒙古、藏文书写；哲蚌大寺甘丹教法高官册封文殊寺寺院堪布给蒙古、藏各部落僧众的通告，藏文书写。现藏肃南裕固族自治县档案馆。

乾隆七年至二十二年（1742年—1757年）的上谕汇抄12件。记述乾隆年间中央政府关于河西及口外安西、沙州等边地屯田民人缴纳、缓缴、减免所借牛具、口粮银两的情况。现藏酒泉市档案馆。

乾隆四十四年至五十六年（1779年—1791年）平番县（今永登县、天祝藏族自治县）的土地执照、告示。记载了清廷特命巡抚甘肃部院、甘肃凉州府为解决草山纠纷给甘、青藏族各部落头目颁发草原地界执照两件、告示一件，以明确地界划分的情况。现藏永登县档案馆。

道光十五年（1835年）皇帝颁给陕西西安府周至县知县徐葆甫之祖父、祖母的敕书1件。满、汉两种文字书写，质地淡黄色丝绢，首尾各有二龙，正文两边绢为橙色，配有梅花形图案。现藏临洮县档案馆。

光绪年乡试朱卷刻版。刻版为泾川间佐武乡试第四场的考卷及考官批语，共6块，正反12面，4000余字。甘肃清代乡试朱卷刻本尚多，但其刻版很少，是研究清代科举制度的珍贵实物档案。现藏泾川县档案馆。

光绪十五年（1889年）皇帝封赏诏书2件。诏书载体均为竹簧，满、汉文书写，记载了光绪皇帝对临泽马正刚之父母教子有方和对马正刚之兄嫂训导其弟有功的封赏情况。还有宣统年间《临泽县采访录》等。现藏临泽县档案馆。

光绪二十四年（1898年）《禀定柳湖书院章程》，木刻1块，记载了柳湖书院受资助金额和资助人身份，平凉府及各界向书院提供经费情况和书院工作人员待遇、奖惩制度情况。现藏平凉市档案馆。

同治十一年（1872年）《河州善后局厘定田赋清册》，记载了同治年间河州变乱后，清政府设立河州善后局处理善后事宜，给东乡金龙池八角山头社130多户回族人颁发田赋清册的情况。110页，宣纸手写。现藏临夏县档案馆。

其余各市、县档案保存的清代档案：张掖市196卷、庆阳市44卷、平凉市20卷、金昌市16卷、酒泉市15件、武威市凉州区544件、兰州市1件；陇西县850卷、泾川县810卷、平凉市崆峒区596卷、临泽县500卷，130件、民乐县262卷、漳县220卷、积石山保安族东乡族撒拉族自治县161卷、临夏县127卷、临夏市121卷、甘谷县102卷、渭源县96卷、静宁县88卷、永靖县50卷、两当县241卷317件、永昌县100卷、张掖市甘州区15卷、东乡族自治县7卷、兰州市城关区4卷、兰州市红古区2卷8件、兰州市七里河区1卷、康乐县1卷、天祝藏族自治县1卷、榆中县381件、武山县154件、景泰县71件、靖远县20卷、礼县48件、灵台县33件、肃南裕固族自治县10件、皋兰县7件；清水县6件、舟曲县1件、临洮县1件、秦安县112件。

（三）企事业单位档案馆和其他部门藏清代档案

兰州大学档案馆收藏有宣统二年（1910年）甘肃法政学堂档案，其中有甘肃法政学堂颁给灵台县刘耀儒、高台县汤举相的毕业文凭。

武威市博物馆收藏光绪十五年（1889年）甘肃乡试题目（四书题、五经题）卷子、光绪二十年（1894年）甘肃乡试题目卷子、光绪二十七年（1901年）甘肃乡试题目（四书题、五经题、策题）卷子、光绪二十九年（1903年）甘肃乡试题目（论题、策题、四书五经题）卷子、光绪二十九年甘肃乡试第一场、第二场、第三场秦安附生蔡锋答卷，光绪三十三年（1908年）甘肃乡试题目卷子。以及光绪年间武威天梯书院、武威雍凉书院一等、特等、超等各名次的答卷，是清代乡试考卷最多的收藏单位。

甘肃省博物馆收藏康熙十四年（1675年）、乾隆五年（1740年）、同治十三年（1874年）、光绪十八年（1892年）的契约文书；同治九年（1870年）宁州知府颁烟户门牌；宣统三年（1911年）甘肃全省优级师范毕业文凭等，同治、光绪年间兰州民间画家马五绘制的甘肃省会兰州府治所在地皋兰县城的《金城览胜图》。

一些市、县博物馆也藏有珍贵的清代档案，如山丹县博物馆的《清海防全图》十四至十八、天水市博物馆的嘉庆年和光绪三十年（1904年）秦州的契约文书、民勤县博物馆的乾隆三十年（1765年）朝廷诰封卢坚之父母书和同治元年（1862年）赏赐唐千国军功文书、灵台县博物馆的咸丰年间水印梅花图汇银票等。

平凉市文化馆藏清光绪四年（1878年）魏光焘书《武威各营频年种树记》碑，详述了同治、光绪年间左宗棠督甘时植树情况。

甘肃省图书馆西北地方文献专藏中也有少量清代档案，如《皋兰兴文社公立两等小学堂章程（光绪年）》《（乙酉）甘肃赈务往来电稿》《甘肃全省教堂图》《甘肃劝业道宣统三年第一期报告书》和《庄浪茶马厅地理调查表式》等。其中，《（乙酉）甘肃赈务往来电稿》收录宣统元年陕甘总督升允致军机处请代奏电，甘肃与上海、成都、太原、济南、长沙等省赈务会的来往电稿300余份；《甘肃全省教堂图》载全省各地教堂43座，是清代甘肃教堂设置较为翔实的原始档案；《庄浪茶马厅地理调查表式》是宣统元年（1909年）由庄浪茶马厅同知刘秉权饬派茶马厅书办赴藏区实地调查，填写表式，表载庄浪厅藏族煞尔吉族等36部的喇嘛寺名、区别、方位、离城里数、户口等项内容，"附记"载各部族藏僧人数及其领支衣单、口粮、银两数，载16处不准砍伐之封禁松林。

敦煌研究院收藏一件宣统二年（1910年）十二月十四日敦煌知县申瑞元给莫高窟道士王圆箓要求谨慎保护藏经洞的谕。

夏河县拉卜楞寺藏经楼藏有清朝帝王、西藏地方政府授予历世嘉木样大师的册封文件、褒扬令等历史档案。有康熙五十年（1711年）达赖益西嘉措授予一世嘉木样"郭莽额尔德尼诺门汗"的印册；康熙五十九年（1720年）康熙皇帝颁赐一世嘉木样"扶法禅师班智达额尔德尼诺门汗"的封册；乾隆三十七年（1772年）乾隆皇帝颁赐二世嘉木样"扶法禅师班智达额尔德尼诺门汗呼图克图"的封册；道光二十九年（1849年）道光皇帝颁赐三世嘉木样为"扶法禅师"的封册；光绪皇帝颁赐四世嘉木样"广济禅师"的封册。

2009年，甘肃岷县大崇教寺新发现一批明清及民国年间的契约文书。其中清代档案有康熙年间至光绪年间31件。内容涉及土地制度、宗法制度、赋役制度、诉讼司法、风土人情以及寺院宗教管理制度等诸多方面，包括土地执照、名册、置产簿、收租簿、字据、合同等。经过整理和分析，将其分为：买卖契、租佃契、借贷契、施舍赠予交换契、诉讼文书、寺院制度、账簿名册等类别。

（四）清代照片

清代以来，随着西方科学技术逐渐传入，在此以后形成的档案中，也开始出现了照片档案、外文档案、技术档案、会计档案、电报档案等许多新的成分和新的载体形式。甘肃各级档案馆保存有少量的清代照片，主要有：陕甘总督左宗棠于光绪年间开办的兰州织呢局照片；1908年芬兰人曼内海姆、1909年美国探险家斯特林·克拉克、1910年英国《泰晤士报》驻中国记者乔治·厄内特斯·莫理循等先后来甘游历拍摄的记录甘肃自然、地理、民生的照片；兰州市七里河区档案馆保存有光绪二十九年（1903年）甘肃举人在河南开封山陕会馆的合影；甘肃省档案馆保存有光绪三十三年（1907年）甘肃通志局同仁合影；平凉地区档案馆保存有宣统二年（1910年）比利时传教士在平凉活动的照片等。

第二节　近代档案

一、民国档案

2013年底，全省各级档案馆共收藏民国档案229329卷，7572件。其中，省档案馆85204卷，522件；市（州、市）档案馆88510卷，1930件；县（市、区）档案馆51727卷，2909件；部门档案馆2612卷，2211件；企业事业单位档案馆1256卷。甘肃省图书馆及一些事业单位亦收藏部分民国档案。

（一）甘肃省档案馆藏民国档案

甘肃省档案馆收藏民国档案85204卷，1920件，起讫年代为民国三年（1914年）至1949年。有属国家重点档案的兰州海关档案、甘肃督军驻京办公处档案；有甘肃省政府、兰州市政府及所属机关以及甘肃金融、电力、煤炭、贸易、毛织、被服、面粉、化工、制药、机器等行业形成的档案。这些档案，记载了民国时期甘肃的政治、经济、民政、财政、司法、工业交通、金融、农田水利、文教卫生、民族宗教等各方面历史情况。民国时期的税务、邮务、电信、盐务、电政、考铨、监察干训等事务，国民政府在兰州设置西北地区管理机构或派出机构进行管理，同时也在兰州建立金融机构和工矿企业。这些机构形成的档案，省档案馆都有收藏。这些档案是西北地区性或国民政府派出性机构的档案全宗，反映的是民国时期整个西北地区的有关历史情况。这种情况，再加上民国十七年（1928年）甘宁青三省分省以前，甘肃实际上包括甘宁青三省，就使得甘肃省档案馆在一定程度上起着西北地区（除陕西外）档案馆的作用。这些档案在1949年兰州解放前夕，很大一部分被民国甘肃省政府逃离前夕焚毁，其中一部分由兰州军管会接收下来，成为甘肃省档案馆馆藏历史档案的重要组成部分。

至1991年，省档案馆保存民国档案60068卷。按照民国档案整理的原则和方法，之后经过历年整理，理顺了全宗号及其名称，将原民国档案的厚卷进行拆分和调整，至2013年，形成了85204卷。1991年以后，省档案馆从民间征集了各类民国档案计522件。

1. 西北地区性机构和中央设置、派出机构的档案

本部分列出"西北地区性机构和中央设置、派出机构"中的主要全宗档案，全部档案见"甘肃省档案馆藏民国西北地区性机构和中央设置、派出机构档案一览表"。

甘宁青邮政、电信、储汇系统全宗汇集　本档案系"全宗汇集"，所存档案4611卷，起讫年代为民国十八年（1929年）至1949年。主要内容有：邮政总局、交通部、邮政储汇局及甘宁青邮政局，兰州电信局、储汇局等关于航空邮务办理规则、邮电业务往来事项办法、电信统制办法文件；邮运汽车事务规章、电信建设工程章程；电报电汇办法；官署文件邮递办法；处理私运邮件办法；军邮寄件办法；邮政、电信、储汇业务工作计划、报告、会议记录、图表；追查邮件遗失、被窃、霉烂、延误、积滞的文件；邮政稽核检查和军邮业务的文件；还有调查陕甘宁边区邮局名称、设置地点的文件等。

甘宁青区监察使署档案　甘宁青区监察使署档案，其中1689卷保存在南京中国第二历史档案馆，甘肃省档案馆所存档案101卷，起讫年代为民国二十四年（1935年）至1949年。主要内容有：（1）行政监察。有甘宁青区监察使署年度计划；该署视察各区、县施政情形报告；该署及省政府、县政府对各机关公务人员任免、考核的来往文书。（2）审计纠举。有稽核各机关经费

收支文件；省内水利、公路、铁路工程预决算文件；抽查县政府财务、田赋的报告；查处各县官员违法滥权、渎职舞弊案件的文件。

国民党军事委员会西北干部训练团档案 所存档案182卷，起讫年代为民国二十二年（1933年）至1949年。主要内容有：国民政府、甘肃省政府关于干部训练方法、人员考核、组织规程、受训录用的文件；民国二十二年（1933年）至1949年各班毕业学员名册、成绩册、分配表及培训学员报到册、讲义集、考绩表；各县户政、地政、社政、保甲等人员受训文件。

考试院甘宁青考铨处、铨叙部甘宁青铨叙处档案 所存档案1457卷，起讫年代为民国四年（1915年）至1949年。主要内容有：甘肃省政府及省级各单位，各专署、县（市）局、学校、银行、厂矿、公司等各类公职人员任用审查表、履历表、动态表、登记表、保证书等；两处对任用人员的审定通知书，对拟任人员的委任状；国民政府军事委员会、西北军政长官公署、联勤总部第八补给区司令部、交通部、邮政总局、甘肃省保安司令部、甘肃军管区司令部及陇南、陇右、陇东、河西师管区司令部关于任用人员的令文、表册、调查表，军官佐属现职录、保证书、报告表等；甘宁青考铨处会议记录等。

西北公路运输管理局、甘肃省车驼管理局全宗汇集 本档案系"全宗汇集"，所存档案344卷，起讫年代为民国二十一年（1932年）至1949年。主要内容有：交通部人事任用条例；西北公路运输局规章汇编；西北运输管理局业务、工务、机材会议记录汇编；兰州修车厂厂务会议记录；汽车修理、检验、拆换、报废、调拨的训令、函、电、呈；西北盐区组织情况及全国各地盐区产盐数量表；甘肃省车驼局驻新疆星星峡办事处接运苏联援华航空汽油等油料、转运偿还苏联土特产品的文件；各机关、军队函请派拨车驼的往来文电；与新疆督办盛世才接洽运输苏联航空汽油等油料的文件等。

西北盐务管理局档案 所存档案598卷，起讫年代为民国二十九年（1940年）至1949年。主要内容有：西北盐警管理局员履历表；西北盐务管理局视察工作报告表；盐务税警部队查访报告表；关于亏损盐业、提高盐价的文件；西北盐务局重要业务简明报告；池盐销售运输文件；查缉私盐文件；西北盐务局视察盐池防务、补征差税的训令、指令等。

第八区电信管理局档案　所存档案742卷，起讫年代为民国三十年（1941年）至1949年。主要内容有：电信局业务、话务、机务、事务文件；报务员章程；开放特快电话办法、公电拍发及付费办法文件；线路工程计划及实施进度报告表；线路建筑整修工程表；线路维护及巡护一览表；修复、拆除、查究杆线被窃案件的文件；西北长途电话计划表；长话接通需时调查表；开放特快电话文件；办理国际新闻电报、国际电报文件等。

甘宁青电政管理局档案　所存档案370卷，起讫年代为民国十九年（1930年）至1949年。主要内容有：交通部、甘宁电政管理局修正电报技术员章程、报话处理规章、电报电话营业代办处章程；政军机关架装电话办法；拍发军电办法；军事机关部队寄递外国邮件办法；长话业务处理办法；电报稽延、传递处理办法；线路维护办法；电信机关疏散、撤退及结束办法；甘宁电政管理局组织章程、办事细则；甘肃省防空哨联络图；防空机构专线架设维护文件；工程杆线详记；长途电话调查表；载波开放时间表；筹办开放兰州、张掖、永昌、高台等长话业务往来文件；查询电报稽延、无线电路联络、航空情报、气象电话等业务往来文件等。

雍兴实业股份有限公司驻陇办事处档案　所存档案957卷，起讫年代为民国十八年（1929年）至1949年。主要内容有：雍兴公司驻陇办事处征购土地、建设工厂的文件；雍兴公司组织纲要；陇属各厂购料简则；稽核各厂及所属机构会计事务暂行办法；雍兴公司筹设兰州各厂联席会议记录；雍兴公司陇属各厂年度计划、工作简报、概况调查、年度营业报告书；考察兰州四厂工务报告书、生产程序图；物料统计调查表；产品一览表；合同订单；原料物料购置、运输、行市调查、产品制造、销售等文电。

福生陇庄、福生纪庄、福生雍庄档案　所存档案261卷。起讫年代为民国二十九年至三十六年（1940年—1947年）。主要内容有：福生陇庄、纪庄、雍庄设庄及撤销的文件；经济部物资局成立专卷；购置纺织设备的文件；棉花、布匹、土纱买卖、运输、储存的文件；购置纺织弹花机及其他纺织工具专卷；庄仓办事细则；纱厂改进质量、花纱交换、平价供销的文件；处理棉花掺水、征收营业税、产品诉愿、交涉事项的材料；经济部农本局、财政部花纱布管理局《禁止物品办法》《禁运资敌物品条例》《战时消费税细则》等抗战时期各种物资管制的文件等。

中央银行兰州分行档案 所存档案884卷，起讫年代为民国二十五年（1936年）至1949年。主要内容有：《中国银行法》《中国金融年鉴》；金银兑换、矿金管理的文件；非常时期银行管理、国库收支结算、劳军献金运动等办法；采探甘肃金矿计划纲要；合作金库、农业贷款、商业贷款及各种公债的章程、条例、报告；游击区经济、物价等调查文件；筹设西北经济研究机构的文件；行务会议记录；兰州分行关于"双十二事变"在兰情形的文件；八路军驻甘办事处代表伍修权从新疆订购5万件皮衣的函件等。

中央合作金库甘肃分库、中国工业合作协会西北办事处兰州事务所、西北区军毯制造管理处兰州分处全宗汇集 本档案系全宗汇集之一部。所存档案450卷，起讫年代为民国二十四年（1935年）至1949年。主要内容有：工合总部与各区、处、所及各机关的往来电函；捐款、基金贷放、银行贷款、寄存物品等的章程、办法、文电；兰州市工业情况调查表；培黎学校清册等文件。

兰州海关税务司公署档案 所存档案237卷，起讫年代为民国三十一年至三十五年（1942年—1946年）。主要内容有：兰州关与海关总署及总署各科之间的来往函文；兰州关与所属绥远分关及关内总务课、秘书课、会计课、监察长、验估员、各分卡支关、职员、商行商人及甘肃省政府有关机关单位之间的来往函文；兰州关与全国各海关之间的来往函文；货物查验与税收文件；兰州关购置房屋、办公设备、运输工具等文件；兰州关区与绥远分关区贸易报告，兰州关月度、季度、年度贸易工作总述报告；苏联驻华使馆出版的反映二战期间欧洲战场军事情况的《来自苏联的新闻及评论》。本全宗除附有少量汉文外，绝大部分为英文档案。

行政院第八战区经济委员会档案 所存档案248卷，起讫年代为民国二十九年至三十一年（1940年—1942年）。主要内容有：行政院第八战区经济委员会历次委员会议记录；民国二十九年至三十年（1940年—1941年）月份工作报告、工作计划；兰州市日用必需品存底调查表；因空袭核发的紧急疏散特许运物证；《敌货侵入武威县境路线图》；八战区经委会与甘肃省政府各部门、省党部、银行、厂矿、公司、学校、商会、店铺及中央所属在兰各机关协力抢购物品的文件；会同军、警、宪机关及三青团调查存货的文件；查缉私运货物、搜集经济情报、平抑物价等方面的来往文书等。

水利部河西水利工程处档案　所存档案240卷，起讫年代为民国八年（1919年）至1949年。主要内容有：水利部河西水利工程处职员录；水利部及甘肃各级政府及关于派员查勘、修复水库、技术指导的文件；陕甘青保水保土及水利视察报告；发展甘肃农村水利三年计划大纲；洮惠渠工程施工图；永乐渠竣工决算总表；靖乐渠工程竣工图；古浪大靖峡工程计划书；敦煌党河流域地下水灌溉工程计划书；安西疏勒河流域灌溉工程计划书；祁连山水源勘察报告书；旧渠整理工程文件；截引地下水工程文件；贷款修复天兰铁路工程水渠的文件及工程照片；水利纠纷案文件；水利破坏案文件；坝址地质、水灾情形、防洪抢险、水土保持、改良水库示范工程的文件；水道航运、防黄护岸、引洪淤地、竣工验收文件。

甘肃省档案馆藏民国西北地区性机构和中央设置、派出机构档案一览表

表1—2

全宗号	全宗名称	起止年代	数量（卷）
6	考试院甘宁青考铨处、铨叙部甘宁青铨叙处	1915—1949	1457
7	甘宁青区监察使署	1935—1949	101
8	国民党军事委员会西北干部训练团	1933—1949	182
20	甘宁青邮政、电信、储汇系统全宗汇集	1929—1949	4611
21	西北公路运输管理局 甘肃省车驼管理局	1932—1950 1939	344
25	西北盐务管理局	1940—1955	598
29	西北防疫处 农林部蒙绥防疫处	1934—1948 1937—1948	557
30	农林部西北兽医防治处	1938—1949	1030
38	水利部河西水利工程处 甘肃省水利局	1919—1949 1946—1949	240

续表

全宗号	全宗名称	起止年代	数量（卷）
39	甘肃水利林牧股份有限公司	1940—1950	732
41	甘宁青电政管理局	1930—1949	370
42	第八区电信管理局	1941—1949	742
44	行政院第八战区经济委员会	1940—1942	248
45	甘肃煤矿局	1941—1949	489
46	中央合作金库甘肃分库、中国工业合作协会西北办事处兰州事务所、西北区军毯制造管理处兰州分处	1935—1949	450
48	财政部贸易委员会西北运输处、富华贸易公司西北分公司	1930—1945	242
49	雍兴实业股份有限公司驻陇办事处	1929—1949	957
50	复兴商业公司西北分公司	1920—1948	695
51	甘肃省水泥公司、甘肃省矿业公司	1934—1948	84
52	中央银行兰州分行	1936—1949	884
54	中国交通银行兰州支行	1939—1949	1297
55	中国农民银行兰州分行	1935—1949	1171
56	中国银行兰州支行	1933—1949	656
57	中央信托局兰州分局	1930—1949	278
58	四联银行办事处兰州分处、中国通商银行兰州分行、山西裕华银行兰州分行	1939—1949	183
64	甘宁青新直接税务局兰州分局、兰州税捐征稽处	1944—1949	130

甘肃省志 档案志

90

全宗号	全宗名称	起止年代	数量(卷)
65	经济部资源委员会兰州办事处、资源委员会中央电工器材厂兰州事务所	1932—1949	540
66	联勤总部兰州被服厂、雍兴公司兰州毛织厂、兰州造币厂	1934—1951	330
67	兰州电厂	1891—1949	2466
68	中央电工器材厂桂林第四厂兰州电池支厂	1940—1947	639
69	雍兴公司兰州面粉厂、联勤总部兰州制粉工厂联合勤务总司令部兰州制粉工场	1940—1949 1947—1949	770
71	雍兴公司兰州机器厂	1941—1949	376
77	福生陇庄、福生纪庄、福生雍庄	1940—1947	261
87	兰州海关税务司公署	1942—1946	237

2. 国民党党务、三青团团务档案

国民党甘肃省党部、三青团甘肃支团部档案 所存335卷。起讫年代为民国十七年（1928年）至1949年。主要内容有：（1）省党部：甘肃教育系统党务、宣传文件；防共、集会文件；省党部训令、指令；青年从军、募捐、训练的文件；各县党部、各区党部党员名册、简历、调查表。（2）三青团：甘肃支团部成立、改组文件；团员名单；各种青年会议、纪念活动等材料。

3. 甘肃行政机构、派出机构、社团档案

本部分列出"甘肃行政机构、派出机构、社团"中的主要全宗档案，全部档案见"甘肃省档案馆藏民国行政机构、选举机构、社团档案一览表"。

甘肃省政府档案 所存档案4414卷，起讫年代为民国二年（1913年）至1949年。主要内容有：甘肃省长兼督军公署任免各级职员的委任令；甘肃省政府关于各县长任免的委任令、训令；甘肃省政府职员录，各厅、局、处、室职员简历册；中央在兰各机关，省政府各厅、局、处及地方各军事机关、部队主管姓名清册；甘肃省各行政区区划绘图；甘肃省政府会议记录；甘肃省政府施政工作报告；各县地方情形及政务工作报告；甘肃省政府公报；蒙藏委员会组织系统图；省政府统计室关于各县因灾减免田赋税收统计表；各县保甲、户口编查办法实施细则；各县乡镇保甲、户口、壮丁统计表；各县、区农村经济及农贷需要调查表；甘肃省政府关于垦荒等地政事务的文件；其他政务文件等。

甘肃省民政厅档案　所存档案9385卷，起讫年代为民国五年（1916年）至1949年。主要内容有：甘肃省民政厅会议记录；各县县长视察各乡政务民情报告；蒙古、藏、回、哈萨克等民族调查纲要；边疆民族习惯调查表；查禁妇女缠足月报表；禁止县长交卸时暗索馈赠的文件；各县古迹、古物、古坟、寺庙、陵寝调查表；抗日战争期间本省各种损失调查表；拉卜楞寺五世嘉木样圆寂、寻找转世灵童的文件；控告官吏须知及补充办法；革除婚丧寿宴浪费暂行规程；各地风俗调查纲要；各地宗教团体概况调查表；改革政警、设置户籍警等警务文件；甘肃、宁夏、青海三省划界文件；临夏、夏河等县土地、草山纠纷处理文件；调查吸食鸦片人数报告表、戒烟月报表、吸量调查表、禁烟专款收支情形调查表；甘肃省赈务会施赈计划文件等。

甘肃省建设厅档案　所存档案6462卷，起讫年代为民国十七年（1928年）至1949年。主要内容有：各县农业经济概况调查文件；西北农村复兴计划文件；甘肃旱灾区工赈大纲文件；各县粮食推广、改良小麦品种文件；派赴美国农业试验人员初选办法；西北造林十年计划；各县造林、育林、护林的训令；严禁军民损坏行道树、砍伐"左公柳"的文件；兰州荒山造林的文件；保护森林布告；祁连山区管理处、小陇山林区管理处、洮河林管处工作报告；兴办水利事业奖励条例；小型水利推进办法；甘肃历年办理灌溉工程情况；天水水保实验区工作简报；兰山区水保工作站政绩比较表；西北羊毛改进处关于陇东、河西草原工作简报；永登军牧场工作进度表；岷县种马场、山丹军牧场骡马牛月报等。

甘肃省教育厅档案　所存档案180卷，起讫年代为民国七年（1918年）至1949年。主要内容有：甘肃省教育文化建设方案；甘肃各项教育统计表；中等学校体育教学的文件；甘肃省第一届全省运动大会秩序册；边疆地区教育文件；省政府肃清文盲分年计划；各县教育经费及学龄儿童在校数目一览表；西北教育设计委员会渭源教师训练班材料；小学教职员工名册；学生成绩表册；甘肃省科学教育馆卸任和新任馆长办理移交文件；国立各院、校、馆教职员联合会送邮簿、送稿簿；国立北平师范大学和西北师范学院毕业证书、新生报名单、学生名册、同学录、教职员录；国立甘肃学院教学活动文件；国立兰州大学同学会告甘肃同学书；国立兰州大学《天地旬刊》等刊物及文稿、刊社简章及会议记录。

甘肃省地政局档案 所存档案2010卷，起讫年代为民国二十一年（1932年）至1949年。主要内容有：地政署颁发的各种法令性文件、规程、方案、图表；全省各县（市）实施地政概况；行政院、地政署、省政府、地政局关于涉外地政事宜的来往文件及法规、规定；全省地籍整理计划及公有土地登记规则文件；地籍整理成绩考核办法及土地复丈规则文件；各县（市）、乡土地登记簿；全省县、乡地形图、地籍图、水系图；各县（市）地价调查表、标准地价及重估地价文件、表册；全省土地面积报表；收取租金、清理全省田赋及地价实施办法；调解土地纠纷的文件；土地转移变更登记文件，荒地垦殖、耕地租用文件；国民政府《土地法》等。

甘肃督军驻京办公处档案 所存档案83卷，起讫年代为民国十一年至十四年（1922年—1925年）。主要内容有：（1）军事。边防省防、调动编师、枪弹订造、车械运输以及直奉战况通报等文电；曹锟致陇东镇守使张兆钾有关甘边治安防范的电报；山西、陕西、甘肃督军代表共同签署的晋、陕、甘三省联防办法；甘肃方面在德县兵工厂订造枪支弹药的文件。（2）民族。民国十四年（1925年），迎护九世班禅由后藏经安西县入京材料；中华民国国会选举青藏代表名单；记述甘肃回教派别缘起及北京政府对甘肃采取方针的回汉关系的呈文；（3）杂务。有甘肃议员选举、简任官职、条例章则、礼寿贺单、颁授勋衔、财政收支、查禁烟毒、亩捐税收、认股协款、筑路建矿等材料；《中华民国国会组织法》《参众院议员选举法》以及有关各国的议约材料。（4）国内外大事。一部分是办公处向甘肃方面报告京城要闻的电报，一部分是路透社等外国通讯社新闻报道的摘文。

甘肃省参议会档案 所存档案1736卷，起讫年代为民国十九年（1930年）至1949年。主要内容有：甘肃省参议会议员、职员、雇员名册；各县临时参议会记录、参议会议员名册；省参议员提案，包括民政类、社会类、法制类、教育类、建设类、水利类、财政类、田赋类、粮政类、盐务类、兵役类、特种工程类、交通类控案及临时动议案、询问案等；地方士绅、民众诉愿案；省政府交议案，包括民政、财政、教育、田赋、粮政、地政、民众组训交议案；省临时参议会、参议会审查意见案；省政府各厅、处、局施政报告及解答议员质询记录等。

兰州空袭紧急救济联合办事处档案　所存档案26卷，起讫年代为民国二十八年至三十二年（1939年—1943年）。主要内容有：日军飞机轰炸兰州情况；省政府主席朱绍良、谷正伦先后兼任兰州空袭紧急救济联合办事处主任委员的文件；空袭紧急救济机构成立及委员、干事名册；公共防空壕洞建筑策动会议、计划，设计图样、工程报告；防空联席会议提案；各市、县空袭紧急救济联合办事处文件；防护团组织规程；空袭紧急救济办法文件；日军飞机轰炸各地损失情况报告、调查表；机关、团体和市民财产损失清单及统计表；防空疏散及防护团组织文件；粮商备粮、购领官粮、发售面粉等文件；取弹技术训练队受训学员简历册；难民登记表；收容救济调查表；兰州遭空袭死伤人员调查、掩埋抚恤的登记表及名册；救济、抚恤标准文件；医疗组织、经费、设备文件；空袭救护、医疗实施文件；救济费发放、核销、监督、收支、汇款的清册；公务人员被灾救济办法等。

甘肃省知识青年从军征集委员会档案　所存档案11卷，起讫年代为民国二十九年至三十七年（1940年—1948年）。主要内容有：民国三十三年至三十七年（1944年—1948年）甘肃省政府各厅、处、局，兰州大学、西北师范学院、军事委员会青年军复员管理处等形成的知识青年志愿从军登记表、保证书；民国三十五年（1946年）青年军服役证书、青年军206师复员通知书等。

兰州市政府档案　所存档案11313卷，起讫年代为民国二十九年（1940年）至1949年。主要内容有：筹设、成立兰州市政府的文件；市政府关于充实各县户政机构的文件；修正公民登记办法；保甲户口编查办法实施细则；兰州市居留外侨调查表；关于来兰外籍人员及无国籍侨民居留规则的文件；关于社会救济、难民收容的文件；调查抗战灾害损失的文件；搜集日军轰炸兰州罪行证据的文件；各县（市）查禁妇女缠足办法的文件；严密协辑查禁私人收购铜元及私运、私造案文件；查禁烟毒办法文件；兰州市官署公地清册；兰州市学校公产清册；市政府关于市民要求承租公地的批示；兰州市境内寺庙调查表；兰州市社会团体登记表；沿河水车灌溉、砍伐榆树修理水车的文件；整修兰州城墙、整修黄河堤岸等文件等。

兰州市社团档案 所存档案446卷，起讫年代为民国二十六年（1937年）至1949年。主要内容有：劳工团体、工商团体、农人团体、自由职业团体、省内外同乡会、同学会、校友会、学术学会、协会、研究会、促进会、协进会、理事会、剧社、剧团、教会等团体组织名录；各种社团干训材料；改造报告、登记表册；社团负责人名单；非常时期团体组织法；社团章程等。

甘肃省档案馆藏民国行政机构、选举机构、社团档案一览表

表1—3

全宗号	全宗名称	起止年份	档案卷数
3	甘肃省知识青年从军征集委员会	1940—1948	11
4	甘肃省政府	1913—1949	4414
9	甘肃省政府社会处	1929—1949	683
14	甘肃省参议会	1930—1949	1736
15	甘肃省民政厅	1916—1949	9385
16	甘肃省财政厅	1928—1949	4532
18	甘肃省物价管制委员会	1937—1949	1085
26	甘肃省政府地政局	1932—1949	2010
27	甘肃省建设厅	1928—1949	6462
28	甘肃省政府卫生处	1939—1949	2134
31	甘肃省教育厅	1918—1949	180
36	国民大会代表甘肃省选举事务所立法院立法委员甘肃省选举事务所	1931—1942 1946—1949	294
37	甘肃省补给委员会、甘肃省物产展览委员会、甘肃省赈务会、甘肃省粮政局	1929—1949	418

续表

全宗号	全宗名称	起止年份	档案卷数
40	兰州空袭紧急救济联合办事处	1939—1943	26
43	甘肃省政府度量衡检定所	1920—1949	394
59	兰州市政府	1940—1949	11313
60	兰州市总工会、兰州市商会	1930—1949	470
61	兰州市社团	1937—1949	446
72	皋兰县政府、皋兰县货物税分局	1928—1948	842
74	榆中县政府、榆中县党部	1933—1949	577
86	甘肃省田赋粮食管理处	1927—1949	369
88	甘肃督军驻京办公处	1922—1925	83

4.甘肃社会治安、司法机构档案

本部分列出"甘肃社会治安、司法机构"中的主要全宗档案，全部档案见"甘肃省档案馆藏民国甘肃社会治安、司法机构档案一览表"。

甘肃省会警察局档案 所存档案165卷，起讫年代为民国十八年（1929年）至1949年。主要内容有：甘肃省警察局长登记表；甘肃省警察局职员名单；甘肃省政府保安处官佐姓名籍贯表；各县（区）署巡官簿；省会警察局及各分局、所，各县、市警察局（队）年度工作报告；甘肃省政府批准德、日、俄、英、美、法、瑞典等国人员游历本省各地的训令；甘肃省警察局关于外国人游历各地动态的文件；关于英国人巴慎思窃取敦煌千佛洞佛像的文件；甘肃省政府、酒泉县政府关于调查白俄的文件；关于填报白俄政治团体调查的训令；兰州市街道门牌登记表；兰州市妓院登记表；兰州市难民登记表；兰州市历年户口登记表；《甘肃省政府法令公报（警察法令专辑）》等。

甘肃高等法院档案 所存档案10085卷。起讫年代为民国四年（1915年）至1949年。内容分为诉讼档案和文书档案。诉讼档案（如案例卷）的内容为：目录、起诉书、案件介绍函、证据材料、判决书，勘验笔录、契约、当事人信件、证人证言、化验单、票据、账目、传票、送达证书、审问笔录、宣判笔录、重要函件、上下级呈文批示等。文书档案主要有：行政组织公文、规章等；法律、法规；人事考核、任免文件等；甘肃高院的各类工作报告、会议记录和总结等；全省司法机关各类统计报表、各年度财务报表、各类费用清册和财会制度等，以及全省各监狱档案和《司法公报》、各类收发文簿等。按民事、刑事、行政性质分，内容涉及高等法院及部分分院所形成的诉讼档案和文书档案。诉讼档案分民事案件和刑事案件，该部分档案数量最多，约占档案总数60%，包括二审、三审、抗告、申请、嘱托等。其中民事案件占诉讼档案的40%，包括土地、房屋所有权、典权等物权案件和债务、赔偿、合同等债权案件，也有婚姻、继承、赡养等婚姻家庭方面的案件。刑事案件包括吸毒、杀人、伤害、盗窃、遗弃、贪污、诬告、伪造以及违反税法条例等各种案件。文书档案包括最高法院或甘肃高院办法的行政训令、公函，或关于行政、建设、房屋修建等的训令、呈文、函，各监所的各种报表、名册，甘肃高院及各分院的民、刑事立案统计册、月报表、统计年表，以及有关职员录、公务员统计表等材料。

甘肃省档案馆藏民国甘肃社会治安、司法机构档案一览表

表1—4

全宗号	全宗名称	起止年份	档案卷数
10	甘肃省会警察局	1929—1949	165
11	甘肃省禁烟特派专员办公处、洮西绥辑专员办公处、甘肃全省清乡总局	1931—1946	104
12	甘肃省保安司令部临时评价法庭	1932—1943	174
13	甘肃高等法院	1915—1949	10085
63	兰州市警察局	1938—1949	241
73	皋兰地方法院	1917—1949	484
75	榆中地方法院、榆中县司法处	1923—1949	1486
76	榆中县警察队	1938—1949	55

5. 甘肃学校、实业档案

本部分列出"甘肃学校、实业"的主要全宗档案，全部档案见"甘肃省

档案馆藏民国甘肃学校、实业档案一览表"。

国立兰州大学档案 所存档案645卷，起讫年代为民国三年（1914年）至1949年。主要内容有：从清光绪十五年（1889年）设学吏局到民国三十五年（1946年）国立兰州大学各个阶段的机构演变、名称更换、院系专业设置、人事任免奖惩、教职员任用等文件、委任状、聘书、表册等，包括：民国十六年（1927年）冯玉祥关于成立甘肃大学给刘郁芬的电令；行政院成立国立兰州中山大学的决议；1949年军管会组长辛安亭接管并主持兰州大学工作的文件；各种教育法令、规则、办法；校务会议、行政会议、总务会议、校务谈话会、教务会议记录；国民党和三青团组织规程及人员受训文件；课程设置、教学研究及训导文件；招生、学籍、借读、插班、旁听文件；学生名册；学生情况调查与考试文件；毕业生分配、军训、兵役文件；学生自传；毕业同学录；学生成绩单、保证书、志愿书；学生社团相片册及学生活动相片集等。

国立西北师范学院档案 所存档案630卷，起讫年代为民国九年（1920年）至1949年。主要内容有：北京高等师范学校、北平师范大学、北平师范学院、西北联合大学、城固分院教职员工名册；史地科学系学生自传；学生名册、学籍册、成绩册；历届毕业生名册；校友录；学生情况调查表；招生、实习、分配、兵役军训、课程设置的文件；教育部、省政府、省教育厅关于处理学潮、查禁书刊、出国留学等文件。

天兰铁路工赈处档案 所存档案317卷，起讫年代为民国三十五年（1946年）至1949年。主要内容有：甘肃临时参议会议员建议从速完成陇海铁路延修至兰州的提案；宝天铁路甘肃段征集天水等10县民工20余万人修筑天兰铁路的文件；民国三十五年（1946年）甘肃省政府抽调皋兰、榆中等13县民工修筑天兰铁路路基工程的文件；行政院责令财政部拨发以工代赈款作为修路资金的文件；西北行营政治部、甘肃省政府、省建设厅关于天兰铁路修建的训令、指令、代电、来往文书；天兰铁路工赈处组织机构、办公规程的文件；天兰铁路工程实施、督导、留守的计划、进度表；工程开办经费、工赈款、财产设备的文件；员工调动、替补、资遣、薪俸、调整的命令、保证书、名册；工地民工驻地、劳动的照片等。

甘肃省银行总行、兰州市银行档案 所存档案5297卷，起讫年代为民国二十六年（1937年）至1949年。主要内容有：改组甘肃平市官钱局为甘肃省银行总行及其组织章程；行务会、董事会、经理会会议记录；银行通告、银行周年专刊、银行小史；政府、总行关于金融市场、金融管制、币制改革、属行代理县库、印制省钞、发行本票、收兑金银等文件；甘肃省金库暂行规程；代理海关税收款、推行法币、战区购粮付款、限制黄金出口、农贷业务、银钱行庄、重要物品价格、物价行情等调查文件、表册、清册、统计等；苏联驻华商务代表驻兰分处租房租约、名片；日军轰炸兰州财产损失表；对解放区进行金融封锁情况报告；飞机载运黄金失事调查；张掖分行假汇案侦讯赔偿等文件。

甘肃省档案馆藏民国甘肃学校、实业档案一览表

表1—5

全宗号	全宗名称	起止年份	档案卷数
23	甘青公路公务所、兰宁公路甘境工程处、甘肃省道勘察队、甘川公路总工程司办公室	1938—1948	292
24	天兰铁路工赈处	1946—1949	317
32	国立兰州大学	1914—1949	645
33	国立西北师范学院	1920—1949	630
34	国立西北医学专科学校、兰州高级工业职业学校、山丹培黎工艺学校、兰州师范学校、兰州乡村师范学校镇原县立初级中学	1933—1952	225
35	国立甘肃科学教育馆 甘肃广播电台	1927—1949 1939—1949	171
47	甘肃省贸易股份有限公司、甘肃合作联社	1935—1949	733
53	甘肃省银行总行、兰州市银行	1936—1949	5297
81	民国证件	1936—1949	189

6. 民国照片

民国十八年（1929年）甘肃旱灾、赈灾及难民照片61张，主要有：兰州东稍门、西稍门、黄河北等地难民领粥照片；平番县岔口驿、新堡子等地难民露宿照片；古浪县、红水县、宁和县、天水县灾民乞讨照片；导河县、礼县、甘谷县以及兰州黄河铁桥周围难民照片。

民国十三年至三十七年（1924年—1948年）甘肃军政人员活动及人物照片2004张，主要有：蒋介石、宋美龄在兰州、河西等地活动照片；甘肃省政府主席朱绍良、甘肃省会警察局局长马志超等单人照片；甘肃省政府成立通志局合影照片；中央训练团同学、联合后勤部第八兵站官佐合影照片；国民党党务工作训练班合影照片；榆中县乡镇长就职照片等。

国立西北师范学院民国二十三年（1934年）至1949年教育、国文、英语、体育等科系学生照片2775张。

甘肃电灯、电话工会全体大会的照片等。甘肃省政府及省政府后花园五福楼、澄清阁等建筑照片；蒋介石西北考察照片；宝天铁路通车典礼照片；国民党元老于右任等在兰州活动的照片；甘肃省妇女工作委员会抗属工厂成立大会照片等。

外国传教士、探险家于1911年至1942年拍摄的甘肃各地建筑、风俗、民情等照片133张，主要反映了当时兰州街道、兰州黄河铁桥、羊皮筏子、左公柳、兰州五泉山、酒泉街市、酒泉城墙、敦煌月牙泉、嘉峪关城楼、平凉柳湖书院等的情形。

（二）市、县档案馆藏民国档案

全省各市、县档案馆保存的民国档案，是20世纪50年代中期成立档案馆后，由当时的行政公署公安处和县公安局移交来的。为了集中管理本区域的民国档案，20世纪90年代中期，庆阳市、定西市等市（州）档案馆将所辖各县（市、区）档案馆的民国档案统一收归本馆保管。

2013年，全省市、县档案馆馆藏民国档案140237卷，4839件。其中，市（州）档案馆88510卷，1930件；县（市、区）档案馆51727卷，2909件。这些档案，多数为20世纪30年代、40年代国民党县党部、县政府及田赋粮食处、税捐稽征处、自卫队、民团、商会、学校、参议会、地方法院、警察局、乡（镇）公所等形成的档案，少数为民国初年或20年代形成的。在市、县档案资源中，有一批史料比较完整，具有地方特色，反映一个团体、一个事件、一个时期历史面貌的档案，这些档案地方性较强、研究价值较高，在省内外档案界、史学界具有一定影响。主要有：天水市档案馆藏农林部天水水土保持试验档案；西和县档案馆藏西和县政府田粮赋税档案；临夏县档案馆藏马福禄家族档案；庆阳、定西、陇南、武威、酒泉、临夏等市（州）档案馆和个别县档案馆藏北洋政府时期档案；张掖市档案馆藏民国甘肃省政府及有关机构档案；定西市档案馆、庆阳市档案馆、张掖市档案馆、陇南市档案馆、天水市档案馆、崇信县档案馆、静宁县档案馆、陇西县档案馆藏国民党军追堵红军和红西路军档案；白银市档案馆、平凉市档案馆、天水市档案馆、武威市档案馆藏侵华日军飞机轰炸甘肃各地档案；甘南藏族自治州档案馆及夏河县档案馆等馆藏宗教寺院档案；永登县档案馆藏湟惠渠水利工程档案；山丹县档案馆藏山丹培黎工艺学校档案等。

（三）甘肃省图书馆藏民国档案

甘肃省图书馆收藏民国档案约1160卷，这些民国档案作为西北地方文献的重要组成部分，记载甘肃史实涉及面广，内容丰富。

政治、军事方面的有：记载地方政治组织系统及活动情况；各级政府人事制度、官员任免、奖惩情况；各类选举及会议提案决议；征兵、军事训练计划、地区军事冲突等。主要有：《整顿甘肃县政府资料》《甘肃省政府惩戒各县县长一览表（1929年）》《河湟事变副材料》《武威县十七年变乱概述（1928年）》《中国国民党甘字党员职业、学历、技能统计详表（1931年）》《鼎新县供支差徭兵役借款清册（1935年）》《中央陆军军官学校西北军官训练班第二期同学录（1935年）》《甘肃省县各级组织实施办法（1941年）》《甘肃兵役概况（1942年）》《国民革命军西北民族联合抗日救国军总司令部告西北各族各界同胞书（1942年）》《甘肃省新县制实施概况（1942年）》《甘肃省政府民国三十六年甄审合格县（局）长、处长、校长人名册（1947年）》等。

经济方面的有：记载土地、农作物面积、产量；造林、育苗数量；土地征租；农林建设计划；土地、房屋、山林买卖；银行、货币、金融管理；赋役、赋税征收及减免；各地各级政府机构预算；地方款项收支；物价、工业及合作事业等。主要有:《甘肃省烟酒税收调查表(1928年)》《西和县工业调查表(1930年)》《甘肃省各县近三年谷价比较表(1935年)》《甘肃省灾区互助社组织及放款程序(1936年)》《甘肃省民国二十八年度各县地方岁出预算表(1939年)》《甘肃省三十年度各种粮食生产数量统计表(1941年)》《镇原县合作事业报告(1943年)》《甘肃省八县市三年公务员生活费指数(1944年)》《甘肃省各县税收调查表》《甘肃省银行三十三年度业务报告(1944年)》《甘肃省试办扶持自耕农初步成效报告(1946年)》《临泽县各乡镇土地编查统计表》等。

司法、治安方面的有:记载法律条例、规章制度;案件诉讼、判决、处理;司法人员任免;自卫队、警察编制;警务人员组训、调配;社会治安办法;枪支弹药管理;缉毒、禁烟、禁赌等。主要有:《甘肃买卖人口处罚条例》《甘肃省会公安局现有枪支子弹数目统计表》《甘肃省会警察内务统计表(1927年)》《皋兰地方法院推检成绩摭录(1932年)》《(西)康甘(肃)枪案呈文稿(1934年)》《禁烟法规(1936年)》《甘肃省各警察机关主管人员年籍登记簿(1948年)》等。

民政方面的有:记载地方县、乡、镇机构设置;各县乡、镇行政区划及地界区划;户籍、人口管理;各类职业公会及社团章程、登记表册;地方保甲制度、组织规程;选举、调查、统计资料等。主要有:《兰州市婴儿死亡率调查报告(民国)》《甘肃各县村里调查表(1924年)》《关于狄道县等十县改名案(1927年)》《甘肃省历年筹备自治情况清册(1929年)》《东乡县改名划界移治案(1933年)》《肃北设治局成立经过情形(1937年)》《甘肃省人口统计报告书(1938年)》《甘肃省民工征集及管理办法(1939年)》《甘肃省各县乡镇保甲人员调查报告(1941年)》《十七年后甘肃区县市局设置概况(1944年)》《甘肃调整插花地区及调整省县疆界概况(1946年)》等。

民族、宗教方面的有:记载民族信仰、风俗;民族、宗教人口统计;寺院及其管理等。主要有:《武威县天主福音奉教人数表》《拉卜楞设治局古物调查表》《陇右土司辑录》《洮州土司》《卓尼喇嘛寺院生活调查(1929年)》《西道堂大事记(1946年)》《甘肃省民族分布区域及人数表(1947年)》等。

教育方面的有:记载各县、乡(镇)、保开办国民教育、社会教育;委任、聘请校长、校董、教员；学生名册、统计表；教育经费、基金管理；教学计划及进度等。主要有：《清代甘肃各府州县学校教职员学生调查记录（民国)》《兰州中等以上学校教职员罢课宣言》《皋兰县小学成绩展览会评案(1918年)》《甘肃私塾概况（1927年)》《甘肃省历年教育统计（1928年)》《兰州中山大学工作报告（1929年)》《靖远县立简易乡村师范学校史略（1931年)》《秦安县立中学学校办理经过详册（1939年)》《甘肃省国民教育实施方案(1940年)》《甘肃省各县教育调查报告（1941年)》《甘肃省立兰州女子中学历年进度情况（1944年)》《甘肃省各项学校概况统计表（1945年)》《甘肃省立兰州中学实施概况表（1945年)》《甘肃省各类学校概况统计表（1945年)》等。

二、革命历史档案

甘肃地区的革命历史档案主要有中共甘肃工委、陕甘边区、红军长征经过甘肃以及陕甘宁边区档案，但由于斗争环境的严酷，保存下来的很少。本省革命历史档案主要是1949年以后通过各种手段征集来的。至2013年，全省档案部门共收藏革命历史档案16570卷，996件。其中，省档案馆1144卷，1件；市（州）档案馆4137卷，624件；县（市、区）档案馆11289卷，371件。这些档案，分藏于庆阳市档案馆、甘肃省档案馆、正宁县档案馆、夏河县档案馆和临夏回族自治州档案馆等。

（一）甘肃省档案馆藏革命历史档案

中共甘肃省工作委员会档案　所存档案120卷，起讫年代为民国二十二年（1933年）至1949年。中共甘工委留下的重要文献75篇，其中1937年的1篇，1938年的5篇，1939年的1篇，1942年的1篇，1946年的9篇，1947年的11篇，1948年的35篇，1949年的10篇。这些重要文献主要有：《中共甘肃省工作委员会之组成及分工》（1937年10月28日)、《兰州工委工作报告》（1938年3月2日)、《甘肃工委工作报告》（1938年7月25日)、《甘肃工委关于武工队之检讨总结情况给西北局的报告》（1946年11月1日)、《甘肃工委关于回民工作问题的座谈会记录》等。

中国工农红军西路军档案　民国二十五年（1936年）十月，中国工农红军一、二、四方面军会宁会师后，红四方面军五军、九军、三十军等部，在红四方面军指挥部率领下，根据中革军委指示，从甘肃靖远虎豹口渡过黄河执行宁夏战役计划，后组成西路军西征。西路军在极为严酷的自然条件下与敌人浴血奋战4个多月，终因敌我力量悬殊而失败。所存档案资料主要是1949年以后通过各种途径收集的，计91卷，起讫年代为民国二十二年（1933年）至1984年。

革命历史档案汇集　所存档案790卷。（1）中共甘肃省委党校移交的革命历史档案（1927年—1988年）。主要内容有：毛泽东对西北局兰州会议的指示；西北局对甘肃工作的决定；1925年甘肃中共地下党员名单；红军长征途径甘肃各地的布告、宣言、标语；中共甘工委关于回民工作的指示；陕甘宁边区政府条例；陕甘宁边区中等教育发展概况；中共陕西省委关于陕甘游击队及游击战争的行动纲领等。（2）从中央档案馆复制的革命历史档案资料（1931年—1951年）。主要内容有：陕北红军欢迎中央红军的材料；西北局关于陇东地区党政军主要干部的任命；西北局关于土改减租问题与陇东地委的来往电；甘工委关于陇渭工作情况报告；甘工委关于加强城市与情报工作的调查等。（3）从陕西省档案馆复制的革命历史档案资料（1937年—1950年）。主要内容有：陕甘苏区略图；陕甘宁边区政府政务会议记录；中国工农红军优待条例、抚恤办法；陕甘宁边区政府关于征收救国公粮的材料；中华民族解放先锋队成立宣言及陕甘宁边区政府组织建设材料；陕北公学暂行组织条例；陕甘宁边区政府第一次参议会工作报告；毛泽东、彭德怀、刘志丹告陕甘苏区工农劳苦群众书；陕甘宁边区政府关于迎葬刘志丹灵柩、建立志丹陵的决定；陕甘宁边区政府银行工作情况报告；陕甘宁边区政权工作手册；陕甘宁边区各类文化团体登记表等。

甘肃省档案馆藏革命历史档案一览表

表1—6

全宗号	全宗名称	起止年份	档案卷数
83	中国工农红军西路军	1933—1984	91
82	中共甘肃省工作委员会	1933—1969	120
84	革命历史档案汇集	1927—1988	790

（二）市、县档案馆藏革命历史档案

庆阳市档案馆藏革命历史档案于1977年9月19日接收进馆（原存地区公安处），计22个全宗3820卷（包括186册二套卷）。现存革命历史档案是抗日战争、解放战争初期（1937年—1949年9月）陕甘宁边区陇东分区中国共产党各级组织、各革命政权机关形成的。主要有陇东地委及所属部委、人民团体、陇东中学（含陇东党校、干校）、陇东报社、陇东分区专员公署、高等法院分庭、保安处、司法处、边区银行陇东分行、税务分局、陇东经济委员会、贸易公司、陇东军分区、警备司令部、分区所辖环县、曲子、华池、合水、镇原、庆阳县县委、县政府，原属关中分区所辖新宁、新正县委、县政府，以及部分乡镇形成的文件材料；有三原地委、延属地委、关中地委部分往来文书，有西北局、陕甘宁边区政府、边区参议会以及边区政府所属机关、甘肃工委等上级党政领导机关的指示、命令、批答、通知等。内容包括：区划、建制及组织机构，党的组织概况，党内教育，整党整风、肃反甄别、政治宣传、精兵简政、干部工作（教育培养、任用、考察、奖惩），各种会议（党务会议、政务会议、军事会议及劳模代表会），各项政策法规、制度章则；土地分配、划分阶级、减租减息、粮草征购、生产自给、商业贸易、金融税收、货币、缉私、难民安置、优抚救济；社会宣传、文化教育（社会教育与学校教育），民众运动、妇女、婚姻；社情调查、情报侦察、统一战线、对敌斗争、战备支前，战情、战报；治安、司法、案件审理、案犯处理；旧政权接收、新政权建设等。按文件名称分，有纲领、方案、决定、决议、计划、安排、指示、命令、布告、通告、通知、批答、请示、汇报、报告、总结等；按文件的形式分，有文件、电报、信函、簿册、便条、会议记录、个人日记等。

甘南藏族自治州档案馆收藏《红四方面军会议记录》一册，约2万字，系1963年该馆从迭部县麻牙乡百姓手中征集，系红四方面军长征途经甘南藏区时遗落。正面记录15页，是川、陕革命根据地中共川陕省委的常委会议记录。用黑色毛笔字记载了1935年1月12日至3月22日召开的五次常委会议情况，第一、二次的会议记录残缺不全，三、四、五次较为完整。背面记录70页，是红四方面军长征途中在四川省马尔康、金川、丹巴、小金、卓斯甲、格勒得沙等地建立的名为"格勒耶尔考克鲁蒙革命政府"的会议记录，用蓝色毛笔字记载了1935年11月至1936年3月底该政府的四次部长联席会议情况。首页上有政府机构和领导人名单。《红四方面军会议记录》原件1987年移交中共中央党史办，现存中央档案馆。州档案馆保存的是复制件。

临夏回族自治州档案馆保存1949年10月1日中华人民共和国成立前中共临夏地委、洮西分区专员公署产生的剿匪、肃特、建政方面的公务文书5卷。

靖远县档案馆保存中共靖远工委、西北抗日义勇军，以及记载红军长征的革命历史档案17卷。

临潭县档案馆保存1936年9月临潭县人民抗日革命委员会的公粮收据。

正宁县档案馆收藏的革命历史档案主要有陕甘宁边区土地证、房窑证。其中，《陕甘宁边区土地登记证》771件，系1949年新宁县占义区对辖区内771户的土地情况，包括业主姓名、人口、土地面积、四至界限、登记、来历、常年产量统计等详细内容的统计。《陕甘宁边区房窑登记证》计136件，详细记载了占义区136户人家的业主姓名、现住址、房窑所在地、房窑孔数、面积等内容，翔实、系统、完整地反映出当时边区人民土地房屋情况和陕甘宁边区政府对边区的有序管理。正宁县档案馆还保存有1937年3月由红军第一军团政治部主任邓小平、正宁县县长朱门署名的借粮借据复印件一纸（借据原件存甘肃省财政厅）。

高台县档案馆保存红军西路军书写的抗日标语。

夏河县档案馆保存1949年9月西北野战军第二纵队司令员王震给夏河县政府关于保护财产、档案、学校、仓库的信，夏河县工委、夏河县人民政府有关政权建设、公粮任务等档案100余件。

永靖县档案馆保存陕甘宁边区政府关于生产计划、干部管理、后方党政军学补充供给标准及支前工作的革命历史档案77件。

宁县档案馆保存早期中共党员王孝锡、任鼎昌的照片和20世纪30年代中共新宁县委、县政府机关驻地照片。

临夏县档案馆保存1949年8月陕甘宁边区政府为稳定金融物价的布告，1949年中国人民解放军第八十一军政治部颁发的"革命军人家属证明书"。

崇信县档案馆保存崇信中共地下党员及游击队员照片汇集。

临洮县档案馆保存民国二十五年（1936年）红四方面军在临洮县姚家坪组建"义勇军"队旗照片。

张掖市档案馆保存临泽县新华镇村民宋林发捐赠的民国三十五年（1936年）年腊月二十三日红西路军五军军长董振堂保护他本人的盖有"中国工农红军第四方面军"印章的"董军长口令"。这件珍贵史料成为红西路军征战河西走廊留存下来为数不多的档案原件之一。

（三）其他部门藏革命历史档案

从1954年开始，甘肃省文物部门在甘南、陇东等地征集了一批革命历史文物和档案文献。

甘肃省博物馆收藏了一批布告、命令、指示、文电、宣传单等档案资料，其中：

陕甘边区时期的主要有：1934年12月20日，陕甘边区苏维埃政府为扩大红军和加强政治宣传工作油印的《告士兵战士的几句心里话》；1934年12月，庆北县（今庆城县县城以北和华池县的柔远、温台、定汉、城壕乡和悦乐镇一部）苏维埃政府的手写本《庆北苏区的建立和路线的执行》。

红军长征时期的主要有：1935年9月10日"红二十五军印"和"陕甘边区苏维埃政府翻印"的、内容为红军中党的领导作用和政治工作、宣传苏维埃政权、对士兵的纪律和职责的规定的《红军须知》；在张掖征集的红四方面军第三十军政治部翻印的、时间为1934年4月5日的油印本《中国共产党党章》；在陇西征集的盖有"中国共产党红四方面军第三十军党务委员会"印章的党证；1936年3月16日红四方面军进入四川藏族聚居区由红军总政治部编印的油印歌本《争取藏民的歌》；征集于靖远县的油印件《八要八不要》，内容是红军长征进入甘肃以后，尊重回族习俗的宣传文书；征集于岷县的1936年9月18日第一期《怒潮》专刊。

陕甘宁边区时期的主要有：1937年3月31日，陇东分区负责人马锡五、朱开铨《给各级政府关于策略的指示信》，油印本，内容涉及土地、财政、经济、粮食等问题；1937年6月2日，印戳为"中国抗日人民红军第四方面军第三十一军政治部"的《中国抗日人民红军政治部布告》；内容为边区人民紧急动员、参加抗日的1938年3月3日《中国共产党陕甘宁边区委员会中华民国陕甘宁边区政府〈告民众书〉》;《陇东分局行署未完成1941年工作任务给各县的指示信》,油印件,是陇东分局关于1941年"民主建政,经济建设"等各项工作的具体指示;1942年1月18日,关于陕甘宁边区政府发布《查获鸦片毒品暂行办法》而签发的油印本《陕甘宁边区政府命令》;1942年9月1日,陕甘宁边区政府主席林伯渠、副主席李鼎铭、民政厅长刘景范、副厅长唐洪澄联发的《陕甘宁边区政府指示信》,油印件,内容为边区政府推行"三三制",发动普遍的乡镇改选运动。

庆城县博物馆收藏:1942年,陕甘宁边区政府为了抗战胜利,并同国民党进行反经济封锁的斗争而发行的陕甘宁边区建设救国公债券;1949年2月由曲子县县长马锡五签发给曲子区第三乡第三村罗家嘴农民胡进贵的《土地所有权证》。

通渭县博物馆收藏1935年9月中国工农红军一方面军在通渭县榜罗镇书写的宣传标语。此标语为大幅纸质墨迹书写,字迹清晰,有别于当时通常的书写于门板、墙壁上的宣传标语,是一份难得的革命历史文献。

高台县西路军纪念馆收藏一张1937年10月27日西路军干部团政治处主任徐一新写给救助他的高台县百姓赵财宝的便条。这张便条是西路军留存下来为数不多的珍贵的原始档案。

第三节 中华人民共和国档案

一、国家综合档案馆档案

国家综合档案馆定期接收本级中共党委及其所属各部门、人大及其常委会、人民政府及其所属各部门和单位、政协及其常设机构、各民主党派、工青妇等人民团体和国有企事业单位具有长久保存价值的档案,收集中华人民共和国成立前本行政区内各个历史时期政权机构、社会组织的档案。

20世纪90年代以来,全省各级综合档案馆通过接收和征集等途径,加强档案资源建设,馆藏档案资源逐年增长。1991年,省、地、县三级综合档案馆馆藏档案2071128卷，资料404839册。1993年，为了丰富馆藏，解决馆藏档案资源与服务全省经济社会发展不相适应的矛盾，省档案馆将原接收立档单位保管期满20年的档案改变为15年，缩短了接收年限，加快了保管期满档案接收进馆的步伐。2001年，执行《归档文件整理规则》，立档单位移交的档案以件为保管单位。2007年，全省开展"档案资源建设年"活动，通过各种手段，收集、征集档案，各级国家综合档案馆馆藏档案不断增加。至2013年，馆藏档案为5297879卷，以件为保管单位档案为1027331件，录音磁带、录像磁带、影片档案15355盘，照片档案349181张，电子文件1379542件，资料702455册。

（一）省档案馆档案

中共甘肃省委、甘肃省人民代表大会常务委员会、甘肃省人民政府、中国人民政治协商会议甘肃省委员会及各级党政机关、党派团体、企事业单位，在中华人民共和国建立后的各项活动中形成了丰富的档案，这些档案保存在省档案馆和各级机关档案室中。

1991年，省档案馆保存中华人民共和国档案全宗137个，计136629卷。

1991年以后，省档案馆主要接收了以下档案：（1）按照国家接收现行档案的规定，接收了在省级机关档案室保存期满的永久档案，充实了省档案馆原有立档单位全宗的档案数量；（2）接收了一些撤销机关单位的档案全宗，增加了省档案馆档案全宗和档案数量；（3）接收了过去未及接收的长期存放在立档单位的遗留档案全宗和重要档案。

2013年底，省档案馆保存中华人民共和国档案232336卷，29841件。

现将1991年以后省档案馆新增加的主要全宗档案简述于下：

甘肃省中苏友好协会档案　甘肃省中苏友好协会成立于1949年10月，1969年1月撤销。馆藏全宗档案共73卷，起讫年代为1949年至1965年。主要内容有：各种党政会议记录，政风运动计划，机构设置，干部履历表，学习苏联的各项活动情况，以中苏友好为内容的报告会、座谈会、图片展览、电影幻灯放映、俄文夜校、苏联专家留言簿等。

甘肃省抗美援朝分会档案　甘肃省抗美援朝分会成立于1951年5月，全称为"中国人民保卫世界和平反对美国侵略委员会甘肃省分会"。馆藏全宗档案共27卷，起讫年代为1951年至1959年。主要内容有：各专区、县成立抗美援朝分会组织的文件，开展以抗美援朝为中心的国际主义和爱国主义宣传教育活动，赴朝慰问，捐献活动，接待志愿军归国代表团和朝鲜人民军访华代表团活动，反对使用原子弹武器签名运动，群众与志愿军、朝鲜人民军通信联系活动等。

甘肃省文学艺术联合会档案 甘肃省文学艺术联合会1949年8月成立，1954年改为团体联合会性质。所存档案168卷，645件，起讫年代为1950年至2010年。主要内容有：历次文艺工作者代表会议文件，省文联与省作家协会兰州分会合署办公文件，有关文学、戏剧、音乐、美术等文件，以及综合类、组织人事类和财务类文件。

中国作家协会兰州分会档案 中国作家协会兰州分会1958年8月成立。全宗档案7卷，起讫年代为1956年至1964年。主要内容有：协会机构设置、工作总结、干部任命、"反右倾"斗争情况汇报，以及财务决算、报表等。

甘肃省荣誉军人教养院档案 甘肃省荣誉军人教养院1951年6月成立。所档案13卷，起讫年代为1951年至1970年。主要内容有：教养院筹备、筹建，以及与西北荣誉军人教养院合并的文件，移交清册，"三反"运动材料，干部名册等。

甘肃省建筑工程局档案 甘肃省建筑工程局的前身为甘肃省第一建筑工程局和甘肃省第二建筑工程局。省建一局始建于1955年。同年3月由解放军建筑工程第三师和西北第一工程公司的部分施工力量组成建工部西北兰州工程总公司。其后，八易其名。于1973年5月改称省建一局。省建二局始建于1952年。同年7月，由解放军一野、西北军区、甘肃军区所属在甘的"共和""无一""大同""中华"和中央交通部的中国建筑公司兰州分公司，以及西北建筑公司兰州分公司6个建筑公司，组成甘肃省建筑工程局筹委会。之后，九易其名。于1973年5月改为省建二局。1978年3月，中共甘肃省委将省建一局和省建二局合并为省建工局。所存档案1476卷，起讫年代为1951年至1981年。主要内容有：局、公司各类工作文件，历次政治运动文件，局、公司机构筹建成立、调整、撤并、更名、演变、改编、整编文件，人员编制、配备、任免、调动、工资、福利、处分等文件，基建合同、协议、计划、任务书、工程预算、投资年度报表、财务计划、大修各项费用、固定资产、流动资金、成本指标、债权债务、银行信贷、施工津贴、工资额、工资报告等。

中共甘肃省顾问委员会档案 中共甘肃省顾问委员会1983年3月成立。1993年12月撤销。所存档案286卷，起讫年代为1983年至1993年。主要内容有：（1）政务。顾问委员会第四次全委会议文件，省委各次全委扩大会议和党代会文件，会议记录，顾委会主任、副主任会议讲话，调研材料，宋任穷、王首道、江华、耿飚等来甘视察情况文件。（2）人事。机构设置，干部任免，人员调动，委员离休，人事报表，花名册等。（3）文秘。各期《顾委通讯》《参阅件》《工作简报》《甘肃顾委》等。

中共甘肃省委党史研究室档案 1981年6月成立中共甘肃省委党史资料征集委员会，1983年12月定名为中共甘肃省委党史资料征集研究委员会。1994年12月，更名为中共甘肃省委党史研究室。所存档案47卷，起讫年代为1981年至2000年。主要内容有：甘肃省委党史资料征集委员会成立的通知，党史资料征集会议材料，党史资料简报，党史资料通讯及党史工作总结、规划，省委党史资料征集研究委员会关于党史工作的报告、座谈会资料、会议资料，中央领导同志对建立红西路军烈士纪念馆的文件，红军长征胜利50周年纪念活动文件，甘肃党史学会、西北名人研究会文件，报送中央党史研究室的文件，毛泽东诞辰100周年纪念活动文件等。

中国农工民主党甘肃省委员会档案 中国农工民主党甘肃省委员会1982年9月由中国农工民主党中央委员会批准筹建。1984年4月筹备委员会成立。1988年2月在选举产生中国农工民主党甘肃省委员会第一届委员会。所存档案25卷，起讫年代为1982年至1998年。主要内容有：组织成立、发展的文件，历次全委会、代表大会及各种会议文件，换届选举文件，党员党籍文件等。

中国民主促进会甘肃省委员会档案 中国民主促进会甘肃省委员会1979年9月成立民进直属兰州支部。1984年2月成立民进甘肃省第一届委员会。所存档案77卷，起讫年代为1979年至2000年。主要内容有：民进委员会成立、设置、人员编制文件；历次全委会、主委及常委会、办公会、各支部工作会、经验交流会等各种会议纪要、记录、大事记，以及民进志。机构设置、人员编制文件，民进甘肃各支部成立、换届文件等。

甘肃省人民政府外事办档案　甘肃省人民政府外事办前身为1956年1月成立的中共甘肃省委暨兰州市委国际活动指导委员会，1979年底，更为现名。所存档案243卷，起讫年代为1956年至1988年。主要内容有：外事工作会议文件，接待各国外宾和团体的文件，组织赴国外友好访问、出国考察的文件，以及党政会议记录，工作简报，情况汇报等。

甘肃省知识青年上山下乡工作办公室档案　甘肃省知识青年上山下乡工作办公室的前身是1954年1月成立的甘肃省安置城市下放职工和青年学生领导小组办公室。1973年8月更为现名。所存档案589卷，起讫年代为1963年至1980年。主要内容有：中共中央、国务院、甘肃省委及有关单位关于组织知识青年上山下乡，插队、插场和城市闲散劳动力到农村去参加农村社会主义建设的文件；省知青办、各地（市）知青工作机构设置、人员配备文件；中共中央、国务院、甘肃省委及各地（市）安置办关于知青安置、回城落户工作的调查报告、工作总结等文件，反映安置情况的介绍信存根、信函，群众来信登记簿，安置工作简报、动态等文件。

甘肃省环境保护局档案　甘肃省环境保护局的前身是1974年1月成立的甘肃省委环境保护领导小组办公室。1979年5月更为现名。所存档案281卷，起讫年代为1974年至1992年。主要内容有：省环保局、省环保领导小组文件。关于对排污、噪音、废气、废水收费规定的文件，环保事业决算表，空气质量监测建设等文件。

甘肃省标准管理局档案　甘肃省标准管理局的前身是甘肃省标准计量管理处，1979年6月更名为现名。1983年9月撤销，与甘肃省计量局合并成立甘肃省质量管理局。所存档案93卷，起讫年代为1979年至1987年。主要内容有：全省标准化工作会议文件，标准化工作"七五"发展计划、十年规划文件，统计年报，全省标准化管理工作文件，企业标准、地方标准发布的文件等。

甘肃省经济协作办公室档案　甘肃省经济协作办公室1982年6月成立。2005年6月撤销。所存档案630卷，起讫年代为1982年至2005年。主要内容有：全国技术协作和对口支援工作座谈会文件，经济协作工作简报，经济业务汇总材料，企业经济可行性报告、经济技术协作情况汇报等。

甘肃省统计局档案　甘肃省统计局的前身是1949年成立的甘肃行署办公厅调查研究室。1953年7月更为现名。所存档案186卷，起讫年代为1978年至2000年。主要内容有：全省统计工作会议文件。年度国民经济统计资料（社会、物资、农业、工业、交通、邮电、商业、财政金融、物价等），省委干部统计年报，党组织、党员统计年报，机关、事业、企业干部统计表、年报表等。

甘肃省扶贫开发办公室档案　甘肃省扶贫开发办工作室1982年成立。所存档案330卷，起讫年代为1987年至2000年。主要内容有：国家有关部委、甘肃省委、甘肃省"两西"指挥部的各种报告、批复、纪要、年度统计报表等文件，省"两西"指挥部关于中部地区扶贫工作情况的文件，省"两西"指挥部关于下达年度各类资金有关项目立项、有偿资金、设计任务书等文件等。

中国农业银行甘肃省分行档案　中国农业银行甘肃省分行成立于1955年6月。所存档案246卷，起讫年代为1955年至1965年。主要内容有：分行党政和群众运动文件；监察部甘肃工作组检查农贷工作情况报告，纯牧区、半农半牧区试办信用社经验报告，畜牧贷款、农贷、农村金融工作文件，农村货比分布、流通情况调查报告，市场货比回笼、清理旧贷、收贷工作、移民贷款、打击高利贷文件，农行县支行试点意见，社会主义劳动竞赛合理化建议文件；《农行工作简讯》；灾区贷款减免、缓收、收贷损失报销、整顿账务，新建支行会计核算暂行规定；国营农牧场贷款计划，发放贫农合作基金贷款，信用社会计制度，农村储蓄利息计算的文件；社办企业贷款利率，农资供应，人民公社贷款会计核算，新式农具降价还款，清理大小型水利贷款等。

甘肃省农业办公室档案　甘肃省农业办公室的前身是1955年成立的甘肃省农林水办公室，几经合并、调整，名称几经变更，2000年5月更为现名。所存档案1833卷，起讫年代为1967年至2005年。主要内容有：全省农村工作会议文件；调查研究农业和农村改革、农业科技项目、小康办、农村固定观察点、农民体育协会、招商引资、农业综合开发、扶贫等文件。

甘肃省粮油汽车运输公司档案　甘肃省粮油汽车运输公司前身为1959年成立的甘肃省粮食局汽车大队。1980年8月更改为现名。所存档案6469卷，起讫年代为1960年至2004年。主要内容有：车辆运输管理、运输计划、运输情况的文件；历次政治运动的文件；公司大事记；年度财务计划、财务分析等文件。

财政部驻甘专员办事处档案　馆藏财政部驻甘专员办事处档案2471卷，起讫年代为1996年至2008年。主要内容有：财政部驻甘专员办事处党委分工文件、专员会议文件纪要、办公会议纪要；审核、检查国有企业财务情况的报告，转发财政部有关金融、财务、税费、汇集报表文件；退付企业一般增值税文件，甘肃省国税系统代征代缴提退手续费的批复，专项资金检查报告，各类资金、税务政策、企业财务、以税还贷、基建预算等文件；地方企业所得税收入情况检查文件，甘肃省国家储备粮库建设文件，甘肃省烟草公司会计信息质量检查文件，企业关闭破产费用预案审核文件，农业银行会计信息质量检查文件，中央财政扶贫救灾资金检查备查文件，中储粮管理总公司财政及相关业务检查文件，下岗职工财政补助资金清算审核文件，农村税费改革转移支付资金检查的备查文件等；财政部编发的《财政简报》《财政监督检查简报》《宏观经济月报》《工作通讯》《财政法制动态》《情况反映》《财政动态》《财政监察专员办事机构工作通讯》《反腐败工作信息》等。

甘肃省档案馆藏中华人民共和国主要档案全宗一览表

表1—7

全宗号	全宗名称	起止年代	案卷数量		备注
			（卷）	（件）	
91	中共甘肃省委办公厅	1949—2000	14514	–	–
92	中共甘肃省委组织部	1949—2000	3153	–	–
93	中共甘肃省委宣传部	1949—1982	2033	–	–
94	中共甘肃省委文化教育部	1956—1983	73	–	–
95	中共甘肃省委统战部	1949—2000	2444	–	–

全宗号	全宗名称	起止年代	案卷数量		备注
			（卷）	（件）	
96	中共甘肃省委农村工作部	1949—1966	756	–	–
97	中共甘肃省委工交部	1955—1966	756	–	–
98	中共甘肃省委财政贸易工作部	1954—1966	547	–	–
99	中共甘肃省委纪律检查委员会	1950—1990	2610	–	–
100	中共甘肃省委政法委员会	1954—2001	614	–	–
101	中共甘肃省委五人小组办公室	1955—1960	935	–	–
102	中共甘肃省委城乡社教委员会	1956—1967	668	–	–
103	中共甘肃省委党校	1949—1985	1416	–	–
104	中共甘肃省委审干办公室	1954—1994	2345	–	–
105	中共甘肃省委政策调查研究室	1978—1985	84	–	–
106	甘肃省总工会	1950—1990	1978	–	–
107	共青团甘肃省委员会	1949—2009	1845	2020	–
108	甘肃省妇女联合会	1949—2001	1424	–	–
109	甘肃省贫下中农协会	1965—1983	127	–	–
110	中共甘肃省直属机关工作委员会	1950—2000	443	–	–
111、112	甘肃省档案局、甘肃省档案馆	1955—2000	2774	2727	–
113	甘肃省民族事务委员会	1950—1990	892	–	–
114	甘肃省民族研究所	1960—1965	35	–	–
115	甘肃省人民委员会宗教事务处	1951—1967	81	–	–
116	中国人民政治协商会议甘肃省委员会	1950—1990	2057	–	–
117	中国国民党革命委员会甘肃省委员会	1951—1989	1143	–	–
118	中国民主同盟甘肃省委员会	1949—2000	994	–	–

第一章 档案资源

115

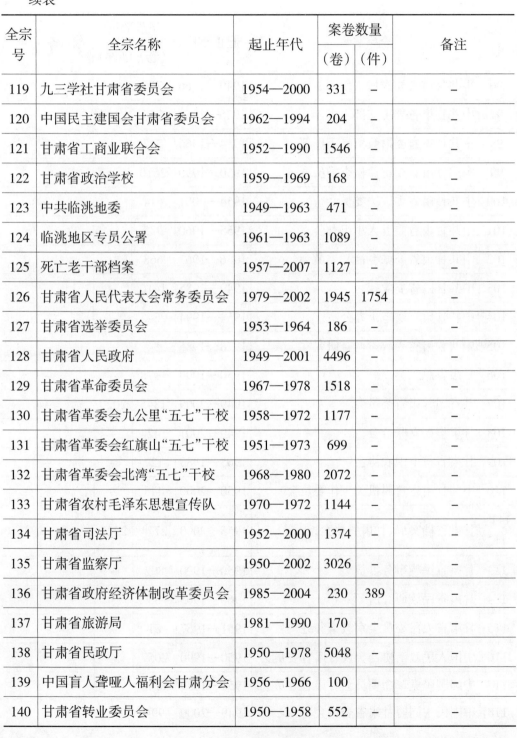

全宗号	全宗名称	起止年代	案卷数量（卷）	（件）	备注
119	九三学社甘肃省委员会	1954—2000	331	–	–
120	中国民主建国会甘肃省委员会	1962—1994	204	–	–
121	甘肃省工商业联合会	1952—1990	1546	–	–
122	甘肃省政治学校	1959—1969	168	–	–
123	中共临洮地委	1949—1963	471	–	–
124	临洮地区专员公署	1961—1963	1089	–	–
125	死亡老干部档案	1957—2007	1127	–	–
126	甘肃省人民代表大会常务委员会	1979—2002	1945	1754	–
127	甘肃省选举委员会	1953—1964	186	–	–
128	甘肃省人民政府	1949—2001	4496	–	–
129	甘肃省革命委员会	1967—1978	1518	–	–
130	甘肃省革委会九公里"五七"干校	1958—1972	1177	–	–
131	甘肃省革委会红旗山"五七"干校	1951—1973	699	–	–
132	甘肃省革委会北湾"五七"干校	1968—1980	2072	–	–
133	甘肃省农村毛泽东思想宣传队	1970—1972	1144	–	–
134	甘肃省司法厅	1952—2000	1374	–	–
135	甘肃省监察厅	1950—2002	3026	–	–
136	甘肃省政府经济体制改革委员会	1985—2004	230	389	–
137	甘肃省旅游局	1981—1990	170	–	–
138	甘肃省民政厅	1950—1978	5048	–	–
139	中国盲人聋哑人福利会甘肃分会	1956—1966	100	–	–
140	甘肃省转业委员会	1950—1958	552	–	–

甘肃省志 档案志

全宗号	全宗名称	起止年代	案卷数量		备注
			（卷）	（件）	
141	甘肃省计划生育委员会	1964—1990	102	—	—
142	甘肃省行政干部学校	1952—1967	198	—	—
143	甘肃省人事局	1949—1990	5121	—	—
144	甘肃省发展与改革委员会（甘肃省计划委员会）	1952—2001	3981	14783	—
145	甘肃省劳动和社会保障厅（省劳动局、省劳动工资编制委员会、省安置办公室）	1950—2000	3980	—	—
146	甘肃省物资管理局	1955—1976	1941	—	—
147	甘肃省木材公司	1954—1968	155	—	—
148	中国化工轻工公司甘肃省公司	1959—1971	83	—	—
149	中国金属材料公司甘肃省公司	1963—1967	28	—	—
150	中国建筑材料公司甘肃省公司	1963—1971	48	—	—
151	甘肃省对外贸易局	1954—2000	1093	—	—
152	甘肃省储备物资管理局	1952—2000	974	—	—
153	甘肃省经济委员会	1959—1988	751	—	—
154	甘肃省工业厅	1949—1963	2986	—	—
155	甘肃省重工业厅	1961—1971	2160	—	—
156	甘肃省冶金工业局	1958—1982	578	—	—
157	甘肃省煤炭工业局	1958—1979	229	—	—
158	甘肃省机械工业局	1958—1979	831	—	—
159	甘肃省农业机械局	1959—1960	84	—	—
160	甘肃省石油化学工业厅	1957—1961	91	—	—
161	甘肃省邮电管理局	1949—1970	3424	—	—
162	甘肃省长途电信线务总站	1924—1969	720	—	—

全宗号	全宗名称	起止年代	案卷数量（卷）	案卷数量（件）	备注
163	甘肃省手工业管理局、甘肃省手工业联社	1951—1968	1826	–	–
164	甘肃省机电成套设备局	1959—1990	237	–	–
165	甘肃省轻工业厅	1956—1989	1574	–	–
166	甘肃省永登玻璃厂	1959—1961	10	–	–
167	甘肃省轻工业学校	1958—1962	28	–	–
168	甘肃省交通厅	1949—1990	5603	–	–
169	甘肃省交通学校	1952—1960	101	–	–
170	甘肃省交通厅私营汽车管理所	1950—1956	114	–	–
171	甘肃省交通厅运输局	1954—1969	1020	–	–
172	甘肃省运输公司	1950—1958	391	–	–
173	甘肃省交通厅公路局	1957—1969	687	–	–
174	甘肃省交通厅公路养护管理处、基本建设工程处	1954—1966	460	–	–
175	甘肃省交通厅兰郎公路工程处、甘青公路工程处、兰猩线国道管理处	1951—1958	352	–	–
176	甘肃省政府财经委员会	1950—1956	755	–	–
177	甘肃省财政厅 甘肃省第四会计师事务所	1949—2001 1993—1997	9269	–	–
178	中国人民保险公司甘肃分公司	1950—1958	252	–	–
179	甘肃省税务局	1949—1994	3180	–	–
180	甘肃省粮食局	1950—1989	2734	–	–
181	甘肃省扶贫开发办公室	1988—2000	330	–	1991 年以后新增全宗
182	甘肃省粮油工业管理局	1956—1970	359	–	–
183	甘肃省油脂公司	1954—1970	129	–	–

全宗号	全宗名称	起止年代	案卷数量		备注
			（卷）	（件）	
184	甘肃省粮油汽车运输公司	1960—2004	6469	–	1991年以后新增全宗
185	甘肃省农业办公室	1967—2005	1833	1565	1991年以后新增全宗
186	中国交通银行甘肃分行	1949—1958	154	–	–
187	甘肃省物价委员会	1956—2009	958	3301	–
188	甘肃省工商行政管理局	1949—1969	654	–	–
189	甘肃省服务厅	1956—1958	474	–	–
190	甘肃省农产品采购厅	1956—1957	318	–	–
191	甘肃省医药总公司	1952—1980	765	–	–
192	甘肃省商业厅	1949—2000	7505	–	–
193	中国石油公司甘肃省公司、中国化工原料公司甘肃省公司	1953—1957	523	–	–
194	甘肃省煤建公司	1951—1968	552	–	–
195	甘肃省文化用品公司、兰州文化用品批发站	1955—1958	215	–	–
196	甘肃省五金交电公司	1952—1969	765	–	–
197	甘肃省商业厅生产资料贸易局	1960—1961	91	–	–
198	中国百货公司甘肃省公司	1950—2008	1932	–	–
199	中国作家协会兰州分会	1958—1964	7	–	1991年以后新增全宗
200	中国花纱布公司甘肃省公司、兰州纺织品批发站	1950—1960	689	–	–
201	甘肃省纺织品贸易局（甘肃省百货纺织品公司）	1961—1969	214	–	–
202	中国专卖公司甘肃省公司、兰州专卖批发站	1950—1957	416	–	–

第一章 档案资源

续表

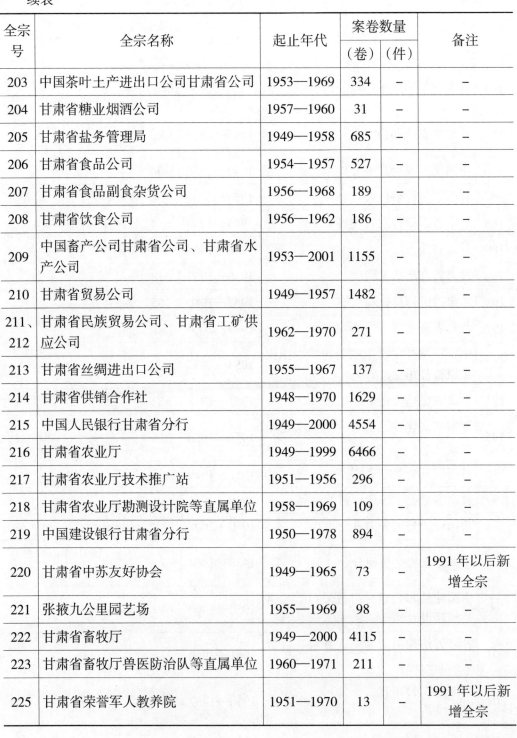

全宗号	全宗名称	起止年代	案卷数量		备注
			（卷）	（件）	
203	中国茶叶土产进出口公司甘肃省公司	1953—1969	334	–	–
204	甘肃省糖业烟酒公司	1957—1960	31	–	–
205	甘肃省盐务管理局	1949—1958	685	–	–
206	甘肃省食品公司	1954—1957	527	–	–
207	甘肃省食品副食杂货公司	1956—1968	189	–	–
208	甘肃省饮食公司	1956—1962	186	–	–
209	中国畜产公司甘肃省公司、甘肃省水产公司	1953—2001	1155	–	–
210	甘肃省贸易公司	1949—1957	1482	–	–
211、212	甘肃省民族贸易公司、甘肃省工矿供应公司	1962—1970	271	–	–
213	甘肃省丝绸进出口公司	1955—1967	137	–	–
214	甘肃省供销合作社	1948—1970	1629	–	–
215	中国人民银行甘肃省分行	1949—2000	4554	–	–
216	甘肃省农业厅	1949—1999	6466	–	–
217	甘肃省农业厅技术推广站	1951—1956	296	–	–
218	甘肃省农业厅勘测设计院等直属单位	1958—1969	109	–	–
219	中国建设银行甘肃省分行	1950—1978	894	–	–
220	甘肃省中苏友好协会	1949—1965	73	–	1991 年以后新增全宗
221	张掖九公里园艺场	1955—1969	98	–	–
222	甘肃省畜牧厅	1949—2000	4115	–	–
223	甘肃省畜牧厅兽医防治队等直属单位	1960—1971	211	–	–
225	甘肃省荣誉军人教养院	1951—1970	13	–	1991 年以后新增全宗

全宗号	全宗名称	起止年代	案卷数量		备注
			（卷）	（件）	
226	中共甘肃省委党史研究室	1981—2000	47	—	1991年以后新增全宗
227	甘肃省农业科学院	1952—1993	1243	—	—
228	甘肃省林业局	1950—1988	2872	—	—
229	甘肃省水利厅	1949—2000	3010	—	—
230	甘肃省水利厅农田水利局	1950—1964	205	—	—
231	甘肃省引洮上山水利工程局	1958—1961	2258	—	—
232	甘肃省水利局昌马河水利工程处、金川峡水利工程处	1956—1968	465	—	—
233	甘肃省水利学校	1956—1969	169	—	—
234	甘肃省河西建设规划委员会、甘肃省河西水利建设指挥部	1963—1969	267	—	—
235	甘肃省水土保持局	1955—1968	955	—	—
236	甘肃省气象局、西北气象处、兰州中心气象台、甘肃省气象学校	1950—1965	347	—	—
237	甘肃省抗美援朝分会	1951—1959	27	—	1991年以后新增全宗
238	甘肃省环境保护局	1974—1992	281	—	1991年以后新增全宗
239	甘肃省农垦局	1954—1968	1897	—	—
240	甘肃省基本建设委员会	1958—1968	620	—	—
241	甘肃省国防科学技术工业办公室	1960—2000	542	—	—
242	甘肃省文化教育委员会	1953—1957	188	—	—
243	甘肃省文化局、甘肃省群众艺术馆	1953—1985	1315	—	—
244	甘肃省新闻出版局	1971—2013	426	3655	—
245	甘肃省文学艺术联合会	1950—2010	168	—	1991年以后新增全宗

第一章 档案资源

全宗号	全宗名称	起止年代	案卷数量		备注
			（卷）	（件）	
246	兰州艺术学院	1958—1961	37	–	–
247	甘肃省教育厅	1949—1988	4020	–	–
248	甘肃省教育厅教学仪器供应站、教学仪器厂	1959—1968	105	–	–
249	甘肃省中等学校教师进修学院	1956—1958	10	–	–
250	甘肃省财经学院（兰州商学院）	1958—1962	107	–	–
251	甘肃人民出版社	1951—1968	1345	–	–
252	甘肃省卫生厅	1949—1985	1615	–	–
253	甘肃省第一、二工人疗养院	1953—1970	165	–	–
254	甘肃省广播电视厅	1949—1987	760	–	–
255	甘肃省科学技术委员会	1953—1990	967	–	–
256	甘肃省科学技术协会	1953—1968	87	–	–
257	甘肃省革命委员会省级机关房产管理局	1969—1986	1539	–	–
258	兰州工业职业学校	1949—1965	283	–	–
259	甘肃省体育运动委员会	1950—1990	760	–	–
260	甘肃省工业普查办公室	1983—1988	390	–	–
261	兰州汽车工业公司	1984—1992	120	–	–
262	金城联合大学	1984—1992	202	–	–
263	甘肃省质量管理局	1957—1987	89	–	–
264	中共甘肃省顾问委员会	1983—1993	286	–	1991 年以后新增全宗
265	中共甘肃省委经济工作部	1983—1988	153	–	–
266	中国农业银行甘肃省分行	1949—1965	246	–	1991 年以后新增全宗

全宗号	全宗名称	起止年代	案卷数量		备注
			（卷）	（件）	
267	第四届中国艺术节组委会	1994	104	–	1991年以后新增全宗
268	甘肃省经济协作办公室	1982—2005	630	–	1991年以后新增全宗
269	甘肃省人民政府外事办公室	1956—1988	243	–	1991年以后新增全宗
270	甘肃省审计厅	1983—2000	448	–	1991年以后新增全宗
271	甘肃省标准管理局	1979—1987	93	–	1991年以后新增全宗
272	中共甘肃省委保密委员会办公室	1986—2000	75	–	1991年以后新增全宗
273	中共甘肃省委老干部工作局	1968—2000	208	–	1991年以后新增全宗
274	中共甘肃省委保持共产党员先进性教育活动领导小组办公室	2004—2006	1266	–	1991年以后新增全宗
275	甘肃省建筑工程局	1950—1981	1476	–	1991年以后新增全宗
276	甘肃省土地管理局	1986—2000	1995	–	1991年以后新增全宗
277	甘肃省知识青年上山下乡工作办公室	1963—1980	689	–	1991年以后新增全宗
278	中国农工民主党甘肃省委员会	1982—1998	25	–	1991年以后新增全宗
279	中国民主促进会甘肃省委员会	1979—2000	77	–	1991年以后新增全宗
280	奥运火炬传递	2008	1607	–	1991年以后新增全宗

第一章

档案资源

全宗号	全宗名称	起止年代	案卷数量（卷）	案卷数量（件）	备注
281	甘肃省统计局	1978—2000	186	–	1991年以后新增全宗
282	兰州投资贸易洽谈会	1997—2009	3181	–	1991年以后新增全宗
284	"文革"档案资料	1966—1977	957	–	1991年以后新增全宗
285	中共甘肃省委深入学习科学发展观活动领导小组办公室	2008—2010	3441	–	1991年以后新增全宗
286	甘肃省科学技术奖励委员会办公室	–	1579	–	1991年以后新增全宗
288	财政部驻甘专员办事处	1996—2008	2471	–	1991年以后新增全宗
289	甘肃省舟曲灾后重建前方协调指导小组	2010—2013	956	–	1991年以后新增全宗
296	甘肃省兰州市国信公证处	2008	1607	–	1991年以后新增全宗
281	甘肃省统计局	1994—2012	56210	–	1991年以后新增全宗
299	甘肃省食品药品协会	2001—2013	1000	–	1991年以后新增全宗

省档案馆还保存声像档案。其一为照片。2013年，甘肃省档案馆保存照片31092张。

其中1949年以后的主要有：1949年中国人民解放军解放兰州的照片；1950年1月西北军政委员会主席、副主席合影照片；1952年兰州各界欢迎中国人民志愿军代表和朝鲜人民访华团在兰州活动的照片；1952年甘肃省第一届工业劳动模范会议照片；记录1954年山丹、民勤、古浪、永登、张掖、阿拉善等地地震情况的照片；1959年甘肃省出席全国群英大会代表合影照片；1959年全国档案资料工作先进经验交流会议合影照片；1963年毛泽东等党和国家领导人接见边防工作会议全体同志的照片；周恩来、朱德等党和国家领导人接见全国青年业余文学积极分子合影照片；1964年中共中央西北局负责同志接见西北五省（区）少数民族参观团的照片；中共甘肃省委历次代表大会、省人民委员会历次代表大会以及省政治协商会议历次会议的照片；1972年郭沫若在兰州考察和接见甘肃演员的照片；1978年党和国家领导人接见全国民兵工作会议代表的照片；朱德、彭德怀、陈毅、邓小平、胡耀邦、田纪云、方毅等视察甘肃工作的照片；1981年刘家峡水库开闸泄洪的照片；1982年甘肃省档案工作恢复整顿工作表彰大会的照片；1985年胡耀邦在康县、成县、天水地区视察工作的照片；1986年甘肃会宁召开纪念三大主力红军会师50周年照片等。

2013年，市（州）档案馆保存照片118328张，县（市、区）档案馆保存照片199761张。

其中1949年以后的主要有：党和国家领导人和省、地党政领导人视察地、县工作的照片；历次地、县党代会、人代会、政协会、贫代会、团代会、妇代会照片。临夏市档案馆有1949年庆祝临夏解放盛大集会的照片；秦安县档案馆有1951年本县千户区张雏乡群众缴纳公粮的照片、1952年1月本县贤门乡把土改中群众斗争果实金银、白洋送交县银行兑换的照片；正宁县档案馆有20世纪50年代初该县第一届互助组长代表照片；临夏回族自治州档案馆有20世纪50年代初临夏市折桥乡农民用投豆方式选举乡人民政府成员的照片；舟曲县档案馆有本县20世纪50年代立节乡北山村滑坡实况照片；甘南藏族自治州档案馆有1958年反封建特权斗争的照片；张家川回族自治县档案馆有1962年中共中央在北京召开地、县级以上干部参加的扩大的工作会议（七千人大会）照片；景泰县档案馆有红西路军在景泰驻守、作战纪念地照片和流落景泰的西路军老战士照片；永登县档案馆有明初建筑土司庄园、妙音寺、海德寺的照片；环县档案馆有早期陇东皮影剧照片；嘉峪关市档案馆有酒泉钢铁公司高速线材竣工投产会照片等。

其二为录音磁带、录像磁带、影片档案。2013年，甘肃省档案馆保存录音磁带、录像磁带、影片档案4801盘。

录音带主要有：毛泽东、刘少奇、周恩来、邓小平、彭真、薄一波、姚依林等在成都会议、中共八届十二中全会等会议上的讲话；邓小平1957年5月在西北民族学院所作的形势报告；谭震林1960年5月在中共甘肃省第三次代表会议上的讲话；陈毅、耿飚1960年9月在中共甘肃省委干部会议上的讲话；中共中央西北局第一书记刘澜涛1965年关于社会主义教育运动的讲话；中共甘肃省委书记张仲良1959年在全省六级干部会议上的讲话；中共甘肃省委书记汪锋1963年在省、市17级以上干部会议上的讲话。

录像带主要有：陇剧《枫洛池》、话剧《西安事变》、舞剧《丝路花雨》、藏族歌舞以及河州花儿演唱会的录像带；甘肃省各行各业建设成就及城建规划、技术革新、科学实验等相关录像带等。

影片档案有35MM和16MM的新闻纪录片2919盘，记录了当时政治、经济、文化、社会状况。主要内容有：中华人民共和国国庆21周年、25周年、26周年、28周年庆祝活动；1971年周恩来总理会见西哈努克亲王；1968年甘肃省革命委员会成立大会；1969年甘肃庆祝中国共产党第九次全国代表大会；1971年民革甘肃省委纪念辛亥革命60周年座谈会；1971年中共甘肃省第五次代表大会；1972年数学家华罗庚在甘肃推广"优选法"；1974年邓小平副总理出席联合国大会第六届特别会议；1974年甘肃省田径运动会；1975年叶剑英等党和国家领导人接见特赦人员；1980年全国人大常委会副委员长班禅视察甘南藏族自治州和临夏回族自治州；1982年中共甘肃省委领导人会见新西兰友人路易·艾黎；甘肃足球队和巴西足球队友谊比赛；《前进中的甘肃农村合作医疗》《风沙线上夺高产》《玉门盛开"五七"花》《民勤人民绘新图》《十二国农机博览会》《小流域综合治理》《沼气之花》《软管喷灌》《滇型小麦杂交》等新闻宣传片。

2013年，市（州）档案馆保存录音磁带、录像磁带5328盘，县（市、区）档案馆保存录音磁带、录像磁带、影片档案5236盘。

主要有：永靖县档案馆藏反映永靖县刘家峡库区移民情形的录像带；玉门市档案馆藏反映玉门建设的录音带；迭部县档案馆藏1982年班禅副委员长视察迭部县的录像带、录音带，记录迭部地区1987年1月8日5.9级地震的录像带；兰州市安宁区档案馆藏1984年蒋大为、姜昆、李文华为第一届"兰州市安宁桃花会"演出的录音带；会宁县档案馆藏1986年10月纪念红军会宁会师50周年活动的录音、录像带；武威地区档案馆藏武威境内发生的洪水、地震等自然灾害及灾后当地干部群众抗灾自救的录像带；金昌市档案馆保存有1987年抗洪救灾活动中形成的录音带和录像带；肃南裕固族自治县档案馆有征集党史口碑资料录音带，裕固族民歌、婚礼之歌录音带；通渭县档案馆藏《发展中的通渭》录像带；定西市安定区档案馆藏反映定西发展的《绿色的希望》录像带；泾川县档案馆藏反映泾川发展变化的《今日泾川》录像带等；临夏县档案馆藏20世纪70年代进行大规模农田基本建设中治理吹麻滩的电影胶片；玉门市档案馆藏反映玉门建设的影片。除此之外，一些企业事业单位档案馆也保存有电影胶片，如白银有色金属公司档案馆收藏有1956年12月露天矿大爆破电影胶片4盘。

其三为缩微片。20世纪80年代中后期，省档案馆对馆藏清代档案和部分民国档案全宗进行了缩微拍照，形成缩微胶片卷片。20世纪90年代中后期这项工作停止。2013年，馆藏缩微胶片卷片250万幅。

省档案馆保存的特殊载体档案和资料如1—8表。

甘肃省档案馆保存的特殊载体档案和资料一览表

表1—8

			1991年	1997年	2001年	2006年	2013年
录音磁带录像磁带影片档案		盘	372	3034	3567	3921	4801
照片档案		张	5472	10816	15454	17053	31092
底　图		张	–	504	504	504	504
电子档案	磁盘	张	–	–	–	–	85
	光盘	张	–	–	1	44	5400
缩微胶片	卷片	幅	3500(米)	8138(米)	35400(米)	2500000	2500000
资　料		册	22798	36808	36901	39313	39760

（二）市、县档案馆档案

1.市（州）档案馆档案

全省14个地（州、市）档案馆，1991年馆藏档案401142卷，录音、录像、影片档案1650盘，照片档案30090张。1995年馆藏档案477603卷，录音、录像、影片档案1915盘，照片档案32302张，比1991年分别增长19.06%、16.06%、7.35%。2001年馆藏档案588174卷，录音、录像、影片档案1960盘，照片档案43530张。2006年馆藏档案841975卷，录音、录像、影片档案2120盘，照片档案65399张，比2001年分别增长43.15%、0.81%、50.23%。2013年馆藏档案1222321卷，录音、录像、影片档案5328盘，照片档案118328张，比2006年分别增长45.17%、151.32%、80.93%.

2013年，市（州）档案馆馆藏各类档案、资料情况一览表

表1—9

市(州)档案馆	市(州)馆藏全部档案、资料								
	全宗(个)	案卷(卷)	以件为保管单位档案(件)	录音录像带影片档案(盘)	照片档案(张)	底图(张)	数字档案(卷)	数字档案(件)	资料(册)
兰州市	107	127014	20506	54	3754	—	—	—	3979
白银市	163	91182	21203	10	2483	—	134	—	2001
嘉峪关市	80	33735	15034	416	7607	115	41	—	7693
酒泉市	163	94959	28230	121	8041	—	—	—	10613
张掖市	127	90347	72238	1039	4641	—	14	—	15471
金昌市	110	162004	161822	1819	34519	—	—	—	9723
武威市	99	53975	544	48	1525	—	6	—	7292
庆阳市	186	108818	59199	931	5084	—	293	—	26082
平凉市	138	68934	3935	424	8443	—	101	—	17147
天水市	210	101798	46353	26	6230	—	109	—	9306
陇南市	110	15759	1015	—	1882	—	—	—	2971
定西市	185	66188	4780	155	3459	—	10	—	8292
临夏州	218	105203	11650	151	26753	69	28368	84	21497
甘南州	91	84290	3333	—	1723	—	1745	—	8183

2. 县（市、区）档案馆档案

全省86个县（市、区）档案馆，1991年馆藏档案1542189卷，录音、录像、影片档案2215盘，照片档案55118张。1995年馆藏档案1797632卷，录音、录像、影片档案2228盘，照片档案75113张，比1991年分别增长16.56％、0.01％、36.27％。2001年馆藏档案2170925卷，录音、录像、影片档案2561盘，照片档案87122张。2006年馆藏档案2679434卷，录音、录像、影片档案2619盘，照片档案122516张，比2001年分别增长23.42％、0.22％、40.62％。2013年馆藏档案3754526卷，录音、录像、影片档案5226盘，照片档案199761张，比2006年分别增长40.12％、103.36％、63.04％。

2013年，县（市、区）档案馆馆藏各类档案、资料情况一览表

表1—10

县(市、区)档案馆	馆藏全部档案、资料							
	全宗（个）	案卷（卷）	以件为保管单位档案（件）	录音录像带影片档案（盘）	照片档案（张）	底图（张）	数字档案（卷）	资料（册）
皋兰县	63	36047	22177	28	2273	–	–	7000
永登县	65	35614	178	2	912	–	–	8454
榆中县	105	44935	4682	–	2904	–	–	3578
兰州市城关区	96	46570	40338	145	2009	–	37256	3962
兰州市七里河区	66	31530	27289	74	670	–	–	4421
兰州市安宁区	72	22459	2195	19	830	–	911	4881
兰州市西固区	64	75637	55186	–	600	–	7054	1052
兰州市红古区	49	20414	5284	41	378	–	–	917
靖远县	78	95929	1452	30	294	–	1200	5250
会宁县	140	55188	5235	97	1718	–	10	3530
景泰县	100	45919	13703	5	2143	–	789	1630

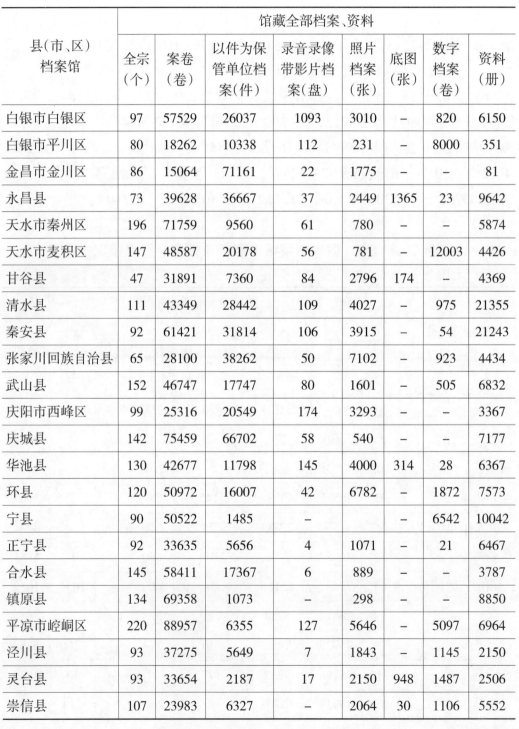

县(市、区)档案馆	馆藏全部档案、资料							
	全宗(个)	案卷(卷)	以件为保管单位档案(件)	录音录像带影片档案(盘)	照片档案(张)	底图(张)	数字档案(卷)	资料(册)
白银市白银区	97	57529	26037	1093	3010	–	820	6150
白银市平川区	80	18262	10338	112	231	–	8000	351
金昌市金川区	86	15064	71161	22	1775	–	–	81
永昌县	73	39628	36667	37	2449	1365	23	9642
天水市秦州区	196	71759	9560	61	780	–	–	5874
天水市麦积区	147	48587	20178	56	781	–	12003	4426
甘谷县	47	31891	7360	84	2796	174		4369
清水县	111	43349	28442	109	4027	–	975	21355
秦安县	92	61421	31814	106	3915	–	54	21243
张家川回族自治县	65	28100	38262	50	7102	–	923	4434
武山县	152	46747	17747	80	1601	–	505	6832
庆阳市西峰区	99	25316	20549	174	3293	–	–	3367
庆城县	142	75459	66702	58	540	–	–	7177
华池县	130	42677	11798	145	4000	314	28	6367
环县	120	50972	16007	42	6782	–	1872	7573
宁县	90	50522	1485	–		–	6542	10042
正宁县	92	33635	5656	4	1071	–	21	6467
合水县	145	58411	17367	6	889	–	–	3787
镇原县	134	69358	1073		298	–	–	8850
平凉市崆峒区	220	88957	6355	127	5646	–	5097	6964
泾川县	93	37275	5649	7	1843	–	1145	2150
灵台县	93	33654	2187	17	2150	948	1487	2506
崇信县	107	23983	6327	–	2064	30	1106	5552

甘肃省志 档案志

县(市、区) 档案馆	馆藏全部档案、资料							
	全宗 (个)	案卷 (卷)	以件为保 管单位档 案(件)	录音录像 带影片档 案(盘)	照片 档案 (张)	底图 (张)	数字 档案 (卷)	资料 (册)
华亭县	109	22382	9991	1	12823	–	2257	7093
庄浪县	102	38722	28077	–	5657	–	2093	6647
静宁县	123	66100	23829	78	2706	–	6543	5260
定西市安定区	129	38864	1546	111	1810	84	2150	8104
陇西县	80	86564	–	313	5846	–	1900	7497
漳县	67	20728	8354	29	425	–	200	621
通渭县	119	38273	6000	6	1614	–	2500	3851
渭源县	92	38876	–	–	504	–	3434	2391
临洮县	122	64965	10479	–	575	–	1485	12063
岷县	69	34226	4354	22	2320	–	970	3720
陇南市武都区	34	36467	128388	14	2650	–	–	2150
礼县	140	86114	4293	10	832	–	600	8789
宕昌县	85	24805	3000	–	138	110	–	9344
两当县	91	61413	13495	35	1027	206	–	11879
西和县	–	–	–	–	–	–	–	–
康县	86	30025	6038	8	2948	10	550	3090
文县	17	23010	4350	33	3768	708	–	10571
徽县	154	51514	–	10	876	–	–	10330
成县	71	30977	34768	–	414	–	–	4172
武威市凉州区	159	684901	16437	32	1570	–	1760	4128
天祝藏族自治县	99	25160	28458	14	380	–	703	12611
民勤县	108	41685	17774	1	118	–	3249	7267
古浪县	84	26515	10594	–	399	78	9938	7048
张掖市甘州区	89	46485	51900	–	787	63	–	9096

第一章 档案资源

县(市、区)档案馆	馆藏全部档案、资料							
	全宗（个）	案卷（卷）	以件为保管单位档案（件）	录音录像带影片档案（盘）	照片档案（张）	底图（张）	数字档案（卷）	资料（册）
肃南裕固族自治县	56	23075	9747	33	2354	189	5450	6823
山丹县	77	28673	33312	18	1014	–	2406	12587
临泽县	58	34032	6864	2	1154	–	870	6341
高台县	73	36669	24488	–	862	531	2621	9149
民乐县	105	43578	8726	46	1498	–	834	8589
酒泉市肃州区	160	76877	–	94	6223	–	–	4814
瓜州县	112	29580	–	7	3588	–	924	6999
金塔县	115	63111	15831	32	5184	2048	–	3793
敦煌市	112	44266	–	106	5756	–	–	5362
阿克塞哈萨克族自治县	69	19526	34475	51	1141	35	–	12049
肃北蒙古族自治县	77	23007	15539	–	1695	–	–	6103
玉门市	138	92906	11298	654	4462	–	31697	7226
临夏市	135	72603	6490	34	3522	847	9366	12022
临夏县	114	59880	6975	15	4104		1985	8014
东乡族自治县	100	51633	1425	–	1652	221	–	5254
积石山保安族东乡族撒拉族自治县	21	15660	6187	–	355	2	–	1291
康乐县	121	69340	–	40	4029	30	–	4752
和政县	60	26503	13476	–	474	–	950	3029
广河县	65	33176	10676	254	420	–	635	726

续表

县(市、区)档案馆	馆藏全部档案、资料							
	全宗（个）	案卷（卷）	以件为保管单位档案（件）	录音录像带影片档案（盘）	照片档案（张）	底图（张）	数字档案（卷）	资料（册）
永靖县	171	62394	917	25	1524	–	4027	3793
合作市	25	10617	6046	–	–	–	315	144
舟曲县	84	30653	–	45	563	–	–	6381
玛曲县	77	23160	–	19	832	–	–	3761
碌曲县	44	16212	–	–	–	–	–	4246
迭部县	57	37156	–	12	576	–	–	2850
夏河县	81	45598	8205	–	1431	120	–	4126
临潭县	68	22173	158	–	372	–	–	3000
卓尼县	48	22031	–	7	572	–	–	4385

二、专门档案馆档案

全省有三个专门档案馆，即兰州市城建档案馆、嘉峪关市城建档案馆和天水市城建档案馆。

1991年，兰州市、嘉峪关市和天水市三个城建档案馆馆藏档案12283卷，资料609册，录音、录像、影片档案5盘，照片档案971张，底图3557张。1996年，馆藏档案20703卷，资料1745册，录音、录像、影片档案87盘，照片档案3598张，底图5062张，比1991年分别增长了68.55%、186.53%、1640%、270.54%和42.31%。2000年，馆藏档案30932卷，资料4600册，录音、录像、影片档案136盘，照片档案8970张，底图9972张，比1996年分别

第一章

档案资源

增长49.41%、163.61%、56.32%、149.31%和96.99%。从2000年起接收电子档案进馆，接收磁带10盘，光盘3张。2006年开始接收以件为保管单位档案，该年度馆藏档案66808卷，以件为保管单位档案3629件，资料6800册，录音、录像、影片档案226盘，照片档案18712张，底图19921张，电子档案磁带20盘、光盘27张，比2000年分别增长116.18%、47.83%、66.18%、108.61%、99.78%和261.54%。

2013年，除馆藏资料未有增加外，馆藏档案，录音、录像、影片档案，照片档案，底图和电子档案分别比2006年增长161.41%、12.39%、105.34%、1.22%和72.34%。2013年，本省专门档案馆馆藏档案、资料情况如下表：

2013年，全省国家专门档案馆馆藏档案、资料情况表

表1—11

单 位	馆 藏 全 部 档 案、资 料									
	全宗（个）	案卷（卷）	以件为保管单位档案（件）	录音录像带影片档案（盘）	照片档案（张）	底图（张）	电子档案		缩微胶片（张）	资料（册）
							磁盘（张）	光盘（张）		
专门档案馆	3	144477	5641	262	55714	20165	–	–	–	4600

三、部门档案馆档案

1991年，甘肃省气象档案馆、甘肃省邮电档案馆和甘肃省测绘资料馆三个部门档案馆藏档案134935卷，资料14715册，录音、录像、影片档案43盘，照片档案560张，底图37227张，缩微胶片651张，卷片216幅。1999年，开始接收电子档案，当年接收磁带16盘，磁盘662张，光盘16张。2003年开始接收以件为保管单位档案，当年接收以件为保管单位档案264件。2009年，部门档案馆统计单位增加了甘肃省公安档案馆，全省部门档案馆合计为4个。2013年，甘肃省测绘资料馆更名为甘肃省基础地理信息中心，部门档案馆统计单位为甘肃省气象档案馆、甘肃省基础地理信息中心和甘肃省公安档案馆。2013 年，部门档案馆藏档案、资料如下表：

2013 年，全省部门档案馆藏档案、资料情况表

表1—12

单 位	馆藏全部档案、资料											
	全宗	案卷	以件为保管单位档案	录音录像档案	照片档案	底图	电子档案		缩微胶片		资料	
							磁盘	光盘	平片	卷片		
	个	卷	件	盘	张	张	张	张	张	幅	册	
部门档案馆	3	346502	409530	409	131389	6520	953	6280	651	—	56570	

四、企事业单位档案馆档案

鉴于各个年度的《全国档案事业综合统计年报》中，对全省企事业单位档案馆的数量上，统计标准不一，同时，有的年度统计为"企业档案馆"，有的年度统计为"大型企业档案馆"，失去了各个年度比较的标准，所以，下面对企事业单位档案馆藏数量的统计，只如实列出当年数字。

1.企业档案馆档案

全省企业档案馆，1991年保存档案301835卷，录音、录像、影片档案474 盘，照片档案21430张，底图365353张。1995年保存档案433985卷，录音、录像、影片档案1259盘，照片档案27445张，底图247553张。2000年保存档案369656卷，录音、录像、影片档案1585盘，照片档案21341张，底图242025 张。2006年保存档案28289卷，录音、录像、影片档案4561盘，照片档案30110张，底图130514张。2013年保存档案451414卷，录音、录像、影片档案5597盘，照片档案41524张，底图243766张。

2. 事业单位档案馆档案

全省事业单位档案馆，1991年保存档案20967卷，录音、录像、影片档案6024盘，照片档案820张，底图605张。1995年保存档案27889卷，录音、录像、影片档案7026盘，照片档案2576张。2000年保存档案81905卷，录音、录像、影片档案2712盘，照片档案21341张，底图242025张。2006年保存档案113121卷，录音、录像、影片档案30盘，照片档案14613张，底图668张。2013年保存档案159458卷，录音、录像、影片档案1270盘，照片档案31873张，底图8241张。

2013年，甘肃省企事业单位档案馆藏档案、资料情况表

表1—13

单位	馆藏全部档案、资料								
	全宗	案卷	以件为保管单位档案	录音录像档案	照片档案	底图	电子档案	缩微胶片	资料
	个	卷	件	盘	张	张	件	张	册
企业集团和大型企业档案馆	148	451414	216379	5597	41524	243766	167481	–	5671
省部属事业单位档案馆	7	159458	237903	1270	31873	8241	81439	–	3277

五、档案室档案

由于档案室每年接收本单位立卷归档的文件，同时，按规定定期向同级档案馆移交相关保管期限档案，所以，档案室藏档案始终处于变动之中。

2013年以前，《全国档案事业统计综合年报》中没有县（市、区）机关档案室的统计数字，仅有省级机关档案室和企事业单位档案室的统计数字。

（一）省、市、县机关档案室档案

省级机关档案室，1991年室藏档案210383卷，录音、录像、影片档案194盘，照片档案1436张，底图5147张。1995年室藏档案385116卷，录音、

录像、影片档案1439盘，照片档案19853张，底图169860张。比1991年分别增长83.01％、640.2％、1282.52％、3200.17％。2001年馆藏档案356597卷，录音、录像、影片档案2624盘，照片档案32873张，底图2269张。2006年馆藏档案482328卷，录音、录像、影片档案1438盘，照片档案54181张，底图5106张。比2001年分别增长35.25％、－45.27％、64.81％、125.03％。

2013年，省、市、县机关档案室藏档案、资料如下表：

2013年，甘肃省、市、县机关档案室藏档案资料统计表

表1—14

档案室	档案室保存档案、资料									
	全宗	案卷	以件为保管单位档案	录音录像影片	照片	底图	数字档案			资料
							电子文件	数码照片	数字录音录像	
	个	卷	件	盘	张	张	件	张	小时	册
省直机关	77	243814	866473	4862	120176	4788	190338	31085	870	46078
市直机关	1036	1442696	4092459	16699	113940	28988	320118	59024	2896	308544
县直机关	5999	4926245	11239427	29437	234430	67900	231773	167227	893	686127
合计	7112	6612755	16198359	50998	468546	101676	742229	257386	4659	1040749

（二）大（中）型企业档案室档案

鉴于各个年度全省大（中）型企业档案室的统计数量不一，使得各个年度失去了进行比较的标准条件，故以下对大型企业档案室藏数量的统计，只如实列出当年数字。

全省大型企业单位档案室，1991年室藏档案1577602卷，录音、录像、影片档案1743盘，照片档案222278张，底图4078404张。1995年室藏档案2092401卷，录音、录像、影片档案7759盘，照片档案262631张，底图

5151350张。2000年室藏档案1178956卷，录音、录像、影片档案2308盘，照片档案70635张，底图2773735张。2006年室藏档案1306383卷，录音、录像、影片档案5935盘，照片档案86359张，底图3316985张。

2013年，大型企业档案室藏档案4496965卷，录音、录像、影片档案4676盘，照片档案97519张，底图1929387张。中型企业档案室藏档案981226卷，录音、录像、影片档案5905盘，照片档案100140张，底图839912张。

2013年，甘肃省企业档案室藏档案资料统计表

表1—15

档案室	档案室保存档案、资料									
	全宗	案卷	以件为保管单位档案	录音录像影片	照片	底图	数字档案			资料
							电子文件	数码照片	数字录音录像	
	个	卷	件	盘	张	张	件	张	小时	册
企业集团和大型企业	97	4496965	20758042	4676	97519	1929387	644830	5762	534	137573
中型企业	218	981226	1727084	5905	100140	839912	571212	58537	437	48879
合计	312	5478191	22485126	10581	197659	1769299	1216042	64229	971	186452

（三）事业单位档案室档案

鉴于各个年度全省事业单位档案室的统计数量不一，使得各个年度失去了进行比较的标准条件，故以下对事业单位档案室藏数量的统计，只如实列出当年数字。

全省事业单位档案室，1991年室藏档案111137卷，录音、录像、影片档案1980盘，照片档案18808张，底图13959张。1995年室藏档案129488卷，录音、录像、影片档案2486盘，照片档案49088张，底图22729张。2000年室藏档案110898卷，录音、录像、影片档案2166盘，照片档案26512张，底图

6861 张。2006年室藏档案1368943卷，录音、录像、影片档案4335盘，照片档案43175张，底图5680张。

2013 年，事业单位档案室藏档案1104245卷，录音、录像、影片档案29335 盘，照片档案114180张，底图12287张。

2013年，甘肃省事业单位档案室藏档案资料统计表

表1—16

档案室	档案室保存档案、资料									
	全宗	案卷	以件为保管单位档案	录音录像影片	照片	底图	数字档案			资料
							电子文件	数码照片	数字录音录像	
	个	卷	件	盘	张	张	件	张	小时	册
省部属	26	223807	243741	15733	65360	6465	18240	19029	20	6373
地师级	60	491724	217749	1413	14907	3621	911	116	－	3534
县团级	392	388714	555948	12189	33913	2201	8317	16827	38	61252
合计	478	1104245	1017438	29335	114180	12287	27468	35972	58	71159

第四节　资　料

甘肃各地档案馆（室）除保存明清以来各时期的档案外，还收集、保存了与馆（室）藏档案相关的资料。这些资料品种繁杂、数量众多、内容广泛，既可以补充馆藏档案的不足，又可以与档案相互印证。其中，一些史书、志书、著述、刊物等资料中，移录和摘录了当时官署形成的大量的原始档案，是一种重要的信息资源。

馆藏资料按中国图书分类法分类保管。

馆藏资料的来源主要有两种：其一是随进馆档案一并接收来的资料，其二是与本地有关的特色、珍贵、重要的资料。

1991 年，全省各级各类档案馆保存资料470018册，其中省档案馆24030

册，地（州、市）档案馆87317册，县（市、区）档案馆309200册，城建档案馆3933册，部门档案馆7039册，企业事业单位档案馆38490册。各级各类档案室藏资料291613册。其中省级机关档案室藏资料23369册，大型企业档案室藏资料259584册，事业单位档案室藏资料8660册。

至2013年，全省各级各类档案馆保存资料772873册，其中省档案馆39760册，市（州）档案馆153917册，县（市、区）档案馆508778册，城建档案馆4600册，部门档案馆56670册，企业事业单位档案馆9148册。省、市、县三级机关档案室藏资料1040749册，其中省级机关档案室藏资料46078册，市（州）机关档案室藏资料308544册，县（市、区）机关档案室藏资料686127册。企业档案室藏资料186152册，事业单位档案室藏资料71159册。

以下是省档案馆1991年以后进馆的主要资料：

一、地方志和行业志

主要有：《续修导河县志》（民国本1~8卷）、《河州续志》《敦煌县志》（清道光辛卯版）、《重修镇原县志》（简体校点本）、《甘州府志》《洮州厅志》《高台县志辑校》等。

有甘肃省地方史志编纂委员会编《甘肃省志·概述》《甘肃省志·大事记》《甘肃省志·储备物资志》《甘肃省志·公安志》《甘肃省志·农业机械化志》《甘肃省志·人事志》《甘肃省志·新闻出版志》《甘肃省志·气象志》《甘肃省志·粮食志》《甘肃省志·军事工业志》《甘肃省志·科学技术志》《甘肃省志·审判志》《甘肃省志·档案志》《甘肃省志·林业志》《甘肃省志·水利志》《甘肃省志·测绘志》《甘肃省志·畜牧志》《甘肃省志·电力工业志》《甘肃省志·航运志》《甘肃省志·铁路志》《甘肃省志·群众团体志》《甘肃省志·医药卫生志》《甘肃省志·体育志》《甘肃省志·公路交通志》《甘肃省志·标准化与质量志》《甘肃省志·纺织工业志》《甘肃省志·财税志》《甘肃省志·民政志》《甘肃省志·邮电志》《甘肃省志·煤炭工业志》《甘肃省志·建材工业志》《甘肃省志·渔业志》《甘肃省志·统计志》《甘肃省志·检察志》《甘肃省志·商业志》《甘肃省志·地震志》《甘肃省志·石油化工志》《甘肃省志·计量志》《甘肃省志·物资志》《甘肃省志·共产

党志》《甘肃省志·审计志》《甘肃省志·社会科学志》《甘肃省志·妇女志》《甘肃省志·环境保护志》《甘肃省志·人口志》《甘肃省志·乡镇企业志》《甘肃省志·民族志》《甘肃省志·宗教志》《甘肃省志·广播电影电视志》《甘肃省志·司法行政志》《甘肃省志·经济计划志》《甘肃省志·军事志》《甘肃省志·外事志》等。

还有市、县志。主要有《庆阳地区志》《嘉峪关市志》《张掖市志》《天水市志》《甘南藏族自治州志》《平凉地区志》《定西地区志》《文县志》《秦安县志》《礼县志》《会宁县志》《武山县志》《崇信县志》《清水县志》《肃北蒙古族县志》《瓜州县志》《镇原县志》《临洮县志》《灵台县志》《武威市志》《永昌县志》《陇西县志》《通渭县志》《西固区志》《合水县志》《民勤县志》《白银区志》《两当县志》《环县志》《天祝藏族自治县志》《古浪县志》等。

还有校志、镇志、庙观志、年鉴等。主要有《玉泉观志》《伏羲庙志》《张掖师范学校志》《山乡志》《甘肃农村金融志》《天水建设志》《刘家峡水电厂志》《兰州地震志》《秦安县陇城镇志》《兰州市地名志》《甘肃省临潭县地名志》《兰州石油机械研究所志》《兰州供电局志》《窑街矿务局志》《甘肃道教志》《甘肃人民广播电台志》《甘肃省乡土志》《兰州市城关区雁滩乡志》《靖远矿务局志》《甘肃省劳改工作志（1949年—1989年）》《甘肃地震监测志》《环县道情皮影志》《甘肃图书发行志》等。

还有年鉴、大事记、文献索引。主要有《甘肃教育年鉴》《临夏回族自治州综合年鉴（1986—1995)》《中国西北文献丛书》《中共甘肃党史大事记》《庆阳地区中共党史大事记》《文县"5·12"抗震救灾大事记》《甘肃石油化工大事记》《西北地方文献索引（1950年—1989年)》《西北师大校史》等。

二、汇编、报告、公报

甘肃省三线建设办公室编《甘肃省三线建设总结文集》，甘肃省地质局编《甘肃省主要矿区简况（1995年)》《甘肃省主要矿区资源概况》，甘肃省水利厅编《中华人民共和国甘肃省洪水调查资料》《甘肃省雨洪历史文献资料》（黄河流域：湟水、洮河水系；泾渭河水系），西部开发课题组编《中国西部大开发指南》，常泽国《引大入秦工程画册》，赵春《甘肃省国民经济和社会发展报告（2010年）》，白银市档案局编《民国时期靖远县情录》，魏胜文《2007年甘肃省县域经济综合竞争力评价》，张以湘《2005年兰州市国民经济和社会发展报告》，夏红民《探索：甘肃省新农村建设试点经验集》，苏云《甘肃地方官员访谈录（2004年）》，甘肃省图书馆编《四库全书研究论文篇目索引（1908年—2012年）》，陈双梅、郝树声《2010—2011年甘肃省舆情分析与预测》，范鹏、包孝霞《2010—2011年甘肃社会发展分析与预测》，文县党史研究室、培黎学校同学会编《培黎学校七十周年纪念册（1942年—2012年）》，《甘肃省舟曲灾后重建前方协调指导小组文件汇编（2012年4月—2012年12月）》，《国立西北师范学院史料摘编》，兰州自来水公司编《兰州供水四十年》，《甘肃宕昌藏族家藏古藏文苯教文献》（1~30册）。

甘肃省人民政府参事室编《甘肃省人民政府参事室四十年（1953年—1993年）》，甘肃省人大办公厅秘书处编《甘肃省人民代表大会常务委员会公报（2005年、2006年、2007年）》，中共甘肃省委党史研究室编《中共甘肃历届代表大会文献汇编》，甘肃省政府法制局编《甘肃省法规规章汇编》，甘肃省政协办公厅编《甘肃省各级政协情况汇编》，中共甘肃省委组织部编《中共甘肃省组织史资料（1987年—2007年）》，临夏州档案馆编《民国临夏契约文书汇编》，中共甘肃省委研究室编《中国共产党甘肃历史》，甘肃省政府法制办编《甘肃省人民政府全面推进依法行政五年规划学习资料》，以及《中国共产党甘肃省金昌市组织史资料》《中国共产党甘肃省平凉地区组织史资料》《中国共产党甘肃省庆阳地区组织史资料》《中国共产党甘肃省兰州市组织史资料》《中国共产党兰州市西固区组织史资料》《中国共产党甘肃省酒泉地区组织史资料》《中国共产党甘肃省嘉峪关市组织史资料》《陕甘宁革命根据地史料选辑（第一辑）》。

三、著作

再版的民国游记。主要有：顾颉刚《西北考察日记》，宣侠父《西北远征记》，林鹏侠《西北行》，方孟希《西征续录》，陈庚雅《西北视察记》，裴景福《河海昆仑录》，徐炳昶《西游日记》，周希武《宁海纪行》，陶葆廉

《辛卯侍行记》等。

刘光华主编《甘肃通史》（先秦卷、秦汉卷、隋唐五代卷、魏晋南北朝卷、宋夏金元卷、明清卷、中华民国卷），《中国敦煌学百年文库》（综述卷、地理卷、文学卷、文献卷、艺术卷、历史卷、科技卷、石窟保护卷、语言文字卷、考古卷、宗教卷、民族卷），张德芳《敦煌马圈湾汉简集释》，王劲《甘宁青民国人物》，甘肃省档案馆编《近代工业珍档录》《甘肃生态环境珍档录》，田佐《嬴秦西垂文化》，曾雪梅《还读我诗楼珍藏尺牍考释》，金乐婷《大西北的呼唤》，史星海《皇甫谧遗著》，李连斌《陇上灯谜六十年》，尚季芳《民国时期甘肃毒品危害与禁毒研究》，石生泰《西部生态环境》，刘宝厚《刘尔炘文集》，甘肃省文史馆编《甘肃文史精粹》，喇敏智《回族对伟大祖国的贡献》，胡云安等《远牧昆仑：盛彤笙院士纪实》，以及《陇西堂李氏族谱》《金城柴氏家谱》《金城朱氏家乘》。

施雅风《中国第四纪冰川与环境变化》，交通部中国公路交通史编委会编《中国丝绸之路交通史》，曾汤庭《资源型城市经济发展研究》，王延康《甘肃农村市场的开拓与发展》，周多明、孟春《甘肃主体功能区配套公共财政政策研究》，鞠广武《世纪决战：中国西部农村反贫困纪实》，甘肃省委办公厅《甘肃地县委书记谈改革与发展大略》，以及《兰州南北两山植动物资源》《甘肃城乡一体化试点成就纪实》。

四、选辑、期刊、报纸、专刊、会刊

主要有：1991年以来的《甘肃文史资料选辑》《兰州文史资料选辑》等，《甘肃日报》《中国档案报》《兰州日报》《甘肃农民报》《甘肃宗教》《甘肃民进》《甘肃社会科学》《西北师大学报》《人民论坛》《甘肃行政学院学报》《秘书工作》《新华文摘》《甘肃参事》《求实》《档案》《甘肃省预防职务犯罪专刊》《第十届中国兰州投资贸易洽谈会会刊》等。

第五节　入选"中国档案文献遗产工程"

"中国档案文献遗产工程"是2000年由国家档案局启动的，是年成立由文献、档案、古籍、史学界知名专家组成的"中国档案文献遗产工程"国家咨询委员会。"中国档案文献遗产"是指中国历史上所形成的具有国家级文化价值的档案文献。凡中国档案文献，包括流散于海外的中国档案文献，无论是各级国家机构形成的，还是各类社会组织以及个人形成的，只要其所具有的文化价值符合国家级判定标准，通过申报，经"中国档案文献遗产工程"国家咨询委员会评审批准，即可命名为中国档案文献遗产，收入《中国档案文献遗产名录》，向社会公布，并可在抢救、保护经费方面得到优先资助。2001年5月10日，国家档案局、中央档案馆召开的"中国档案文献遗产工程"申报工作座谈会提出了《"中国档案文献遗产工程"入选标准细则》，即档案文献遗产所涉及的主题内容、档案文献遗产所产生的时间、档案文献遗产所产生的地区、产生档案文献的民族与人物、档案文献遗产的形式与风格、档案文献遗产的系统性、档案文献遗产的稀有性。凡档案文献符合上述七项标准之一者，即有可能被列入名录。同年8月31日，省档案局成立甘肃省档案文献遗产工程工作机构，举办了中国档案文献遗产工程申报工程培训班，50多名地（州、市）、县（市、区）人员接受了申报业务的培训。

2002年3月8日，甘肃省档案局申报的由甘肃省档案馆保存的"兰州黄河铁桥档案"入选第一批《中国档案文献遗产名录》。国家咨询委员会对"兰州黄河铁桥档案"做出评价："该档案记载清代末期中央、地方各级官府衙门和德商天津泰来洋行关于中外签订建桥合同，奏请中央批准，自欧洲订购桥料海运天津，转运郑州，华洋工匠在黄河之上成功建造具有近代风格的第一座铁桥的实况，具有很强的系统性、全面性和完整性，是难得的清代大型工程建设档案。该文献对于近代中西桥梁交通史和中西科技文化交流史的研究，具有独特的价值。"

2010年2月22日，甘肃省档案局申报的由甘肃省档案馆和敦煌市档案馆保存的"敦煌写经"入选第三批《中国档案文献遗产名录》。甘肃省档案馆保存的敦煌写经分别为《金刚般若波罗蜜经》和《大宝积经（第九卷)》2件，形成于唐代（682年—907年)，其中《大宝积经》是目前藏经洞出土写经中仅有的一件。敦煌市档案馆保存的12件古佛教经文系用藏文书写，属于吐蕃藏文文献，1900年在敦煌藏经洞中发现。内容主要是《般若波罗蜜多经》《十万般若波罗蜜多经》《大乘无量寿宗要经》，对研究古代藏传佛教和敦煌学等具有重要的文献价值。

2013年4月28日，由甘肃省档案局和甘肃简牍博物馆联合申报的"甘肃秦汉简牍"，入选第四批《中国档案文献遗产名录》。

第二章 体制、机构和人员

第一节 领导体制

自1959年中共中央《关于统一管理党政档案工作的通知》发布以来，党政档案工作实行统一领导、分级管理的体制，因而各级档案机构既是党的机构，又是政府机构。

甘肃省档案工作领导体制，1996年以前，根据1986年11月22日中共甘肃省委、省人民政府调整全省档案工作领导体制的规定，领导关系由省委办公厅管理改归省人民政府领导（日常工作由省人民政府秘书长分管），列入政府编制序列。省档案局与省档案馆分设，省档案馆是省委、省政府直属的科学文化事业单位，归口省档案局管理。地（州、市）和县（市、区）档案工作的领导体制和领导关系亦相应调整。地、县档案局和档案馆继续保持两块牌子，合署办公。

1995年全省机构改革中，省委、省政府对省档案工作机构改革提出"三不变"的总要求，即两块牌子、两种职能不变，原一级规格不变，双重领导体制不变。1996年4月4日，中共甘肃省委办公厅印发《关于甘肃省档案局（甘肃省档案馆）职能设置、内设机构和人员编制方案的通知》后，省档案局和省档案馆合并，一个机构挂甘肃省档案局和甘肃省档案馆两块牌子，为正厅级建制，仍然实行省委、省政府双重领导体制，由省政府领导改归由省委办公厅管理。省档案局是全省档案事业的行政管理部门，对全省档案事业实行宏观管理，贯彻落实《中华人民共和国档案法》及《档案法实施细则》，负责执法监督检查工作，制定并监督实施与《中华人民共和国档案法》相配套的档案法规、规章制度，指导、监督和协调各地各部门档案业务工作。省档案馆负责集中统一管理省直各机关及有关单位重要档案，主要功能是保管和利用好档案资料，为科学研究、社会发展和经济建设服务。此后，各地参照这一方案进行档案机构改革。地（州、市）档案局、档案馆合并，一个机构，两块牌子，为正县级建制，隶属地（州、市）委。县（市、区）档案局（馆）亦由政府序列组成部门改为隶属县（市、区）委。

第二节　机　构

按照1992年1月27日国家档案局印发的《全国档案馆设置原则和布局方案》，甘肃省各级各类档案馆的具体设置方案如下：1.各级国家档案馆。（1）综合档案馆，按全省行政区划设置，是收集和管理所辖范围内多种门类档案的档案馆；（2）专门档案馆，收集和管理某一专门领域或某种特殊载体形态档案的档案馆，共3个。2.部门档案馆。中央和地方某些专业主管部门所属的收集管理本部门档案的事业机构，共4个。3.企业事业单位档案馆。（1）大型企业档案馆，按国家统一标准确定的大型企业和部分建立时间长的中型企业，收集管理本企业及其所属单位档案的档案馆，共11个；（2）文化事业单位档案馆，共2个。

各级档案局是分层管理全省各级档案事务的行政机构，由于省、市、县档案局与同级档案馆实行局、馆合一，一个机构，两块牌子，合署办公，故局、馆一并叙述。

一、甘肃省档案局（馆）（名称代码462001）

1991年至1996年4月，省档案局内设机构有办公室、业务指导处、科研教育处，以及局下属单位省档案馆。局实有人员44人，馆实有人员41人。

1996年机构改革中，省档案局与省档案馆合并，一个机构挂两块牌子，为正厅级建制，由省委办公厅管理。兼有两种职能，一是对全省档案工作的行政管理职能。主要职责是：贯彻执行党和国家关于档案工作的方针、政策，对全省档案事业实行统筹规划、宏观管理；制定全省档案事业发展规划和档案工作的近期计划并组织实施；指导和监督各地（州、市）和省直各机关、团体、企事业单位和其他组织的档案工作；负责全省档案学理论的研究，开展档案教育和人员培训；负责监督、检查全省档案法律法规的实施；统一协调全省档案工作的外事活动。二是档案保管职能，即对省委、省政府、省人大、省政协、省纪委及其各部门形成的永久档案实行集中统一管理，并为社会各方面提供利用。

1996年2月4日，甘肃省档案装具标准化管理中心成立。经甘肃省机构编制委员会办公室批准为县级事业单位，核定自收自支事业编制5名、处级职数2名。

1996年4月4日，中共甘肃省委办公厅印发甘肃省档案局（馆）职能设置、内设机构和人员编制方案。方案确定，甘肃省档案局（馆）内设机构为办公室、业务指导处、科教宣传处、政策法规处、收集整理处、保管利用处、技术处、人事劳资处和机关党委。人员编制为95人，领导职数为局（馆）长1名，副局（馆）长3名，处级干部职数20名。

1997年12月，经过国家档案局考评组考评，省档案馆以94.36分的成绩，晋升为国家一级档案馆，成为西北地区首家国家一级档案馆。

1998年2月13日，甘肃省档案局下发《省档案局（馆）机关关于参照〈国家公务员暂行条例〉管理工作的通知》。按照省委组织部通知精神，局（馆）担负行政管理职能的办公室、人事劳资处、业务指导处、科教处、法规处、机关党委和编辑部，除工勤人员以外的工作人员，参照《国家公务员暂行条例》进行管理。收集整理处、保管利用处、技术处和档案装具标准化管理中心不列入参照管理范围。同年8月5日，撤销人事劳资处，设收集整理二处，原收集整理处更名为收集整理一处。

2001年6月15日，中共甘肃省委批准《甘肃省档案局（甘肃省档案馆）职能配置、内设机构和人员编制方案》（以下简称《方案》，省委办公厅下发《中共甘肃省委办公厅关于印发甘肃省档案局（甘肃省档案馆）职能配置、内设机构和人员编制方案的通知》。根据《方案》规定，省档案局与省档案馆为一套机构，两块牌子，是省委、省政府主管全省档案工作的直属事业机构，归口省委办公厅管理。主要职责为：（1）根据党和国家有关档案工作的方针、政策及《档案法》《档案法实施办法》《甘肃省档案管理条例》等，对全省档案事业实施统筹规划，宏观管理。（2）指导和监督全省各级党政机关、人民团体、企事业单位和其他组织的档案工作、各类档案馆工作和各级档案行政管理部门的工作，制定全省档案工作的法规、制度等，监督检查实施情况，依法查处违反档案法规的案件。（3）负责全省档案学理论与档案现代化技术的研究和推广运用，组织实施档案专业教育、档案宣传、档案干部的培训。（4）集中统一管理省委、省政府及省直各部门的重要档案文件，保守党和国家的机密，维护档案完整，确保档案资料的安全。（5）按照有关规定，负责收集和接收应进馆具有保存价值的文字、图片、声像、电子实物等重要档案资料，征集社会散存档案资料。（6）充分发挥档案馆的社会教育功能，做好爱国主义教育基地的建设工作，不断扩展范围，充实内容，丰富形式和手段，切实发挥爱国主义教育基地的作用。（7）紧紧围绕党和国家以及省上的工作大局，做好档案编研和开发利用工作，采取多种形式开发、开放档案信息资源，为领导决策、工作查考、科学研究以及社会发展和"两个文明"建设服务。（8）对馆藏档案进行科学整理、编目、鉴定、技术保护和安全保管，推进档案管理工作的科学化、规范化和现代化建设。根据上述职责，省档案局（馆）下设7个职能处室：办公室、业务指导处、科教法规处、收集整理处、收集整理二处、保管利用处、技术处。《方案》规定：省档案局（馆）事业编制90名。其中，局（馆）长1名，副局（馆）长3名，纪检组长1名，处级领导职数22名（含机关党委专职副书记1名）。非领导职数按有关规定另行核定。核定离退休职工管理工作人员编制2名。同年9月，省编办核定省档案局编制96人。

2004年10月，省档案局（馆）由兰州市城关区牟家庄老馆搬迁至城关区雁滩新馆办公。同年11月22日，省机构编制委员会办公室通知，撤销收集整理处二处，设立人事教育处，将科教宣传处、技术处、收集整理一处分别更名为法规宣传处、科技信息处、收集整理处。2008年1月，增设电子文件管理处。2011年4月，增设后库管理处和保卫处。2012年10月，保管利用处更名为档案保管保护处，增设档案开发利用处和老干部工作处。

至2013年，省档案局（馆）内设机构有办公室、人事教育处、业务指导处、法规宣传处、收集整理处、科技信息处、电子文件管理处、档案保管保护处、档案开发利用处、后库管理处、保卫处、老干部管理处、机关党委；下属单位有甘肃档案学校、甘肃省档案装具标准化管理中心。

甘肃省档案局（馆）机构一览表（2013年）

表2—1

机构	级别	上级主管部门	编制（人）		内设机构	直属事业单位
			行政	事业		
甘肃省档案局(馆)	正厅	省委办公厅	—	121	1. 办公室 2. 人事教育处 3. 业务指导处 4. 法规宣传处 5. 收集整理处 6. 科技信息处 7. 电子文件管理处 8. 档案保管保护处 9. 档案开发利用处 10. 后库管理处 11. 保卫处 12. 老干部工作处 13. 机关党委	1. 甘肃档案学校 2. 甘肃档案装具标准化管理中心

甘肃省档案局局长、副局长一览表（1991年—2013年）

表2—2

姓　名	性别	籍　贯	政治面貌	任职时间	备　注
局　长					
王爱彦	男	陕西子洲	中共党员	—2000年8月	党组书记
李建勋	男	河南洛阳	中共党员	2000年8月—2001年1月	党组书记
刘玉生	男	山西柳林	中共党员	2003年4月—2010年9月	党组书记，2008年8月任省委副秘书长
张蕊兰	女	甘肃秦安	中共党员	2010年9月—2013年7月	党组书记
赵国强	男	甘肃景泰	中共党员	2013年7—	党组书记，省委副秘书长
副局长					
薛鼎刚	男	山西芮城	中共党员	—1993年9月	党组成员
罗　浩	男	陕西扶风	中共党员	—1998年4月	党组成员
吕靖华	男	陕西城固	中共党员	—1992年8月	党组成员
郑汉民	男	山东黄县	中共党员	—1992年8月	党组成员
张前林	男	甘肃永登	中共党员	1996年2月—2008年3月	党组成员
拓志平	女	陕西子长	中共党员	1996年2月—2009年4月	党组成员
李虎	男	甘肃华池	中共党员	1996年2月—2010年4月	党组成员
张蕊兰	女	甘肃秦安	中共党员	1999年4月—2010年9月	党组成员
张烜	男	陕西长安	中共党员	2009年11月—	党组成员
王少华	男	江苏苏州	中共党员	2010年9月—	党组成员
赵海林	男	陕西渭南	中共党员	2011年5月—	党组成员
白　静	女	陕西清涧	中共党员	2015年6月—	党组成员
马保福	男	甘肃景泰	中共党员	2016年11月—	党组成员
纪检组长					
孙小林	男	甘肃天水	中共党员	2009年5月—	党组成员

甘肃省档案馆历任馆长、副馆长一览表（1991年—2013年）

表2—3

姓 名	性别	籍 贯	政治面貌	任职时间	备 注
馆 长					
郑汉民	男	山东黄县	中共党员	—1991年9月	省档案局副局长兼任
焦尔逯	男	甘肃武都	中共党员	1991年9月—1993年4月	1996年前局、馆分设时期
王爱彦	男	陕西子洲	中共党员	1996年2月—2000年8月	省档案局局长
李建勋	男	河南洛阳	中共党员	2000年8月—2001年1月	省档案局局长
刘玉生	男	山西柳林	中共党员	2003年4月—2010年9月	省档案局局长
张蕊兰	女	甘肃秦安	中共党员	2010年9月—2013年7月	省档案局局长
赵国强	男	甘肃景泰	中共党员	2013年7月—	省档案局局长
副馆长					
焦尔逯	男	甘肃武都	中共党员	—1991年9月	1996年前局、馆分设时期
方 荣	男	四川乐山	中共党员	—1996年2月	1996年前局、馆分设时期
贾玉德	男	陕西泾阳	中共党员	1991年9月—1993年4月	1996年前局、馆分设时期
姜洪源	男	黑龙江巴彦	中共党员	1992年6月—1996年2月	1996年前局、馆分设时期
罗 浩	男	陕西扶风	中共党员	1996年2月—1998年4月	省档案局副局长
张前林	男	甘肃永登	中共党员	1996年2月—2008年3月	省档案局副局长
拓志平	女	陕西子长	中共党员	1996年2月—2009年4月	省档案局副局长
李 虎	男	甘肃华池	中共党员	1996年2月—2010年4月	省档案局副局长
张蕊兰	女	甘肃秦安	中共党员	1999年4月—2010年9月	省档案局副局长
张 烜	男	陕西长安	中共党员	2009年11月—	省档案局副局长
王少华	男	江苏苏州	中共党员	2010年9月—	省档案局副局长
赵海林	男	陕西渭南	中共党员	2011年5月—	省档案局副局长
白 静	女	陕西清涧	中共党员	2015年6月—	省档案局副局长
马宝福	男	甘肃景泰	中共党员	2016年11月—	省档案局副局长

二、市（州）档案局、档案馆

兰州市档案局（馆）（名称代码462002）

兰州市档案馆成立于1958年12月，兰州市档案管理处成立于1962年11月，1989年处更名为局。局、馆合署办公。至2013年底，内设办公室、业务指导科、编研教育科、档案征集管理科和安全技术科。2013年有专职人员29名，其中女12名。

1991年至2013年，历任档案局（馆）长为丁生林、鄂璋、朱国祥、郭平、许宝林、李永生，历任副局（馆）长为杨天礼、李剑秋、刘富强、刘承业。

白银市档案局（馆）（名称代码4620040）

白银市档案馆成立于1959年1月，1986年7月成立白银市档案局。局、馆合署办公，内设办公室、业务指导科、档案管理科、档案编研科、信息科和现行文件中心，2013年有专职人员22名，其中女12名。

1991年至2013年，历任档案局（馆）长为马国祥、宋建英（女）、张乃莹（女）、宋彩萍（女），副局（馆）长为徐龙、王惠莲（女）、赵增国、何涛、郭忠庆。

定西市档案局（馆）（名称代码462130）

1958年11月成立定西专区档案馆，1963年11月成立定西专区档案管理处，2004年1月更为现名。局、馆合署办公，内设秘书科、业务指导科、档案管理科、档案资料编研科、档案信息科。2013年有专职人员22名。其中，女13名。

1991年至2013年，历任档案局（馆）长为刘夏美（女）、牟爱玉（女）、张勇，副局（馆）长为任淑贤（女）、刘广悦、李宝才、李发荣、高峰、黄志诚、杜双元。

天水市档案局（馆）（名称代码462050）

1958年11月成立天水专区档案馆，1963年5月成立天水专区档案管理处，1985年更为现名。局、馆合署办公，内设办公室、业务指导科、档案管理科、信息技术科、征集利用科。2013年有专职人员26名,其中局14名,馆12名,女12名。

1991年至2013年,历任局(馆)长为施公智、康斗南、禹克明、刘玛莉(女)、汪开云,历任副局(馆)长为雷志国、康斗南、郝淑娟(女)、窦俊兰(女)、陈魁、王跟锁、刘兴喜、刘丽萍(女)、裴守业、汪菁(女)、王成成、贾文斌。

陇南市档案局(馆)(名称代码462150)

1962年5月成立武都专区档案馆,1963年10月成立武都专区档案管理处,1985年更为陇南地区档案处(馆),2004年7月更名为陇南市档案局(馆)。局、馆合署办公,内设办公室、业务指导科、收集整理科、档案管理科、信息化建设科。2013年有专职人员14名,其中局8名,馆6名,女6名。

1991年至2011年,历任档案局(馆)长为赵文璧、荣正邦、陈青山、祁波、甘宏,副局(馆)长为李建国、陈青山、郭玉城、祁波、邓瑞生。

平凉市档案局(馆)(名称代码462170)

1958年11月成立平凉专区档案馆,1963年4月成立平凉专区档案管理处,1986年更为现名。局、馆合署办公,内设办公室、业务指导科、档案管理科、信息技术科。2013年有专职人员16名,其中女5名。

1991年至2013年,历任局(馆)长为郭凤仪、王正华、李哲、王越、王秀霞(女,馆长)、朱九林、张立新,副局(馆)长为王秀霞(女)、郭继红(女)、史喜元、丁建章、赵雄飞、关德智、郭淑秀(女)、赵琯(女)、董永昌、李晓莉(女,副馆长)。

庆阳市档案局(馆)(名称代码462190)

1963年4月成立庆阳专区档案馆,6月成立庆阳专区档案管理处,2002年更为现名。局、馆合署办公,内设人事秘书科、业务指导科、档案管理科(加挂"现行文件查阅中心"牌子)、编辑研究科、宣传技术科(加挂"电子文件中心"牌子)。2013年有专职人员19名,其中局7名,馆12名,女10名。

1991年至2011年,历任局(馆)长为张巨心(1991年8月前兼任馆长)、巨永河(馆长)、尉得功(处长)、施自强(党组书记)、傅明贤、张崇虎、李星明、张君洋,历任副局(馆)长为陈链、慕思恭(副馆长)、张绪英

（女）、邓慧芹（女）、张立印、张培宏、左长寿。

武威市档案局（馆）（名称代码462110）

1962年成立武威专区档案馆，1963年6月成立武威专区档案管理处，1987年更为现名。局、馆合署办公，内设办公室、督导科、档案管理科、编纂研究科。2013年有专职人员11名，其中女6名。

1991年至2013年，历任局（馆）长为张文明、徐秀珍（女）、沈渭才，历任副局（馆）长为韩殿斗、徐秀珍（女）、傅伯泉、王国绪、张惠萍（女）、卢昌智、李树峰。

张掖市档案局（馆）（名称代码462090）

1958年7月成立张掖专区档案馆，1963年5月成立张掖专区档案管理处，1986年更为现名。局、馆合署办公，内设秘书科、指导科、管理科、编研科、信息科。2013年有专职人员15名，其中女6名。

1991年至2013年，历任局（馆）长为廉毓、梁永芳，历任副局（馆）长张志纯、刘宗国、邬宾勤、贺裕洁、徐栋成、文建军、陈希圣。

金昌市档案局（馆）（名称代码462030）

1987年7月成立金昌市档案馆，同年成立金昌市档案局，局、馆合署办公，内设办公室、监督指导科、档案管理科。2013年有专职人员20名，其中，局15名，馆5人，女12名。

1991年至2011年，历任档案局（馆）长为潘发义、张荣臣、张中存、梁永鉴，历任副局（馆）长为刘文、党成堂、胡学诚、李子琰。

酒泉市档案局（馆）（名称代码462070）

1962年11月成立酒泉专区档案馆，1963年4月成立酒泉专区档案管理处，1983年10月更名为酒泉地区档案馆；1984年2月恢复酒泉地区档案管理处，与酒泉地区档案馆合署办公；2002年9月撤地设市后更为现名。局（馆）内设办公室、业务指导科、档案管理科、征集信息科。2013年有专职人员13名，其中局9名，馆4名，女5名。

1991年至2013年，历任局（馆）长为杨奎福、江天、李金香（女）、王丽君（女）、韩稚燕（女），历任副局（馆）长为秦玉兰（女）、蒋秀峰、李金香（女）、王丽君（女）、杨燕（女）、王杰元、李兴革。

嘉峪关市档案局（馆）（名称代码462020）

1980年10月成立嘉峪关市档案管理处、嘉峪关市档案馆和酒泉钢铁公司档案管理处，处、馆合署办公，三块牌子，一套编制。局、馆合署办公，1981年5月更为现名。局、馆合署办公，内设办公室、业务指导科、电子文件管理科、档案管理科。2013年有专职人员10名，其中局8名，馆2名，女5名。

1991年至2013年，历任局（馆）长为胡雁（女）、赵亚琴（女）、高月莲（女），历任副局（馆）长为赵亚琴（女）、高月莲（女）、邢晓燕（女），历任副馆长为宋廷显。

临夏回族自治州档案局（馆）（名称代码462210）

1958年10月成立临夏回族自治州档案馆，1980年7月成立临夏回族自治州档案局，局、馆合署办公。内设办公室、业务指导科、技术保管利用科、收集整理科、档案编纂研究科、档案装具管理科、电子文件信息科。2013年有专职人员44名，其中女33名。

1991年至2013年，历任局长为范振国、马俊祥、王建基、李国辉（州委副秘书长兼）、陈鹏，历任副局长为徐步纲、毛明英（女）、杨春茂、张桂芬（女）、唐国忠、喇忠华、封华（女）、马志仓。历任馆长为范振国、毛明英（女），历任副馆长为徐步纲、毛明英（女）、郝永华、陕佩华、王兰芳。

甘南藏族自治州档案局（馆）（名称代码462230）

1959年9月成立甘南藏族自治州档案馆，1963年6月成立甘南藏族自治州档案局，局、馆合署办公。内设办公室、监督指导科、保管利用科、信息服务科、技术编研科。2013年有专职人员15名，其中女10名。

1991年至2013年，历任局（馆）长为魏元春、杨华、杨兴龙、李生瑞、崔庆春，历任副局（馆）长为邱巧英（女）、杨兴龙、罗长胜、郑晓兰（女）、李玉兰（女）、山可亮。

三、县（市、区）档案局（馆）

县级档案馆是全省建立最早的档案机构。1958年8月27日，定西县在全省率先建立档案馆。县（市、区）档案馆是在中共县（市、区）委和县（市、区）人民委员会两个档案室的基础上建立起来的，成立之初，除集中管理县级机关需要长期和永久保存的档案外，还负责全县档案工作的业务指导和档案干部的业务培训，有的还担任县委和县人委档案室的工作，所以当时人们称县档案馆是"四合一"的机构。到20世纪60年代中期，随着机关档案室工作的逐步健全和档案馆事业的发展，县（市、区）档案馆不再做县委和县人委机关档案室工作。20世纪80年代初，全省县（市、区）普遍建立档案局，县（市、区）档案局建立后与同级档案馆两块牌子，合署办公。县（市、区）档案馆不再承担档案工作业务指导、监督检查和干部培训工作，成为专事档案收藏和档案开发利用工作的文化事业机构。

1991年，全省各县（市、区）档案局（馆）有84个，有专职人员616人（其中，档案馆397人）。1995年，84个县（市、区）档案局（馆）有专职人员683人（其中档案馆450人）。2000年，86个（1991年为84个，后增设合作市、金昌市金川区）县（市、区）档案局（馆）有专职人员888人（其中档案馆523人）。2005年，县（市、区）档案局（馆）专职人员941人（档案馆503人）。

2013年，全省86个县（市、区）档案局（馆）共有1153人，女705人。其中，档案局632人，女355人；档案馆521人，女350人。局（馆）年龄50岁以上172人，35~49岁700人，34岁以下272人。文化程度：硕士研究生2人，研究生班研究生7人，大学本科397人，大专561人，中专105人，高中72人，初中9人。

甘肃省县（市、区）档案馆（局）建立时间一览表

表2—4

序号	县(市、区)名称	建馆时间	建局时间	序号	县(市、区)名称	建馆时间	建局时间
1	皋兰县	1958年9月	1989年11月	44	永昌县	1958年11月	1980年12月
2	永登县	1964年1月	1990年12	45	武都区	1958年	1981年10月
3	榆中县	1958年11月	1989年6月	46	礼县	1963年5月	1981年12月

序号	县(市、区)名称	建馆时间	建局时间	序号	县(市、区)名称	建馆时间	建局时间
4	城关区	1964 年	1989 年 5 月	47	宕昌县	1958 年 11 月	1980 年 10 月
5	七里河区	1978 年 4 月	1990 年 12 月	48	两当县	1963 年 9 月	1984 年 7 月
6	安宁区	1978 年 7 月	1990 年 6 月	49	西和县	1963 年 4 月	1980 年 8 月
7	西固区	1979 年 4 月	1989 年 8 月	50	康县	1959 年 7 月	1980 年 4 月
8	红古区	1979 年 10 月	1990 年 3 月	51	文县	1958 年 11 月	1983 年 9 月
9	靖远县	1960 年 2 月	1984 年 8 月	52	徽县	1958 年 9 月	1981 年 3 月
10	会宁县	1958 年 9 月	1981 年 5 月	53	成县	1964 年 3 月	1980 年 8 月
11	景泰县	1963 年 10 月	1980 年	54	古浪县	1963 年 5 月	1980 年 3 月
12	白银区	1963 年 8 月	1987 年 11 月	55	天祝县	1958 年 12 月	1980 年 3 月
13	平川区	1987 年 5 月	1987 年 5 月	56	民勤县	1958 年 10 月	1981 年 10 月
14	秦城区	1958 年 10 月	1980 年 9 月	57	凉州区	1959 年 7 月	1980 年 12 月
15	北道区	1958 年 10 月	1981 年 5 月	58	肃南县	1959 年 9 月	1980 年 1 月
16	甘谷县	1958 年 10 月	1980 年 4 月	59	山丹县	1958 年 10 月	1980 年 2 月
17	清水县	1958 年 11 月	1980 年 5 月	60	甘州区	1958 年 8 月	1980 年 1 月
18	秦安县	1958 年 10 月	1980 年 6 月	61	高台县	1958 年 11 月	1980 年 2 月
19	张家川县	1963 年 7 月	1980 年 10 月	62	民乐县	1958 年 11 月	1981 年
20	武山县	1958 年	1980 年	63	临泽县	1963 年 4 月	1980 年 3 月
21	庆城县	1958 年 12 月	1979 年 11 月	64	玉门市	1960 年 1 月	1981 年 9 月
22	西峰区	1986 年	1986 年 3 月	65	肃州区	1959 年 7 月	1983 年 5 月
23	镇原县	1958 年 9 月	1984 年 6 月	66	瓜州县	1958 年	1981 年 4 月
24	华池县	1963 年 7 月	1984 年 3 月	67	金塔县	1958 年 12 月	1982 年
25	环县	1958 年 8 月	1980 年 5 月	68	敦煌市	1958 年 11 月	1981 年 12 月
26	宁县	1958 年 11 月	1979 年 12 月	69	阿克塞县	1958 年 10 月	1982 年 2 月
27	正宁县	1963 年 7 月	1980 年 4 月	70	肃北县	1959 年 11 月	1982 年 10 月
28	合水县	1963 年 5 月	1984 年 7 月	71	临夏市	1958 年 11 月	1984 年 6 月

第二章

体制、机构和人员

序号	县(市、区)名称	建馆时间	建局时间	序号	县(市、区)名称	建馆时间	建局时间
29	崆峒区	1958年11月	1980年6月	72	临夏县	1963年	1980年4月
30	泾川县	1959年2月	1981年8月	73	东乡县	1959年2月	1981年6月
31	灵台县	1963年	1984年9月	74	积石山县	1981年4月	1981年4月
32	崇信县	1963年9月	1980年3月	75	康乐县	1962年1月	1981年11月
33	华亭县	1958年10月	1980年8月	76	和政县	1960年	1981年6月
34	庄浪县	1958年11月	1984年5月	77	广河县	1962年1月	1981年3月
35	静宁县	1958年11月	1982年9月	78	永靖县	1958年10月	1981年8月
36	安定区	1958年8月	1981年5月	79	舟曲县	1958年10月	1980年11月
37	陇西县	1958年8月	1981年5月	80	玛曲县	1965年	1981年3月
38	漳县	1963年12月	1985年3月	81	碌曲县	1958年11月	1981年5月
39	通渭县	1958年10月	1981年4月	82	迭部县	1963年9月	1980年5月
40	渭源县	1963年7月	1981年5月	83	夏河县	1958年11月	1980年10月
41	临洮县	1958年10月	1984年8月	84	临潭县	1958年11月	1980年4月
42	岷县	1958年11月	1981年6月	85	卓尼县	1985年6月	1975年11月
43	金川区	1997年10月	1995年3月	86	合作市	1998年1月	1998年1月

四、国家专门档案馆

国家专门档案馆指收藏某一方面、某一专业领域的事业机构,本省指城市建设档案馆,专门收集和管理城市规划和市政基础设施建设的档案。至2013年,全省共有城市建设档案馆3个,即1981年4月成立的天水市城建档案馆、1985年9月成立的兰州市城建档案馆和1989年9月成立的嘉峪关市城建档案馆。

1991年,全省有国家专门档案馆3个,实有档案人员33人。1995年(档案馆3个)、2000年(档案馆3个)、2005年(档案馆3个)实有人员分别为36

甘肃省志 档案志

人、39人、40人。

2013 年，3个专门档案馆有专职人员41人，其中女25人。年龄50岁以上6人，35~49岁19人，34岁以下16人。文化程度：硕士研究生1人，大学本科26 人，大专11人，中专2人，初中1人。档案专业技术职务：副研究馆员3人，馆员14人，助理馆员11人，管理员3人。

五、部门档案馆

部门档案馆是专业主管部门成立的主要收集管理本部门或本系统档案的事业机构。至2013年，全省有 3 个部门档案馆，即1984年1月10日成立的甘肃省测绘档案资料馆、1986年6月成立的甘肃省气象档案馆和2001年10月成立的甘肃省公安厅档案馆。

1991 年，全省4个部门档案馆实有档案人员45人。1995年（档案馆4个）、2000 年（档案馆3个）、2005 年（档案馆4个）实有人员分别为43人、18 人、18人。

2013 年，3个部门档案馆有专职人员18人，其中女10人。年龄50岁以上4 人，35~49岁5人，34岁以下9人。文化程度：硕士研究生2人，硕士研究生班1人，大学本科6人，大专4人，中专1人，高中4人。档案专业技术职务：副研究馆员1人，馆员1人，助理馆员3人，管理员3人。

六、企业集团和大型企业档案馆

企业集团和大型企业设置的管理本企业档案的档案馆。1991年，全省10个大型企业档案馆中，实有专职人员149人。1995年（档案馆9个）、2000年（档案馆11个）、2005年（档案馆9个）人员分别为88人、71人、45人。

2013 年，8个企业集团和大型企业档案馆（即金川集团有限公司档案馆、酒泉钢铁（集团）公司档案馆、甘肃电力公司档案馆、白银有色金属公司档案馆、兰州石油天然气集团公司兰州石化公司档案中心、靖远煤业集团公司档案馆、兰州威立雅水务集团有限责任公司档案馆、方大炭素新材料科技股份有限公司档案馆）实有人员49人，女38人。年龄50岁以上12人，35~49岁28人，34岁以下9人。文化程度：双学士1人，大学本科28人，大专17人，中专2人，高中1人。档案专业技术职务：副研究馆员6人，馆员15人，助理馆员16人，管理员9人。

七、省部属事业单位档案馆

事业单位设置的管理本单位档案的档案馆。1991年，全省1个文化事业单位档案馆中，实有专职档案人员9人。1995年（档案馆1个）、2000年（档案馆2个）、2005年（档案馆2个）实有人员分别为8人、14人、21人。

2013年，全省3个文化事业单位档案馆中，实有专职人员31人，女21人。年龄50岁以上6人，35~49岁17人，34岁以下8人。文化程度：硕士研究生10人，大学本科18人，大专3人。档案专业技术职务：副研究馆员6人，馆员11人，助理馆员7人，管理员9人。

八、机关、团体、企业事业单位档案室

2013年之前，全省机关、团体、企业事业单位档案室统计数据不健全。兹将2013年全省机关、团体、企业事业单位档案室的机构、人员统计数量列表如下：

全省机关档案室机构、人员一览表（2013年）

表2—5　　　　　　　　　　　　　　　　　　　　　　　　　　　单位：人

	计量	机关档案室			
		合计	省（区、市）	市（州）	县（市、区）
机构数	个	6473	73	949	5451
现有全部专职人员	人	3088	70	486	2532
其中:女性	人	1830	61	350	1417
兼职人员	人	5911	118	843	1950

甘肃省志 档案志

全省企业单位档案室机构、人员一览表（2013年）

表2—6　　　　　　　　　　　　　　　　　　　　　　　　　　　　单位：人

	计量	机关档案室		
		合计	企业集团和大型企业	中型企业
机构数	个	306	118	188
现有全部专职人员	人	389	205	184
其中:女性	人	322	172	150
兼职人员	人	647	248	399

全省事业单位档案室机构、人员一览表（2013年）

表2—7　　　　　　　　　　　　　　　　　　　　　　　　　　　　单位：人

	计量	机关档案室			
		合计	省、部属	地师级	县团级
机构数	个	435	19	54	362
现有全部专职人员	人	230	55	75	100
其中:女性	人	180	42	61	77
兼职人员	人	621	168	95	358

第三节　人　员

　　1991年至2013年，全省各级档案行政管理部门和各级档案馆（室）的实有人数增幅较大，主要体现在县（市、区）档案部门，而随着企业的减员增效，企业档案馆（室）档案人员数量降幅较大。省直机关档案人员数量基本持平。人员结构也发生了较大变化。在各级档案部门中，女性多于男性，主要体现在各级各类档案馆和企事业档案部门中；高学历人员逐年增多，大学本科和大专学历人员所占比例较大，省、市、县档案局（馆）在2007年以后开始有硕士研究生学历人员；35岁至49岁的人员比例逐渐增大。

从2005年8月起，各级档案局（馆）参照公务员管理，不再评聘档案专业技术职务，故本节人员中档案专业技术职务仅涉及企事业单位档案人员。

一、档案行政管理部门和档案馆人员

（一）实有人员

1. 档案行政管理部门

1991年，全省档案行政管理部门99个，实有档案人员375人。其中，省档案局48人，14个地（州、市）档案局108人，84个县（市、区）档案局219人。1995年，档案行政管理部门实有档案人员387人，省、地、县档案局人员为47人、107人、233人。1999年，全省行政区划变动，增加了2个县（市、区），县级档案行政管理部门由84个增加到86个。从1999年起，全省档案行政管理部门为101个。2000年，档案行政管理部门实有人员543人，省、地、县档案局人员为51人、127人、365人。2005年，档案行政管理部门实有人员622人，省、市、县档案局人员为60人、124人、438人。2013年，档案行政管理部门实有人员846人，省、市、县档案局人员为62人、152人、632人。

2. 国家综合档案馆

1991年，全省各级国家综合档案馆99个，实有档案人员544人。其中，省档案馆43人，14个地（州、市）档案馆104人，84个县（市、区）档案馆397人。1995年，各级综合档案馆实有人员625人，省、地、县档案馆人员为46人、129人、450人。1999年以后，县（市、区）档案馆增加到86个，综合档案馆总数为101个。2000年，各级综合档案馆实有人员543人，省、地、县档案馆人员为51人、127人、365人。2005年，各级综合档案馆实有人员702人，省、市、县档案馆人员为45人、154人、503人。2013年，各级国家综合档案馆实有人员703人，省、市、县档案馆人员为50人、132人、521人。

甘肃省市、州档案局（馆）1991年至2013年人员情况表

表2—8

年份	合 计		档案局	其中:女	档案馆	其中:女
	档案局(馆)	其中:女				
1991	–	–	–	–	–	–
1992	219	101	114	47	105	54
1993	216	100	107	44	109	56
1994	225	106	97	41	128	65
1995	236	112	107	48	129	64
1996	240	116	109	45	131	71
1997	250	123	112	50	138	73
1998	258	131	117	55	141	76
1999	262	134	137	65	125	69
2000	160	135	127	60	133	75
2001	–	–	134	63	–	–
2002	257	140	122	60	135	75
2003	267	140	128	61	139	79
2004	276	140	130	60	146	80
2005	278	140	124	54	154	86
2006	279	141	124	54	155	87
2007	177	142	155	70	122	72
2008	280	147	170	80	110	67
2009	283	146	172	79	111	67
2010	307	161	194	94	113	67
2011	324	167	207	97	117	70
2012	–	–	–	–	–	–
2013	284	135	152	62	132	73

甘肃省县（市、区）档案局（馆）1991年至2013年人员情况表

表 2—9

年份	合 计		档案局	其中:女	档案馆	其中:女
	档案局（馆）	其中:女				
1991	–	–	–	–	–	–
1992	620	312	217	77	403	235
1993	646	336	205	76	441	260
1994	663	341	227	90	436	251
1995	683	368	233	98	45	270
1996	712	400	252	108	460	292
1997	757	424	273	118	484	306
1998	790	454	323	149	467	305
1999	846	499	372	188	474	311
2000	888	533	365	186	523	347
2001	–	–	365	179	–	–
2002	917	546	373	178	544	368
2003	932	568	405	202	527	366
2004	946	565	417	200	529	365
2005	941	574	438	223	503	351
2006	978	564	452	229	526	371
2007	1021	618	539	283	482	335
2008	1038	624	527	282	501	342
2009	1052	627	590	303	462	324
2010	1078	656	586	313	492	343
2011	1078	663	594	341	484	321
2012	–	–	–	–	–	–
2013	1153	705	632	355	521	350

3. 国家专门档案馆

1991年，全省有国家专门档案馆3个，实有档案人员33人。1995年（档案馆3个）、2000年（档案馆3个）、2005年（档案馆3个）实有人员分别为36人、39人、40人。到2013年，全省3个国家专门档案馆实有人员41人。

4. 部门档案馆

1991年，全省4个部门档案馆实有档案人员45人。1995年（档案馆4个）、2000年（档案馆3个）、2005年（档案馆4个）实有人员分别为43人、18人、18人。2013年，全省3个部门档案馆实有人员18人。

5. 企业单位档案馆

1991年，全省10个大型企业档案馆中，实有专职档案人员149人。1995年（档案馆9个）、2000年（档案馆11个）、2005年（档案馆9个）实有人员分别为88人、71人、45人。2013年，全省有企业集团和大型企业档案馆8个，实有专职人员49人。

6. 事业单位档案馆

1991年，全省1个文化事业单位档案馆中，实有专职档案人员9人。1995年（档案馆1个）、2000年（档案馆2个）、2005年（档案馆2个）实有人员分别为8人、14人、21人。2013年，全省3个文化事业单位档案馆中，实有专职人员31人。

（二）人员结构

1. 性别

1991年，全省档案行政管理部门档案人员375人中，女性为135人，性别比（以女性为100）为162.96；全省各级各类档案馆人员780人中，女性为356人，性别比为119.1，男性多于女性。而省、地、县综合档案馆档案人员544人中，女性为296人，性别比为83.78，女性多于男性。到1994年，各级各类档案馆性别比发生变化，为73.04。从2008年开始，档案行政管理部门性别比发生变化，为95.1，而省、地、县综合档案馆始终为女性多于男性。2013年，全省档案行政管理部门档案人员846人中，女性440人，性别比为92.27。全省各级各类档案馆档案人员842人中，女性552人，性别比为52.53。其中，省、市、县国家综合档案馆档案人员703人，女性458人，性别比为

53.49；国家专门档案馆性别比为64，部门档案馆为80，企业档案馆为28.94，文化事业单位档案馆为47.61。

2. 年龄

1991年，全省档案行政管理部门375人中，年龄在50岁以上的101人，占26.93%；35岁至49岁的140人，占37.33%；34岁以下的125人，占33.33%。全省各级各类档案馆780人中，50岁以上的140人，占17.95%；35岁至49岁的318人，占40.77%；34岁以下的322人，占41.28%。其中，省、地、县综合档案馆544人中，50岁以上的92人，占16.91%；35岁至49岁的204人，占37.50%；34岁以下的248人，占45.59%。到2013年，全省档案行政管理部门846人中，年龄在50岁以上的177人，占28.92%；35岁至49岁的504人，占59.57%；34岁以下的165人，占19.50%。全省各级各类档案馆842人中，50岁以上的112人，占13.3%；35岁至49岁的490人，占58.19%；34岁以下的240人，占28.5%。其中，省、市、县国家综合档案馆703人中，50岁以上的84人，占11.94%；35岁至49岁的421人，占59.88%；34岁以下的198人，占28.16%。

3. 文化程度

各级档案行政管理部门和各级档案馆人员文化程度情况见表2—10至表2—12。

甘肃省档案局（馆）人员文化程度一览表

表2—10   单位：人

年度	人员	硕士研究生	研究生班	双学位	大学本科	大专	中专	高中	初中及以下
1991	91	–	–	–	11	25	25	15	15
1995	93	–	–	–	16	32	23	12	10
2000	103	–	–	–	15	48	19	13	8
2005	103	1	1	–	36	51	6	5	3
2013	112	4	7	–	64	29	3	1	4

甘肃省市（州）档案局（馆）人员文化程度一览表

表2—11　　　　　　　　　　　　　　　　　　　　　　　　单位：人

年度	人员	硕士研究生	研究生班	双学位	大学本科	大专	中专	高中	初中及以下
1991	212	–	–	–	13	58	56	47	38
1995	236	–	–	–	18	81	58	50	29
2000	260	–	–	–	38	106	56	49	11
2005	278	–	6		71	143	18	29	11
2013	284	4	8	–	119	65	1	2	1

甘肃省县（市、区）档案局（馆）人员文化程度一览表

表2—12　　　　　　　　　　　　　　　　　　　　　　　　单位：人

年度	人员	硕士研究生	研究生班	双学位	大学本科	大专	中专	高中	初中及以下
1991	616	–	–	–	12	107	178	157	162
1995	683	–	–	–	12	135	237	182	117
2000	888	–	–	–	37	339	273	183	56
2005	941	–	2	1	129	515	160	103	31
2013	1153	2	7	–	397	561	105	72	9

二、机关及企事业单位档案人员

（一）机关

在《全国档案事业统计综合年报》中，2013年以前，未设计市、县机关档案机构和人员数据栏目，因此甘肃省每年报送的《全国档案事业统计综合年报》中，也未含本省各市、县机关档案机构和人员数据。自2013年起，在上述年报中增加了市、县机关档案室的内容。所以，在1991年至2012年的统计数字中，未述及市、县机关档案室的情况。

1.档案机构数及实有人数

1991年度，省直机关99个档案机构中，实有专职档案人员129人（另有兼职档案人员255人）；1995年，省直机关102个机构中，实有专职档案人员114人（另有兼职档案人员262人）；2000年，省直机关98个机构中，实有专职档案人员122人（另有兼职人员61人）；2005年，省直机关89个机构中，实有专职档案人员99人，人员机构比为1.11。2011年，省直机关81个机构中，实有专职档案人员118人（另有兼职人员101人）。

2013年，省、市、县共有机关档案室6473个，专职人员3088人（另有兼职人员5911人）。其中，省直机关73个，专职人员70人（另有兼职人员118人）；市直机关949个，专职人员486人（另有兼职人员842人）；县直机关5451个，专职人员2532人（另有兼职人员4950人）。

2. 人员结构

（1）性别

1991年，省直机关专职档案人员129人中，女性为104人，性别比为24.03。此后历年中，性别比一直在15和24之间。2011年，省直专职机关档案人员118人中，女性为95人，性别比为24.21。

2013年，省直机关专职档案人员70人，女性为61人，性别比为14.75。市直机关专职档案人员486人，女性为352人，性别比为38.06。县直机关专职档案人员2532人，女性为1417人，性别比为78.68。

（2）年龄

1991年，省直机关专职档案人员129人中，年龄在50岁以上的29人，占22.48%；35岁至49岁的59人，占45.74%；34岁以下的41人，占31.78%。1995年，省直机关114人中，50岁以上的9人，占7.9%；35岁至49岁的76人，占66.67%；34岁以下的29人，占25.44%。2000年，省直机关122人中，50岁以上的15人，占12.30%；35岁至49岁的75人，占61.48%；34岁以下的32人，占26.23%。2005年，省直机关99人中，50岁以上的16人，占16.16%；35岁至49岁的57人，占57.58%；34岁以下的26人，占26.26%。2011年，省直机关118人中，50岁以上的27人，占22.88%；35岁至49岁的69人，占58.47%；34岁以下的22人，占18.64%。

2013年，省、市、县机关专职档案人员3088人中，年龄在50岁以上的

211人，占6.83%；35岁至49岁的1141人，占36.944%；34岁以下的1436人，占46.50%。其中，省直机关档案人员70人，50岁以上的8人，占11.42%；35岁至49岁的43人，占61.42%；34岁以下的19人，占27.14%。市直机关档案人员486人，50岁以上的62人，占12.75%；35岁至49岁的227人，占46.7%；34岁以下的197人，占40.53%。县直机关档案人员2532人，50岁以上的141人，占5.56%；35岁至49岁的1171人，占46.24%；34岁以下的1220人，占48.18%。

　　（3）文化程度

　　省、市、县直机关档案人员文化程度情况见表2—13至表2—15。

甘肃省直机关档案人员文化程度一览表

表2—13　　　　　　　　　　　　　　　　　　　　　　　　单位：人

年度	人员	硕士研究生	研究生班	双学位	大学本科	大专	中专	高中	初中及以下
1991	129	–	–	–	7	51	31	24	16
1995	114	–	–	–	5	55	19	28	7
2000	107	–	–	–	15	76	10	17	4
2005	98	3	–	–	40	48	2	5	–
2013	70	4	4	–	45	16	–	1	–

2013年甘肃省市（州）直机关档案人员文化程度一览表

表2—14　　　　　　　　　　　　　　　　　　　　　　　　单位：人

年度	人员	硕士研究生	研究生班	双学位	大学本科	大专	中专	高中	初中及以下
2013	486	12	11	5	263	152	24	18	1

2013 年甘肃省县（区）直机关档案人员文化程度一览表

表2—15　　　　　　　　　　　　　　　　　　　　　　单位：人

年度	人员	硕士研究生	研究生班	双学位	大学本科	大专	中专	高中	初中及以下
2013	2532	11	2	3	1186	1140	116	65	9

（二）企事业单位

根据《全国档案事业统计综合年报》，以下企事业单位系指大型企业、省属文化事业单位和地级以上科技事业单位。2013年，系指企业集团和大型企业、省部属事业单位和地师级、县团级事业单位。

1. 实有人数

（1）大型企业

1991 年，302个大型企业中，实有专职档案人员904人（另有兼职884人）。1995年（323个大型企业）、2000年（255个大型企业）、2005年（191个大型企业）、2011年（222个大型企业）专职档案人员分别为913人（另有兼职1126人）、596人（另有兼职1011人）、243人（另有兼职178人）、231人（另有兼职151人）。2013年，306个企业集团和大中型企业（其中，企业集团和大型企业118个，中型企业188个）实有专职档案人员389人（另有兼职647人），其中，企业集团和大型企业205人（另有兼职248人），中型企业184人（另有兼职399人）。

（2）省属文化事业单位

1991 年，12个省属文化事业单位中，实有专职档案人员20人（另有兼职41人）。1995年（14个省属单位）、2000年（11个省属单位）、2005年（19个省属单位）、2011年（17个省属单位）档案人员分别为23人（另有兼职73人）、18人（另有兼职44人）、35人（另有兼职174人）、56人（另有兼职189人）。2013年，435个事业单位（其中，省部属事业单位19个，地师级事业单位54个，县团级事业单位362个）实有档案人员230人（另有兼职621人），其中，省部属事业单位55人（另有兼职168人），地师级事业单位75人（另有兼职95人），县团级事业单位100人（另有兼职358人）。

（3）地级以上科技事业单位

1991年，29个地级以上科技事业单位中，实有专职档案人员39人（另有兼职73人）。1995年（27个单位）、2000年（8个单位）、2005年（2个单位），实有专职档案人员分别为40人（另有兼职139人）、16人（另有兼职21人）、2人。到2013年，2个地级以上科技事业单位，实有专职档案人员3人。

2. 人员结构

（1）性别

1991年，大型企业904人中，女性为666人，性别比为35.74；省属文化事业单位20人中，女性为17人，性别比为17.65；地级以上科技事业单位39人中，女性为34人，性别比为14.71。此后，性别比的趋势基本保持不变。到2011年，大型企业231人中，女性为191人，性别比为20.94；省属文化事业单位56人中，女性为43人，性别比为30.23；地级以上科技事业单位3人，女性3人，性别比为0。

2013年，企业档案室专职档案人员389人中，女性为322人，性别比为20.81；事业单位档案室专职人员230人中，女性为180人，性别比为27.78。

（2）年龄

1991年，大型企业档案人员904人中，年龄在50岁以上的137人，占15.15%；35岁至49岁的457人，占50.55%；34岁以下的310人，占34.29%。省属文化事业单位20人中，年龄在50岁以上的5人，占25%；35岁至49岁的11人，占55%；34岁以下的4人，占20%。地级以上科技事业单位39人中，年龄在50岁以上的4人，占10.26%；35岁至49岁的26人，占66.67%；34岁以下的9人，占23.08%。2011年，大型企业档案人员231人中，年龄在50岁以上的26人，占11.26%；35岁至49岁的166人，占71.86%；34岁以下的39人，占16.88%。省属文化事业单位56人中，年龄在50岁以上的12人，占21.43%；35岁至49岁的35人，占62.50%；34岁以下的9人，占16.07%。地级以上科技事业单位3人中，年龄均在35岁至49岁之间。

2013年，企业专职档案人员389人中，年龄在50岁以上的84人，占21.59%；35岁至49岁的229人，占58.86%；34岁以下的76人，占19.53%。事业单位专职档案人员230人中，年龄在50岁以上的25人，占10.86%；35岁至

49岁的137人，占59.56%；34岁以下的68人，占29.56%。

（3）文化程度

1991年，大型企业档案人员904人中，大学本科47人，占5.2%；大专183人，占20.24%；中专177人，占19.58%；高中294人，占32.52%；初中及以下203人，占22.46%。省属文化事业单位20人中，大学本科3人，占15%；大专9人，占45%；中专4人，占20%；高中2人，占10%；初中及以下2人，占10%。地级以上科技事业单位39人中，大学本科7人，占17.95%；大专19人，占48.72%；中专1人，占2.57%；高中9人，占23.77%；初中及以下2人，占5.13%。2011年，大型企业档案人员231人中，硕士研究生1人，占0.43%；大学本科45人，占19.48%；大专106人，占45.89%；中专49人，占21.21%；高中25人，占10.82%；初中及以下5人，占2.16%。省属文化事业单位56人中，硕士研究生7人，占12.5%；大学本科33人，占58.93%；大专11人，占19.64%；高中2人，占3.57%。地级以上科技事业单位3人中，全部为大学本科，占100%。

2013年，企业专职档案人员389人中，硕士研究生3人，占0.77%；研究生班研究生2人，占0.51%；大学本科146人，占37.53%；大专183人，占47.04%；中专22人，占5.65%；高中29人，占7.45%；初中及以下3人，占0.77%。事业单位专职档案人员230人中，硕士研究生14人，占6.08%；研究生班研究生1人，占0.43%；大学本科119人，占51.73%；大专81人，占35.21%；高中6人，占2.60%；初中及以下1人，占0.43%。

（4）专业技术职务

1991年，大型企业档案人员904人中，研究馆员1人，占0.01%；副研究馆员15人，占1.66%；馆员89人，占9.85%；助理馆员195人，占21.57%；管理员133人，占14.71%。事业单位档案人员59人中，副研究馆员1人，占1.69%；馆员25人，占42.37%；助理馆员15人，占25.42%；管理员4人，占6.78%。2000年，大型企业档案人员596人中，副研究馆员7人，占1.17%；馆员104人，占17.44%；助理馆员115人，占19.29%；管理员110人，占18.45%。事业单位档案人员34人中，副研究馆员5人，占14.7%；馆员16人，占47.05%；助理馆员5人，占14.7%；管理员2人，占5.88%。

2013 年，企业单位专职档案人员389人中，研究馆员1人，占0.25%；副研究馆员13人，占3.34%；馆员81人，占20.82%；助理馆员100人，占25.71%；管理员66人，占16.97%。事业单位档案人员230人中，研究馆员1人，占0.43%；副研究馆员9人，占3.91%；馆员39人，占16.95%；助理馆员29人，占12.6%；管理员16人，占6.95%。

第二章

体制、机构和人员

第三章　档案基础业务建设

GANSU SHENG ZHI DANG AN ZHI

第一节　档案室

一、电子文件归档与管理

20世纪80年代后期，"电子文件"一词逐渐出现并得到国际档案界的广泛认同和采纳。电子文件的大量产生与广泛应用，在20世纪90年代就已经引起中国档案界的重视。1995年，国家档案局发布了行业标准《磁性载体档案管理与保护规范》。此标准的发布与实施，是电子文件和电子档案标准化工作的开始。

1997年3月11日，省档案局向国家档案局档案科学研究所科技处上报的《关于电子文件管理及归档调查情况的报告》中称："我省凡是有电子文件的单位，对电子文件基本上采用分散保管，或者归档后专柜存放，与纸质档案同室管理，无专门库房和设备。"

1999年，省直机关档案室室存磁带19盘，磁盘1068张，本年度接收光盘6张。大型企业档案室存磁带108盘，磁盘33张，光盘12张。省属文化事业单位档案室存光盘8张。同年，各级档案室向国家综合档案馆移交电子档案进馆。地（州、市）档案室向同级档案馆移交磁带1盘，光盘10张；县（市、区）档案室向同级档案馆移交磁带37盘，光盘10张。

2001年，省直机关档案室接收磁带1盘，磁盘43张，光盘106张。同年，各级档案室向同级档案馆移交电子档案数量逐渐增多。向省档案馆移交光盘1张；向地（州、市）档案馆移交磁带1盘，光盘2744张；向县（市、区）档案馆移交磁带51盘，磁盘1张，光盘5张。

2002年11月，国家档案局印发《全国档案信息化建设实施纲要》，提出"十五"期间加强电子文件归档管理的要求，加强对电子文件积累、鉴定、著录、归档的监督指导，保证有价值电子文件的真实、完整和有效，并着手进行电子文件归档管理的试点工作。同年，国家标准《电子文件归档与管理规范》正式颁布，并于2003年5月1日起实施。同年7月28日，国家档案局公布《电子公文归档管理暂行办法》。与此同时，国家档案局、中央档案馆发出《关于认真贯彻执行〈电子公文归档管理暂行办法〉的通知》。中国电子文件归档与管理工作自21世纪初开始步入规范化、标准化、制度化轨道。

电子文件的归档范围参照国家关于纸质文件材料归档的有关规定执行，并应包括相应的背景信息和元数据。其中党政机关、人民团体按照《关于机关文件材料归档范围和文书档案保管期限的规定》执行；企业按照《国有企业文件材料归档办法》执行，本专业系统有规定的执行本专业系统的规定。同时，凡归档电子文件，应在归档之前按本单位的档案分类方案，进行系统分类整理。

2004年3月，省档案局印发《甘肃省档案局关于加强档案移交进馆工作的通知》，重申了"省直各部门和直属单位，本级人民政府直属工作部门的派出单位，本级人民政府直属工作部门所属的独立分管某一方面工作或从事某项事业的行政管理机关和事业单位，属于地方和上级主管部门双重领导的单位、撤销单位及其他社会团体和个体具有代表性的永久档案，均在档案移交范围"的规定，并且根据档案管理信息化和电子化的发展趋势，要求从2005年1月起，包括"光盘、磁盘"等不同载体、不同形式，划定为永久保存的档案应列入移交范围，各单位在移交各类档案时相应移交"机读目录"一套。

2005年10月24日，中共甘肃省委办公厅、甘肃省人民政府办公厅转发的《甘肃省档案局关于加强全省档案信息化建设的意见》中提出，各级档案部门应根据《电子文件归档管理规范》的要求，做好电子文件收集、归档和管理工作。已产生电子公文的各级机关要尽快建立和完善电子公文归档制度，并逐步实现电子公文及时归档。同时提出，尽快启动省直机关向省档案馆移交电子档案试点工作。在部分市（州）选择国家综合档案馆开展网络环境下接收电子档案试点工作。同年，省人民政府、省计划委员会等13个单位机关档案室向省档案馆移交到期档案8960卷，其中磁带36盘，光盘34盘。

2006年，省总工会、中共甘肃省纪律检查委员会等15个单位机关档案室向省档案馆移交档案5196卷，其中磁带314盘。同年，天水市畜牧局等15个市直机关档案室将2005年度电子文件归档目录移交市档案馆，共归档电子文件目录数据库10500多条，市畜牧局等6个全文扫描试点单位向档案馆移交全文扫描输入档案1410份。

2007年1月，省委办公厅转发的省档案局党组《关于进一步加强全省档案资源建设工作的意见》，对电子文件移交问题提出要求。要求电子文件移交工作从省直机关做起，逐步向档案馆移交电子文件目录和电子档案。

2009年，省直机关档案室接收电子文件归档，其中磁带8盘，磁盘22张，光盘1159张。大型企业档案室接收磁盘3张，光盘406张。省属文化事业单位档案室接收磁盘35张，光盘82张。科技事业单位档案室接收光盘30张。同年，各级各类档案室向档案馆移交电子档案，省档案馆光盘3333张，市（州）档案馆光盘122张，县（市、区）档案馆磁盘8张、光盘109张，部门档案馆光盘220张，大型企业档案馆光盘122张，文化事业单位档案馆光盘570张。

2012年10月22日，省档案局印发《甘肃省档案馆收集档案范围细则》，规定电子档案自形成之日起5年内移交。

自2013年起，本省向国家档案局报送的《全国档案事业统计综合年报》中，增加了市、县机关档案室的内容，有关2013年度省、市、县机关档案室和省企业档案室、事业单位档案室电子文件归档数据见下表。

甘肃省、市、县机关档案室电子文件归档情况统计表（2013年）

表3—1

指标名称	代码	计量	机关档案室			
			合计	省	市（州）	县（市、区）
电子文件	1	件	742229	190338	320118	231773
	2	GB	23758	2289	18196	3273
数码照片	3	张	257386	31085	59024	167277
	4	GB	4736	373	189	4174
数字录音、数字录像	5	小时	4659	870	2896	893
	6	GB	2494	703	818	973

甘肃省企业档案室、事业单位档案室电子文件归档情况统计表（2013年）

表3—2

指标名称	计量	企业档案室			事业单位档案室			
		合计	企业集团大型企业	中型企业	合计	省、部属	地（师）级	县（团）级
电子文件	件	1216042	644830	571212	27468	18240	911	8317
	GB	2309	512	1797	730	73	1	656
数码照片	张	64299	5762	58537	35972	19029	116	16827
	GB	286	60	226	393	26	2	365
数字录音 数字录像	小时	971	534	437	58	20	—	38
	GB	533	153	380	298	160	—	138

二、以"件"为保管单位的归档文件整理

2000年12月6日，国家档案局颁布《归档文件整理规则》（以下简称《规则》），并于2001年1月起正式实施。《规则》提出完全不同于以往"立卷"方法的"文件级"整理方法。中国以往采用"立卷"作为归档文件整理的方法，以"案卷"作为文书档案的基本保管单位。在手工模式下进行档案管理和检索，"立卷"不失为一种好的文件整理方式，为实现手工检索目的，提高手工检索效率提供了便利。随着电子计算机广泛应用于档案管理，其高效、快捷、灵活的检索、编辑功能，为归档文件整理改革提供了技术条件和方向。《规则》的颁布，适应了现实工作的需要，为归档文件整理改革提供了解决方案。

2002年3月4日，省档案局制发《甘肃省〈归档文件整理规则〉实施细则》，提出了具体的执行办法。同年，省档案局以省粮食局为《规则》的试点单位，在试点工作中，对省粮食局2001年度形成的归档文件，以"文件级"的整理方法进行整理。同年，省档案局举办了两期《规则》培训班，为各市（地、州）和省直机关培训业务骨干400余人。各市（地、州）和省直专业系统举办培训班50余期，培训3900人，为从2002年起在更大范围内实施《规则》做好准备。庆阳市举办《规则》培训班5期，培训882人，并通过制定补充规定、逐单位审定分类方案、统一管理装具用品等措施，指导全市766个立档单位按照《规则》完成年度归档文件整理任务。是年，省直机关60%的单位按照《规则》标准完成了年度归档任务。2003年2月27日，省档案局副局长张前林在全省档案工作会议上就全面实施《规则》提出应需做好的两件事：一是要认识到执行新的《规则》是一项新工作，现场业务指导和及时的咨询服务务必跟上，以免造成返工浪费；二是要力争做到《规则》的实施与计算机管理档案同步进行，凡有条件的单位，一开始就要将文件目录录入计算机，以收事半功倍之效。

从2002年1月1日起，以"件"为保管单位的归档文件整理办法在本省部分地区和省直机关开始实施，2003年起在全省范围内实施。同年8月，省档

第三章 档案基础业务建设

案局向国家档案局档案馆（室）业务指导司汇报了实施情况。

自此，全省各地机关单位每年按照《规则》，以"件"代"卷"，进行以"件"为保管单位的归档文件整理。同时，按照档案的移交年限和规定，自2002年起，各级机关档案室向同级档案馆移交以"件"为保管单位的档案。

2003年，省直机关档案室以"件"为保管单位档案146992件；大型企业档案室以"件"为保管单位档案59770件；省属文化事业单位档案室以"件"为保管单位档案20615件；科技事业单位档案室以"件"为保管单位档案1766件。

自2003年以件为保管单位进行归档整理之后，机关档案室接收各单位文书处理部门的档案，均以件为保管单位进行归档整理。2008年，省直机关档案室接收以件为保管单位档案85748件；大型企业档案室接收以件为保管单位档案20880件；省属文化事业单位档案室接收以件为保管单位档案16056件；省属科技事业单位档案室接收以件为保管单位档案948件。同年，向各级各类档案馆移交以件为保管单位档案，其中省档案馆30件，市（州）档案馆24526件，县（市、区）档案馆111429件，部门档案馆11730件，大型企业档案馆13867件，文化事业单位档案馆19873件。

本省机关档案室具体实施以"件"为保管单位的归档文件整理工作，分为10个步骤：（1）收集应归档文件。机关档案室收集应归档的文件范围，2007年以后，执行国家档案局2006年12月18日公布的《机关文件材料归档范围和文书档案保管期限规定》。（2）归档文件分类。内部机构较多而稳定的、分工比较明确且文件数量比较大的机关单位，一般采用"内设机构"分类法；内部机构较少、分工比较粗或无内部机构且文件数量小的机关单位，一般采用"问题"分类法。（3）归档文件的鉴定。按照国家档案局1987年颁发的《国家档案局关于机关档案保管期限的规定》和《机关文件材料归档和不归档的范围》进行归档文件的鉴定，文书档案的保管期限为永久、长期、短期3种，长期为16年至50年，短期为15年以下。2006年以后，按照2006年12月18日国家档案局第8号令公布的《机关文件材料归档范围和文书档案保管期限表》的规定，文书档案的保管期分为永久、定期两种，其中定期又分为30年、10年。（4）确定归档文件整理保管的单位——"件"。具体做法是：

一般以一份文件为一件；文件的定稿和正式印发件合为一件；正文与附件合为一件；转发文与被转发文合为一件。问文与复文，分为两种情况：一是同一年内形成的相关请示与批复、报告与批示或函与复函，合在一起作为一件进行整理保管；二是跨年度的相关请示与批复、报告与批示或函与复函，其复文存在能否形成、何时形成的不确定性，若复文在以后的年度形成，整理时将问文、复文各作为一件对待，各自归入所形成的年度。文书处理单作为相关文件的一个重要组成部分，合为一件整理；报表、名册、图表、介绍信存根、会议记录等类似文件材料，按其本来的形式，一个自然本（册）为一件。（5）归档文件的装订。凡是归档文件均按"件"装订。各机关档案室根据本单位实际，一般采用两种方法：一是不锈钢夹装订法；二是线绳装订法。有些过厚的文件采用粗线绳按照以往案卷的"三孔一线法"装订。（6）给归档文件编页号。以"件"为单位编写页号，也就是每件均从"1"开始编起，件与件之间不连续编写页号，这也是与以往以"卷"为整理单位时编页号方法的不同。（7）归档文件排列与编写页号。归档文件按照保管期限逐机构（或逐问题）排列，也即永久、30年、10年各排列一个顺序，逐年延续，在每个年度内则按照分类表中机构或问题进行排列，以保证文件整理系统化、有序化；所有文件排列完毕后，按照排列顺序逐件编写页号，件号编写在归档章的"室编件号"栏内，以保证对排列成果的认定。（8）加盖并填写归档章。在每份文件的首页右上角加盖归档章，在归档章上填写"全宗号"（档案馆给本单位档案全宗确定的代号）、"年度""室编件号"等，这也是与以往以"卷"归档的不同之处。（9）归档文件目录的编制。根据本单位文件材料分类、排列、编号的顺序，按照永久、30年、10年三个序列，分别逐件编制归档文件目录。（10）归档文件装盒。按照永久、30年、10年三个编号顺序分别装盒。一个机构或类别的文件比较多，按排序单独装一盒或几盒；几个机构或类别的文件比较多，按序合装一盒；不同保管期限的文件不得混盒合装。

2009年3月9日，省档案局印发的《甘肃省档案馆档案接收办法》中规定，以件为单位整理归档的，按照《归档文件整理规则（DA/T 22-2000)》和《甘肃省〈归档文件整理规则〉实施细则》整理编目。

2013 年，各级各类档案室保存以件为保管单位的档案为：省直机关档案室866473件，市（州）档案室4092459件，县（市、区）档案室11239427件，企业档案室22485126件，事业单位档案室1017438件。

三、执行《机关文件材料归档范围和文书档案保管期限规定》

2006 年12月18日，国家档案局以8号令的形式，颁布《机关文件材料归档范围和文书档案保管期限规定》，主要对各级机关正确界定文件材料的归档范围、准确划分文书档案保管期限、按时开展档案价值鉴定，以及档案移交进馆工作进行规定。该规定的发布实施，是国家档案局第五次对文书档案管理的重大改革。

2007 年10月30日，省档案局印发《甘肃省〈机关文件材料归档范围和文书档案保管期限规定〉实施意见》，该意见增加了编制归档文件材料分类方案的内容，适用于甘肃省行政区域内各级党政机关、人民团体、民主党派和具有行政管理职能的企事业单位，其他企事业单位参照执行。中央驻甘单位或垂直管理单位执行本系统的文件材料分类方案、归档范围和文书档案保管期限表，但为便于今后工作，须在省档案局和所在地市（州）档案局同时备案；若本系统无统一文件材料分类方案、归档范围和文书档案保管期限表，则应根据本实施意见制定本单位的文件材料分类方案、归档范围和文书档案保管期限表，并履行相应审查批准手续。该意见要求，省内各有关单位编制文件材料分类方案、归档范围和文书档案保管期限表时，应认真贯彻以下原则：（1）以我为主。即以本单位直接产生的文件材料为主，以反映本单位主要职能活动的文件材料为主，以与本单位人和事直接有关的文件材料为主。（2）对我有用。即收文以是否与本单位的人和事有关、是否对本单位的工作有查考利用价值为取舍标准。（3）党政分开。即党组织、工青妇组织形成的文件材料要与政务事务工作形成的文件材料一般不能放在同一个类里，若遇党政组织的联合发文，按主办单位确定类别。同时规定，文件材料分类方案一级类目的设置只能选用下列两种模式中的一种，且确定后一般不能轻易变动：（1）机构分类法。即按本单位内设的处（室）、科（室）或部（室）

等对文件材料进行分类，凡是内设机构健全稳定、分工具体明确、文件材料多的单位采用此方法。（2）问题分类法。即按本单位产生的文件材料内容所反映的问题进行分类，凡是内设机构经常变化、分工比较粗或没有内设机构、文件材料比较少的单位采用此方法。对于执行新的文书档案保管期限规定时，按照永久、30年、10年分别进行排列编目，其中永久保管档案接续原永久档案排列编目，30年保管档案接续原长期档案排列编目、10年保管档案接续原短期档案排列编目。同时，原每份文件首页加盖的归档章里的"保管期限"项，"长期"改为30年，"短期"改为10年。

2008年3月27日，省档案局举办各市（州）档案局业务指导科科长和业务骨干、各县（市、区）档案局业务骨干参加的专题培训班，开展《机关文件材料归档范围和文书档案保管期限规定》的培训。

2010年10月13至16日，国家档案局、中央档案馆派督查组来兰州、嘉峪关和敦煌市，就贯彻执行国家档案局8号令情况进行督查。督查组对本省抓好试点、推广经验、印发范本的独特做法给予肯定评价，并对县、乡、村贯彻执行8号令的工作提出指导性意见。

第二节　档案馆

一、档案收集

（一）现行档案接收

1. 接收范围

20世纪90年代至2011年，省内各级国家档案馆档案接收范围执行国家档案局1986年2月7日发布的《各级国家档案馆收集档案范围的规定》规定。2011年国家档案局发布《各级各类档案馆收集档案范围的规定》（国家档案局第9号令），重新调整档案收集范围。2012年10月22日，省档案局印发《甘肃省档案馆收集档案范围细则》。文件规定：

省档案馆依法接收下列中华人民共和国成立后的组织机构形成的具有永久保存价值的档案：（1）中共甘肃省委员会及所属各部门；（2）甘肃省人民代

表大会及其常设机构;(3) 甘肃省人民政府及其所属各部门和单位;(4) 甘肃省政协及其常设机构;(5) 甘肃省高级人民法院、甘肃省人民检察院;(6) 甘肃省各民主党派机关;(7) 甘肃省总工会、共青团甘肃省委员会、甘肃省妇女联合会、甘肃省科学技术协会、甘肃省文学艺术界联合会等人民团体;(8) 省属国有企业、事业单位;(9) 隶属关系发生变化,归属省级管辖的中央在甘单位。省档案馆还负责接收以上机构全部或部分下属单位和临时机构的档案。省档案馆根据国家规定接收破产转制的省属国有企业及撤销、合并的事业单位的档案。经协商同意,省档案馆收集或代存本行政区域内有代表性的社会组织、集体和民营企事业单位、基层群众组织、家庭和个人形成的对国家和社会有利用价值的档案,也可通过接受捐赠、购买等形式获取有利用价值的档案。

省档案馆接收和征集本省省级行政区域内重大活动、重大事件、各界知名人士形成的档案及涉及民生的专业档案:(1) 由本省负责接待的党和国家领导人、重要外宾、国际友人等在我省工作、学习、参观访问、交流等活动;(2) 重大政治、经济、科技、文化、外事及宗教活动;(3) 重要庆典、纪念活动;(4) 严重自然灾害、重大突发事件;(5) 省级领导干部及省级人事管理权限内,在社会上有一定名望、权威、影响的知名人士;(6) 被中共中央、国务院和中共甘肃省委、省政府授予英雄、模范称号的人物;(7) 省级组织、人事部门管理范围内的已故干部和知名人士;(8) 社会保险、移民、纪检监察机关案件、信访、农产品质量安全、保健食品登记、会计、林权登记、新闻宣传报道等专业档案。

省档案馆收集中华人民共和国成立前本省行政区域内各个历史时期政权组织机构形成的具有永久保存价值的档案:(1) 中共甘肃省各级党组织、革命政权、地方武装和革命群众团体;(2) 历代甘肃地方政权机关以及其他机构、社会组织;(3) 甘肃历史上出现的具有一定社会影响的人物、家族。

省档案馆接收和征集以下所列具有永久保存价值的文书、照片、音像、实物、艺术等各种门类和载体的档案:(1) 文书档案,包括纸质档案和与之相对应的电子档案;(2) 基建、科研项目等专业档案,包括纸质档案及其电子版本;(3) 照片档案,包括纸质照片和数码照片;(4) 音像档案,包括录音带、录像带和音、视频光盘；（5）实物档案，包括中共甘肃省委、省人大、省政府和省政协在对外交往活动中互赠的纪念品，甘肃省重大活动、重大事件形成的有纪念意义的物品以及各单位获得的省部级以上的综合性荣誉奖品、证书、宣传纪念品等实物原件；（6）艺术档案，包括书法、绘画、雕塑、摄影等。

2. 接收期限的规定

进入20世纪90年代，甘肃各级档案馆的档案接收工作，执行1986年4月国家档案局发布的《档案馆工作通则》规定，逐年接收或定期接收本级各机关、团体及其所属单位的永久档案和长期档案，同时，接收属于本馆接收的撤销机关、团体的档案。接收档案的期限是：省档案馆接收立档单位保管20年左右的档案，地、县档案馆接收立档单位保管10年左右的档案。

20世纪90年代初，省档案馆馆藏量不足，利用者查找档案，往往因为所需要的档案尚未进馆或其他原因而得不到满足，与全省经济建设、社会发展不相适应的矛盾十分突出。为了改变因馆藏不足造成的被动局面，1993年，省档案局同意省档案馆缩短接收年限，恢复20世纪70年代省直机关的永久档案在本机关保存15年后即由省档案馆接收的做法，并开始先期试行工作，加快了档案接收进馆的步伐。1997年9月29日，甘肃省八届人大常委会第二十九次会议审议通过的《甘肃省档案管理条例》，对档案接收进馆的年限做出规定："列入省综合档案馆收集范围的档案，自形成之日起满15年，向省档案馆移交。" 自此，省档案馆接收立档单位保管永久档案的年限，由20年调整为15年，地、县综合档案馆仍执行立档单位的档案保管10年接收进馆的规定。

2009年3月9日，省档案局印发《甘肃省档案馆档案接收办法》，重申了档案接收期限的规定。该办法规定：（1）列入省档案馆接收范围的档案，一般自形成之日起满15年向省档案馆移交。有特殊情况的，由有关单位与省档案馆协商后，可适当提前或推迟一定时间移交；（2）1949年以前的档案，特殊时期形成的档案可随时接收进馆，不受档案整理状况和时间的限制；（3）重大活动（事件）的档案随时接收进馆；（4）撤销单位必须在单位撤销之前将本单位的全部档案进行规范整理，及时向省档案馆移交。

2012年10月22日，省档案局印发《甘肃省档案馆收集档案范围细则》，规定：(1) 党政机关、民主党派、人民团体的档案自形成之日起满15年移交，最迟不得超过20年；(2) 电子档案自形成之日起5年内移交，照片档案、音像档案和实物档案按规定或活动结束后移交：(3) 重大活动、重大事件及1949年以前的档案可随时移交；(4) 撤销单位和因保管条件恶劣可能导致档案不安全或者严重损毁的，经省档案行政管理部门同意，可以提前接收；专业性较强或者需要保密的档案，可以适当延长接收时间；(5) 社会组织、集体和民营等其他单位和个人档案的接收时间，可以参照党政机关档案接收时间确定，也可以协商确定。

3. 现行机关保管期满档案的接收

现行机关保管期限已满的永久档案是档案馆馆藏档案的主要来源。1992年以前，省档案馆接收省直各机关、团体保管期满20年的永久档案，1993年以后接收保管期满15年的永久档案。省档案馆每年度在接收档案进馆之前，都要制定接收计划，发给有关立档单位，为档案移交前做准备，接收计划包括立档单位名称、移交档案起止年代、移交数量、接收各单位档案的顺序和时间安排。20世纪90年代初，针对各单位案卷质量普遍存在的问题，省档案馆还特别提出移交的案卷应符合1983年2月省委办公厅和省政府办公厅批转的《甘肃省省级机关文书立卷归档办法》中案卷质量标准的要求，即归档文件齐全完整，分类清楚，组卷合理，保管期限划分准确，案卷标题简明确切，排列条理，装订结实，封面整洁。凡不符合标准的案卷，必须整理合格后方可接收。这种案卷质量标准的强调提出，保证和促进了接收案卷的质量。省档案馆在每年的接收计划中，还同时要求凡应移交进馆的档案，由立档单位编制案卷目录一式两份，写出全宗考证或全宗说明，随同档案一起移交。有时还召开进馆单位办公室主任、档案员会议，协调具体接收、移交事宜，以保证接收进馆档案的数量及质量。1991年和1992年，省档案馆接收了省直机关、团体在本单位保管期满20年的永久档案1813卷，资料1622册。1993年至1996年，省档案馆在试行接收期满15年的永久档案期间，共接收省直机关、团体永久档案17902卷，录音、录像档案2000盘，资料2621册。

1997年以后，按照《甘肃省档案管理条例》规定的自形成之日起满15

年的接收年限要求，省档案馆加快了档案接收工作步伐。自1997年至2004年8年间，先后接收档案10余批，共42752卷，照片档案5004张，年接收案卷比接收期满20年时成倍增长。这一时期，省直绝大多数单位都能按照规定，如期向省档案馆移交应进馆档案。但仍有部分单位对移交工作不重视，个别单位室存应移交档案长达30余年仍未向省档案馆移交。针对这种情况，省档案局于2004年3月发出《甘肃省档案局关于加强档案移交进馆工作的通知》，重申了"省直各部门和直属单位，本级人民政府直属工作部门的派出单位，本级人民政府直属工作部门所属的独立分管某一方面工作或从事某项事业的行政管理机关和事业单位，属于地方和上级主管部门双重领导的单位、撤销单位及其他社会团体和个体具有代表性的永久档案，均在档案移交范围"的规定，并且根据档案管理信息化和电子化的发展趋势，要求从2005年1月起，包括"光盘、磁盘"等不同载体、不同形式，划定为永久保存的档案应列入移交范围，各单位在移交各类档案时，同时移交"机读目录"一套。2005年，省档案馆接收了甘肃省人民政府、甘肃省计划委员会等13个单位的到期档案8960卷，录音、录像档案36盘，照片档案435张，光盘34盘。2006年，省档案馆接收了甘肃省总工会、中共甘肃省纪律检查委员会等15个单位的单位档案5196卷，以件为保管单位档案5454件，录音、录像档案314盘，照片档案1154张。

2007年1月，中共甘肃省委办公厅转发了省档案局党组《关于进一步加强全省档案资源建设工作的意见》，意见指出，为了加强全省档案资源建设，各级各类机关单位要在档案行政管理部门的指导下，建立齐全完整、标准规范的档案，并按规定向档案馆移交优质档案资源。要从省直机关做起，逐步向档案馆移交电子文件目录和电子档案。档案馆特别是档案资源明显贫乏的档案馆，要努力克服困难，积极接收按规定应当进馆的档案，尽快解决到期档案进馆难的突出问题。是年，省档案馆先后派出80多人次到省直单位督促指导到期档案接收工作，与省国资委商讨破产企业档案移交事宜。2007年至2011年，省档案馆共计接收省直单位永久档案35003卷，年均接收案卷7000卷；接收以件为保管单位档案6914件，照片档案13504张，录音、录像档案183盘，电子档案（光盘）5356盘，成为省档案馆自1991年以来接收各类载体、门类档案的较高时期。其中2010年接收了甘肃省建筑总公司1950年至1981年室存保管期满近30年的档案1477卷。这些档案中，包括1950年至1959年中国人民解放军建三师的案卷和与之合并的原建工部东北公司1953年至1955年的案卷，记录了中华人民共和国成立初期东北老工业基地的建筑工人支援甘肃、建设甘肃的历史。

2009年3月9日，省档案局印发《甘肃省档案馆档案接收办法》，提出了档案接收的质量标准：（1）文书档案。a.以案卷为单位实行立卷归档的，按照《机关档案工作业务建设规范》《文书档案案卷格式》整理编目。b.以件为单位整理归档的，按照《归档文件整理规则》《甘肃省〈归档文件整理规则〉实施细则》整理编目。（2）会计档案。按照《会计档案管理办法》、《甘肃省〈会计档案管理办法〉实施细则》整理编目。（3）基建、设备、产品、科研等科技档案。按照《科学技术档案案卷构成的一般要求》整理编目。（4）照片档案。按照《照片档案管理规范》整理编目。（5）磁性载体档案。按照《磁性载体档案管理与保护规范》整理编目。（6）电子档案。按照《电子文件归档与管理规范》整理编目。（7）实物档案。包括各种荣誉奖品、宣传纪念品等不同载体和不同物质形态的实物原件，按件编写说明，编制目录；（8）专业档案。按照相关专业档案的规定整理编目。

4. 撤销、合并机关档案的接收

档案馆接收撤销或合并机关档案与接收现行机关档案的办法大致相同，但有不同的要求，主要是：随着机关的撤销或合并，组织人力进行整理后向档案馆及时移交；撤销机关的业务分别划归几个机关的，其档案材料不得分散，仍作为原机关档案的一部分，按全宗整体移交档案馆；一个机关并入另一个机关，或几个机关合并为一个新机关，其合并以前形成的档案材料，仍以原全宗为单位向档案馆移交，或由新机关代管，并担负日后向档案馆移交这部分档案的义务；一个机关内一部分业务划归另一个机关，其档案材料应作为原机关档案有机整体的一部分，不得由原全宗中抽走而带入另一机关；撤销或合并时尚未办理完毕的文件，移交给应受理这些文件的新机关继续办理，并作为新机关的档案加以保存。1991年以后，一些省级机关撤销或合并，省档案馆对于这些撤销或合并机关的永久、长期、短期档案和资料一并及时予以接收。按照上述接收原则，1994年，省档案馆接收了中共甘肃省顾问委员会档案286卷。

2000年8月5日，省委办公厅、省政府办公厅在联合发出的《关于机构改革中加强档案工作的通知》中，就机构改革中档案的交接与归属问题做出规定。其中规定，机构变动部门和单位在1980年以前（含1980年）形成的，反映本机关基本职能活动的档案，应向省档案馆移交。1980年以后形成的档案，其归属与流向按以下规定执行：（1）撤销部门和单位（包括临时机构）的档案，不分种类和期限，原则上全部向省档案馆移交；确因工作需要，经省档案局同意后，可由其职能归属的主要部门或单位代管，不得分散；（2）两个或两个以上部门或单位合并组成新的部门和单位时，原部门或单位的档案经省档案局同意，可由新组建的部门或单位单列全宗管理和利用；（3）一个部门或单位的职能或内部机构分解到两个以上部门或单位时，其档案不得分散，应作为一个全宗移交省档案馆，或经省档案局同意，由继承原部门或单位主要职能的部门或单位单列全宗保管，并同有关部门或单位商定该部分档案的共同利用及其他有关问题；（4）机构保留但名称更改或职能与业务范围部分发生变动的部门或单位，其原来形成的档案由该部门或单位继续保管。

2005年，省档案馆接收了甘肃省第四会计事务所档案652卷，接收了甘肃省农业办公室档案3426卷；2006年，省档案馆接收了甘肃省国防工业办公室档案367卷，接收了中共甘肃省委保持共产党员先进性教育活动领导小组办公室档案1266卷，接收了甘肃省粮油汽车运输公司档案5286卷；2007年，省档案馆接收了甘肃省经济委员会档案416卷；2010年，省档案馆接收了甘肃省物价局档案538卷，接收了甘肃外贸毛纱厂档案130卷。

5. 遗留档案全宗和重要档案的接收

档案馆按照正常程序逐年、定期接收机关、团体保管期满的档案，但由于历史原因，也有因为机构撤销、合并，人员变动或形成的档案仍保存于文书处理部门而未及时归档等各种原因，一些应该由档案馆接收的档案全宗和重要档案未能及时接收，长期滞留在原单位。各级档案馆对这些遗留在立档单位应该进馆的档案进行大量的调查摸底、找寻线索和协调接收工作，使这些档案得以接收进馆。1996年，省档案馆得知原兰州新闻电影制片厂存有一批拟清理销毁的反映甘肃20世纪六七十年代的新闻纪录片、科教片和录音、录像带，即派员协调接收。同年8月，将这批珍贵的影片，录音、录像带接收进馆。计有16毫米电影胶片和35毫米电影胶片2708盘，录音带103盘，录像带172盘。这些音像档案的接收，使省档案馆馆藏档案增加了影片等门类。2003年，"非典"疫情发生后，省内各级档案馆及时将抗击"非典"的文件材料及时收集接收进馆，填补了馆藏对突发事件档案内容接收的空白。各级档案馆按照2002年省委办公厅、省政府办公厅颁发的《甘肃省重大活动（事件）声像档案管理办法》，积极参与本地重要会议和重大活动档案资料的现场拍摄与收集。及时收集了2003年10月25日山丹、民乐地震，兰州经济贸易洽谈会，第一届甘肃庆阳香包民俗文化节，武威天马旅游节，临夏民族风情旅游观光节，天水伏羲文化旅游节和全省农民运动会以及党代会、人代会等，档案馆都全程介入，现场收集、拍摄一大批声像资料，并及时接收入馆。

2007年，省档案馆从甘肃省文学艺术界联合会接收了甘肃省抗美援朝分会（中国人民保卫世界和平反对美国侵略委员会甘肃省分会）1951年至1959年形成的档案27卷，中国作家协会甘肃分会1958年至1964年的档案7卷，甘肃省中苏友好协会1950至1965年的档案73卷，甘肃省、市国际活动指导委员会1956年至1958年档案2卷，以及省文联1950年至1973年的档案103卷。这些档案资料由于形成单位的机构演变以及"文化大革命"等原因，当时未能及时移交档案部门。

2008年从甘肃省劳动和社会保障厅接收甘肃省知识青年上山下乡工作办公室1963年至1980年的档案589卷。这些档案的接收进馆，使省档案馆增加了新的档案全宗和新的档案门类，有的填补了馆藏空白。

2012年，省档案馆接收甘肃省扶贫办移民档案入馆。这些移民档案是1992年至2011年产生的，包括甘肃省"两西"建设指挥部扶贫开发办公室在全省14个地（州、市）、58个县在引大入秦工程、景电提灌工程、刘家峡水电工程等重大水利水电工程及2008年"5·12"地震、2010年舟曲特大山洪泥石流等重大自然灾害中形成的向省内外移民安置问题的档案1500卷。

6. 异地备份档案的接收

2008年汶川"5·12"特大地震后，国家档案局提出对重要档案实行异地备份，甘肃省档案馆和四川省档案馆互为异地备份单位。2010年3月，双方签订了重要档案异地备份工作协议书。同时，甘肃省档案馆也为本省各市（州）、县（市、区）档案馆免费代为保管重要档案备份，并与市（州）档案馆签订了重要档案备份代保管协议书。从2011年9月起，省档案馆开展了备份档案的接收工作。根据协议书要求，接收的备份档案以电子文件为主，备份方式包括光盘、移动硬盘、仿真复制件等。市（州）、县（市、区）需由省档案馆代保管的备份档案，一般每年12月由市（州）收齐所辖县（市、区）的备份档案，统一与省档案馆办理交接手续。2012年7月26日，省档案馆接收了四川省档案馆第一批异地备份文书光盘12张DVD光盘和2块移动硬盘。其中DVD光盘存储的内容为清代重庆府巴县衙门的部分档案34777卷，全文扫描50余万页档案信息；移动硬盘的存储内容为民国四川省政府人事处、四川省财政厅、四川省政府会计处的三个全宗20255卷，档案全文扫描共计256万页档案信息。是年底，接收了本省临夏回族自治州档案馆、平凉市崆峒区档案馆等10个（市、州）、28个县（市、区）档案馆文书光盘241盘、照片光盘18盘、移动磁盘5盘、图书资料光盘91盘。

2012年11月8日，省档案局印发《甘肃省档案馆档案备份移交接收暂行办法》，明确了省档案局（馆）保管保护处按规定或相关合同，负责档案局（馆）有关处室、各市（州）和县（区）档案馆、四川省档案馆等所移交档案备份的接收，接收档案备份应保证交接手续、目录清册、技术检测合格书面报告齐全。同时提出，档案备份技术检测和保管的重点是确保档案备份的真实性、完整性、有效性和安全性，总体要求和具体技术规范严格按照《电子公文归档管理暂行办法》《电子文件归档与管理规范》《纸质档案数字化技术规范》《公务电子邮件归档与管理规则》及省档案馆有关规章制度执行。

第三章　档案基础业务建设

193

1991 年—2013年，甘肃省各级综合档案馆接收档案数量一览表

表3—3

年代	接 收 档 案（卷）			
	合计	省档案馆	市(州)档案馆	县(市、区)档案馆
1991	89220	83	29953	59184
1992	72892	1750	25271	45871
1993	133256	4000	29190	100066
1994	127003	7047	27625	92331
1995	119700	4177	26497	89026
1996	77927	2963	16313	58651
1997	70595	916	20874	48805
1998	63350	109	11268	51973
1999	54489	903	13763	39823
2000	174686	24015	43887	106784
2001	105444	1475	17544	86425
2002	111373	1875	41861	67637
2003	159153	12836	50649	95668
2004	184296	2384	63785	118127
2005	171551	8960	40620	121971
2006	189391	5196	51706	132489
2007	208081	7853	64527	135701
2008	203647	8059	45764	149824
2009	206834	9552	47258	150024
2010	178474	4624	42858	130992
2011	261647	4916	74494	182237
2013	215458	8966	23842	180650

注：本表"接收档案"系指文书档案和会计档案，未包括其他载体形式档案。

（二）历史档案征集

各级档案馆对于散失在社会和民间的档案资料通过以下方式进行征集：一是捐赠。凡是捐赠档案资料的个人或单位，档案馆视捐赠档案资料的数量和价值给予捐赠者表彰和奖励，并载入《捐赠档案资料史册》，颁发捐赠档案资料证书。二是寄存。单位或个人将收藏的档案资料送交档案馆寄存保管，以延长档案资料寿命，确保档案资料安全。凡寄存者，档案馆向其颁发寄存档案资料证书，并受法律保护。三是征购。由档案馆与档案资料收藏者商议，按双方同意的价格，办理手续，有价征购。

1991年，省档案局在全省范围内对散存在社会和民间的历史档案资料进行过一次较详细的摸底调查，摸底调查情况表明，全省散存在社会和民间的需要征集的历史档案史料有两万余卷（册、件），列出亟须征集的档案资料目录88种2412卷（册、件），并报国家档案局，提出征集意见和协调征集经费问题。

1992年7月24日，省政协委员、省文史馆名誉馆长张思温向临夏回族自治州档案馆捐赠档案史料300余卷（册），上起北魏延祐二年，下迄当代，时间跨1500年。1992年2月8日，省档案局、省档案馆在《甘肃日报》发布《关于征集历史档案资料的通告》，向社会广泛征集档案资料。同年3月，省档案馆接受了王观国捐赠的1938年《抗日民族统一战线指南》1册和1919年《新潮》5册、1920年《新青年》8册、1920年《小说月报》42册、1922年《先驱》半月刊23期、1932年《北斗》1册、1934年《文学》4册，《新潮》等6种期刊虽属1954年重印，但仍不失其史料价值；同年10月，接收了兰州宋恒基寄存的"文化大革命"时期的小报1000余份。

1993年2月，征集了兰州河口柴家台人捐赠的清光绪十年（1884年）《金城柴氏家谱》1函9册，《金城柴氏家谱》入馆，使省档案馆首次有地方家谱的收藏；同年征集了1949年以前兰州旧城老照片40张。1994年11月，征集了甘肃临夏周晓龙保存的清咸丰、同治、光绪、宣统年间临夏地区缴纳田赋的易知由单、土地契约、纳税执照34件和民国五年（1916年）至二十四年（1935年）土地契约件9件，特别是清代文书史料，为省档案馆增添了新的馆藏门类。1995年12月，征集了甘南夏河拉卜楞寺藏民文化促进会组织章程5

件，临潭县政府民国三十七年（1948年）颁发的藏民证明书、僧人执照以及请安折、管理制度等藏文文书17件。

1998年11月5日，省档案馆征集了58幅反映民国十八年（1929年）甘肃旱灾惨景的历史照片，涉及兰州、永登、古浪、临夏、景泰、天水、礼县等12个县（市）。这些照片是时任甘肃省赈灾救济委员会委员的王炬前往上述地区视察灾情、进行赈灾活动时拍摄的，由其后人收藏未经示人。这些照片的征集进馆，弥补了民国十八年（1929年）甘肃大旱有文字记载而鲜见照片的空白。从1991年至1999年，省档案馆通过征集渠道接收进馆档案史料1286件；地、县档案馆通过征集工作也获得了一批珍贵的档案资料，地（州、市）档案馆征集237件、接受捐赠950件；县（市、区）档案馆征集1451件、接受捐赠581件、接受寄存15件。1999年10月，省政协副主席邓成城将纪念其父邓宝珊将军诞辰90周年、100周年的题词、题诗等9件藏品捐献给省档案馆。

2001年7月27日，省档案馆在《甘肃日报》发布关于征集历史档案资料的通告。同年，省档案馆和兰州市档案馆、白银市档案馆、临夏回族自治州档案馆等档案部门对散落民间的珍贵档案又进行了一次调查摸底，在此基础上征集了一批较为珍贵的档案史料。

2002年4月22日，西北师范大学历史系原主任、通渭籍人士陈守忠教授，将珍藏的一件清代档案和自己的著述《宋史略论》捐赠给通渭县档案馆。陈守忠捐赠的这件清代档案是光绪三十三年（1907年）直隶州署理通渭县邢国弼将本县李家店蒙养学堂改为初等小学的谕。

2002年6月，兰州市民颜鲁伟将家传的《皋兰颜氏家谱汇录》12卷及附卷1册捐赠给甘肃省档案馆。这套家谱为清光绪十一年（1886年）第六次纂修，木刻本，记载了明洪武九年（1377年）兰州颜姓始祖颜胜迁徙至兰州到光绪十一年（1885年）500余年间颜氏家族的变迁史，也从一个侧面反映了明洪武年间各地移民大规模迁徙甘肃的历史史实。6月30日，在《皋兰颜氏家谱汇录》入藏甘肃省档案馆仪式上，省委副秘书长翟克勇赞誉颜鲁伟先生多次谢绝许多私人收购者高价收购该家谱的要求，坚持将祖传的家谱交给国家收藏机构保存的明智之举和珍重历史文化遗存的高风亮节。

2003年1月，景泰县档案馆将发现于景泰县芦阳镇的10余张西夏文字和一枚方形铁印整理成集，收录于《皋兰县红水分县采访事略》。3月18日，西夏文的发现者马兰堂其父马世魁将西夏文原件捐赠县档案馆。10月，省档案馆征集了曹健保存的拍摄于1917年的兰州黄河铁桥老照片，以及黄河铁桥北岸白塔山、金山寺、金城关的照片10张。同月，征集了民乐县发生的6.1级地震抗震救灾档案资料900余份。其中有民乐县委、县政府关于受灾损失、群众越冬御寒、赈灾募捐等文件，以及《民乐县地震情况通报（1—29）》《民乐县地震灾区天气预报》《震情通报》《募捐简报》等。2004年5月，省档案馆征集形成于1954年8月的黄河水利委员会宁夏总队实测宁夏灌溉区图和同期形成的天水吕二沟流域地形图。同年6月，省档案馆征集侵华日军印制的甘肃境内靖远县等及甘青交界处的军事秘密地图7张，社会主义教育运动时期的资料600余份，1962年至1964年全省刑事案件统计材料等。征集省司法部门形成的案件照片102张，其中有1954年至1958年对一贯道首宣判的照片等。

2003年至2004年，省档案馆征集档案资料1414件，接受捐赠2085件，为历年来征集档案资料较多的年份。为了进一步把好征集档案资料质量关，2004年7月9日，省档案局成立档案资料鉴定评估小组，鉴定拟征集档案资料本身的价值及馆藏利用价值，并由该小组提出档案馆是否收藏的意见，保证了征集工作的健康开展。2004年11月，全国政协常委邓成城将其父甘肃省人民政府第一任省长邓宝珊50件档案史料捐赠给省档案馆，其中包括毛泽东、周恩来在西柏坡会见邓宝珊的照片，第一次国共合作时期革命联军驻陕总部的合影和中央人民政府给邓宝珊的任命书等。同年，曾于新中国初期主持过兰州市城市建设总体规划的任震英的女儿任侠向省档案馆捐赠了任震英的手稿、照片、图纸、规划书等1829件（册）。同年11月7日，省档案馆举行邓宝珊、任震英档案史料捐赠仪式。省档案馆也从这时建立了人物全宗，共征集了曾在甘肃工作过的党和国家领导人、省级党政领导干部、文化、科技等领域专家学者、企业家计79人的档案资料9285件。

2005年初，北京邓刚从互联网上看到省档案馆征集历史档案资料的通告，写信给省档案馆负责人，捐赠了其父中国科学院院士邓淑群曾于20世纪40年代在甘肃考察黄河上游林区及水土保持的考察报告论文等44件，使省档案馆获得了40年代甘肃生态环境的原始记录。同年8月23日，省档案馆从天水征集到114件清代档案。这批档案最早为康熙四十四年（1705年），最晚为宣统三年（1911年），涉及康熙、乾隆、嘉庆、道光、咸丰、同治、光绪、宣统八个年号，时间跨度206年，内容反映了当时巩昌府秦州直隶州（今天水市）及所辖秦安、礼县、两当、甘谷、徽县等县土地、财产、婚姻、民事纠纷、司法提传、案件判决等方面的情况，还有地丁银税征收、乡民承粮地垦申请，礼县乾隆三十八年（1773年）和秦安县宣统三年（1911年）的气象记载，以及两县同治年间天水书院考生试卷等。本次征集到如此数量多、内容广、年号较齐全的清代档案在省档案馆尚属首例，填补了省档案馆清代司法档案和清代天水地区经济、文化记载的空白。2006年11月，张谔将民国时期曾任兰州一中校长的其父张作谋有关民国时期兰州一中发展状况的73件档案史料捐赠给省档案馆。

2007年3月，省档案局在全省范围开展"档案资源建设年"活动，活动提出"以接收到期应进馆档案为重点，以征集散存于社会、民间珍贵历史档案、人物档案、地方特色档案、和参与拍摄现实社会重大活动、重要事件档案为补充，大力丰富馆藏档案新内容，努力扩充馆藏档案新成分，积极构建馆藏档案新结构。"通过活动的开展，"使散存于社会和民间的珍贵历史档案、人物档案、地方特色档案置于国家档案机构的安全管护之下"。省档案馆在《甘肃日报》《兰州晚报》和《档案》杂志发布《甘肃省档案馆关于征集历史档案资料的通告》。之后，各级档案馆采取公开发布征集公告、深入社会和民间调查、重要线索登门拜访等多种途径，征集了一大批珍贵档案史料。同年6月，天水市档案馆将168件老红军、老八路个人档案征集进馆。同时，建立了古树名木档案、古民居档案、古地名档案、稀有姓氏档案、百年老字号档案、民间艺人档案等8类新的档案资源。同年，省档案馆得知兰州市民杨遇春收藏有敦煌藏经洞流散的唐代写卷并有交与国家收藏机构保管的意愿，省档案局两位局（馆）长即登门拜访协商接收。4月12日，省档案局举行《杨遇春先生珍藏史料捐赠仪式》，将形成于唐代的《金刚般若波罗蜜经》和《大宝积经》第九卷两件敦煌写卷和隋、元、明、清等13件奏折、碑帖征集进馆，使省档案馆馆藏档案年代延伸到唐代。同年，省档案馆征集清道光二年（1822年）修纂、民国六年（1917年）出版的《李氏宗谱》51卷进馆。

2008年7月15日，甘肃省艺术家档案收藏工作座谈会在兰州召开，由省档案局和省文联联合举办的甘肃省艺术家档案征集活动，已征集到本省各类艺术家30多人400多件档案资料，其中包括书法、绘画、音像作品和个人传记、手稿等。同月，省档案馆征集了曾任甘肃省署秘书长、甘肃通志馆馆长张维编纂的《陇右方志录》《兰州古今注》《甘肃青海土司志》《陇右边事录》《陇右民族录》《陇右财赋录》《陇右轶闻录》《陇右学医录》等的印本和手稿，以及其子张令煊《三陇方志见知录》《兰州百年大事记》等的印本和手稿。同时征集进馆的还有马阶璧先生1951年朝鲜战争期间变卖家产捐购飞机的票证10余张。同年8月，省档案馆征集了《向阳川》《大梦敦煌》等甘肃优秀歌剧、舞剧的剧本、手稿、录音带等档案资料。

在这一时期全省开展的"档案资源建设年"活动中，张掖市档案馆征集到清康熙、乾隆、嘉庆、道光、咸丰、同治、光绪等时期的民间契约文书31件，填补了馆藏清代档案的空白。临泽县新华镇村民宋林发将民国二十五年（1936年）年腊月二十三日红西路军五军军长董振堂保护他本人的盖有"中国工农红军第四方面军"印章的"董军长口令"原件捐献给张掖市档案馆。这件珍贵史料成为红西路军征战河西走廊留存下来为数不多的档案原件之一。平凉市档案馆征集光绪皇帝给曾参与公车上书的平凉人高寿峒的父母的诰封和圣旨各一件，征集记载自明永乐年至今600年19代人历史的崇信县《关氏家谱》。天水市档案馆征集由民族实业家荣毅仁创办的天水第一粮库的档案史料22件。武山县征集清嘉庆至宣统6个时期契约文书和民国二十九年（1940年）"元生堂"记账簿等154件。清水县档案馆征集政协清水县文史资料委员会主任刘元贵收藏的清末和民国时期的民间契约，中华人民共和国成立初期清水县第一届人代会选民证、信用合作社社员证、股金证10件。华池县档案馆接受原陕甘宁边区高等法院院长马锡五之孙马抗战捐赠的《马锡五审判方式》《陕甘宁边区判例案例选》《陕甘宁边区法律法规汇编》《陕甘宁边区高等法院史迹》等资料。自2007年开展"档案资源建设年"活动以来至2011年，省档案馆征集各类档案史料11665件；市（州）档案馆征集各类档案史料699卷、1988件，接受寄存1248件；县（市、区）档案馆征集各类档案史料740卷、1859件，接受寄存31910件。

2009年3月3日，省档案局印发《甘肃省档案馆关于征集历史档案资料的办法》，对属于集体或个人所有及其他不属于国家所有的档案资料，所有者可在捐赠、寄存、征购方式中自己选择，省档案馆同时按被征集单位和个人的要求为其保密和提供利用服务。

2010年9月8日，甘肃省原副省长、政协甘肃省第六届委员会主席葛士英的夫人田素平将葛士英生前的工作笔记捐赠给省档案馆。这是省档案馆首次收藏省级领导干部的工作笔记。

2011年11月8日，西和县戏剧工作者、退休干部王树立将其一生收藏的3030册剧本无偿捐赠给西和县档案馆。这些剧本包括中、英、美、法、苏联、朝鲜等十几个国不同时期的40多个剧种，以及他自己创作的《杜甫重游仇池》等10个剧本手稿。同年，临夏州委组织部干部侯铭源将个人收藏的清光绪十八年至二十五年（1892年—1899年）间河州"荣泰当"当票30册1050件捐赠临夏州档案馆。酒泉市档案馆从周边地区征集酒泉民国档案38捆、800多卷。

2012年，在宕昌县城关镇鹿仁村、立界村和新城子乡和平村、岳藏铺村的12户藏族群众家中发现了晚唐时期的古藏文经卷，计12卷2000页。由于年代久远，存放条件简陋，已经发生破损，字迹亦严重褪色。还有一些经文写在羊皮上。宕昌县地方志办公室特邀中国社会科学院、西北师范大学和四川阿坝、西藏拉萨古藏文专家到宕昌进行专门研究，专家认为这些经卷的内容是晚唐时期流行的"苯教"经文。"苯教"是当地藏族群众信仰的一种宗教，在佛教传入之前已在当地流传。这些经文抄写于明代。专家称，这批古藏文是全国唯有的、最早的苯教经文，对研究晚唐时期藏族语言、民俗、文化等具有多方面的价值。宕昌县档案馆征集了这些经文的复制件。

2013年4月16日，民国时期甘肃省政府主席谷正伦之女谷德春，将珍藏的民国时期的一批老照片捐赠给甘肃省档案馆。这批老照片是1940年至1946年谷正伦在甘肃执政期间由家人和友人拍摄的照片，其中包括甘肃省政府大院的照片、谷德春跟随其父谷正伦居住的省政府后花园（节园）内五福楼、澄清阁等建筑照片，还有蒋介石莅兰视察谷正伦主持宝天铁路通车典礼剪裁、甘肃省妇女工作委员会抗属工厂成立大会照片，以及美国副总统华莱士、国民党元老于右任等来兰的照片等共79张。这些照片最初由谷德春的母亲陈白坚生前收藏，后由谷德春的表弟韩正武从台湾带回大陆。

2013年，市（州）档案馆征集档案84卷、1332件，照片210张，接收寄存档案1件。县（市、区）档案馆征集档案149卷、127件，照片1174张，接收寄存档案8126卷、3981件。

二、档案整理、编目与鉴定

（一）整理、编目

1.民国档案文件级整理

全省各级国家综合档案馆在20世纪七八十年代对馆藏民国档案曾做过案卷级编目工作，即对每个全宗的所有案卷编制了案卷目录，使馆藏民国档案的实体归位，达到了"熟悉家底"且"有目可查"的目的。这一阶段的工作仅是民国档案整理的初步阶段。

1987年《中华人民共和国档案法》颁布后，向社会开放档案，成为各级档案馆面临的主要任务。与此同时，各级档案馆馆藏包括民国档案在内的历史档案的整理、编目等基础工作与档案开放的需求不相适应，民国档案的现状无法正常向社会提供利用。主要是：馆藏民国档案虽然已经进行了初步编目，但目录仅限于手工检索，且所编档号不规范；民国档案绝大多数案卷厚达几百页，原案卷标题简单、概要，未能充分揭示案卷内容；特别是，所有民国档案都没有卷内文件目录，档案管理者未知卷内文件具体内容，档案利用者无法检索卷内文件内容；档案文件破损严重，抢救保护工作任务量巨大；随之带来的档案开放需要的案卷目录以及文件全引目录亦应在整理工作中重新编制。所有这些基础性工作与档案向社会开放形成了矛盾。1990年，省档案局提出"开放、整理、抢救"的档案管理工作方针，把各级档案馆馆藏档案整理、编目、鉴定、抢救这一系列基础工作与向社会开放档案的实际需求紧密结合在一起，采取了一系列实际步骤加快各级档案馆的档案整理工作。

在省、地、县三级档案馆整理工作中，省档案馆的工作量最大。当时，省档案馆保存民国档案60068卷（每卷厚度2寸左右），起迄年代为民国三年（1914年）至1949年。进入20世纪90年代，省档案馆继续1985年开始的民国档案整理工作，并增加了经费投入，加强了整理力量，扩大了整理规模。1991年1月，省档案馆提出加快民国档案整理工作的"一个中心、三个重点"。"一个中心"，即以加强档案基础工作为中心；"三个重点"是档案开放、整理、抢救。并提出在整理工作中"统筹兼顾，全面安排，协调平衡，加快进度，确保质量"的工作方针。省档案馆依托整理部全面开展整理工作。1991年，省档案馆整理部工作人员12名，先后外聘社会上专业人员和退休干部24名，外聘人员最多时达30名，分为三个小组，齐头并进，采取计件、定额的办法对馆藏民国档案进行整理。在整理每一个全宗时，根据全宗的具体情况，先确定每一个全宗的整理方案，按照方案进行整理。整理之后，形成该全宗档案的全宗卷。在整理过程中，首先针对当时普遍存在的案卷和卷内文件标题无所遵循、照抄原文件"事由"的现实情况，进行人员培训，规定案卷和卷内文件标题的拟写应揭示案卷和文件内容，便于利用者检索，年代、作者、事由、文种"四要素"齐全的要求，为后续的档案整理及档案的电子检索工作打下了良好的基础。是年4月，省档案馆整理部以"甘肃督军驻京办公处档案"为馆藏民国档案文件级整理工作开头，进行馆藏民国档案的文件级整理工作。在此基础上，整理"西北公路运输管理局、甘肃省车驼管理局"全宗，取得经验后，馆藏民国档案文件级整理工作全面铺开。

省档案馆民国档案具体的整理程序是：（1）分卷或合卷。尊重馆藏民国档案全宗原有形成基础，不重新分类和组卷。仅在原有案卷基础上分卷或合卷，原案卷厚的，进行分卷；原案卷薄的，进行合卷，以100页左右的厚度为宜，组成新的案卷。（2）拟写每一份卷内文件标题，并建立卷内文件目录。阅读和熟悉卷内文件内容，拟写文件标题。文件标题大体包括文件的形成者、形成时间、所述问题、文种等要素，以揭示文件内容，达到利用者方便检索的目的。在此程序中，坚决杜绝照抄案卷"事由"的错误做法。卷内文件目录置于卷首。（3）填写备考表。对该卷整理过程中需要说明的问题，填写在卷尾的备考表中，并在备考表上签署整理者的姓名和整理时间。（4）拟写案卷标题，更换卷皮。综合卷内文件具体内容，对原卷原有的"财政卷""兵役卷"等概括性案卷标题进行细化，更换旧卷皮，在新卷皮上重新拟制案卷标题。（5）托裱抢救。在整理过程中，对卷内破损需要托裱的文件进行裱糊加固，之后，再进行案卷装订。由于此项工作与案卷整理前后衔接，也一并放在整理工作程序中。（6）编目。以"全宗号—目录号—案卷号—卷内文件号"作为省档案馆档号的基本形式，固定整理成果。按照一个全宗内不能有重复的目录号，一个目录内不能有重复的案卷号，一个案卷内不能有重复的卷内文件号的基本原则，以500个左右的案卷形成一个目录，目录内顺序编写案卷号。20世纪90年代省档案馆档案整理工作中确定的上述档号，对不同编号对象赋予了不同代码，一个代码只表示一个编号对象，即每一份卷内文件的编号具有唯一性。上述编目方法，既调整了七八十年代曾经整理过的民国档案的档号不规范情况，也为后来的档案电子检索奠定了正确的基础。（7）打印、装订案卷目录和全引目录。1995年，省档案馆整理抢救民国档案达到两万余卷。1996年，省档案局、馆机构合并。11月，撤销省档案馆整理部，组建省档案局（馆）收集整理处，馆藏民国档案整理工作由收集整理处承担。

1997年12月，国家档案局目标管理考评组在兰州考评甘肃省档案馆为"国家一级馆"时，考察了省档案馆的民国档案整理工作，称甘肃省档案馆历史档案文件级整理工作抓得及时，整理工作规范，"走在了全国前列"。

2000年，撤销收集整理处，组建收集整理一处和收集整理二处，由收集整理二处承担民国档案整理工作。2005年，撤销收集整理处一处和二处，恢复收集整理处，馆藏民国档案整理工作采取外包方式进行整理，同时，把档案的数字化处理等工作一并列入整理工作程序之中。至2014年，馆藏民国档案整理工作结束。通过对原民国档案的厚卷进行拆分和调整，形成馆藏民国档案85204卷。

2. 现行档案整理

省内各级档案馆对进馆的现行机关档案进行整理，以便于档案馆的档案利用。20世纪90年代初期，省档案馆馆藏的现行机关档案，主要是"文化大革命"时期大规模接收的省级撤销机关档案，有18余万卷之多，时称"旋风式的接收"。由于这些档案在原机关档案室的整理基础较差，大多数不便于上架保管和提供利用。20世纪80年代中期，省档案馆曾根据这些档案的实际情况，整理工作主要侧重于区分全宗、调整不合格案卷、清理上架，以及编制出简单的目录，达到有目可查。从1984年开始，省档案馆为了向社会开放档案，开始对馆藏现行档案进行较深层次的系统化整理。具体为：对于不符合标准，不利于查找，需要进一步整理的档案进行整理、编目；对撤销单位的进馆档案，由于原单位已经撤销而无法整理的档案进行整理编目；同时，对征集进馆的各种载体的档案也进行整理编目，使整理后的案卷符合标准，目录规范齐全，便于保管和查找利用。

1991年至2002年，省档案馆主要对当时接收的撤销机关档案进行整理，针对各自全宗的具体特点，先制定整理方案，明确应重点解决的问题。对于原卷内文件目录符合规范的，尊重原有案卷基础，不重新进行整理；若原案卷经过"文革"折腾，打乱了全宗，拆乱了文件，或原案卷缺少卷内文件目录的，就重新组卷，重新进行整理。整理工作结束后，对所整理的全宗档案进行数字化，全文扫描。

2000年12月6日，国家档案局颁布《归档文件整理规则》，提出完全不同于以往"立卷"方法的"文件级"整理方法。自2002年起，各级机关档案室向同级档案馆移交以"件"为保管单位的档案。由于整理规则的改变，2002年以后，各级档案馆按照新的整理规则整理馆藏档案。如果移交的档案在原机关档案室整理合格，就直接进馆入库；如果整理不合格，则由档案馆进行入库前的整理。2006年至2012年，省档案馆先后整理了"中共甘肃省委保持共产党员先进性教育活动领导小组办公室""中共甘肃省委纪律检查委员会""甘肃省抗美援朝分会""甘肃省物价委员会""兰州投资贸易洽谈会""'文革'档案资料""中国百货公司甘肃省公司""甘肃省发展与改革委员会"等全宗。

3. 零散档案整理

档案馆保存的是全宗档案，但由于各种历史原因，省、市、县各级综合档案馆也存有一些零散档案，这些零散档案主要包括"文革"时期打乱全宗的零散未装订的档案、各个历史时期清理鉴定后准备销毁而未销毁的零散档案，以及有关单位移交给档案馆的零散档案。对于这些零散档案，各档案馆也进行整理，明确全宗归属，以便安全保管和系统利用。

由于零散档案的来源和产生特点不同，不宜完全按照现有的几种分类方案进行分类和组卷，省内各级档案馆在整理这些零散档案过程中，根据零散档案的各自特点，形成了不同的整理方法。主要是两种：一是将零散档案按文件内容打散，分别插到馆藏现有的有关全宗内，使之成为某一全宗档案的一部分；二是将其作为一个独立的全宗来整理。

1993年，中央档案馆清理馆内保存的原六大区中央局未经整理的档案，将其中部分与各省有关的档案文件（含地、县级档案文件）移交给各有关档案馆。甘肃省档案馆接收到7大包约7000件有关甘肃的零散档案文件。这部分档案文件形成于1950年至1956年，内容涉及党、政、群、团、工、农、学、商各部门和各行业。大部分文件缺少年代和作者，西北局以及本省、地、县各级机关形成的都有，大部分是反映20世纪50年代初减租反霸、剿匪、镇反、土改、合作化以及"三反""五反"这些中心工作的。整理这部分档案，实际上是把机关档案室零散文件的分类、立卷工作和档案馆的档案整理工作合而为一。省档案馆对这些零散档案进行整理。在整理工作中，分析这部分档案的内容、特点以及文件现状，同时兼顾了中央档案馆将档案移交本馆的事实，按照档案汇集的方法对这部分档案进行整理，名称定为"中共中央西北局甘肃工作档案汇集"。档案文件分为三类：第一类，按中心工作分类的部分。文件内容都是反映中心工作的，数量多，先分地区，按地区组卷；同一地区内文件较多的，再尽量区分年代组卷。第二类，按问题分类组卷部分。在便于利用的原则下，各种组卷方法灵活运用。如组织、人事类文件，再细分为干部任免、调动、培训、处分等项，再采取"问题—年代"相结合的方法组卷。第三类，有些反映纪检、保密、邮电、铁路运输等方面工作的文件，数量少，无法再按地区或年代细分，将这类文件各自组成案卷。

（二）开放档案的鉴定

20世纪90年代以来，由于档案开放工作提上日程，省内各级综合档案馆的档案鉴定工作的重点，由之前的价值鉴定，转为开放档案的鉴定。

　　本省各级国家综合档案馆馆藏主要有清代档案、民国档案、革命历史档案和中华人民共和国档案四部分。其中，中华人民共和国档案数量多、形成时间短，虽然自形成之日起已满30年，符合档案开放的年限条件，但因为其中有涉及国防、外交、公安、国家安全等以及个人隐私的内容。对这部分内容，应作为不宜开放的档案对待，通过鉴定，对这部分档案控制使用。其中，鉴于全宗性质，对整个全宗不予开放。1991年以来，省内各级国家综合档案馆把中华人民共和国档案的开放鉴定作为整个鉴定工作的难点和重点。

　　对于馆藏档案，一般分为两种鉴定方式，一是"案卷级"鉴定，二是"文件级"鉴定。20世纪90年代，为了加快档案开放步伐，省档案馆主要采取"案卷级"鉴定的方式，主要方法是对期满开放的档案，逐卷逐页进行审查，把开放档案与控制使用的档案区别开来，并按规定进行解密，分别注明一定的标记，分别形成目录。由于案卷都进行了装订，一个案卷内既有应开放的文件，又有应控制使用的文件，拆卷将这两部分分开，但是一拆卷就可能拆散卷内文件的历史联系，打乱原基础，而且还会使原有的检索工具失效，而重新整理组卷的工作量将会更大，还会延缓开放档案的进度，也不利于保护档案，所以，省档案馆在这一时期档案开放鉴定时，一般不拆卷，若卷内有不宜开放的内容，采取整卷不开放的办法。若经过鉴定，一卷内全部符合开放条件，则整卷开放。1996年，省档案馆根据"案卷级"鉴定方法，在1992年以来先后开放四批档案的基础上，又开放了第五批档案。至此，省档案馆保存期满30年的1965年以前形成的应开放档案全部开放。

　　2000年之后，省档案馆对馆藏档案进行数字化，在"案卷级"鉴定时一些卷内符合开放的文件内容，可以在局域网上查阅。由于整卷不开放，该卷内符合开放的文件内容无法开放的问题得以解决。

　　2001年6月26日，省档案局发布的《甘肃省各级综合档案馆开放档案实施办法（试行）》，规定了下列档案应控制在一定范围内利用，同时这些档案也属于开放档案鉴定的范围。

　　1.涉及党和国家以及本省重大问题、重大政治事件尚未做出结论、不宜公开的，对社会开放影响党和国家机关工作正常开展的档案。

2.涉及党和政府领导人及社会各界爱国人士的政治历史评价及工作与生活中不宜公开的，对社会开放有损个人声誉的档案。

3.涉及党和国家秘密的组织关系、工作方法、策略手段、情报来源的，对社会开放会使保护党和国家安全利益的措施、手段的可靠性降低或者失效的档案。

4.涉及领土、边界的敏感问题和国内行政区域之间的边界问题、民族纠纷、民族矛盾，以及宗教、统战、侨务工作的，对社会开放后可能激发边界纠纷，影响民族团结和社会问题的档案。

5.涉及本省科技的关键技术、技术诀窍、传统工艺、配方、中药资源的，对社会开放会影响本省经济、科技发展的档案。

6.涉及与国外科技交流、经济合作、贸易往来、外事工作中内部掌握的政策、策略及对具体时间的处理意见、方案的，对社会开放会使本省在对外活动中处于不利地位或在政策上造成损失的档案。

7.涉及著作权、发明权、专利权的，对社会开放会造成侵权诉讼并有损国家利益的档案。

8.涉及尚有法律作用的中外产权、债权，对社会开放会引起外事纠纷并有损国家利益的档案。

9.涉及司法、监察、纪检及组织人事工作中对有关人员违法、违纪的调查与具体审理情况的，对社会开放会造成不良影响或不利于审理人及举报人等人身安全的档案。

10.涉及公民隐私的，对社会开放会影响和损害公民声誉和权益的档案。

11.涉及港、澳、台同胞和海外华侨中爱国进步人士的，对社会开放会损害其声誉和权益的档案。

12.涉及民国时期军、警、宪、特组织及人员，对社会开放在一定时期内可能对某些方面带来不良影响的档案。

13.机关、单位及个人移交、捐赠、寄存档案时明确提出不能开放的档案。

14.涉及各级党政机关、党政领导重要会议记录的档案。

15.有关管训、镇反、肃反、平叛、反封建等政治运动和一些重大历史事件中不宜向社会开放的档案、资料。

16. 涉及民国时期敌特机关破坏中共地下组织的，未进行策反纯属捏造的，对社会开放会损害党和国家及其领导人形象的档案。

17. 涉及准确记载风俗民情，对社会开放后可能资敌军事、经济战略，或损害民族形象的档案。

2007年5月9日，省档案局成立档案资料鉴定评估小组，组长刘玉生，副组长拓志平，负责对档案资料的鉴定和评估工作。具体职责为：（1）负责对馆藏档案资料的鉴定工作，对拟定销毁的档案资料进行鉴定，提出销毁意见。（2）负责对进馆档案资料价值的鉴定工作，鉴定拟征集的档案资料本身的价值及馆藏利用价值，提出本馆是否收藏的具体意见。（3）负责对进馆档案资料的评估工作，对确有收藏价值的档案资料进行评估，确定收购的准确价格。

2009年3月3日，省档案馆制定《甘肃省档案馆档案鉴定销毁制度》，进一步提出具体的档案鉴定方法：（1）鉴定人员逐卷、逐件、逐页地审查档案，准确地判定和提出存毁意见，不能只根据档案目录来判定档案价值。（2）采取鉴定人员和复查人员反复复查，鉴定委员会仔细审查的方式，以准确保证有价值的档案判销。同时要求负责鉴定人员将档案鉴定情况写成报告，连同销毁清册报送鉴定委员会，经鉴定委员会批准，负责人签字方可销毁。如有重要档案需销毁，要报省委、省政府秘书长批准。

2011年3月7日，省档案局调整省档案馆开放档案鉴定领导小组。重申了领导小组的主要职责：（1）经常分析省档案馆馆藏档案的开放现状，及时解决档案开放鉴定工作中的问题。（2）不断补充完善档案开放鉴定工作的各项规章制度，做到档案开放鉴定工作制度化、规范化、常态化。（3）负责对1949年以前档案和1949年以后满30年的档案，以及涉及经济、科学、技术、文化等类满20年的档案的鉴定工作，并签署鉴定意见，通过报刊、网络等媒介向社会公布开放档案目录。（4）负责对开放档案文件级和案卷级目录的审定工作。（5）负责对不到开放期限的档案和到期但不宜开放的档案进行审定。

2012年9月4日，省档案局在向各市（州）、县（市、区）档案局转发《国家档案局关于在档案开放利用中审慎进行划控、鉴定工作的通知》中提出:"建立档案开放利用审核机制,对拟开放档案和拟在网上公开的信息进行鉴定和划控,是档案工作的重要内容,也是确保档案信息安全保密的一项重要制度和工作要求。近年来,随着信息技术的飞速发展,电子文件的大量产生,给档案工作带来了新的工作内容,同时也给档案信息安全带来了新的挑战。各市、县档案局要高度重视档案信息安全工作,按照国家档案局要求,抓紧时间对本级档案馆档案开放利用、划控工作进行专项自查,进一步健全完善档案开放利用的鉴定、划控制度和档案利用审核机制,同时,对所有已开放档案和已上网的开放档案重新进行审查,发现问题的,及时限期整改。"省档案局在2012年年终目标管理考核工作中,把对开放利用的鉴定、划控作为对市(州)档案馆考核的内容。

2013年,临夏州档案馆重新修订了《临夏回族自治州档案馆档案开放实施办法》《临夏回族自治州档案馆开放档案工作制度》,制定了《临夏回族自治州档案馆馆藏档案解密和划分控制使用范围的暂行规定》。同时,抽调专人对本馆档案开放工作认真进行了梳理,将已开放的1984年至2010年151个全宗32382卷档案从开放目录上重新审查,对不宜开放的档案进行了划控;对已上网公布的开放档案条目49000条重新逐条进行了审查,将不符合上网开放的条目及时删除,确保了档案信息的安全。同年,天水市档案部门立即结合实际,开展了认真学习和贯彻落实,对馆藏档案58000多卷、96500多件长期和30年以上保管期限的档案全部进行划控。

第三节　档案信息化建设

20世纪80年代后期,"电子文件""档案信息化"概念逐渐出现并得到档案界的认同和采纳。进入90年代,档案管理出现了以档案实体为中心向以档案信息为中心转变的趋势(时称"档案管理现代化"),甘肃档案信息化管理工作从无到有,由小到大,逐步发展起来。

一、信息化基础设施建设

档案信息化的发展首先是从购置配备计算机设备开始的。1991年，全省各级各类档案部门仅有微机69台，主要集中在部门档案馆、大型企业档案部门和省直机关档案室，省、地、县三级国家综合档案馆尚未配备。1992年，省档案局购置的首台计算机，承担1991年度档案事业统计年报的储存、汇总工作。同年，省、地两级国家综合档案馆各配备了微机1台，其他档案部门微机数量也有所增加，其中城建档案馆1台，部门档案馆10台，企事业档案馆5台，省直机关档案室12台，大型企业档案部门47台，文化科技事业单位档案室10台，共有微机87台。1993年2月16日，甘南藏族自治州档案馆购置电子计算机一台，成为全省第一个有电子计算机的地（州）档案馆。同年，全省档案部门共有微机116台，其中省档案馆7台。

这一阶段，档案信息化工作发展不平衡，有的档案部门起步较早，取得了一定的成果，如金川公司档案馆研制出"档案信息微机管理系统"，在档案信息化工作的初期阶段起到了示范作用。但当时拥有微机的档案部门中，大多数人员不熟悉微机，没有充分发挥设备的效益，软件开发的功能较低，一般仅用于档案统计、打印报表等辅助管理工作，出现"高设备，低利用"现象，也有的虽然购置了微机，但长期闲置。在购进微机的单位中，软件开发主要有三种形式：购买其他单位研制软件的约占50％；档案部门单独开发软件的约占15％；与本单位计算机中心联合研制开发软件的约占35％。软件开发投入大，重复多，水平不高，档案人员知识结构单一的问题十分突出。此后，各档案部门把培训人员和加强软件开发作为推进信息化管理的首要任务。省档案局提出档案人员要"人人熟悉计算机、人人学会使用计算机"的要求，并引进计算机人才，使得档案专业人员和计算机人员相互了解对方技术，以利于软件开发和计算机的普遍应用。

1994年，省档案馆购置486计算机为主服务器，并以此为核心建立起具有24个终端机的诺威尔局域网络，当年安装了6台386微机终端，开始进行档案目录存贮和输出的实验性工作。同年，甘南州、平凉市、白银市、嘉峪关市档案馆购置了微机。

1995年，国家档案局发布《磁性载体档案管理与保护规范》，此标准的发布与实施，是电子文件和电子档案标准化工作的开始，促进了当时全省档案信息化工作的起步。同年，省档案馆录入案卷目录3000余条，并购进扫描仪和数码相机，开始应用光磁盘（MO）备份贮存档案目录，省档案局办公自动化系统也在部分处（室）正式运行。为了尽快使档案人员适应档案信息化管理的需要，省档案局（馆）于同年3月20日举办微机网络各终端操作人员基础培训班，并为地、县档案部门代培人员。同年8月9日，天水市秦城区档案馆购进电子计算机一台，成为全省首家拥有电子计算机的县（市、区）级档案馆。当年县（市、区）档案馆购进微机2台。其时，档案信息化工作处于起步阶段，一方面，各级档案部门已经开始运用现代化设备和信息技术对档案管理进行实验，甘肃省档案馆案卷数据的录入工作在当时省级档案馆中起步较早；另一方面，相当多数人对电子文件载体形式和档案载体形式发生的重大变革仍缺乏认识。1997年，省档案局（馆）主办的《档案》期刊开辟了"电子文件的现状和发展趋势"专题讨论，一些应用微机的档案部门结合实际从理论和实践上探索工作中面临的实际问题。这一时期，档案信息化建设中的计算机硬件配置和档案管理软件配置发展较快。同年，省档案局给全省14个地（州、市）各下拨一万元的微机设备购置费。是年，全省各级档案部门拥有微机已达到311台，小型机终端2台。其中省档案馆8台，地（州、市）档案馆10台，县（市、区）档案馆7台。

1998年，省档案局制定《甘肃省、地综合档案馆及省直部门档案馆、机关档案室档案管理现代化计划（1998—2000)》，基本构想是以省、地两级综合档案馆和省直机关档案部门档案管理现代化促进全省档案管理现代化，并明确提出对已经著录标引的条目要全部录入计算机，建立机读目录数据库，实现电子计算机编目和检索，以此作为档案现代化管理的基础。同年，天水市档案馆从清华大学引进了多媒体档案管理软件，购置配备了计算机、扫描仪、光盘刻录机、视频捕捉卡、调制解调器等设备，对文、图、声像档案实行计算机一体化管理，对市委、市政府、市人大、市政协的馆藏档案实行全文光盘管理。这一综合多媒体档案管理系统被国家档案局列为1999年科技项目，也是甘肃档案科技第一次列入国家档案局的科技项目。省档案局同时将天水市列为全省电子计算机管理档案试点地区。1999年，天水市所属7县（区）档案馆全部配齐了微机，并对操作人员进行了培训；金昌市档案馆、嘉峪关市档案馆、西和县档案馆和环县档案馆购置了计算机等现代化设备。酒泉地区档案馆在国际互联网上建立了主页，向国内外介绍馆藏档案信息，成为甘肃档案系统第一个接入国际互联网的单位。是年，庆阳地区档案馆、定西地区档案馆、天水市档案馆、白银市档案馆、张掖地区档案馆、嘉峪关市档案馆和省气象档案馆、省电力档案馆开展了档案著录标引和计算机录入档案数据工作。这一时期，省档案馆档案信息化工作稳步开展，市、县档案馆中只有少数开始对档案目录进行录入、存贮，大部分市、县档案馆由于经费困难等原因，档案信息化建设尚未开始或进展缓慢。据2002年统计，省档案馆录入案卷级目录18.9万条，文件级目录175万条；市（州）档案馆录入案卷级目录1万条，文件级目录0.4万条；县（市、区）档案馆录入案卷级目录1.16万条，文件级目录16.34万条。

自2003年始，全省档案信息化管理工作进入较快发展阶段。2003年3月，省档案局制定《甘肃省档案信息化管理建设目标（2003—2005）》，提出"统一规划，分级建设，安全保密，突出特色，以文档一体化、归档双轨制、信息安全、信息共享为基础，加快档案信息化建设，积极稳妥地推进档案管理现代化"的全省档案信息化建设的目标和任务，提出省档案局（馆）和市（州）档案局（馆）要实现"三网一库"（局域网、办公自动化网、与互联网连接的档案工作信息网）的建设目标，首次将计算机和档案专业软件的配置列入全省档案工作目标管理考核任务之中。同年，市、县档案馆新配计算机49台，档案专业软件90套，大部分市、县开始档案目录的计算机输入工作。但是，这一时期档案信息化建设仍存在诸多条件性问题。至2004年，全省仍有50多个县（市、区）档案馆尚未配备计算机，县（市、区）档案馆已配置的56台计算机中，45%的计算机属于386、486机型，这些计算机内存配置低，运行速度慢，不能安装现行的档案管理软件。为了解决由于经费困难致使档案信息化进展缓慢问题，同年6月，省档案局向省委专题报告，着重解决市、县档案馆计算机硬件及软件等设施问题。经时任省委副书记韩忠信批示，省档案局通过政府采购为45个国扶贫困县配备了计算机、打印机及档案管理软件，解决了这些地区长期无计算机设备问题。其时，全省信息化建设虽已起步，档案信息管理系统也在个别市（州）档案馆开始逐步建立，但整体水平仍很滞后，基础设施投入不足、档案信息资源开发利用手段单一、现代化管理基础条件差等问题制约着发展。

2004年10月，省档案局（馆）搬入新馆后，所有微机接入网络，进行计算机管理。2005年6月，省档案局向省发改委提出将"馆藏档案数字化、电子文件归档、档案信息网站建设"三个项目列入《甘肃省国民经济和社会发展计划》，由省上统一安排建设，推进全省档案信息化建设全面发展的意见。同年底，省直机关档案室有服务器15个，微机98台。省档案馆有服务器3个，微机50台。地（州、市）档案馆有服务器4个，微机120台。县（市、区）档案馆有服务器6个，微机199台。

2006年6月，省档案局（馆）筹措专项资金200万元，投入档案信息化设备的购买和机房改造。通过政府采购，购买了服务器、磁盘阵列、磁带机、高速扫描仪、打印机、数码照相机、电子计算机等档案信息化建设所需硬件及相关软件。这批设备的投入使用初步满足了"十一五"期间省档案馆的数字化需求，省档案馆准备多年的档案全文扫描工作、档案数字化的基础工作，得以全面开展。同时，省局（馆）办公条件和信息化工作水平得到极大提高，人均占有计算机达1.3台。

2008年，省档案局（馆）新购买计算机40多台，办公自动化系统安装客户端90多台。至"十一五"末（2010年），省直机关档案室有服务器43个，微机190台。省档案馆有服务器5个，微机127台。市（州）档案馆有服务器19个，微机248台。县（市、区）档案馆有服务器29个，微机543台。2012年，各地新配置一批档案信息化设备，档案馆档案数字化能力进一步增强。

2013年，省直机关档案室有服务器25个，微机118台；市（州）机关档案室有服务器84个，微机763台；县（市、区）机关档案室有服务器1362个，微机3392台。省、市、县国家综合档案馆共有服务器83个，微机1253台。其中，省档案馆有服务器8个，微机127台；市（州）档案馆有服务器26个，微机327台；县（市、区）档案馆有服务器49个，微机799台。

二、数字化档案资源建设

21世纪初，随着档案信息化工作不断深入，把纸质文档通过扫描，转化成电子文件，存贮到计算机数据库中，"传统载体档案数字化"工作被提到议事日程，并且将馆藏档案全文数字化作为电子文件管理和提供利用的重要基础工作。

2005年3月，省档案局在天水市召开的全省档案信息化建设经验交流会上提出，以数据库建设为重点，抓好档案信息资源建设。要求各地各部门要争取资金支持，于年底前务必配齐配足计算机硬件及档案管理软件等，有条件的档案馆要做好服务器、路由器、交换机等网络设备及扫描仪、打印机、复印机、摄像机等的配置，为数字化档案馆的建设奠定物质基础。6月，省档案局向省发改委提出将"馆藏档案数字化、电子文件归档、档案信息网站建设"三个项目列入《甘肃省国民经济和社会发展计划》，由省上统一安排建设，推进全省档案信息化建设全面发展的意见。10月24日，省委办公厅、省人民政府办公厅在转发《甘肃省档案局关于加强全省档案信息化建设的意见》。该意见提出，本着"利用优先、分步实施"的原则，有序推进传统载体档案数字化进程。优先完成文件级机读目录数据采集任务，逐步推进全文信息采集。省档案局指导各市（州）、县（区）和省直机关建立馆（室）藏档案全文数据库和文件级目录数据库，对全省200多名档案信息技术人员进行培训，向各市（州）档案局（馆）下达了档案信息化建设目标管理任务，全面开展省档案馆馆藏档案数字化转化工作。省档案馆对馆藏10个全宗2万多卷档案进行了全文扫描，制作数据备份、图像转换、提供档案展览仿真资料560万条（幅）。同年，甘肃省档案数字化处理中心成立。

2006年6月，省档案局（馆）筹措专项资金200万元，购买档案信息化建设所需硬件及相关软件。这批设备的投入使用初步满足了"十一五"期间省档案馆的数字化需求，省档案馆准备多年的档案全文扫描工作、档案数字化的基础工作，得以全面开展。与此同时，全省各级各类档案馆（室）藏档案文件级目录的录入和全文扫描工作逐步开展。

2007年，14个市（州）档案馆和大多数县（市、区）档案馆，全年扫描档案原文245万幅、录入档案条目396万条。

2008年1月8日，省编制办公室批准省档案局成立了电子文件管理处，加强了档案数据库建设与管理工作。省政府信息办和省财政厅划拨本省电子文件中心筹建经费90万元。同年，省档案馆完成录入馆藏目录数据库90万条，目录数据总量已达到400万条。档案全文扫描140余万幅，全文数据库总量已达290万幅。同时，对收集的全部现行文件进行扫描处理并上传到政府政务网，建立了现行文件查阅利用窗口，可在政务网上对省直48个单位的17000多份现行文件进行查询利用。

2009年，省档案馆继续加大馆藏档案数字化工作力度，全文扫描馆藏档案108万幅，已有87万多幅经审核检查后完成与数据网的链接，实现馆藏开放档案的网络检索和利用，档案利用者在查阅室可以直接在电脑上利用馆藏开放档案全文。同年4月，总数据量达102651条的金昌市城建档案馆信息数据库建成并投入使用，成为甘肃省建成的第一个城建档案数据库。

2010年12月31日，省档案局印发《甘肃省纸质档案数字化操作规范（试行）》，进一步规范了纸质文书档案数字化工作中的档案整理、目录建库、档案扫描、图像处理、图像储存、数据质检、数据验收、数据备份等基本环节和技术要求。

2011年，省上投入180万元，为42个财政困难县购置档案数字化设备。同年，各级档案馆录入档案目录330万条，全文扫描档案1100多万幅。

2012年，省档案局提出加速推进全部馆藏档案数字化进程。至2013年，全省完成目录数据库录入2248万条机读目录，全文扫描307万卷，3807万页，分别占馆藏总量的60%和20%。同年，全省档案工作会议提出，优先对群众急需的档案与珍贵档案数字化整理，以便群众查阅利用。

2015年2月13日省档案局（馆）总结会指出，经过几年的努力，启动了甘肃档案信息中心建设项目，加快构建以省局为主导、省档案馆为龙头、市（州）档案馆为支点的全省档案数字化网络平台、电子文件中心、电子档案中心、数字档案馆"三位一体"建设起步。

三、档案网站建设

1999年5月8日，酒泉地区档案馆编辑制作了酒泉地区档案主页，登陆酒泉地区"阳关"经济信息网，成为甘肃馆藏档案首家上因特网的档案馆。

2001年12月7日，省档案局（馆）开办的"甘肃档案信息网"开通。"甘肃档案信息网"不仅是全省开通的第一家档案类专业网站，而且是西北五省（区）的第一家。网站设16个一级栏目，全方位介绍甘肃档案事业发展情况，在"档案查询"栏目中，可以直接查询省档案馆案卷级目录3万余条。

2004年11月，省档案局印发《甘肃档案信息网管理办法》，规定了信息采集、审核和发布的具体办法。"信息采集"，实行网站管理人员主动收集和局（馆）各处（室）信息员报送相结合的信息采集制度。"信息审核"，本局（馆）各处（室）信息员所提交的拟上网信息先交本处（室）处长审核，如有必要再交分管局长或局长审核，审核之后交与本局科技信息处。"信息发布"，网站管理人员在接收到拟上网信息后，即时校对、上传。

2005年10月24日，省委办公厅、省人民政府办公厅在转发的《甘肃省档案局关于加强全省档案信息化建设的意见》中提出，"要加强档案信息网站建设，充分利用网络提供利用服务。充分利用互联网为社会公众提供已公开档案信息、已公开现行文件及其他政府公开信息服务。各级国家档案馆要充分利用互联网站，开办档案信息查询利用窗口，提供档案网上检索利用，定期公布开放档案目录和全文信息，主动提供公益性信息服务，最大限度地实现档案信息的社会共享"。提出在"十一五"期间，"14个市（州）国家综合档案馆和有条件的县（市、区）国家综合档案馆都要建成档案信息网站"。

2006年对"甘肃档案信息网"进行全面改版，增加上网信息19000多篇（幅）。同时，推进机关办公自动化工作，省档案局（馆）办公自动化网已开始调试，为进入实际应用阶段做准备。

2008年，甘肃档案信息网站重新改版，对政府信息资源大幅整合。网站重新修补上传条目500多条、照片100多张，日均访问量130多人次，总访问量达10万多人次。多媒体视频采集也不断增多，制作视频光盘1181张，采集明清档案案卷级数据2500多卷。

2009年3月3日，省档案局印发《"甘肃档案信息网"信息发布管理办法》，对"甘肃档案信息网"的信息采集、审核、发布，保证网站信息采集报送渠道畅通，确保发布信息及时准确，进行了规范。同年，增加各类上网信息900多篇、照片视频500多幅，年访问量9万余人次，日均访问量260多人次；多媒体转录、整理资料光盘420张。

2010年，甘肃档案信息网站有22个一级栏目，84个二级栏目，平均日访问量400余人，年访问量约10万人次，网站实现对馆藏档案、现行文件和馆藏资料的目录级查询和检索功能，并设立专题栏目9个，上传档案目录19万条，现行文件目录1.4万条，资料目录7300余条。网站各类新闻更新条目年增7000余条，图片3500余幅。同时，开设了"查阅中心""缩微中心""裱糊中心""寄存中心""整理中心""装具中心"等服务项目，通过网站平台为更大范围的用户服务。至2012年，"甘肃档案信息网"上传案卷级目录194315条，现行文件目录14122条，馆藏资料目录7300条。

2012年，省档案局（馆）对"甘肃档案信息网"做了升级开发，购置新的网站群管理系统及新型高性能服务器，增加网络防火墙系统、网页防篡改系统等网络安全硬件设施。在扩大省档案局网站容量的同时，也为全省没有档案网站的市（县）档案馆制作、挂接子站。网站群在做好档案业务情况介绍、档案工作宣传、文化历史类信息内容的基础上，增加模拟展示功能及互动类网站功能。"甘肃档案信息网"设置档案讯息、政务公开、档案文化、馆藏档案、业务工作、法律法规、公众服务、精神文明6大版块，下分60个二级栏目。同年10月，省档案局（馆）制定了针对甘肃档案信息网主站的《甘肃省档案网站群管理办法》和指导、监测各市（州）、县（市、区）档案网站建设的《甘肃省档案网站管理办法》及《甘肃省档案网站规范化管理水平测评办法》。

甘肃档案信息网具体操作办法如下：（1）分处（室）管理栏目。甘肃档案信息网60个栏目的内容建设均由省档案局（馆）13个处（室）按照业务分类不同承担。每个处室分配"信息上传"和"审核"两个账号，各处室设置一名网站信息员，负责管理本处室各栏目内容的维护。各个栏目内容由信息员上传至网站后台，通过处长审核后发布。（2）信息集中报送。网站开设市（州）聚焦栏目，发布全省各市（州）、县（区）档案讯息。由各市（州）、县（区）档案局确定一名信息员及报送邮箱在省站备案。（3）网上报名系统。配合档案干部教育培训工作，网站设有网上报名系统。（4）档案查询功能。查询省档案馆及各个市（州）、县（区）档案馆的馆藏开放档案及现行文件。以题名、责任者、成文日期、档号、全宗号及文件编号6种方式查询。

2013年，全省建成档案网站群，涵盖了省档案局及14个市（州）档案局和部门档案馆、企事业单位档案馆的子站，用于发布各类电子文件、视频、照片、文字资料信息。其中，市（州）档案局（馆）有档案网站14个，县（市、区）档案局（馆）22个，部门档案馆2个，企事业单位档案馆4个。网站栏目丰富，信息更新及时，信息反馈迅速，点击率逐年提高，成为向社会公众提供公共信息服务的有效载体。2013年，IP访问次数：甘肃档案信息网站138000次，市（州）档案网站50012次，县（市、区）档案网站128075次，部门档案馆网站152939次，企事业单位档案馆网站61734次。

第四节　规章制度建设

本省各级各类档案馆（室）在档案的收集整理、编排上架、登记统计、编制检索工具、档案保护、鉴定销毁和提供利用等各项工作中，相继制定了档案馆工作范围内必须遵循的各项管理制度，并根据实际情况，不断地加以完善。如档案保管制度、档案保密制度、安全消防制度、鉴定销毁制度、查阅利用制度、值班制度、档案管理人员岗位职责等。在这些制度中，明确规定了档案馆工作人员的管理职责、各个管理环节上的工作要求，以便档案管理中有所遵循。

20世纪90年代以后，随着档案馆社会服务功能的拓展，档案馆的服务对象从主要为各级领导和党政机关扩展到社会各界和广大人民群众，服务方式、服务手段和服务内容也发生了很大变化，原有的规章制度需要不断地修订、完善，以解决制度过时、制度缺失和制度不适应问题。

2008年，在开展学习实践科学发展观活动中，省内各级各类档案馆按照对所有规章制度进行"废、改、立"的要求，对原有规章制度逐一进行审核，废止了不适应、不符合科学发展观要求的部分规章制度，对能够继续使用的大部分规章制度进行了修订、保留。

一、省档案馆规章制度

省档案馆主要有以下10种规章制度：

1.《甘肃省档案馆开放档案实施办法》。根据《中华人民共和国档案法》《中华人民共和国档案法实施办法》《各级国家档案馆开放档案办法》和《甘肃省档案条例》，规定了本馆档案开放查阅利用行为，具体为：本馆档案目录开放年限，已到开放时限的档案的暂控范围，本馆开放档案的出版、公布权，档案外借的条件和要求，利用本馆控制使用档案和未开放档案的范围、要求等。

2.《甘肃省档案馆档案公布办法》。根据《中华人民共和国档案法》《中华人民共和国档案法实施办法》和1992年中共甘肃省委办公厅《关于公布甘肃省档案馆馆藏档案的意见》，规定了省档案馆公布档案的权限、范畴、档案公布领导小组，以及省档案馆公布本馆馆藏档案的审批程序和档案馆以外的机关、单位、组织请求公布省档案馆馆藏档案的审批程序等。

3.《甘肃省档案馆档案库房管理制度》。规定了库房实行专人专责封闭式管理和档案保管与档案利用分开管理的办法。规定了案卷排架、检索标记、清库交接，以及消防监控、空调机、报警器、温湿度测量仪的设置管理及防尘、防光、防虫、防霉变等防护措施。

4.《甘肃省档案馆档案资料利用出入库管理办法》。为了加强馆藏档案资料在调卷利用过程中的安全管理，规定了接待查阅室设置面向社会利用者及局（馆）机关利用者的《查阅档案登记册》，库房管理设置面向接待查阅室调卷，本馆整理、著录、编研、扫描调卷的《档案出入库登记簿》的登记制度，以及借阅时限、归还注销等要求。

5.《甘肃省档案馆关于台、港、澳同胞和华侨以及外国人利用档案资料的规定》。规定了台、港、澳同胞和华侨持有关机关的证明、本人回乡证、

第三章 档案基础业务建设

来往大陆通行证等有效证件，外国组织和个人持有关主管机关证明、护照等有效证件，利用本馆开放档案，以及向台、港、澳同胞、华侨和外国人为进行文化交流等提供未开放的某些档案的要求。

6.《甘肃省档案馆档案资料整理编目制度》。为奠定馆藏档案基础，保证馆藏档案保管便利、检索有序，规定了馆藏档案的整理工作原则、整理编目的范围和整理编目的具体要求。

7.《甘肃省档案馆查阅接待利用工作制度》。为了向公民、法人和其他社会组织提供档案信息服务，规定了档案馆工作人员的服务要求，以及查阅利用的登记、统计、咨询、暂存、复制、信息反馈等程序要求。

8.《甘肃省档案馆档案鉴定销毁制度》。为了优化馆藏档案，解决馆藏档案庞杂与精炼的矛盾，提高馆藏档案的质量，规定了建立以馆长为主任的鉴定委员会，开展经常性和定期性的档案鉴定工作。规定了档案价值鉴定的原则、依据和标准，以及具体的鉴定销毁方法。

9.《甘肃省档案馆关于征集历史档案资料的办法》，为了抢救散存在社会和民间的历史档案资料，保存历史文化遗产，规定了长期在全国范围内开展甘肃历史档案、资料的征集工作。具体规定了征集历史档案资料的范围以及捐赠、寄存、征购方式等。

10.《甘肃省档案馆计算机网络安全保密管理规定》。为确保省档案馆计算机网络的正常运行和档案信息的安全，规定了凡涉及局（馆）及国家秘密的计算机信息，不得在国际互联网的计算机信息系统中存贮、处理和传递，以及本馆上网的计算机，凡向国际互联网的站点提供或发布有关档案工作方面的信息的保密审批制度。

二、大型企业档案馆规章制度

大型企业档案馆规章制度以中国石油兰州石化档案中心为例，主要有以下7项规章制度：

1.《中国石油兰州石化档案中心档案收集制度》。规定了公司档案的类目以及档案收集归档实行归档范围确认制和归档备案审批制。具体归档范围确定为：管理类档案、产品类档案、科学技术研究类档案、建设项目类档案、设备仪器类档案、会计类档案、职工类档案、声像类档案、实物类档案和应用系统归档。

2.《中国石油兰州石化档案中心档案整理制度》。按照《档案标识规则》，规定了档号编制。分别规定了以卷为单位保管的档案和以件为单位保管的档案的档案编目要求，以及档号标注、档案装盒的具体要求。

3.《中国石油兰州石化档案中心档案保管制度》。根据国家档案局《档案馆建筑设计规范》要求，规定了档案库房面积、设施以及库房防盗、防火、防水、防光、防污染、防有害生物和库房的温度控制要求。同时规定档案库房内的档案柜架排列、档案包装材料的选用、档案部门定期对馆（室）藏档案的检查。

4.《中国石油兰州石化档案中心档案鉴定与销毁制度》。规定了对馆藏档案进行价值鉴定，具体规定了对已经达到保管期限和保密期限档案鉴定的组织，鉴定流程，销毁的档、修改保管期限和密级的档案的步骤和要求。

5.《中国石油兰州石化档案中心档案利用制度》。规定了档案利用的范围、要求。规定了在阅档室对实体档案查阅、复制、抄录和借阅，在档案管理系统对电子文件查阅、下载和打印的两种利用方式，以及查阅、借阅、复制档案的具体办法。

6.《中国石油兰州石化档案中心档案统计制度》。主要规定了建立档案工作统计台账，内容包括档案库房管理温湿度记录、专（兼）职工作人员基本情况统计、历年各类档案库藏情况统计、档案库藏情况统计，档案库藏变化情况统计、档案利用工作年度统计、档案事业基础设施统计。

7.《中国石油兰州石化档案中心档案信息化建设制度》。主要由两部分组成。一是电子文件归档。主要包括系统归档、手工归档、电子文件存储格式、数码照片直接作为照片的电子文件、光盘的归档。二是档案管理系统运行规范。主要包括用户管理、保密管理、运行管理、数据管理等。

三、省直机关档案室规章制度

省直机关档案室规章制度以甘肃省交通运输厅档案室为例，主要有以下8项规章制度：

1.《甘肃省交通运输厅档案室主要职责》。规定了厅机关档案室的主要工作职能和具体任务。

2.《甘肃省交通运输厅档案人员岗位责任制》。按照《中华人民共和国档案法》《中华人民共和国保密法》以及有关档案工作的政策，规定了机关档案室人员岗位责任的具体要求。

3.《甘肃省交通运输厅档案立卷归档制度》。规定了厅机关档案室的归档范围，厅机关文书或业务部门对文件材料的收集、整理与立卷以及定期向厅档案室移交、归档；规定了归档的文件材料制度的时限和具体要求。

4.《甘肃省交通运输厅档案借阅利用制度》。规定了机关各职能部门查阅与其工作有关的档案的调卷和借阅要求，外单位或个人查阅档案要求及手续，查阅档案效果的反馈等。

5.《甘肃省交通运输厅档案保密制度》。规定了档案室对涉密档案管理，查阅、审批的要求，查阅涉密案卷出入库要求，以及档案室工作的保密要求。

6.《甘肃省交通运输厅档案室统计制度》。规定了对档案室保管的各类档案资料每年进行统计，接收、移出、销毁库存档案的登记统计，档案资料利用、借阅人次、卷数登记统计，统计数据综合分析要求等。

7.《甘肃省交通运输厅档案库房管理制度》。规定了档案资料按门类载体排列、编号要求，库房"八防"，即防盗、防光、防高温、防火、防潮、防尘、防有害生物、防污染要求，库内温度、湿度要求等。

8.《甘肃省交通运输厅档案鉴定销毁制度》。规定了档案鉴定小组组成及定期保管档案到期后逐件审查的要求，对需要保存的档案延长保留期限的要求，对保管期满无继续保存价值按规定手续销毁要求，档案保管销毁清册的保管等。

第四章 档案馆库建设与安全保管

GANSU SHENG ZHI DANG AN ZHI

第一节 基础设施

一、省档案馆库建设

（一）省档案馆易地重建与扩建

甘肃省档案馆库始建于20世纪60年代中期，位于兰州市城关区牟家庄南山脚下。地质部门进行勘测，确定馆址属"湿陷性黄土沉积带"，是大面积山体滑坡形成的，处于缓慢性滑坡地带。20世纪80年代曾出现地基不均匀下沉，造成库房和办公楼墙体严重裂缝，门窗大多变形，档案安全受到威胁。1976年唐山地震后，各地办公楼和住宅楼都做了不同程度的加固维修，省档案馆于1981年也做了加固维修，但之后裂缝、变形仍在加剧。

1991年5月23日，省档案局向省政府提出"八五"期间易地重建省档案馆库的报告，之后向国家档案局提出了馆库易地重建的报告。1996年8月9日，国家档案局致函省档案局（馆），同意甘肃省档案局（馆）关于重建省档案馆库的报告，在全国档案事业发展"九五"（1996年—2000年）计划中将甘肃省档案馆库建设列入计划。同年11月11日，省计划委员会批准省档案馆新馆立项，馆址选在本市城关区雁滩乡小雁滩村（馆建后地址为兰州市城关区雁滩路3680号）。1998年6月18日，时任省委书记孙英听取了省委办公厅、省档案局关于省档案馆新馆建设问题的专题汇报，批示"一定要把省档案馆尽快建起来"。之后，省计委将新馆项目列入1999年基建计划，并进入设计方案拟定阶段。1999年12月23日，省建设厅批准了初步设计方案。省档案馆新馆工程于2000年6月26日开工建设，2004年7月16日竣工，经甘肃省工程质量监督总站监督验收，评定为合格工程。

省档案馆新馆库是根据城乡环境建设保护部、国家档案局《档案馆建筑设计规范》和国家综合档案馆"四位一体"的功能要求建设的。总建筑面积14367平方米，分主楼和裙楼两部分。主楼16层，高84.2米，为档案库房，建筑面积为5054平方米，库区为环形走廊，框架结构。裙楼5层，为技术用房和办公用房，设置档案检索、查阅厅，学术交流、会议多功能厅，档案展厅，电子监控室，计算中心，档案修复室等设施。技术用房建筑面积1123平方米。

新馆库建成后，省档案馆馆藏25.87万卷档案、3.74万册资料，近6000节档案柜和数十套设备于2004年8月20日至9月10日搬迁新馆。根据2003年省委办公厅《关于同意出让省档案馆旧馆址土地弥补资金缺口的批复》，省档案馆旧馆址移交省文物局考古所使用。

2012年2月，省档案馆在馆原有建筑的裙楼上加层、扩建"数字档案馆楼"。

（二）重要档案异地备份库建设

2008年12月，国家档案局召开全国档案工作会议，提出"有效应对突发事件对档案资源的毁灭性破坏"，"对重要档案实行异地备份"，实行远距离、跨区域的异地存放。要求各省凡原有后库的应尽快修缮，对重要档案实行异地备份，使其成为档案异地安全保管的重要场所。甘肃省档案馆在榆中县银山乡高家湾村原有后库一座，占地80亩，后因档案移至前库保管而长期闲置，洞库年久失修，阴暗潮湿，已无法存放档案。

2009年1月，省档案馆决定重新启用后库，作为纸质档案和电子档案异地备份库。鉴于原有洞库已不具备档案保管条件，拟在洞库旁修建一座永久性库房，原洞库修缮后作为紧急情况下临时存放档案的场所。1月8日，省档案局向省发展与改革委员会提交了《关于建设档案备份库工程的报告》。7月31日，省发改委批复，同意建设异地备份库，核定总建筑面积4000平方米，主要建设地面库房、办公业务和生活用房以及食堂、锅炉房等附属设施，并对原有洞库和设施进行维修改造。2010年5月20日，甘肃省档案馆举行档案异地备份库奠基及开工仪式。时任省委副秘书长、省档案局局长刘玉生在奠基仪式讲话称："在危害档案安全的社会事件和自然灾害时有发生的今天，对重要档案实行异地备份，是确保档案信息资源安全的重要举措，也是建立档案安全保障体系，实现档案事业可持续发展的迫切需要。" 异地备份库于2011年9月30日竣工。

省档案馆档案异地备份库总投资1200万元，总建筑面积3781平方米。其中，库房建筑2408平方米，办公用房及食堂812平方米，宿舍518平方米，门卫值班室43平方米。同时对原有洞库及道路、绿化设施进行了维修改造。资金来源为申请中央投资及新增省预算内基建资金。

甘肃省档案馆建筑面积一览表（2013年）

表4—1　　　　　　　　　　　　　　　　　　　　　　单位：平方米

单位	档案馆总建筑面积	档案库房建筑面积	后库面积	档案技术用房建筑面积
甘肃省档案馆	16243	5054	3781	1123

二、市、县档案馆库建设

甘肃市、县专修档案馆库工作始于20世纪80年代初，80年代中期进入大规模兴建阶段。省上确定"上下结合，地方为主，省上资助"的三级投资建馆政策，把地、县档案馆库建设列入省和当地政府的基建计划，每年拨付56

万元，分期分批资助地、县兴建档案馆库。1990年底，有6个地（州、市）和40个县（市、区）建设新馆，地（州、市）档案馆建筑面积达到14151平方米，县（市、区）档案馆面积达到36267平方米。

按照三级投资建馆政策，从1991年至1997年，全省有37个地、县档案馆库立项在建，其中21个档案馆库竣工，竣工面积22543平方米。14个地（州、市）有13个已经建成或正在建新馆，至1994年，唯有兰州市尚未建馆。

这一时期，馆库建设工作呈现几个主要特点：一是各地、县克服财政困难，积极争取立项，落实自筹资金，凡是保证资金落实的，馆库工程均按时竣工。二是严把馆库建设质量关。省档案局把地、县馆库建设作为发展档案馆事业的百年大计来抓，严格执行《档案馆建筑设计规范》和《甘肃省地、县档案馆建筑设计标准》，对设计的原则与要求、馆址选择、总体布局、安全保护等做出具体规定。同时，对新建馆库的设计方案和图纸，与地、县建筑单位协商、协调，经过省档案局审查批准，并进行竣工验收。三是馆库独立建造，功能分区，库区与办公、技术用房比例适当。绝大多数馆因地制宜，采取了相应的防护手段，并在建筑形式上突出了地方文化特点。新建档案库大多为框架、半框架结构，一改昔日的狭小破旧面貌，具有良好的防火、防盗、防水、防光、防尘、防鼠、防虫、防有害气体和抗震能力，符合档案保管的基本要求。一些库区为环廊、半环廊结构，实行多层防护。

到"九五"（1996年—2000年）末，在地、县档案馆中，有85个已经建成了新馆库，馆库总建筑面积达到90300平方米，比"八五"末增长9.8%。

1998年，省上基建投资政策调整，资助地、县建馆的经费中断。全省尚有17个地、县档案馆库未建设，这些地、县多为国扶贫困对象，档案馆库破旧狭小，防护设施条件简陋，档案安全存在严重隐患。还有少数已建馆的县因建材涨价等原因而拖欠工程款，使得馆库竣工后不能交付使用。地、县档案馆库建设已成为制约全省档案馆事业发展的突出问题。2001年11月，省档案局向省委、省政府写报告，恳请及时解决地、县档案馆库建设经费问题。2002年5月20日，省委办公厅和省政府办公厅转发《关于协调解决全省档案事业发展中若干突出问题会议纪要》，该会议纪要指出："根据我省基建投资体制改革后的要求，至今未建档案馆库的县（市、区），地方财政应在基建预算中计划安排，积极支持，在一两年内完成修建任务。"此间，有1个地区、9个县利用地方投资新建、扩建或改建档案馆库。

2004年5月10日，分管档案工作的省委副书记韩忠信在听取省档案局工作汇报后明确提出"要恢复1998年以前的建馆补贴政策，三级投资扶助市、县建馆"。同年10月21日，省委、省政府在兰州召开全省档案工作会议，会议要求，在省上恢复三级投资建馆后，尚未修建档案馆库的市、县要立项建设；馆库年久失修的要加固维修。从2005年开始，省档案局、省财政厅每年下拨市、县档案馆库建设补助资金从1998年以前的56万元增加到80万元，分别补助列入年度基建计划的市、县档案馆库建设。至2008年，分别对广河县、秦安县、景泰县、肃南裕固族自治县、庆城县、民乐县、玉门市、玛曲县、会宁县、正宁县、宁县、天祝藏族自治县、舟曲县、两当县、酒泉市、张家川回族自治县、皋兰县、康县等县建馆项目进行补助。

2007年7月10日，省档案局就省政协委员《关于逐步解决全省档案系统"有馆无库"问题的提案》中的"全省目前还有16个市、县没有档案馆库，全省约有100万卷应进馆入库的档案不能接收进馆；有些市、县（区）的档案库在遭受地震和水患后已成危房，急需改造和加固维修"等问题，写出专项报告，建议省财政增加全省档案馆库建设经费，由目前的每年80万元增加到200万元。省财政厅表示随着本省财政状况的好转，逐步加大对全省档案馆库建设的投入，在目前每年80万元的基础上逐步提高和增加。同年8月27日，省档案局筛选确定省档案馆（省级）、兰州市档案馆（市级）、庆城县档案馆（县级）三个符合条件的国家综合档案馆作为本省2000年以来档案馆建筑的代表推荐给国家档案局、中央档案馆选编《当代中国档案馆建筑》的素材。

2008年2月，建设部、国家发展和改革委员会批准发布《档案馆建设标准》。标准根据馆藏档案数量，将档案馆分为三类，甘肃的市、县档案馆均属于三类馆，市（州）馆库建筑面积应为6600~8800平方米，县（市、区）馆库面积应为1200~2600平方米。由于甘肃馆库建设受当时条件制约，市（州）档案馆总投资一般只有三四十万元，县级档案馆总投资一般只有二三十万元，使得馆库面积狭小，功能先天不足，且年久失修，除兰州市、酒泉市、庆阳市3家已建或在建的基本符合国家标准的馆库外，其余11家市（州）馆库平均面积为1449平方米，不到国家标准最低限的22%；已建或在建的县（市、区）档案馆库平均面积为720平方米，仅达到国家标准的最低限1200平方米的60%。因此，绝大多数馆库均不符合《档案馆建设标准》，且20世纪80年代末和90年代初建造的馆库多数需要改造维修。8月，会宁县档案馆新馆建成，是国家级贫困县建起的全省面积最大的县级档案馆。时任省委副秘书长、省档案局局长刘玉生在现场查看馆库建设情况时称，会宁县为全省第二轮县级档案馆建设起到了很好的示范带头作用，全省县级档案馆要学习会宁县建馆的经验，借鉴会宁的做法，千方百计筹集资金，新建、改建、扩建一批符合标准规范、具有多种功能的新型档案馆。

2008年汶川"5·12"特大地震使甘肃陇南等地区的档案馆库受到严重破坏；2010年8月8日舟曲特大山洪泥石流灾害使舟曲县档案馆面临严重威胁。经过国家档案局和省、市、县档案部门的协调，先后有陇南市、陇南市武都区、定西市安定区、成县、舟曲县五个档案馆被列入灾后重建规划重新建设，落实建筑面积20000平方米，落实建设资金3600万元，进入施工建设阶段。2010年6月，定西市安定区档案馆竣工并投入使用。

为了改善中西部地区县级档案馆库不足的状况，增强档案馆库抗灾能力，保障国家档案资源安全，2009年6月8日，国家发改委办公厅、国家档案局办公室联合印发了《关于做好中西部地区县级综合档案馆建设规划编制工作的通知》。根据该通知精神，国家将安排中央预算内投资补助中西部地区县级综合档案馆库建设。2009年以来，甘肃充分利用中央支持中西部地区县级综合档案馆建设的政策机遇，通过中央和地方政府共同投入，有序解决市、县档案馆库面积不足问题，增强档案馆抗灾能力，加快了市、县档案馆库建设。2009年7月31日，省发展和改革委员会、省档案局深入调查，摸清全省县级综合档案馆基本情况，结合本省14个市（州）经济社会发展情况，汇总编制了《甘肃省县级综合档案馆建设规划》，上报国家发改委和国家档案局。2010年10月，国家发改委、国家档案局印发《中西部地区县级综合档案馆建设规划》，甘肃81个县级国家综合档案馆被列入规划。其中，总需求面积为19.39万平方米，新建建筑面积13.68万平方米，改造建筑面积2.53万平方米。"十二五"期间，中央支持甘肃县级综合档案馆库建设项目28个，其中新建建筑面积5.98平方米，占新建建筑面积的43.77%；改造建筑面积2558平方米，占改造建筑面积总数的10.1%。

从2009年起，省上资助市、县建馆资金确定为"档案馆改造维修项目"，每年由资助80万元增加到200万元。

2011年3月2日，东乡族自治县县城发生特大滑坡地质灾害，县档案馆整体楼房严重倾斜，直接威胁档案的安全。是年，国家发改委将东乡族自治县档案馆重建列入县城整体重建计划。同年10月24日至25日，省档案局在陇南市西和县和陇南市两地流动召开"甘肃省档案馆舍建设现场暨档案安全体系建设工作会议"。会议提出"十二五"（2011年—2015年）期间全省市、县档案馆库建设的四个目标：（1）完成舟曲县、陇南市武都区、陇南市等列入灾后重建计划的档案馆舍建设项目并投入使用；（2）完成"十二五"期间中央支持甘肃省的31个县级档案馆舍建设项目并投入使用；（3）自筹资金新建一批符合国家标准的市（州）档案馆舍；（4）新争取一批中央支持的县级档案馆舍建设项目。会议提出："各市（州）建设单位要充分保证所建馆舍面积与所核批的建筑面积相符，不得随意压缩建设规模，应选择实力强、资质高的社会单位进行设计，所建馆舍应保证功能合理、布局合理，尤其是在档案库房的建设上要充分考虑档案的未来增长数量，其面积不能低于档案馆总建筑面积的50%。"

为了加快本省国家综合档案馆建设进度，省档案局积极与省发改部门沟通联系，争取省级经费支持。2011年和2012年，全省省级配套经费2700万元，占中央资金的40%。每个档案馆省级配套资金达到中央资金的30%，从一定程度上缓解了受资金不足影响项目进展缓慢的现象。2012年为5个中央资金未到位的档案馆提前下达了省级配套资金，确保了前期工作已经完成的档案馆及时开工。2012年9月26日，省十一届人大常委会第二十九次会议听取并审议了时任省档案局局长张蕊兰受省人民政府委托作的关于全省档案工作包括馆库建设情况的报告。会后，省人大常委会办公厅向省政府办公厅转送了《〈关于全省档案工作情况的调研报告〉中提出的意见建议的函》，建议各级政府加大对档案基础设施设备的资金投入，特别要在县级档案馆建设和市（州）档案馆建设方面给予支持。这是本省人大常委会首次听取档案工作情况的报告。

2013年，市、县档案馆总建筑面积115956.3平方米（市级档案馆27113.66平方米，县级档案馆88842.64平方米），其中档案库房建筑面积64823.45平方米（市级档案馆25291.63平方米，县级档案馆39531.82平方米）。

甘肃省市、县档案馆面积一览表（2013年）

表4—2

档案馆	合计 （建筑面积） （平方米）	市(州)档案馆面积(平方米)		县(市、区)档案馆面积(平方米)	
		档案馆总建筑面积	档案库房建筑面积	档案馆总建筑面积	档案库房建筑面积
兰州市	14375	7200	3000	7175	3253
天水市	6436	1151	576	5285	3117
定西市	9345	1358	623	7987	3332
庆阳市	8872	3097	1700	5775	3988
平凉市	10118	1269	410	8849	4311
武威市	7349	1381	600	5968	3149
张掖市	8299.75	1513	964	6786.75	3285.98
金昌市	3154	1866	776.63	1288	738
酒泉市	8068	3372.16	1712	4714	2717
陇南市	6851	300	104	6551	5079
白银市	7960	1662	776	6298	2396
嘉峪关市	1112	1112	1022	—	—
临夏州	13286	1527	866	11758	4419
甘南州	6119.34	305	140	5814.34	2018
合　计	115956.30	27113.16	13269.63	124247.09	41800.96

三、其他档案馆建设

国家专门档案馆、部门档案馆、企业集团和大型企业档案馆、省部属事业单位档案馆面积一览表（2013年）

表4—3

档案馆	档案馆建筑面积（平方米）				
	档案馆总建筑面积	档案库房建筑面积	后库面积	档案技术用房建筑面积	对外服务用房建筑面积
国家专门档案馆	6609.20	4349.42	111.26	38.34	–
部门档案馆	2311	1382	152	355	236
企业集团和大型企业档案馆	18341	11239		903	117
省部属事业单位档案馆	2272	1550	35	87.5	81
合 计	29533.2	18520.42	298.26	1380.84	434

四、档案室建设

甘肃省各级各类档案室建筑面积一览表（2013年）

表4—4
单位：平方米

	机关档案室				企业档案室			事业单位档案室			
	合计	省	市	县	合计	大型	中型	合计	省部	地师	县团
面积	156724	6327	29210	121186	53578	32593	20985	14749	4463	2630	7655
库房面积	114704	4626	23730	86347	43391	27455	15938	10710	3298	1821	5590

第二节　安全设施与技术防范

一、安全设施建设

各级档案馆在馆库设备设施建设中，注重安全设施建设。20世纪90年代中期之前，档案安全设施建设通常从"八防"（防光、防尘、防火、防盗、防虫、防腐、防潮、防高温）的角度考虑，防范来自馆库外部和内部的各种环境因素对档案实体造成的损害。在20世纪80年代开始的各地档案馆库建设中，针对各自所处的自然环境条件，在馆库选址上充分考虑防地震、山体滑坡、防泥石流、防环境污染等因素，从源头上把好档案安全关；馆区和库区的设置一般都采取馆库分区的设计方案，保证办公用房、技术用房与库房的物理隔离；库房的防光、通风，多采取小窗洞设计和底层增加通风口等措施，有条件的市、县档案馆库有的在库区设计缓冲走廊，保证档案实体与外界环境的双层隔离。

20世纪90年代初，随着信息化技术的发展，各级档案馆不断添置相应的安全设备设施。1992年，省档案馆库房在配备了灭火器的基础上，安装了电子自动报警装置。1993年，省档案馆又在档案阅览室和库房一层进口处安装了自动摄像电视监视系统，为档案的安全保管和查阅利用提供了技术保障。

1995年12月12日，白银市档案馆库房装置密集架8组，成为甘肃首家应用现代化装具的国家综合档案馆。1996年12月24日，甘肃省档案装具标准化管理中心成立，专事档案装具安全保护工作的研究。

1998年，全省100个国家综合档案馆，共有空调机11台，去湿机4台，温湿度控制系统1套，火灾自动报警系统1套，防盗自动报警系统1套，监控中心设置1套，消毒设备1套，密集架配置6组（列），缩微拍摄机6台，冲洗机2台，拷贝机1台，复印机33台，微机21台。全省102个省直机关档案室（包括部门档案馆），共有空调机5台，去湿机1台，微机55台，终端机3台，复印机38台。同年7月3日，省档案局（馆）印发的《甘肃省档案局关于进一步加强全省档案装具标准化管理的通知》中再次强调，要严格执行国家技术监督局、全国档案工作标准化技术委员会和国家档案局综合科教司法规标准化处颁布的各种标准。凡各地（市、州）档案部门自行制作并销售的各类档案卷皮卷盒等，只能挂本部门监制的名称，且必须严格按照国标和省标，严禁使用不合格的纸质。

20世纪90年代中期以后，随着计信息化技术的发展，各地档案馆亦相应完善了安全设施建设，不仅从档案的实体安全保护考虑，同时也从档案的信息安全保护考虑。2004年，省档案馆迁入雁滩新馆后，建立了自动化消防系统、安全防范监控系统、楼宇和库房温湿度自动控制系统。2006年，省档案局（馆）增添了用于档案数字化处理的DELL服务器3台、磁盘阵列2台，以及爱数容灾备份柜、宽幅扫描仪，高速平板扫描仪和PC机等设备。

2009年6月16日，国家档案局保管部和技术部组成的国家档案局档案安全专项督查组对省档案馆档案安全工作进行了检查，就省档案馆档案利用安全、国家重点档案保护、档案库房安全、档案保管等方面分14项进行了逐项核实和实地查看，并将检查情况详细记录。

2012年，省档案局（馆）投资700万元，在省档案馆原有建筑的裙楼上加层，扩建了面积为1246平方米的"数字档案馆楼"，数字化场地与机房、电子文件查阅等用房的管护条件进一步改善，安全保护措施也更加到位。

甘肃省各级各类档案馆设备一览表（2013年）

表4—5

指标名称	计量	综合档案馆			专门档案馆	部门档案馆	企事业单位档案馆	
		省	市	县			企业	事业
缩微设备								
缩微摄影机	台	4	–	4	2	–	–	–
冲洗机	台	1	–	1	–	–	–	–
拷贝机	台	1	–	2	–	–	–	–
阅读机	台	4	–	–	–	–	–	–
阅读复印机	台	2	1	3	–	–	–	–

续表

指标名称	计量	综合档案馆			专门档案馆	部门档案馆	企事业单位档案馆	
		省	市	县			企业	事业
电子计算机								
服务器	台	8	26	49	2	5	4	6
微机	台	127	327	799	39	31	54	49
复印机	台	4	23	102	4	3	12	7
空调机	台							
集中式	台	–	1	6	1	1	4	–
分散式	台	1	2	90	–	8	3	4
去湿机	台	–	12	14		3	5	
消毒设备	台	–	7	6	2	1	–	3

甘肃省各级各类档案室设备一览表（2013年）

表4—6

指标名称	计量	机关档案室			企业档案室		事业单位档案室		
		省	市	县	大型	中型	省部	地师	县团
电子计算机									
服务器		25	84	1362	15	20	5	8	19
微机		118	763	3392	212	209	61	45	186
复印机		18	470	2138	93	107	23	12	128
空调机									
集中式		22	25	33	7	11	–	3	–
分散式		7	12	43	17	29	2	1	3
去湿机		2	23	111	12	5	–	2	3
消毒设备		3	12	96	1	5	1	–	1

二、技术防范措施

20世纪90年代以后，随着计算机技术和信息化技术的发展，计算机设备故障、病毒侵袭、用户误操作、自然灾害等各种因素，都会对档案信息安全构成威胁。因此，各级档案馆（室）不断加强和完善技术防范措施。

档案数字化安全管理是技术防范工作的重点和关键。省档案馆档案数字化管理采取了三种安全防护措施：一是网络纯物理隔离。省档案馆档案信息化系统单独建立局域网，与互联网完全隔离。省档案馆网站在互联网上只公布开放档案目录，没有挂接全文；馆内查询网络只链接已公开档案全文，密级档案不能查阅，且全文数据移交采用硬盘脱机移交方式，杜绝在线泄密问题。二是安装了杀毒软件和防火墙，有效阻挡了病毒及木马程序的入侵。三是采用多重备份方式：（1）脱机备份方式。主要采用异地异质方式。异地方式是与四川省档案馆建立异地备份库，建立省档案馆的后库备份基地；异质方式是刻录光盘方式和移动硬盘方式。（2）在线备份方式。采用爱数容灾备份柜，保证了操作系统及数据库等的安全与及时恢复。省档案局成立档案鉴定委员会，负责涉密档案划控，制定了档案划控标准，组织人员对档案划控，既保证了涉密档案的安全，对其中确应解密的档案及时解密，提供社会利用。省档案局（馆）档案数字化扫描工作由所属档案数字化处理中心承担，该中心与2008年经甘肃省国家保密局审核，获得国家秘密载体复制许可证。档案扫描中使用珠海泰坦综合档案馆网络版软件、柯达图像处理软件等正版软件。全省市（州）、县（市、区）档案馆由于馆库建设相对滞后，还存在使用面积不足、危房，以及无专用技术用房问题，数字化工作场所一般在馆内划出一间会议室进行，条件简陋，无法密封数字化设备信息出口，尚达不到防止信息电磁泄漏要求；数据扫描网络与档案馆内局域网之间缺乏有效隔离措施。

在网络使用管理方面：（1）计算机网络使用管理。执行禁止在非涉密计算机上存储处理涉密信息，涉密计算机专人使用，定期检查，与互联网以及其他公共信息网络物理隔离。省档案局（馆）严格要求存储介质的使用与管理，未经许可不准交叉使用。对涉密的存储介质，专人保管，定期备份，定期检查。电子政务内网等涉密网络不与互联网及其他公共信息网络链接，均采取身份鉴别、访问控制等技术防护措施，具有违规操作、违规下载审计监控功能。杜绝通过电子政务外网、互联网邮箱、即时通信工具等处理、传递、转发涉密或敏感信息。（2）网络信息发布审查工作。省档案局（馆）建立信息公开审查制度，审查工作由局领导分管，部门负责，专人实施。网络信息发布做到先审查后公开、一事一审、全面审查。在"甘肃省档案信息网"发布的信息和档案资料均经过严格的解密划控，并确保数据的规范。未经解密划控的档案目录信息和档案原文或者数据不规范的不得上网。公开密码电报认真履行解密审查程序，删除报头等电报格式。

2005年10月24日，省委办公厅、省人民政府办公厅在转发《甘肃省档案局关于加强全省档案信息化建设的意见》的通知中进一步提出："建立档案信息安全保障体系。贯彻落实国家关于加强信息安全保障工作的方针政策，提高信息化条件下档案信息安全保障能力。""建立健全档案数字化、网站运行、数据库管理等各项工作规章制度。采取有效措施和技术手段，保证数字档案信息管理系统运行安全、可靠。建立档案数据备份和灾难恢复机制。"

2009年5月5日，省档案局制定《甘肃省档案局火灾事故应急预案》。省档案局（馆）成立火灾事故处置应急指挥部，一名副局（馆）长任总指挥，办公室主任和保卫科长任副总指挥。下设报警组、人员疏散指挥组、灭火救援组、消防车辆引导组、自动消防设备检查组、人员搜救组、档案抢救保护组，并分别明确各组任务分工及职责。

2011年3月8日，省档案局印发《甘肃省"档案安全体系建设年"活动实施方案》。再次要求各级档案馆执行国家档案局关于"档案管理部门的内部局域网要切实与一切外网实行物理隔离"，"非公开的档案信息一律不得上外网；在因特网上提供已公开档案目录查询服务的，要认真采用身份认证、防火墙、数据备份等安全防护措施，确保档案信息和系统安全"的规定，采取有效措施，坚持技术和管理并重，从系统设计、人员管理、制度规范、技术手段等各个方面为档案信息安全提供保障，确保信息化过程中的档案安全保密。

2013年11月6日，《省档案局关于开展重要信息系统和政府网站安全专项检查自查工作的情况报告》称，省档案局（馆）对重要信息系统和网站安全上注重四项工作：（1）信息安全。明确局（馆）主要领导为第一责任人，分管领导为责任人，本局（馆）科教信息处、电子文件管理处为责任处（室）。各处（室）负责人亲自抓，并确定专业人员具体抓。每年初，分管领导与各处（室）、单位签订综合治理目标责任书，把信息安全工作作为其中的重要内容列入其中。局（馆）建立了资产管理制度，设备维修维护和报废管理制度，完成了维修维护和报废记录。同时，增加经费投入。2012年投入信息安全经费30万元购买了防火墙和网站防篡改系统。（2）技术防护。设定网络边界，档案数据加工系统（档案数字化处理系统）和档案信息查询系统都确定为内网，线路物理隔断，不连接互联网。档案数字化加工和查阅时都有专人值班监督，各级操作员都设有防护口令。局（馆）办公区域严禁无线网络。连接互联网的系统只有"甘肃档案信息网"网站，网站服务器前端设置有硬件防火墙和网站防篡改系统，网站服务器每4周定期扫描一次漏洞，网站信息发布建立审核制度，且记录完整。终端计算机统一安装网络版的杀毒软件，接入互联网采取了安全措施。移动存储介质实行集中管理、统一登记、配发、回收、维修、报废、销毁。（3）应急工作。按照国家网络与信息安全事件应急预案要求，制定了信息安全应急预案，并进行应急演练。重要数据、重要信息系统每周备份1次。应急技术支援队伍为本局对应处室。（4）安全教育培训。每年组织干部和工作人员进行信息安全技能培训。2013年开展信息安全培训1次，培训人员85人。占局机关总人数的85%。外派信息安全管理和技术人员参加培训1次。

2013年11月12日，省档案局成立局（馆）档案信息与网络安全领导小组，加强局（馆）档案信息系统与网络安全工作的组织管理，预防重大安全信息事件的发生。

第三节　库房管理

一、档案保管

1991 年至2004年，省档案馆在牟家庄老馆办公。库区为四层环廊结构，档案资料存放于库区一至四层库房内，库区只有一间库房设置密集架，其余为五节铁皮柜或部分木质柜。2004年10月，省档案馆迁至雁滩新馆，库区为16 层框架结构，环形走廊，每层280平方米，档案全部用密集架存放，资料用铁皮柜存放，保管条件有了很大改善。在构建档案安全体系工作中，档案库房管理方法与条件亦不断完善。省档案馆的档案、资料保管方式分为以下几种：

1. 全宗保管。省档案馆库存档案以全宗为保管序列（特藏档案除外）存放。每一全宗内按永久档案、长期档案、短期档案（个别全宗内仍保存有短期档案）在密集架顺序排放。档案柜架以充分利用库房空间又整齐划一的排列原则，从左至右编定架（柜）号，从上到下编定层（节）号。每一柜架侧面贴有标签，标明全宗号、目录号、案卷号或件号，以利于调档与归卷。1991 年至2013年，省档案馆陆续接收的立档单位保管期满的新增案卷，原则上在原全宗之后续排，新增全宗按排架原则顺序排列。

2. 分库保管。省档案馆库存档案在按全宗保管的基础上，实行分库保管。清代档案、民国档案、革命历史档案、中华人民共和国档案和其他需要特别管理的档案分层、分库保管。每层库房标有所存档案的全宗名称和存放位置索引，每层库房设有工作室，内置档案、资料进库和移出登记簿。

3. 类别或专题保管。省档案馆对于一些不能形成全宗的档案，实行按类别或专题保管，如影片、录音、录像档案，磁带、磁盘、光盘档案，缩微胶片档案以及人口普查档案等。每一类别或专题档案存于柜架时，分别标明该类别或专题的名称、编号，以利于存取。其中，声像档案和电子档案等各类特殊载体的保管除符合纸质文件的要求外，单片载体装盒保管，竖立存放，存放时远离强磁场、强热源，与有害气体隔离，环境温度为17~20℃，相对湿度为35%~40%，分别存放于防磁柜中。2013年，库区防磁柜共有354台。

4.图书资料保管。2004年，省档案馆迁至雁滩新馆后，对原牟家庄老馆馆藏图书资料的排架方法进行了调整和改变，分别按以下方法保管：（1）图书。按照《中国图书分类法》分类编号，类下再编流水号，以流水号进行柜架排列。（2）资料。按照民国资料和中华人民共和国资料分类编号，类下再编流水号，以流水号进行柜架排列。上述排架方法的调整，使得图书资料的检查与检索更为便利。

5.特藏保管。特藏档案是具有特殊价值且特别珍贵需采取独特保护措施的档案，藏品保管可以打破档案全宗原有保管序列的界限，同时对藏品的利用也有更严格的要求。对于这些档案，档案馆以优于普通档案库房的保管条件，实行特别管理。2007年，省档案馆在库区专辟特藏室，对列入"中国档案文献遗产名录"的《唐代写卷》《清末兰州黄河铁桥档案》和馆藏清代档案、革命历史档案，以及民国档案中年代较为久远且价值较高的《甘肃督军驻京办公处档案》《兰州海关税务司公署档案》等档案全宗，实行特藏保管。

6.异地异质备份保管。省档案馆存有四川省档案馆和省内市（州）、县（市、区）的异地异质备份档案。这些档案是以光盘、移动磁盘、仿真复制件等形式接收的，存放于防磁柜等适于保管条件的装具内，并进行定期检查与维护。

二、装具变革

20世纪90年代初期，省内各级各类档案馆的档案装具主要为木质档案柜和铁皮档案柜两种。这两种档案柜，一般都是沿袭20世纪60年代"档案工作战备"时的档案柜样式，即便于搬移、拆卸的五节组合柜。1991年，省档案馆共有五节铁皮柜793套，木质柜168套，保密柜79套，卡片柜9套，胶片柜2个。据1994年统计，省档案馆的档案装具以铁皮五节组合柜为主，外观颜色为墨绿色和浅灰色，约占整个档案装具的80%；地（州、市）档案馆以木质五节组合柜为主，约占60%以上；县（市、区）档案馆的档案装具则多是木质五节组合柜、木质立柜，甚至木箱，极少配置铁皮档案柜。此时，省档案馆档案装具的主要来源仍为零星购置和随省级机关移交档案同时移交的柜子。

1995年12月12日，白银市档案馆库房添置密集架8组，成为甘肃省首家应用现代化装具的国家综合档案馆。省内一些大型企事业单位档案馆也率先采用密集架存放档案。

1996年2月，甘肃省档案装具标准化管理中心成立，贯彻国家档案装具的标准，负责全省档案标准装具的制作、推广和应用。这一时期，档案装具结构、功能发生了很大变化，密集架（又称密集柜）成为档案装具的一种趋势。密集架在复柱式双面固定架的底座上安装轴轮，能沿地面铺设的小导轨直线移动的架子，可根据需要将多个架子靠拢或分开，由此节省库区面积，增大档案材料的储存空间。同年，省档案馆购置两组密集架，安装在一间30平方米的库房内。省内一些有条件的企事业单位档案馆也开始淘汰旧的档案装具，安装密集架。

1998年7月3日，省档案局（馆）印发《甘肃省档案局关于进一步加强全省档案装具标准化管理的通知》，强调要严格执行国家技术监督局、全国档案工作标准化技术委员会和国家档案局综合科教司法规标准化处颁布的各种标准。凡各地（市、州）档案部门自行制作并销售的各类档案卷皮卷盒等，只能挂本部门监制的名称，且必须严格按照国标和省标，严禁使用不合格的纸质。

2004年8月至9月，省档案馆由牟家庄老馆搬迁至雁滩新馆，近6000节铁皮档案柜也一并搬移到新馆。搬迁到新馆后，馆藏档案全部存入密集架，馆藏资料全部存入铁皮档案柜。剩余的铁皮档案柜陆续拨给一些需要档案装具的县（市、区）档案馆。与此同时，各级各类档案馆和档案室采用具有防磁、防火、防盗特点的防磁柜保存录音带、录像带、CD光盘、移动硬盘。2013年，省档案馆共有354台防磁柜存放录音、录像带和电子档案。

2007年以后，全省档案馆库建设步伐加快，兴建了一批面积大、功能齐全的市、县档案馆，这些档案馆也都采用密集架贮存馆藏档案，铁皮柜贮存资料。全省档案装具以密集架和铁皮档案柜为主，杜绝了木质档案柜。

2012年5月21日，省档案局印发《关于全省推广使用新型档案密集柜的通知》，向全省档案部门推广甘肃省档案装具标准化管理中心组织专业人员研究设计的新型"五节柜式"档案密集柜（专利号：ZL201020226193.X）。新型档案密集柜在原密集架的基础上增加箱体，兼备五节柜和密集架的优点，库房存储容量大，架体移动便捷，箱体转移迅速，在遇到地震、水灾、火灾等突发性情况时可迅速转移档案，档案被掩埋后便于抢救，能最大限度地保护档案。

第五章　档案资源开发利用

第一节　档案查阅利用

一、档案室

　　档案室是机关、单位的组成部分，档案形成初期主要为本机关、本单位工作提供利用。在档案信息数字化之前，主要以档案原件提供利用。省内各机关、单位档案室一般在档案室内设置档案阅览室，供利用者查阅档案，档案提供利用的方式主要有阅览室阅览、摘录、复制、咨询。有专题、系统利用而需要借阅档案的，按照规定要求办理借阅手续，限期归还。

　　省上第一轮编修行业志书工作自20世纪80年代中后期启动以来，90年代初查阅档案的高峰期已过，机关档案室的利用工作主要表现为本单位的工作查考。

　　1992年，省直机关利用档案11713人次，28203卷次，其中工作查考15834卷次，占62%。同年，大型企业档案室利用档案106481人次，203439

卷次，其中工作查考89358卷次，占72%。

1993年，省直机关利用档案11685人次，26186卷次，其中工作查考13678卷次，占52%。同年，大型企业档案室利用档案97415人次，169662卷次，其中工作查考58841卷次，占35%。1994年，省直机关利用档案11844人次，38214卷次，其中工作查考13729卷次，占36%。同年，大型企业档案室利用档案91232人次，175412卷次，其中工作查考59019卷次，占34%。

随着这一时期国家由社会主义计划经济向市场经济转型，各单位的档案利用范围、内容、目的也随之发生变化。从1996年开始，省内企业的档案利用目的，由一直排在第一位的"工作查考"开始向"经济建设"过渡。1996年，大型企业利用档案158956人次，309161卷次。其中：用于工作查考95716卷次，占35%；用于经济建设182650卷次，占59%。这种趋势一直持续。1997年，大型企业档案室利用档案323993卷次，其中用于经济建设206624卷次，占64%。1998年，大型企业利用档案384320卷次，其中用于经济建设240289卷次，占61%。而在同期，省级机关的档案利用一直由"工作查考"占首位。

进入21世纪，尤其是企业改制、职工参保，查阅工龄、工种等原始凭证的个人利用者大大增加，各级各类机关档案室面对原本单位职工的查档需求大大增加，为他们查阅职工工资表、职工名册等档案证明材料，为他们顺利办理退休、养老保险等需求提供了证据。在相当长的一段时间内，省级机关档案室、企事业单位档案室在档案资料的提供利用中，除了为本单位工作查考等业务工作提供服务外，需要接待为上述目的查档的个人，档案资料为上述目的利用数量占有较大比例。

2013年，全省各级机关档案室利用档案392573人次，366949卷次，568031件次；利用资料114036人次，142721册次。其中：省级机关档案室8008人次，9682卷次，20165件次；利用资料693人次，4526册次。市（州）机关档案室104183人次，97010卷次，132885件次；利用资料58732人次，76721册次。

同年，县（市、区）机关档案室在甘肃省全国档案事业统计综合年报上有了统计数据，利用档案280382人次，260257卷次，414981件次；利用资料

54611 人次，61747册次。

甘肃省各级各类档案室档案利用情况一览表

表5—1

年份	省级机关档案室		企业档案室		省部级文化事业单位档案室		地级以上科技事业单位档案室	
	人次	卷次	人次	卷次	人次	卷次	人次	卷次
1991	11713	28203	106481	203439	2284	4610	2331	6482
1993	11685	26186	97415	169662	3147	4492	2330	6637
1995	10079	22642	153569	281284	4440	5531	3255	7070
1997	10413	20895	144804	323993	4708	6482	3208	7443
1999	14737	30160	50662	95278	4258	6086	1119	3893
2001	15588	29806	50676	82580	1435	4091	1261	4126
2003	12914	34387	78477	178869	4172	19064	231	667
2005	9607	23007	39853	179187	3084	12588	201	489
2007	12114	25882	49449	77873	5493	15418	281	749
2009	8805	11730	34229	95145	4815	11534	222	592
2011	12393	23081	32516	88193	4083	29143	5381	3319

2013年甘肃省、市、县机关档案室档案利用情况一览表

表5—2

年份	机关档案室								
	省			市(州)			县(市、区)		
	人次	卷次	件次	人次	卷次	件次	人次	卷次	件次
2013	8008	9682	20165	104183	97010	132885	280382	260257	414981

二、档案馆

20世纪90年代初，档案馆的档案查阅利用工作，呈现出两个主要特点：一个是正值各级档案馆分期分批地向社会开放档案，进入档案开放高潮。这一时期，档案的查阅利用工作是与档案开放工作同步进行的。1992年8月10日，省档案局批准的《甘肃省档案馆开放档案实施细则》规定，凡我国公民和组织持有介绍信或身份证等有效合法证件，均可查阅利用开放的档案资料。另一个是正值国家由计划经济向市场经济转型时期，档案利用工作重心逐渐向经济工作转移，提供利用档案的范围已在原有的工作查考、编史修志、学术研究等传统项目基础上，转变为更多地为经济建设服务。

1992年9月16日，时任省委书记顾金池到省档案馆调研，并为省档案馆题词："保护利用档案，为社会经济发展服务。"同年，各级各类档案馆为利用者提供利用档案213603卷次。其中，省档案馆21852卷次，地（州、市）档案馆25114卷次，县（市、区）档案馆118563卷次，部门档案馆22014卷次，企业档案馆23296卷次，事业单位档案馆2120卷次。

这一时期，为全省编史修志工作查阅档案的高峰期虽然已过，但编史修志工作仍在持续。在各级各类档案馆为利用者查阅档案的数量中，用于"编史修志"目的的仍占较大比例。1993年，省档案馆提供档案12423卷次，用于"编史修志"的就达11685卷次，占95%；地（州、市）档案馆49401卷次，用于"编史修志"的14700卷次，占30%；县（市、区）档案馆117334卷次，用于"编史修志"的47739卷次，占41%。1994年，省档案馆提供档案7753卷次，用于"编史修志"的达6341卷次，占82%；地（州、市）档案馆23745卷次，用于"编史修志"的12608卷次，占53%；县（市、区）档案馆111083卷次，用于"编史修志"的37024卷次，占34%。1995年，省档案馆提供档案12403卷次，用于"编史修志"的达11867卷次，占95%；地（州、市）档案馆17885卷次，用于"编史修志"的5072卷次，占28%；县（市、区）档案馆82612卷次，用于"编史修志"的21714卷次，占26%。

从连续三年的数据可以看出，用于"编史修志"目的的查档需求，省档案馆持续进行，地、县档案馆则转入低潮。

1995年1月，时任副省长韩修国到白银市档案馆调研工作，为白银市档案馆题词："开发档案资源，为两个文明建设服务。" 同年8月21日，原美国史密森研究院档案馆馆长威廉·W·莫斯到敦煌市档案馆参观访问，这是外国人首次到本省县级档案馆参观访问。

20世纪90年代中期，省档案馆主要为国家各项重大经济活动提供信息服务。以评估国有资产和开发房地产业为契机，许多机关、团体和企事业单位在档案馆查阅利用50年代以来各个历史时期政府部门有关财产批拨、土地划拨、设计图纸、权属沿革情况等档案资料，为国有资产的保值增值和产权的界定，提供可靠依据。1996年，省档案馆接待国有资产和房地产档案利用者近30个单位。同年，省档案馆为八盘峡水电厂提供492亩地权档案资料，实现经济效益5000万元。

这一时期，省、县两级勘界工作全面展开，为把毗邻地区久拖不决的习惯线、争议线确定为法定线，省档案馆为省边界工作办公室和陇南、天水、庆阳等地勘界机构提供保存的历年各级行政区划调整文件、政府划界决定、插花地归属批复、边界纠纷情况反映、划界移交接报告、边界座谈会议纪要、边界示意图等一系列档案，促进了依法治界工作的顺利开展。

1999年7月27日，庆阳地区档案馆首次接待外国查档者。韩国籍中国南京大学留学生朴尚洙查阅陕甘宁地区有关档案，为其撰写论文搜集材料。这是自《档案法》实施以来，首例外国人来本省地区档案馆查阅档案资料。

从2001年开始，随着全省全面建设小康社会的展开，社会保障体系逐步完善，档案馆进入公众视野开始出现了利用人数逐年增长、利用重点转移、利用方式不断增多的特点。尤其是企业改制、职工参保中，查阅工龄、工种、工作调动、知青下乡返城时间等原始凭证的个人利用者大大增加，利用需求趋向大众化，档案馆作为信息中心的功能地位在群众心目中逐渐得到确立，形成了档案利用的又一次高潮。

2002年8月20日，日本学术振兴会博士后特别研究员安藤一郎，就"抗日战争时期的西北回族问题"到省档案馆查阅有关回族及西北当时政治经济的档案资料。同年8月30日，全省档案工作服务机制创新座谈会在兰州召开。

会议学习贯彻全国档案工作服务机制创新座谈会精神，推广济南市档案工作经验。会后，甘肃省开展档案利用试点工作。

2003年7月30日，甘肃省现行文件查阅服务中心揭牌，标志着公民只需持有有效证件就可查阅非密级现行"红头文件"。时任省委常委、省委秘书长洪毅，省政协副主席蔚振忠出席仪式并为中心揭牌。

2004年10月18日，定西市档案馆将现行文件查阅服务中心移入市行政服务中心大厅，更加方便了群众查阅已公开的"红头文件"。

2005年10月15日，省档案馆接待第一批双休日查阅档案的利用者。此前，省档案馆在《甘肃日报》刊登双休日接待查档公告，确保利用者能够像正常工作日一样利用档案。

2006年1月，省委办公厅、省政府办公厅联合发出通知，将省、市、县三级国家综合档案馆确定为政务信息公开场所，并要求各地、各单位要按照"统一领导，各负其责，安全保密，便于利用"的原则，切实做好已公开现行文件的利用工作。

2007年1月17日，《中华人民共和国政府信息公开条例》经国务院第165次常务会议通过，自2008年5月1日起实施。这是新时期为了保障公民、法人和其他组织依法获取政府信息的一项重要举措。2009年2月20日，省档案局印发《甘肃省档案馆接待利用工作制度》，增加了对"现行文件"的收集、管理和提供利用。重申了向档案利用者"介绍档案查找利用方法"，"介绍利用者所需档案在本馆的收藏情况"，以及"在利用者查阅利用过程中，适时进行必要的档案利用咨询工作，讲解档案中的历史词语，提供有关历史背景等等，以有助于利用者利用和理解档案"等规定。

这一时期，大专院校和社会科研机构为完成各种财经研究专著，社会科学论文，来档案馆查阅利用工农业生产、财贸工作乃至过去较少问津的对外贸易、乡镇企业、少数民族经济开发等档案，各级档案馆为其提供积极服务。省档案馆接待兰州大学、西北师范大学、新疆大学等院校毕业生、研究生、青年教师，查阅甘肃清代经济档案、甘肃少数民族史料等，顺利完成了实习调查报告和学位论文。2007年至2008年，省档案馆为西北师范大学青年教师尚季芳提供甘肃民国时期禁烟禁毒档案史料，尚季芳依据省档案馆等单位的档案史料，撰写出《民国时期甘肃毒品危害与禁毒研究》博士论文，并于2010年出版发行。

2009年，省档案馆继续加大馆藏档案数字化工作力度，全文扫描馆藏档案108万幅，已有87万多幅经审核检查后完成与数据网的挂接，实现馆藏开放档案的网络检索和利用，档案利用者在查阅室可以直接在电脑上利用馆藏开放档案全文。

2010年，永靖县档案馆针对刘家峡水库移民迁徙时间过久，很多移民缺少有效凭证的情况，查阅馆藏县移民委员会及相关单位的移民花名册等原始材料，接待移民查档近百人，帮助查证身份，为移民落实扶持资金提供了有效依据和凭证。同年，武威市档案馆接待由厦门大学、兰州大学两所高校的四位硕士、博士组成的石羊河流域环境变迁暑期社会实践考察组，提供档案287卷，通过对馆藏民国时期武威县、古浪县、民勤县政府及武威地方法院全宗档案的查阅，考察组获得了一批关于石羊河流域环境变迁的第一手资料，为展开研究奠定了基础。 同年，甘南州档案馆专人负责协助查阅，为甘肃省民族事务委员会组织的省藏学研究所《中国少数民族古籍总目提要·甘肃藏族卷》的编写，提供1949年以前成书并已流传使用的民族古籍，1949年以后按原文抄录或复制的古籍。

2011年3月7日，省档案局（馆）调整档案利用工作领导小组，并重申了领导小组的主要工作职责：（1）组织培训省档案局（馆）业务人员了解掌握档案利用工作的基本规定和要求，提高思想认识，确保档案利用实体和信息安全。（2）经常督查档案利用工作情况，及时发现和解决档案利用工作中存在的问题。（3）不断补充完善档案利用工作的各项规章制度。（4）组织界定档案开放期限和范围，定期向社会公布开放档案目录。（5）经常检查档案利用场所，确保档案资料的绝对安全和监控设备的正常运转。7月30日，省档案局转发《国家档案局关于严格执行财政部、发展改革委关于取消利用档案收费规定的通知》，明确将档案部门利用档案收费列入取消的行政事业性收费项目，要求"立即停止所有利用档案收费"。

2013年，全省各级国家综合档案馆利用档案88089人次，215070卷次，96179件次。其中省档案馆利用档案1810人次，3320卷次，360件次，包括

第五章 档案资源开发利用

中华人民共和国成立前档案2320卷次，中华人民共和国成立后档案1100卷次，360件次。单位利用2120卷次，200件次，个人利用1300卷次，160件次。本年利用现行文件198人次，87件次；本年利用资料120人次，360册次。

各市（州）档案馆利用档案5663人次，44448卷次，32149件次，其中中华人民共和国成立前档案6729卷次，7785件次，中华人民共和国成立后档案37719卷次，24364件次。单位利用29957卷次，19249件次；个人利用14491卷次，12900件次。本年利用现行文件641人次，1453件次；本年利用资料308人次，975册次。本年利用数字档案304人次，604件次。

各县（市、区）档案馆利用档案80616人次，167202卷次，63670件次，其中中华人民共和国成立前档案462卷次，中华人民共和国成立后档案166740卷次，63670件次。单位利用81901卷次，29425件次，个人利用85301卷次，34245件次。本年利用现行文件4756人次，9438件次；本年利用资料7231人次，16848册次。本年利用数字档案4244人次，6827件次。

甘肃省各级国家档案馆档案利用情况一览表

表5—3

| 年份 | 国家档案馆 | | | | | |
| | 省 | | 市(州) | | 县(市、区) | |
	人次	卷次	人次	卷次	人次	卷次
1991	2163	21857	7499	25114	26761	118563
1993	870	12423	9800	49410	30528	117334
1995	956	12403	3787	17885	23664	82611
1997	483	7198	3397	15857	19113	74746
1999	1485	15493	4104	21161	21196	88866
2001	1011	10173	3938	18003	18301	71972
2003	709	8268	71922	40209	19794	84450
2005	946	8556	4540	45763	27963	109335
2007	2318	21000	10785	56232	65578	218856
2009	614	9780	6483	42740	45693	210088
2011	1100	3392	6747	41721	64541	200291
2013	1810	3420	5663	44448	80616	167202

甘肃省各类档案馆档案利用情况一览表

表5—4

年份	国家专门档案馆		部门档案馆		企业集团和大型企业档案馆		省部属事业单位档案馆	
	人次	卷次	人次	卷次	人次	卷次	人次	卷次
1991	610	644	1610	22014	7719	23296	768	2120
1993	445	620	1240	13907	6584	19815	836	1837
1995	608	829	1082	11683	12214	20951	978	1759
1997	611	746	942	6158	8973	18637	1398	2484
1999	674	–	764	4500	10791	26264	–	–
2001	716	420	705	2823	68021	14289	3556	5247
2003	953	1097	785	4929	6076	17822	6000	4373
2005	716	2875	844	4945	4786	15442	4804	6976
2007	999	1410	671	5304	63080	34053	3628	14955
2009	1060	1738	2239	20749	5808	30056	3323	3966
2011	1520	2432	390	1137	4083	29143	5381	3319
2013	1676	3004	1577	19101	5558	26417	6958	10928

第二节　档案开放与公布

一、档案开放

《中华人民共和国档案法》自1987年9月5日颁布后，截至1990年底，全省已有16个地、县综合档案馆向社会开放档案390个全宗，计4.1万卷。公民、法人和其他社会组织持有效证件就可以到各级国家档案馆利用已向社会开放的档案。

1992年2月，省档案局转发国家档案局1991年12月26日发布的《各级国家档案馆档案开放办法》，细化了档案开放办法，规定"各级国家档案馆保存的档案，一般自形成之日起满30年向社会开放，经济、科学、技术、文化等类档案，可提前开放，涉及国防、外交、公安、国家安全等国家重大利益的档案，可自形成之日起满50年开放。上述所有档案，如按国家有关规定需要继续保密或应控制使用，档案馆应继续延期开放。"同时规定："各级国家档案馆对所有到开放期限的档案，应组织鉴定小组及时进行鉴定，凡按国家有关规定无须继续保密或控制使用的，均可由档案馆报本级档案行政管理部门批准后开放，必要时报本级政府批准。"

20世纪90年代以来，全省各级国家档案馆依据国家关于档案开放的各项规定，打好一系列基础工作，制定和完善本馆开放制度，分期分批地向社会开放档案，是档案开放的高潮阶段。1992年8月10日，省档案局制定《甘肃省档案馆开放档案实施细则》，对省档案馆开放档案的期限和范围、开放档案的条件、手续、外借、复制、编纂、公布、出版等做出详细规定。同时规定了省档案馆馆藏档案资料，一般自形成之日起满30年即向社会开放；经济、技术、科学、文化等类档案资料，一般自形成之日起满20年向社会开放。凡我国公民和组织持有介绍信或身份证等有效合法证件，均可查阅利用开放的档案资料。同年9月5日，省档案局、省档案馆举行纪念《中华人民共和国档案法》颁布5周年暨档案开放新闻发布会，省档案馆宣布向社会开放历史档案，首次开放的历史档案10个全宗7214卷，是清光绪十八年（1892年）至1949年的档案。在开放的10个档案全宗中，有3个不同程度地涉及经济内容。省档案馆宣布，将约占馆藏总量20%的经济和科技方面的档案，逐步向社会开放。

1993年8月10日，省档案馆向社会开放中华人民共和国档案9609卷，开放的档案主要是甘肃省引洮上山水利工程局和甘肃省农业厅等15个单位1949年至1962年的文书档案。至1995年底，省档案馆已连续向社会开放档案4批，开放档案85个全宗，计75936卷（其中：历史档案15个全宗，计27540卷；中华人民共和国档案70个全宗，计48396卷），开放档案目录75937条。档案内容包括：民国时期禁烟禁毒、房地产权归属、人口分类统计、各种法规、边界纠纷及划界的指令、训令、代电等；中华人民共和国档案主要是省交通厅、省运输局、省公路局、省经委、省财政厅、省保险公司、省税务局、省粮食局、省交通银行、省科委、省教育厅等单位的文书档案。同年，地（州、市）档案馆已向社会开放档案521个全宗，计89579卷（其中：历史档案216个全宗，计51805卷；中华人民共和国档案30个全宗，计37774卷），县（市、区）档案馆已向社会开放档案2330个全宗，计195844卷（其中：历史档案98个全宗，计10047卷；中华人民共和国档案2232个全宗，计185797卷）。

1996年8月，平凉地区档案馆向社会开放第5批档案611卷，该馆开放5批档案计14713卷。同月，白银市档案馆向社会开放一批农业、畜牧、轻工业外贸物价等内容的馆藏档案。

同年12月30日，省档案馆根据《中华人民共和国档案法》的规定，加快了开放档案的步伐，在1992年以来先后开放四批档案的基础上，又开放了第五批档案116个全宗，计112365卷。至此，甘肃省档案馆保存期满30年的1965年以前形成的应开放档案全部开放。此后，省档案馆于每年下半年按时开放保存期满30年的档案。同年6月14日，酒泉地区档案馆向社会开放1964年至1965年酒泉地委等38个全宗、785卷档案。7月1日，临夏市档案馆向社会开放馆藏5个全宗的1038卷档案。至此，市档案馆累计开放档案39个全宗9229卷。

1997年9月30日，甘南藏族自治州档案馆在已开放四批档案的基础上，向社会开放了第5批档案，包括5个大类，8个全宗，1186卷。甘南州档案馆前后5批开放档案10641卷。1998年10月，嘉峪关市档案馆首次向社会开放反映该市建市初期政治、经济、文化等方面的馆藏档案。

1999年4月9日，省档案馆成立馆藏档案开放与公布领导小组，负责依法制定省档案馆馆藏档案开放与公布的政策、原则和规章制度，审查、批准需要开放与公布的档案。

全省各级档案馆在档案开放过程中，逐步建立健全本馆的档案开放制度，对馆藏档案进行全部鉴定，根据开放步骤逐卷、逐件地审查档案原件，分清开放与控制的界限，做到既积极又稳妥。经审查属开放范围的档案，一律在案卷封面右上角加盖"开放"标记，做到界限明确。各馆编制开放档案的文件级目录，逐步为利用者自行检索档案提供方便。各馆对准备开放的档案进行系统整理，破损的修复，字迹褪色、扩散的重新抄写复制。各馆设置开放档案阅览室，配备素质良好的接待人员和必要的设施、设备，为利用者利用档案创造方便条件。20世纪90年代，各馆均以档案原件对外开放，同时一些地、县档案馆有计划、有步骤地制作年代久远、珍贵和重要档案的副本（复印本、打印本、影印本），以代替档案原件提供利用。

进入21世纪，省档案局总结各地档案开放经验，进一步规范了档案开放的各项办法。2001年7月4日，省档案局制发《甘肃省各级综合档案馆开放档案实施办法（试行）》，进一步规定和完善了全省各级档案馆开放档案的期限和范围、条件和要求、利用及利用程序，开放档案的外借、复制、制发有关证明及利用收费，开放档案的编纂、出版和公布，以及查阅利用档案的信息反馈等问题。随着档案信息化进程的加快，省档案馆亦逐步实现了开放档案案卷级目录的网上查询，以及开放档案的档案原件和电子档案的并行提供利用。同年12月，甘肃省档案局（馆）创办的"甘肃档案信息网"开通后，在网络上开放案卷级目录19万条。从2003年开始，利用者可以在省档案馆查档阅览室进行案卷级和文件级开放档案目录的电子检索。2006年省档案馆对开放档案进行全文扫描以后，档案查阅者可以进行开放档案的全文检索，既满足了查阅者的查全率和查准率，又保护了档案原件。

2008年12月，省档案馆向社会开放中共甘肃省委、省人民政府和部分行政机关、企事业单位等73个单位的档案，计42659卷。这批档案，一是时间跨度大，内容反映了自1949年至1978年甘肃社会的历史变革；二是种类丰富，内容涉及本省政治、经济、文化、科技、教育、卫生、体育、侨务、工业、农业、商业、交通、金融等方面，其中有反映各级人民政权的建立、社会主义改造和社会主义经济建设等方面的内容；三是具有较高的利用价值，其中知识青年上山下乡，上海、江苏、黑龙江、河南等省、市支援甘肃社会主义建设的档案，反映了那个时代的一系列重大历史事件，有助于公民、法人和其他社会组织进行学术研究、编史修志和维护自身合法权益。同时开放的还有2000年以来与人民群众生活密切相关的省上现行政策性文件2万余份。

2009年2月20日，省档案局制定《甘肃省档案馆开放档案实施办法》，进一步规范馆藏档案开放查阅利用行为。《实施办法》规定，省档案馆"每三至五年至少向社会公布一次开放档案目录，并为档案的利用创造条件，简化手续，提供方便"。根据省档案馆馆藏中华人民共和国成立以前的档案（包括清代和清代以前的档案，民国时期的档案和革命历史档案）已全面向社会开放的情况，规定了馆藏"中华人民共和国成立以来形成的档案，一般自形成之日起满30年即向社会开放；经济、科学、技术、文化等类档案资料，自形成之日起满20年向社会开放或可以随时向社会开放"。同时规定了本馆馆藏已到时限的档案中，凡属"涉及党、国家、我省重大问题、重大政治事件尚未做出结论、不宜公开的，对社会开放会影响党内团结、党和国家机关工作正常开展的档案""涉及民族纠纷、民族矛盾和宗教、统战、侨务工作内定的方针、政策的，对社会开放会影响民族团结、社会稳定和不利于国家统一的档案"以及"涉及公民隐私的，对社会开放会损害公民声誉和权益的档案"等24种情况的，延期开放，暂控制在一定范围内利用，待条件成熟时再予开放。同年11月27日，经省第十一届人大常委会第十二次会议修订通过的《甘肃省档案条例》第五章第三十一条规定："地方国家档案馆应当依法分期分批向社会开放馆藏档案，并同时公布开放档案目录。"从法规上明确了地方国家档案馆应依法分期分批开放档案。

2013年，全省各级国家档案馆已向社会开放档案1329098卷，以件为保管单位档案482419件（见表5—6）。本省一些部门档案馆和大型企业档案馆保存的档案，对其中已逾保密期限和其中含有丰富的经济信息的档案，也列入了开放范围。其中部门档案馆向社会开放档案36966卷，企业集团和大型档案馆开放档案191875卷，省部属事业单位档案馆向社会开放20160卷。

甘肃省各级国家档案馆2013年已开放档案一览表

表5—5

单 位	历史档案			中华人民共和国档案			开放档案目录	
	全宗	案卷	以件为保管单位档案	全宗	案卷	以件为保管单位档案	案卷级	文件级
	个	卷	件	个	卷	件	万条	万条
省档案馆	85	78510	180	163	178585	260	17.8	400

单 位	历史档案			中华人民共和国档案			开放档案目录	
	全宗	案卷	以件为保管单位档案	全宗	案卷	以件为保管单位档案	案卷级	文件级
	个	卷	件	个	卷	件	万条	万条
市州档案馆	274	68546	559	842	282030	260246	28.4	131.56
县市区档案馆	121	11741	493	3707	648944	220681	64.17	273.71
专门档案馆	–	–	–	1	60742	–	3.2	–
合 计	480	158797	1232	4713	1170301	481187	113.57	805.27

部门档案馆、企业集团和大型档案馆、省部属事业单位档案馆 2013 年已开放档案一览表

表5—6

单 位	中华人民共和国档案			开放档案目录	
	全宗	案 卷	以件为保管单位档案	案卷级	文件级
	个	卷	件	万条	万条
部门档案馆	1	36966	80488	2.43	3.95
企业集团和大型企业档案馆	127	191975	149129	16.23	74.24
省部属事业单位档案馆	1	20160	47532	2.15	6.04
合 计	129	249101	277149	20.81	84.23

二、档案公布

甘肃各级国家档案馆遵循法律、法规，有计划地配合社会需要和各种纪念活动，公开档案的全部或部分原文，或者档案记载的特定内容。初期，各级档案馆主要通过省档案局（馆）主办的《档案》期刊，市、县档案馆主办

的《档案信息》，出版发行档案史料书籍、档案展览公布档案。各地计算机网络开通后，又增加了以计算机信息网站的形式进行档案公布。

在公布档案的权限上，依据1990年10月24日国务院批准的《中华人民共和国档案法实施办法》的规定，保存在档案馆的，由档案馆公布，必要时，征得档案形成单位同意或者报经档案形成单位的上级主管机关同意后公布；保存在各单位档案机构的，由各该单位公布，必要时，报经其上级主管机关同意后公布；利用属于国家所有的档案的单位和个人，未经档案馆、档案保存单位同意或者前两项主管机关的授权和批准，均无权公布；属于集体、个人所有以及其他不属于国家所有的对国家和社会具有保存价值的档案，其所有者向社会公布时，应当遵守国家有关保密的规定，不得损害国家、社会、集体和其他公民的利益。

1992年1月6日，省委办公厅、省人民政府办公厅就省档案馆馆藏档案公布问题提出如下意见："一、省档案馆馆藏档案的公布（含出版）工作，应严格遵守《档案法》《档案法实施办法》和国档发〔1986〕2号文件、国档发〔1991〕28号文件的有关规定，按照积极、稳妥、慎重的方针，既要充分发挥档案资料在社会主义两个文明建设中的作用，又要保证其积极的政治效果和社会效果。二、省档案馆的馆藏档案，一律由省档案馆公布，并对省委、省政府负责。其他任何单位或个人均无权公布由省档案馆保存的档案资料。三、凡要求公布省档案馆馆藏档案的单位或组织，应直接向省档案馆写出报告，由省档案馆依法审核，批准公布。如对其中一些档案资料公布与否有异议，可由省档案馆征求有关档案形成单位的意见，或者报请省委、省政府办公厅审批，最后，由省档案馆向要求公布档案的单位或组织作统一答复。四、公布档案应遵守下级机关不得公布上级机关制发的文件的原则。省档案馆不得公布党中央、国务院及其所属部委办机关制发的文件。如确需公布，须报请党中央、国务院有关部门审查批准。五、在公布档案工作中，省档案馆既要坚持原则，严格把关，又要积极创造条件，简化手续，为用户提供方便，努力提高工作效率。"

1991年至2005年，各级档案馆主要在《档案》期刊上公布档案。

1991年，天水市秦城区档案馆公布民国年间吴佩孚、邵力子复清水县国立示范讲习所教师汪济抗的3件信函，公布民国二十九年（1940年）元月天水县县长叶忆湤慰劳抗战受伤将士的训令。1992年，张掖地区档案馆公布1951年5月至1952年4月山丹培黎工艺学校工作计划草案。甘肃省档案馆公布清咸丰五年（1855年）凉州府就禁伐树株发给菖蒲沟农民张绥等的执照。1993年，定西地区档案馆公布民国二十六年（1937年）甘肃省政府修正公务员考绩法施行细则。1994年，张掖地区档案馆公布民国二十五年（1936年）甘肃省整顿禁政宣传提纲。定西地区档案馆公布民国三十二年（1943年）甘肃省政府惩治贪污条例。1996年，甘肃省档案馆公布馆藏部分抗战时期的资料目录，其中包括中共中央宣传部1938年编《抗战建国纲领宣传指导大纲》《抗战第四周年纪念手册》，国民政府陆军司令部1945年编《中国战区陆军司令部处理日本投降文件汇编（上卷）》、1946年编《中国战区总司令部受降报告书》，何应钦1945年编《八年抗战之经过》等。1997年，《档案》期刊出版了"档案公布与研究"增刊，公布甘肃省档案馆馆藏部分档案。公布清乾隆五十三年（1788年）至光绪末年武威护林和植树的档案一组12件，光绪二十七年（1901年）甘肃布政司造赍甘肃各属水地、川塬、山坡种植罂粟地亩应征银数目清册，光绪二十六年（1900年）甘肃布政司详赍各属米粮时价估值清册，民国时期公务员制度档案一组10件，民国三十一年（1942年）五月甘肃省护渠植树暂行办法，民国二十九年（1941年）三月甘肃省各县查禁妇女缠足办法，杨虎城将军民国二十一年（1932年）出任国民党西北绥靖公署主任期间任命部属和发给裁员退伍执照，1958年4月19日甘肃省引洮水利工程管理局张建纲、尚友仁关于引洮水利工程的测量设计和施工准备工作给甘肃省委和省人民委员会的报告，1958年3月6日甘肃省引洮水利工程管理局关于引洮河及大通河灌溉工程勘查情况及今后意见的档案各一份。1998年，定西地区档案馆《档案信息》公布馆藏档案资料目录，为读者提供档案资料的信息和来源。该刊公布档案资料目录的一个特点是，篇幅较短，一般在20条之内；内容集中，每期一般反映同一问题，如第56期公布的民国书籍资料目录，其内容条目是《甘肃临洮保甲训练班同学录》《西北训练团第321期毕业同学通讯录》及西北干部训练团所编《地籍整理常识纲要》《中国计政纲要》等。

1998 年12月，《档案》期刊出版一期增刊，公布了甘肃省档案馆馆藏部分档案。

1999 年8月15日，为研究抗日战争时期兰州空战史实，省档案馆公布抗战时期兰州空战有关《空军第四军烈士墓记》及其所附《东岗镇空军烈士公墓中苏军烈士碑文》；3月，为配合全省植树种草、退耕还林工程，公布馆藏清代档案《甘肃奏稿》中清末武威《栽种树木谕并示》；6月，为纪念敦煌遗书发现100年，公布馆藏民国三十一年（1943年）四月国立敦煌艺术研究所筹备委员会档案一组；为配合西部大开发的各项工作，公布《西部经济开发档案要目》，介绍馆藏民国时期甘肃交通运输和甘肃水利档案史料。2000年，为配合全省植树种草、退耕还林工程的深入开展，甘肃省档案馆公布馆藏清代档案中《甘肃奏稿》有关清末武威《栽种树木谕并示》。2005年，《档案》期刊出版"抗日战争时期日军轰炸兰州及甘肃各地"专刊，省档案馆公布馆藏日军轰炸兰州及甘肃其他城市的档案史料一组，包括民国二十九年（1940年）日机轰炸兰州人员死伤统计表、民国三十年（1941年）六月武威县警察局报告日机轰炸情况的呈文、民国二十九年（1940年）二月甘肃省临时参议会就日军轰炸甘肃各地电请外交部转致美国总统罗斯福的函、皖江旅甘同乡会就该会同乡张瑞生之妻被日机炸死一事致兰州空袭紧急救济委员会的函、甘肃全省防空司令部所制日机空袭统计表等。

2005 年，各地档案信息网站开通后，档案公布活动范围扩大了，以网站公布为主。省档案局2003年网站开通。2005年，省档案局制定《甘肃档案信息网管理办法》，规范网络公布档案行为。同年，通过网络公布了19万条案卷级目录。

2009 年2月20日，省档案局印发《甘肃省档案馆档案公布办法》，进一步规范档案公布行为。该办法规定：（1）公布的形式，分为全文公布和主要内容公布两大类。全文公布，包括不系统地公布单份文件和系统地公布一组有历史联系的档案文件等；主要内容公布，是指注明出处，摘其主要内容而非全文披露的公布形式，包括系统地专题公布一组有历史联系的档案内容和在发表的著作、文章中摘引档案内容。全录、节录、摘录档案汇编出版、影印出版档案文献、刊载档案文献照片等均属档案公布的范畴。（2）甘肃省档案馆所藏档案，一律由甘肃省档案馆公布，并对中共甘肃省委和甘肃省人民政府负责。其他任何单位或个人未经批准、同意或授权均无权公布本馆保存的档案资料。凡要求公布省档案馆馆藏档案的组织或个人，须直接向本馆提交书面申请，经审核批准后方能公布。（3）公布档案应遵守下级机关不得公布上级机关制发的文件的原则。省档案馆不得公布党中央、国务院及其所属部委办机关制发的文件。如需公布，须报请党中央、国务院有关部门审查批准。对于市、县机关上报的文件，凡属省档案馆馆藏者，省档案馆可以决定公布。（4）省档案馆馆藏档案与资料的公布，一律以省档案馆的名义进行，概不以个人名义公布；但个人可以编纂档案文件或建议公布档案，以主编、责任编辑的名义署名。

2009年11月27日，经省第十一届人大常委会第十二次会议修订通过的《甘肃省档案条例》第五章第三十一条规定："地方国家档案馆应当依法分期分批向社会开放馆藏档案，并同时公布开放档案目录。"第三十四条规定："档案的公布按照国家有关规定办理，任何组织和个人不得擅自公布档案。向社会公布档案，可以通过报刊、广播、电视、图书、网络等媒介，采取出版、播放陈列、展览等形式。"从法规上进一步规范了地方国家档案馆公布开放档案问题。

第三节　档案编研出版

一、省档案馆编研

档案编研是利用馆藏档案进行编纂、研究、开发、公布和出版的一项重要工作，也是档案馆开发利用档案为社会提供服务的重要形式。1981年2月，省档案局档案管理处内设编研科，为省档案馆编研工作之始。1983年5月，省档案局增设征集编研处。1985年，恢复省档案馆建制。1987年9月，省档案馆设编研部。1996年4月，省档案局与省档案馆合并后，编研部与保管利用部、甘肃省历史档案资料目录中心合并为局（馆）保管利用处，内设编研科。20世纪90年代以来，省档案局（馆）把档案编研工作作为档案信息面向社会，为全省经济建设、文化建设、社会发展提供档案史料服务的一项重要工作，在由计划经济向市场经济转轨的阶段，先后推出一批经济题材的编研成果，以满足社会需求。编研形式采取自编、合编等多种方式，编研成果采取内部交流和公开出版相结合。1991年至1998年，省档案馆计有7部编研成果公开出版。

1992年，中共甘肃省委、省人民政府为了解决甘肃中部地区水资源严重短缺问题，再次将引洮调水工程列为甘肃中部地区扶贫开发的重点项目提上了议事日程。省档案馆为了配合引洮工程重新建设，对馆藏1958年"大跃进"背景下开展的引洮水利工程档案及相关档案进行了系统查找，从"甘肃省引洮上山水利工程局"档案全宗中挑选出107件档案文件，编纂《甘肃省引洮上山水利工程档案史料汇编》（以下简称《汇编》），供省委、省政府及有关部门专家学者研究、参考。为便于读者从更广阔的视野下看待和研究1958年引洮工程失败的经验教训，《汇编》还将民国时期"引洮济渭""引洮入渭"工程的有关档案史料16件作为附录，同时，编写了"甘肃省引洮上山水利工程历史概况述评"，以补充档案史料。1993年2月6日，省档案馆将《汇编》初稿和《甘肃省引洮上山水利工程历史概况简介》送交时任分管农业的副省长路明，路明向省委书记顾金池、省长阎海旺推荐，说"这是一篇很好的材料，以史为镜，可以知兴衰"。（《汇编》于1997年10月由甘肃人民出版社出版）根据1992年8月省长办公会议关于研究河西疏勒河流域农业灌溉和移民工程的精神，同年，省档案馆组织编研人员，查阅了馆藏民国河西水利工程处、甘肃省水利局和甘肃水利林牧公司档案，参考馆内外有关方志和期刊，对古今农田水利开发的有关史料广泛收集、整理与研究，编写出《历史上河西水利工程事业评介》，内容包括：先秦至清代河西农田水利灌溉述略，民国时期国民政府河西水利建设的理论依据，民国河西水利机构沿革，民国开发河西水利的由来与规划，民国河西水利开发治理的方法，民国河西水利的勘测与设计、具体项目、实施情况，水案，大通河引水工程计划等，报送省委、省人大、省政府及有关部门，供决策参考。

1994年，省档案馆开辟《甘肃近现代档案史料丛刊》，编印专题史料，内部印发给有关部门，供研究近现代史参考。1994年至1995年，共编发7辑，分别是《洮河流域农民暴动史料初稿》《甘南事变概略》《甘肃辛亥后政、兵、民三变史料》《河湟事变史料初稿》《1943年甘南民变史料一组》《彭英甲时代(清末甘肃洋务局办厂纪实)》和《清末甘肃奏折》。1996年，省档案馆编印《档案信息通报》，公布馆藏档案目录。同年编印2期，选编了馆藏民国时期禁毒、禁烟档案文件目录、侵华日军飞机空袭兰州的档案文件目录300余条，为利用者查阅、利用、参考、研究相关专题信息资料提供便利（《档案信息通报》不定期编发了10期）。同年，为满足史学、经济等学术界对甘肃清代经济档案的需求，省档案馆编纂了《甘肃清朝档案史料汇编》第一辑《仓谷奏销清册》，将馆藏清光绪十八年（1892年）和光绪二十年（1894年）甘肃布政使司、秦州直隶州、凉州府、宁夏府、阶州直隶州、肃州直隶州、西宁府等，及其所属32个州、县、厅、丞的仓谷奏销清册编纂公布，由甘肃人民出版社出版。

为了便于中外藏学专家、学者、藏学研究单位了解甘肃省境内所存西藏和藏事档案史料，并为查阅利用这些档案文献提供线索，从20世纪90年代初开始，省档案馆与中国藏学研究中心合作编辑《甘肃省所存西藏和藏事档案史料目录》（以下简称《目录》），资料搜集、编辑工作由甘肃省档案馆承担。所编档案文献条目，主要是从甘肃省档案馆、甘肃省图书馆、甘南藏族自治州档案馆、夏河县档案馆、天祝藏族自治县档案馆和临夏回族自治州档案馆所藏档案文献中选辑，共辑录条目7875条。所辑录的档案文献形成时间，从明永乐十年（1412年）五月起，至1949年12月止，反映和记录了甘肃省藏族人民生活地区的政治、军事、经济、司法、教育、文化、宗教等各方面社会发展的历史面貌，是研究甘肃藏族历史发展的第一手资料。《目录》所收条目，按档案文献形成时间的先后顺序编排，著录项目分为条目序号、文件标题、形成时间、文件出处，并附有分类索引、人名索引，以为读者检索档案史料提供便利。《目录》于1997年2月由中国藏学出版社出版。

1997年9月，省档案馆根据馆藏"中共甘肃省工作委员会"档案全宗编辑出版《中共甘肃省工作委员会档案文献选编（馆存本）》（甘肃人民出版社出版），向省内各级各类档案馆发行，使这部利用率很高的珍贵的革命历史档案扩大了利用范围。该书收录甘肃工委档案文献71件，为便于研究，将

《抗战时期甘肃地下党概况》和《甘肃工委的组织和思想建设》作为附录。该书采取按年度分类，按文件形成时间顺序排列，以便较好地反映甘肃工委的发展过程，也便于利用者查找利用。同年，为了向社会介绍甘肃省档案馆馆藏档案资料的基本状况与内容，沟通省档案馆与社会各界利用者的联系，便于更多的专家、学者和社会各方面利用者来馆查阅、利用档案资料，根据国家档案局《档案馆指南编写规范》，省档案馆编写了档案检索工具书《甘肃省档案馆指南》（由甘肃人民出版社出版）。为了便于利用者了解每个全宗档案形成的历史背景及其内容成分，从而更好地理解和利用档案，该书按档案形成的历史时期结合性质分大类，按档案内容性质分小类的方法，对馆藏267个全宗中比较重要的235个全宗的档案，以全宗为单位介绍了每个全宗形成机构的历史沿革和档案的内容成分。同年10月，省档案馆编纂的《甘肃历史人口资料汇编》由甘肃人民出版社出版。本编研成果以历史人口总量发展为主要线索，兼涉一些历史人口政策和户籍制度、性别比例。先秦至清代为第一辑，民国时期为第二辑，主要资料为省档案馆收藏。该书为研究甘肃历史人口的发展变化规律和特点，并从中总结甘肃历史上人口发展的经验教训，为甘肃人口政策的制定和计划生育工作提供参考资料。该书从20世纪80年代后期就开始了资料搜集、摘录、汇总、考订工作，历时7年。

进入21世纪，档案编研方式逐渐从传统的原始资料编纂转为对档案信息的精细加工和专门研究；编研选题不仅为科学研究、资政襄政提供参考资料，而且直接服务于经济建设、文化事业、群众生活等各个方面；选材更加多样，不仅有文字材料，也有图片、书画等；编研成果载体不限于单一的传统纸质出版物形式，而多以多媒体、网络等载体形式展现。

2000年4月，为纪念敦煌藏经洞发现100周年，省档案馆公布馆藏国立敦煌艺术研究所筹备委员会档案一组。同年5月，为了研究开发省档案馆档案信息资源为西部大开发提供有效服务的途径、方式和方法，省档案馆成立了西部大开发档案开发研究小组，研究小组设在局（馆）保管利用处编研科，同年，编辑了第一批"西北经济开发档案要目"，公布于《档案信息通报》。同年，省档案馆派员参与编写《甘肃大辞典》。2001年，由杨兴茂撰写的《甘肃近百年五次大开发纪略》，根据档案史料，对清末甘肃近代工业初创、抗战时期甘肃工业崛起、20世纪40年代河西水利开发、50年代及60年代初期甘肃大规模工业建设高潮和六七十年代三线建设中的甘肃军工企业等五次大开发机遇及其取得的成就，进行分析研究，连载于《档案》期刊。2000年，中共甘肃省委党史研究室和省委档案馆联合编纂的《中国共产党甘肃大事记》，由中央文献出版社出版。2003年10月25日，民乐、山丹发生6.1级地震。为了配合抗震救灾工作，省档案馆组织编研人员连夜查找馆藏档案资料，编写了《历史上山丹、民乐地震概述》，辑录了中华人民共和国成立前后该区域地震时间、数量、地震破坏程度等数据以及救灾的方针和措施，及时报送省委、省政府供抗震救灾参考。

"兰州黄河铁桥档案"是省档案馆收藏的晚清新政时甘肃全省洋务总局兴办实业留下的档案，是甘肃与西方近代经济、技术、文化交流融合的产物，有着丰富的历史与文化内涵，2002年3月入选《中国档案文献遗产名录》。2003年8月，省档案馆从馆藏兰州黄河铁桥档案中选取314件，收录中国第一历史档案馆藏档案1件，汇编了《天下黄河第一桥》（兰州大学出版社出版）。该书按照黄河铁桥筹建进程分类编排，分为"包修铁桥筹备案""桥料转运案""工程建设案""经费造报核销案""铁桥使用、维护案"5类，具体、准确、系统地反映了兰州黄河铁桥建设的历史全貌。同时，将历史上有关兰州黄河浮桥的史志记载、兰州黄河铁桥碑记，以及省档案馆杨兴茂撰写的黄河铁桥史事述评等资料作为附录，以帮助读者阅读理解汇编中的档案文献。

2008年2月，时任中共甘肃省委常委、省委秘书长姜信治和副省长郝远在北京参观了国家档案局与中国第一历史档案馆，对该馆藏清代甘肃巡抚时期生态环境档案表示极大关注，指出"甘肃的经济社会发展必须全面准确地认识省情，要借鉴甘肃发展的历史"。3月，省档案馆编印《档案参考》，通过分析、研究、归纳等方式对馆藏档案综合加工，整理编辑成专题资料，为甘肃经济建设、领导决策和有关部门参考。《档案参考》第一期根据中国第一历史档案馆所藏档案编写了《档案记载的清代甘肃生态环境》，对清代甘肃地区气象、农业、牧业、水利档案进行了详细的归纳和介绍。至2013年，《档案参考》编印31期（见表5—8甘肃省档案馆编印《档案参考》一览表）。

2008年和2009年，省档案馆又依据馆藏档案，编辑出版了《晚清以来甘肃印象》和《建国以来甘肃印象》，从不同角度、不同侧面记录了甘肃自清代以来发生的重大事件。两书刊载了《乾隆四十六年甘肃冒赈案》《彭英甲与甘肃近代工业》《敦煌卷子流散见闻录》《档案记载的兰州水车沿革及工艺》《日军轰炸兰州及甘肃各地实录》《民国时期保护"左公柳"的历史档案》《甘肃省人民政府成立记》《20世纪50年代上海人援兰的记忆》《"引大入秦"建设工程回望》《兰州南北两山绿化》等史料文章123篇。时任中共甘肃省委常委、省委秘书长姜信治为《建国以来甘肃印象》撰写序言。在第10届北方11省（市）文艺图书评奖和第24届北方15省（市、自治区）哲学社会科学图书评奖中，《晚清以来甘肃印象》分获优秀图书一等奖和优秀图书奖。

2009年3月，全国档案编研出版工作指导委员会组织编纂城市解放系列丛书，丛书是利用各省、市档案馆馆藏档案资料编辑的反映城市在新中国成立前后历史情况的大型档案文献汇编，列入全国档案编研出版重点项目。同年8月，省档案馆编纂了《解放兰州》（中国档案出版社出版）。内容包括兰州解放前夕政治、经济、文化、历史等方面概况，第一野战军政治攻势、战役战斗等军事斗争情况，兰州解放后的接管政策、接管过程、各界反映，接管城市后的政权建设、城市恢复和发展等方面情况。同年9月，省档案馆从全省的馆藏中选取了唐代写卷，西夏文书、明代批帖、家谱，清代皇帝诏书、民间契约和民国档案、革命历史档案、中华人民共和国档案50件（组），编辑了《甘肃馆藏档案精粹》，由甘肃人民美术出版社出版。该书彩色印刷，并对每一件（组）档案详细著录了档案名称、形成时间、档案数量、档案所有者和内容及评价，使社会各界对档案有了更形象、更具体的了解。

2010年8月8日，舟曲县突发特大山洪泥石流灾害。省档案馆根据馆藏档案资料撰写《历史上舟曲发生的灾害及其应对措施》和《舟曲县遭受泥石流灾害述略》，报送国家档案局和省委、省政府。时任国家档案局局长杨冬权阅后送中共中央办公厅，这两篇编研材料受到中共中央办公厅的肯定。

2011年，省档案馆策划编研选题，推出《陇档丛编》丛书，提出了拟编研出版的10种书目公开出版并列入丛编。时任中共甘肃省委常委、省委秘书长刘立军在《陇档丛编》序言中指出："《陇档丛编》的推出，是对馆藏档案资源的有效开发和利用，对于我们了解甘肃、认识甘肃、把握甘肃未来具有一定的借鉴作用，是一项有利于甘肃建设和发展的明智之举、远见之举。"同年9月，在辛亥革命100周年前夕，省档案馆编辑出版《辛亥革命在甘肃》，该编研成果以馆藏反映黄钺秦州起义过程的原始史料汇编《陇右光复记》为正编，以《甘乱杂志》《甘宁青史略》《甘肃通志稿》《砥庐政论文存》等地方史志和民间史料记载为副编，全面系统地反映了辛亥革命在甘肃的历史面貌。同时，编辑出版了《甘肃档案史话》，以史话体反映本地档案工作沿革，解读馆藏重要档案，叙述甘肃档案事业发生的大事要事。

2013年8月和11月，编纂出版了《甘肃近代工业珍档录》和《甘肃生态环境珍档录（清代至民国）》。《甘肃近代工业珍档录》分为左宗棠与甘肃近代工业和彭英甲与甘肃近代工业两部分，选编《光绪朝东华录》《甘肃织呢总局》《甘宁青史略》《陇右纪实录》《甘肃奏折》《彭英甲时代——甘肃建立各个厂的历史情况》等馆藏原档和史料，全面记述了当时被称为"左宗棠时代"和"彭英甲时代"的甘肃近代工业发展历程。《甘肃生态环境珍档录（清代至民国）》选编了甘肃清代和民国时期植树造林、森林保护、水土保持、兴修水利以及林案、水案等档案、地方史志、行记史料，披露本省为干旱缺水、土壤沙化、水土流失、森林植被遭到破坏的原因、经验教训和各级政府采取治理生态环境的措施。上述四部编研成果均由甘肃文化出版社出版。同年9月，由甘肃省地方史志编纂委员会、甘肃省志档案志编纂委员会编纂的《甘肃省志·档案志》由甘肃文化出版社出版。

同年，启动了《近代甘肃政要施政文献选编》和《甘肃民族宗教档案史料选编》编纂工作，修订《甘肃省档案馆指南》。

甘肃省各级档案馆编纂（公开）出版档案文献一览表（1991年—2013年）

表5—7

书　名	编纂者	出版者	出版时间	字数（万）
甘肃的由来	仲兆隆　张克复	甘肃人民出版社	1992	28
清河州契文汇编	临夏州档案馆	甘肃人民出版社	1993	35

书　名	编纂者	出版者	出版时间	字数（万）
国民党军追堵红军长征和西路军西进档案史料汇编	甘肃省档案馆	中国档案出版社	1995	28
甘肃所存西藏和藏事档案史料目录	甘肃省档案馆中国藏学研究中心	中国藏学出版社	1997	65
甘肃历史人口资料汇编（第一、二辑）	甘肃省档案馆	甘肃人民出版社	1997	123.2
甘肃清朝档案史料汇编·第一辑·仓谷奏销清册	甘肃省档案馆	甘肃人民出版社	1997	27.4
甘肃省档案馆指南	甘肃省档案馆	甘肃人民出版社	1997	32.5
甘肃省引洮上山水利工程档案史料选编	甘肃省档案馆	甘肃人民出版社	1997	62.1
中共甘肃工作委员会档案文献选编	甘肃省档案馆	甘肃人民出版社	1997	25.1
中国共产党甘肃大事记	中共甘肃省委党史研究室甘肃省档案馆	中央文献出版社	2002	82
天下黄河第一桥	甘肃省档案馆	兰州大学出版社	2003	30
甘肃人口史	方荣　张蕊兰	甘肃人民出版社	2007	94.1
晚清以来甘肃印象	甘肃省档案馆	敦煌文艺出版社	2008	45
建国以来甘肃印象	甘肃省档案馆	敦煌文艺出版社	2009	32
兰州解放	甘肃省档案馆	中国档案出版社	2009	32
甘肃馆藏档案精粹	甘肃省档案馆	甘肃人民美术出版社	2009	－
辛亥革命在甘肃（上、下）	甘肃省档案馆	甘肃文化出版社	2011	52
甘肃档案史话	甘肃省档案馆	甘肃文化出版社	2011	32
平凉记忆	平凉市档案馆平凉日报社	甘肃民族出版社	2011	23
民国时期会宁县情录	白银市档案馆		2012	38
甘肃近代工业珍档录	甘肃省档案馆	甘肃文化出版社	2013	52
甘肃生态环境珍档录（清代至民国）	甘肃省档案馆	甘肃文化出版社	2013	32

书　名	编纂者	出版者	出版时间	字数（万）
甘肃省志·档案志	甘肃省地方史志编纂委员会　甘肃省志档案志编纂委员会	甘肃文化出版社	2013	50

甘肃省档案馆编印 《档案参考》 一览表

表5—8

期数	名　称	时　间
1	档案记载的清代甘肃生态环境	2008 年 3 月
2	建国初期民勤防沙治沙情况简述	2008 年 5 月
3	民国年间的甘肃科学教育馆	2008 年 7 月
4	近百年来甘肃地震情况纪实	2008 年 8 月
5	引洮工程的历史回望	2008 年 9 月
6	清末甘肃近代工业的初创	2008 年 11 月
7	抗战时期甘肃工业的崛起	2008 年 12 月
8	40 年代我省河西地区水利开发简况	2009 年 1 月
9	50 年代及 60 年代初期甘肃大规模工业建设高潮	2009 年 2 月
10	六七十年代三线建设中的甘肃军工企业	2009 年 3 月
11	民国时期助农小额贷款	2009 年 4 月
12	近代甘肃走向对外开放的硕果——兰州黄河铁桥建成百年纪念特刊	2009 年 5 月
13	兰州战役——兰州解放 60 周年纪念特刊	2009 年 7 月
14	清代司法审判制度简况	2009 年 8 月
15	萃英门里话沧桑	2009 年 9 月
16	沧桑 50 年档苑展新姿——纪念甘肃省档案馆建馆 50 周年	2009 年 10 月
17	成吉思汗灵柩移甘始末	2009 年 11 月
18	新中国第一号《光荣纪念证》——丛德滋烈士诞辰 100 周年纪念专刊	2010 年 1 月
19	兰州人口迁徙	2010 年 3 月

期数	名　称	时　间
20	档案记载的西湖博览会概略	2010 年 4 月
21	近代兰州的金融状况	2010 年 6 月
22	民国西北开发的历史回顾	2010 年 7 月
23	开发玉门的三次机遇	2010 年 8 月
24	历史上舟曲发生的灾害及其应对措施	2010 年 8 月
25	舟曲县遭受泥石流灾害述略	2010 年 9 月
26	甘肃工人抗美援朝史料	2010 年 10 月
27	甘肃开办纸烟产业史实	2010 年 11 月
28	甘肃水利水土保持工作述略	2011 年 2 月
29	赋诗明志话英烈	2011 年 6 月
30	甘肃地下党联络暗号	2011 年 6 月
31	辛亥革命在甘肃及其珍贵史料	2011 年 9 月
32	弘扬"铁人"精神实施富民兴陇战略	2012 年 1 月
33	民国时期中国银行对甘肃经济社会发展的贡献	2012 年 4 月

第五章　档案资源开发利用

二、市、县档案馆编研

各市（州）档案局（馆）一般都设有编研科或档案信息开发科，专事档案资料的编研工作；各县（市、区）档案局（馆）则确定专人进行档案编研工作。各市、县档案馆利用馆藏档案进行编研工作，有两种方式，即自编与合编。自编即由档案馆编研人员独立完成，这是编研工作的主要方式。在自编工作中，有的档案馆很多有价值的编研材料由于经费及其他原因所限而不能出版，影响了其作用的发挥。在此情况下，采取与有关单位联合编研，借助外部力量加快编研工作的进度，如与党史研究、地方史志研究、历史研究等机构合编。

市、县档案馆的档案编研从档案信息加工的性质和层次分为汇编（或选编)、编述和著作三类。

汇编或选编档案文献，如酒泉市档案馆1993年编《中共酒泉地委、酒泉地区行署经济工作文件选编》、1995年编《酒泉地区农村实施小康工程文件汇编》，天水市档案馆编《天水市生态环境档案资料选编》，嘉峪关市档案馆编《嘉峪关市创建中国优秀旅游城市资料汇编》，庆阳市档案馆编《中华民国时期公职人员渎职案件史料选辑》等。临夏回族自治州档案馆在汇编工作中，先后对州馆藏和所属县馆藏明清以及民国时期河州地区的土地执照、磨帖土地所有权状、易知由单、各类契约进行了筛选汇编。主要有：《河州土地执照汇编》，汇编了清同治十二年（1874年）至民国二十七年（1948年）河州地区形成的土地执照37件；《河州磨帖土地所有权状汇编》，汇编了清光绪年至民国形成的磨帖5件、民国时期形成的土地权状8件；《河州奉宪刊发易知由单汇编》，汇编了清光绪二年（1876年）至宣统三年（1911年）河州地区形成的知由单14件；《明清河州契文汇编》汇编了清嘉庆二十四年（1819年）至宣统三年（1911年）92年间河州地方形成的买卖、租佃、典当、兑换土地、水磨、油炸房、房屋、场院、货币借贷、产权继承的契文588件。该汇编由甘肃人民出版社出版发行。2000年10月，平凉市档案馆《平凉市自然灾害纪事录》出版，此书收录了历代继1949年以后的50年以来发生在平凉市（县）内的风、水、洪、雹、虫、地震、病疫等各种灾害情况。2001年5月，天水市档案馆利用馆藏档案资料编辑出版《天水生态环境问题档案资料汇编》。2012年，白银市档案馆依据馆藏6413卷民国档案中的1000余卷会宁县档案，选编了《民国时期会宁县情录》。该汇编分为18编69目，对民国时期会宁县政治、经济、文化、艺术、教育、卫生、体育、建设、商业、人口、风土人情、自然灾害、支援抗战等县情进行系统编纂，填补了地方志中民国资料的空白。市、县档案馆在汇编中注重馆藏特点进行选编，秦安县档案馆2013年6月编纂《印鉴荟萃》，选编了馆藏清乾隆二十六年（1761年）至20世纪70年代的朱记、关防、钤记、图记、图章、印章、印、戳记等726枚，对各个时代、不同种类的印鉴汇编成册。同时，在汇编中也产生了另外一种编研形式，即汇编馆藏档案的专题目录，这种专题目录，兼带了档案检索或指南的形式，如天祝藏族自治县档案馆编纂的《藏族历史档案史料目录》。

一些档案馆利用馆藏老照片进行编研，如临夏州档案馆出版《档案见证——临夏六十年变迁》共有573张照片，通过照片画面的直观形象，系统反映临夏地区（州）自1949年以来60年的历史轨迹和发展成就。一些市、县档案馆创新编研方式，通过编研工作把本地区文化名人的文化成果推介出去。天水市档案馆编辑、研究本市武山县著名书画家康务学精心保存的书法、绘画、老照片、信札等资料，编辑出《康务学书法艺术档案》，2013年10月由新疆美术摄影出版社出版。

编述即根据档案记载进行编写，如大事记、组织沿革、专题资料、会议简介等。这些编述性的编研成果主要侧重于地域特点、所辖地域历史上各类活动特点以及馆藏特点，进行较深层次的编研。如庆阳市档案馆编《历次庆阳老区建设工作会议简介》，金塔县档案馆2000年编《中国工农红军西征河西走廊大事记》、2001年编《从西路军走出来的将帅》、2009年编《50年代整党运动和反右派斗争》，平凉市档案馆编《平凉地区名优新特工业产品介绍》《平凉人民公社始末》《平凉回族来源》，山丹县档案馆编《"5·23"吴涛煤矿透水事故抢险救援工作手记》，民乐县档案馆编《民乐地震纪实》，瓜州县档案馆编《瓜州县风电大事记》，敦煌市档案馆编《敦煌旅游大事记》，2013年庆阳市档案馆编《庆阳市建市十周年大事记》等。

著作即参与所在地区的编史修志或依据档案资料进行著述，包括对馆藏中的历代旧志的校注。1991年至2013年，正值全省首轮地方志中后期阶段和二轮地方志编纂时期，市、县两级档案馆积极参与地方志编纂工作。档案馆成为当地地方史志编纂委员会的成员，不仅参与编写，而且当地档案事业也列入了地方志书内容，设立专门章节记述。在编纂过程中，张掖市档案馆等作为成绩优异者还受到省地方史志编纂委员会的表彰。一些市、县档案馆对馆藏中的历代旧志进行整理校注，对旧志中存在的讹误作了校正，对旧志中涉及的大量的历史事件、掌故、人物、风俗以及典章制度等，作了认真的考订和比较详尽精到的注释，并重新予以出版，使其便于保存和流传。敦煌市档案馆参与的清道光年间《敦煌县志（校注本）》于1999年由江苏广陵古籍刻印社出版。张掖市档案馆的清乾隆年《甘州府志校注》，于2008年由甘肃文化出版社出版。临潭县档案馆将馆藏康熙年间《洮州卫志》、乾隆年间

《洮州卫志》、光绪年间《洮州厅志》校注整理，合为《洮州厅志校注》，2013 年 4 月由中国文史出版社出版。

档案编研成果的出版，分为公开出版和内部印刷。其中，公开出版的较少，绝大多数为内部印刷。有的编研成果收入当地政协文史资料。有的把编研成果打印分送领导机关或有关部门参考，有的作为内部资料为利用者提供参考。

1991 年，市（州）档案馆内部参考 18 种，100 万字；县（市、区）档案馆内部参考 76 种，125 万字。1995 年，市（州）档案馆内部参考 42 种，78 万字；县（市、区）档案馆公开出版 14 种，73 万字，内部参考 183 种，202 万字。2000 年，市（州）档案馆公开出版 12 种，64 万字，内部参考 35 种，27 万字；县（市、区）档案馆公开出版 14 种，78 万字，内部参考 255 种，251 万字。2005 年，市（州）档案馆公开出版 1 种，2 万字，内部参考 13 种，139 万字；县（市、区）档案馆公开出版 16 种，247 万字，内部参考 140 种，356 万字。2013 年，市（州）档案馆公开出版 2 种，89 万字；内部参考 34 种，223 万字；县（市、区）档案馆公开出版 14 种，189 万字；内部参考 130 种，624 万字。

这些编研档案资料主要有：历史沿革类，包括各地基本概况汇编、历史沿革、行政区划沿革、区划资料等。组织机构沿革类，包括地方行政机构设置、区乡机构演变、临时机构设置，以及领导干部名表等。重要文件汇编，包括农村工作会议文件选编、经济工作文件选编、历次重要工作会议简介及文件汇编等。专题介绍类，包括重要会议（如党代会、人代会、政协会以及工会代表会议、妇代代表会议、共青团代表会议）简介、地方基本概况、地名资料、文物古迹介绍、科技发展成果介绍，以及地方名产、名品等。资料汇编类，包括自然灾害概述（纪略、辑录）、基本气象资料汇编、人口与计划生育资料汇编、地方病资料汇编、土地征用资料汇编、统计资料汇编、落实干部政策资料以及中华人民共和国成立后救灾资料汇编等。大事记类，包括各地大事记。档案工作资料汇编类，包括档案馆介绍、档案全宗汇集、档案馆指南、档案工作基本制度汇编，以及各档案馆大事记等。

第四节　现行文件中心建设

2002年6月22日，国家档案局在北京召开已公开现行文件利用工作座谈会，推广济南市档案馆收集市直机关正在执行和使用的现行文件供公民查阅利用的经验。同年8月30日，省档案局在兰州召开全省档案工作服务机制创新座谈会，传达了国家档案局关于开展已公开现行文件查阅服务工作的精神，学习济南市的相关经验。会后开展试点工作。收集并向社会提供包括劳动就业、福利待遇、社会保险、社会救助、房屋拆迁、土地管理、招商引资等方面已公开现行文件，成为档案馆为社会服务的新职能。

2003年，省档案馆建立"现行文件阅览室"，收集省直机关已公开现行文件，面向社会开放服务。2003年5月6日，省委办公厅转发《甘肃省档案馆关于收集省直机关现行文件的实施意见》，确定了档案馆收集现行文件包括的范围：（1）省委、省人大常委会、省人民政府、省政协制发的正在执行和使用的全省政治、经济建设、文化教育、社会发展等与人民群众利益密切相关的政策性文件；（2）省直各机关正在执行和使用的有关优抚补贴，离休、退休待遇，工资调整，工龄、教龄计算，职称评聘，学历认证，医疗，住房改革，社会保障，用工合同，安全生产，企业改制，社会保障，消费者权益维护，征用土地，拆迁补偿等涉及人民群众切身利益的文件。同年7月30日，省档案馆举行"甘肃省现行文件查阅服务中心"揭牌仪式，时任省委常委、省委秘书长洪毅在揭牌仪式上讲话中说："现行文件查阅服务中心架起了党和政府与人民群众沟通的桥梁，为推进政务信息公开搭建了平台，也为维护人民群众合法权益提供了一个重要渠道。"媒体报道称："老百姓持有效证件就可以查阅'红头文件'了！"同年10月14日，全省第二次档案工作服务机制创新经验座谈会在酒泉市召开，交流总结了包括现行文件查阅服务工作在内的档案工作服务创新工作经验，并把现行文件查阅服务工作作为重点之一，列为档案工作服务机制创新的内容。至年底，省档案馆和张掖、定西、天水、武威、酒泉、平凉等市及19个县（市、区）的26个现行文件阅览服务中心正式挂牌对外开放服务，收藏与人民群众利益相关的政策性、法规性文件52000份。

2004年和2005年，现行文件查阅服务中心建设工作被列为全省档案工作目标管理10项任务之一。至2005年8月，全省已有80个档案馆正式对外开展已公开现行文件查阅服务工作，占全省综合档案馆的80%；省、市、县三级国家档案馆累计收集已公开现行文件7万余份，免费向16000多人次提供已公开现行文件26000多件次，其中，定西、武威、临夏三市（州）档案馆的已公开现行文件利用工作在当地政务公开大厅设立了窗口，金昌市档案馆将已公开现行文件全文扫描供利用者上网查阅，平凉市档案馆被指定为本市政务信息公开场所。同年8月29日，省档案局召开"已公开现行文件利用工作会议"，时任省档案局局长刘玉生提出加大已公开现行文件收集工作力度，丰富已公开现行文件资源。他提出，要打破时间、地域、级别等限制，扩大收集范围，凡是与人民群众生产生活密切相关的已公开的方针政策性文件，要做到应收尽收，为从根本上提高查全率奠定坚实基础，同时要对原来一些与此要求不符的规定进行修改完善。

2004年10月18日，白银市档案馆现行文件阅览服务中心向社会开放。定西市档案馆将现行文件查阅服务中心移入市行政服务中心大厅，方便群众查阅已公开的"红头文件"。

2006年1月，省委、省政府决定将全省各级国家综合档案馆确定为政务信息公开场所，已公开现行文件的查阅利用工作作为省、市、县档案馆政务信息公开场所的重要内容不断完善。各级档案馆按照规定接收各单位移送的已公开现行文件，制定档案馆已公开现行文件的服务制度。在开展工作过程中，重点解决现行文件查阅服务中因文件数量少而产生的供需矛盾。随着已公开现行文件查阅服务中心的建立，已经建立网站的各级档案馆将已公开现行文件全文或目录扫描供利用者上网查阅。

2013年，全省有政府信息公开查阅场所83个，其中省上1个，市（州）12个，县（市、区）70个。本年度现行文件利用情况为：省上198人次，87件次；市（州）641人次，1453件次；县（市、区）4756人次，9438件次。

2013年底，各级档案馆收集现行已公开的法规性、政策性、规章性现行文件12万余件，向3.6万人次提供7万余件次，解决了大量人民群众在工龄、学历、工资、土地、房产、婚姻、就业等方面的实际问题。

第五节　爱国主义教育基地建设

1997年，国家档案局、中央档案馆发布《关于在全国档案系统加强社会主义精神文明建设的意见》。该意见提出，在新形势下，各级国家档案馆要充分发挥"五个功能"，即档案保管基地功能、档案利用中心功能、爱国主义教育基地功能、学术研究场所功能和文明服务窗口功能。同年7月，中共甘肃省委命名甘肃省档案馆为全省爱国主义教育基地，并于8月7日在《甘肃日报》上公布。10月22日，省档案馆爱国主义教育基地挂牌。省档案馆爱国主义教育基地主要以基本陈列为手段，面对社会组织各种爱国主义教育宣传活动。

1998年，省档案馆与甘肃省电视台合作，制作了《服务社会的档案风采——甘肃省档案馆纪实》电视片，在甘肃电视台播出。同年7月，派员参加全省爱国主义教育基地演讲比赛。1999年，适逢中华人民共和国50周年和省档案馆建馆40周年，省档案馆对原基本陈列展览进行了内容更新，重新制作了"甘肃省新民主主义革命斗争史展览"，当年接待参观者千余人。

2004年9月，省档案馆新馆落成。为配合新馆开馆，更好地发挥档案馆爱国主义教育基地作用，对原展览进一步充实完善，制作了"岁月印痕，历史见证——发展中的甘肃"基本陈列展览。同年，省档案馆又制作了"记忆·拾珍·回味——甘肃档案史料特藏展"，展览分敦煌遗档、清代珍藏、北洋史鉴、抗战写真、名人留迹、鸿踪掠影、铁桥溯源、八方集萃八个部分，突出了馆藏珍贵、稀有档案的历史价值和作用，反映了甘肃历史文化和社会发展的特征。2005年，省委宣传部发出《关于参观爱国主义教育基地展览的通知》，要求各地、各单位组织党员、职工群众和青年学生参观展览，接受爱国主义教育。同年3月23日，60余名省、市党政机关，文化单位和大专院校，以及人民日报社、光明日报社驻甘肃记者站，甘肃日报、甘肃电视台等单位的代表参观展览并座谈。时任中共甘肃省委副秘书长孙效东在座谈会上指出，两个展览主题鲜明，内涵丰富，史料翔实，发挥了省档案馆爱国主义教育基地的应有作用；请新闻媒体进行宣传，把展览推介出去。

2013年，全省有爱国主义教育基地59个，全部为国家综合档案馆。其中，省档案馆1个，市（州）档案馆10个，县（市、区）档案馆48个。

第六节　档案展览

甘肃省各级各类档案馆以馆藏档案为内容，采取主办、联办、承办和长期展览、临时展览等方式举办档案展览，同时进行网上展览，面向社会各界提供档案服务。

一、长期展览

各级各类档案馆选择馆藏档案资料中的原件或复制品，利用档案馆的专门场地展出，在较长时间内面向社会开放。展览展出后，其主题、内容和结构一般不再作大的调整。

1999年10月22日是省档案馆建馆40周年，省档案馆举办了"甘肃新民主主义革命斗争史档案"展览，展出省档案馆馆藏革命历史档案精品。主要内容有甘肃人民支持和响应五四运动、中共在甘肃的早期革命活动、红军和八路军在甘肃的战斗历程、陇东革命根据地的建立和发展、八路军驻兰办事处的抗日救亡运动、中共甘肃工委领导全省人民进行的艰苦卓绝的斗争、甘南农民起义反抗国民党统治和人民解放军解放甘肃全境等。时任中共甘肃省委副秘书长翟克勇、省委宣传部副部长石星光以及省档案馆离退休同志等参观展览。"甘肃新民主主义革命斗争史档案"展览在位于兰州牟家庄的省档案馆长期展出，至省档案馆搬迁到雁滩新馆止。

2004年9月，省档案馆迁入新馆址后，先是举办了"岁月印痕，历史见证——发展中的甘肃"展览。展览将馆藏档案资料贯穿于"往昔民生、灾荒溯往、世象写真、革命历程、南梁星火、沧桑巨变、建国开基、改革腾飞、情系陇原"等板块，展示甘肃的历史和发展中的甘肃。之后，又根据省档案馆馆藏"唐代卷子"、清末"兰州黄河铁桥档案"和馆藏其他清代档案、民国甘肃督军驻京办公处档案、兰州海关档案、革命历史档案等，举办了"记忆·拾珍·回味——甘肃档案史料特藏展"。两个展览作为省档案馆爱国主义教育基地的重要组成部分，长期面向社会展出。

各市、县档案馆都在馆内举办本馆的长期档案展览，面向社会展出。

二、短期展览

档案部门在进行长期展览的同时，较多进行的是短期展览。短期展览主要是根据党和国家以及地区、系统的中心工作和社会需求，在特定的时间段内推出，具有针对性。

1991年7月，白银市档案馆举办"全市档案工作成就展"，在市区和景泰县巡回展出160多幅照片、图表，介绍建市5年来全市档案事业的发展成就。1993年5月平凉地区举办第二届崆峒旅游节，平凉市档案馆在节会期间举办崆峒山档案史料展览，展出馆藏道教典籍、清代木刻印经板等档案史料，展期10天，参观者2万余人。

1996年9月2日至7日，甘肃的"敦煌遗书档案展"参加在北京召开的第13届国际档案大会期间举办的"中国档案事业成就展览"，共9块展板、3个展柜，展品为照片和实物。主要展品有：1. 照片。出土于敦煌藏经洞的西汉敦煌国敕书、唐朝对沙州逃户减免赋税的甘凉瓜肃所居沙州逃户牒、后唐清泰三年（936年）的傔司算会牒、元至正二十四年（1364年）的民间借据、归义军节度使张议潮的奏表和唐朝的敕旨及部分文书。2. 档案实物。秦始皇和秦二世时期的两诏铜权文书1件，出土于敦煌的西汉宣帝到哀帝年间生产的麻质纸1件，敦煌出土的汉代简牍5枚，武威出土的医药木牍1枚，记载中国古代少数民族文字的佉卢文木牍1枚，出土于居延地区的36枚汉简组成的诉讼档案《寇恩册》，唐代藏文写经1件，肃南裕固族自治县档案馆收藏的清代《布达拉宫册封文书》，临夏回族自治州档案馆收藏的袖珍本《古兰经》，佛教《大明般若波罗六子真经》和道教《太上三元赐福消灾保命妙经》，甘肃省档案馆藏拷贝、复制的部分敦煌遗书档案缩微胶片，还有甘肃省档案馆收藏的《甘宁青史略》《甘肃金石志》中记载的莫高窟建窟、石刻碑文内容，以及记述敦煌遗书流散情况的资料等。甘肃独具特色的展品引起中外档案工作者和新闻媒体的关注,《人民日报》(海外版) 报道了甘肃赴京展览情况。同年9月7日, 第13届国际档案大会组委会评价甘肃的展览"主题突出, 反响良好", 授予证书, 予以表彰。

1997 年, 兰州大学档案馆举办"改革开放新兰大"展览, 展出的176张照片多系首次公布。

2003 年10月, 张家川县档案馆爱国主义教育基地向社会开放, 同时举办"张家川县人文历史、发展成就暨馆藏档案展"。

2004 年5月23日至6月23日, 甘肃省档案馆和兰州市博物馆在市博物馆联合举办为期一个月的"历史见证——兰州黄河铁桥史料展"。展出的档案是清光绪三十二年 (1906年) 到宣统三年 (1911年) 兰州黄河铁桥从筹备、修建到竣工的部分原始档案, 也是省档案馆馆藏兰州黄河铁桥档案第一次面向大众展出。展览以档案原件为主, 辅以图片、影印件、文字说明。展览分3 部分, 兰州古代的津渡、兰州黄河铁桥档案和兰州今天的桥梁。2005 年6月为纪念抗战胜利60周年和兰州解放56周年, 由甘肃省委宣传部、甘肃省档案局、兰州市委、兰州市人民政府联合主办的"八路军驻甘办事处与甘肃抗战"展览在八路军兰州办事处纪念馆开展。展览展出文物、档案179件, 照片、图片1505幅。2006年7月, 定西市档案馆为省委宣传部、省扶贫办举办的"新世纪、新时代、新定西"展览, 提供20世纪80年代初全国各地为支援定西种草种树寄来的树种、草籽等档案资料。同年8月, 临夏回族自治州档案局举办"悠久临夏——珍贵档案史料展", 作为州庆活动参展。展览设两个展厅, 占地400平方米, 展板60块, 展柜50个, 展出档案1156件, 照片1032 幅。展出仅半个月就接待观众9651人次。

2005 年6月, 康乐县档案馆举办的"历史的见证"档案展览开展。展览展示了1936年8月中国工农红军途径康乐县五户、景古、莲麓三乡期间组建苏维埃红色政权的遗物。同年8月26日, 由中共甘肃省委宣传部、省档案局、中共兰州市委、市人民政府联合主办的"八路军驻甘办事处与甘肃抗战——纪念甘肃抗战胜利60周年主题展览"在八路军兰州办事处纪念馆开展。

2007 年12月, 定西市档案馆"新世纪·新时代·新定西——献给中国扶贫开发二十年大型图片陈列展"开展，市档案馆被命名为市级爱国主义教育基地。该展览用200块展板、756幅图片，使人们进一步了解了定西"苦甲天下"的过去、艰辛探索的历程和快速变化的今天，再现了定西20年来扶贫开发的历程和巨大变化。

2008年6月29日，陇南市档案局和省档案局联合主办的"陇南抗震救灾大型摄影图片展"在兰州东方红广场展出。展览内容再现了"5·12"地震中陇南地区受灾和本省干部、群众抗震救灾的场面。

2009年5月12日，由甘肃省人民政府、深圳市人民政府主办，两省、市档案局承办的"特区灾区·心手相连——深圳甘肃陇南甘南抗震援建图片展"在深圳市民中心开展。时任甘肃省副省长泽巴足，深圳市委常委、常务副市长李锋致辞。时任中共甘肃省委副秘书长、省档案局局长刘玉生接受甘肃电视台记者采访时说："通过这个展览能够使广大市民真切地看到灾区重建的成果。作为档案部门，有责任有义务收集、记录每一个值得留存的历史镜头，真正做到对历史负责，为现实服务，替未来着想。"是年8月6日，由国家档案局、中央档案馆主办，甘肃省档案局（馆）承办的"中国档案珍品展"在甘肃省博物馆开展。100余件展品来自全国20多家档案馆，其中大部分入选《中国档案文献遗产名录》，有的入选世界记忆名录。与此同时，还举办了"甘肃档案珍品展"，展品来自省档案馆和省内各地档案馆。主要有：敦煌藏经洞发现的唐代藏文写经、明万历十五年（1587年）临洮府河州厅给藏民马坚参草山种粮的批帖，清乾隆二年（1737年）由理藩院颁发给河州居集红崖寺的汉、满、蒙古三种文字书写的喇嘛度牒，清宣统年间修建兰州黄河铁桥签订的合同，民国初年甘肃开办近代工业的档案，抗日战争时期日军轰炸兰州档案，以及毛泽东给甘肃省人民政府主席邓宝珊的任命书等，其中绝大部分为档案原件。时任副省长郝远和国家档案局副局长、中央档案馆副馆长李明华在开幕式上致辞。时任中共甘肃省委书记陆浩，省长徐守盛，省委常委、宣传部长励小捷，省委常委、秘书长姜信治，省人大常委会副主任崔玉琴，省政协副主席黄选平等参观出席开幕式。展览期间，每天有许多大中小学生、教师、军人、企业职工、退休职工、省直机关干部、史志专家、文物收藏者、书法爱好者、外地来兰的游客参观，一些外国旅游团和参加兰州黄河铁桥百年庆典的外国客人也来观展。展览展出20天，兰州地区观众6万余人观展，平均每天接待观众近3000人次。

2010年3月11日，白银市档案馆举办"珍品档案展览"，展示清代以来白银政治、经济、文化等领域馆藏档案300多件。同年9月，陇南市委宣传部、市档案局联合主办"纪念中国人民抗日战争65周年图片展"。2011年6月，甘肃省档案局（馆）在省博物馆举办"回眸·信念·奋斗——纪念中国共产党成立90周年档案展览"。展览分为"陇原晨曦""长征足迹""南梁星火""八年抗战""工委概要""沧桑巨变"六个部分，选取中国共产党在甘肃各个历史时期形成的档案史料和毛泽东、刘少奇、周恩来、邓小平、习仲勋等老一辈无产阶级革命家的珍贵手迹、提案、信函等革命历史档案，展示中国工农红军一、二、四方面军会宁会师、南梁根据地的建立、八路军驻甘办事处的活动、西路军浴血河西以及社会主义革命和建设等重大历史事件。时任中共甘肃省委常委、省委秘书长刘立军出席开幕式并致辞，省政协副主席侯生华等出席开幕式。展览展出15天，各界参观人数4万余人。

2013年12月，由国家档案局、中央档案馆和上海市档案局（馆）主办，甘肃省档案局（馆）承办的"红星照耀中国——外国记者眼中的中国共产党人"档案巡回展在省档案馆开展。展览分为探寻红色中国、镜头里的中国革命两大部分，陈列了中央档案馆珍藏的毛泽东和斯诺、史沫莱特、贝特兰等外国记者关于时局问题的谈话记录，以及斯诺、爱泼斯坦等外国记者的采访手稿、文字作品、报刊、照片等300多件（册）珍贵史料，公开播放的《延安使命》等3部珍贵影视资料。至年底，参观者已近千余人。12月30日，中共甘肃省委在兰常委集体参观展览。

2014年，省档案馆筹办《历史将永远铭记》和《甘肃记忆》两个展览。

三、网上展览

各地档案馆在网上建立档案信息网站后，先后开展网上展览。这些展览一般都是以实体展板为基础，稍加调整后以网络化形式出现，形式较为单一。省档案局（馆）甘肃档案信息网在"档案文化"板块开设网上展厅，展出"回眸·信念·奋斗——纪念中国共产党成立90周年档案"。临夏回族自治州档案局（馆）档案信息网在"档案公布栏"设网上展览，展出"临夏州庆祝建国六十周年图片"。平凉市档案局（馆）档案信息网的网上展馆展出"中国共产党平凉历史图片"。兰州市档案局（馆）档案信息网设"网上展厅"，分为"兰州今昔""珍档荟萃""名人书画""兰州新区"等部分，展览照片、图片。定西市档案馆档案信息网展出"'三西'扶贫开发三十年定西成就"等。

第六章　档案抢救与保护

GANSU SHENG ZHI DANG AN ZHI

　　甘肃省各级档案馆保存的历史档案，由于年代久远、保管条件较差、制作材料不良，以及频繁查阅等原因，纸张明显变脆变朽，字迹明显褪色以至于模糊不清，有的甚至结成"档案砖"无法阅读，对于这些档案需要进行抢救和保护。其中，对破损档案进行修裱、去污、加固、字迹恢复，对珍品档案在修复的基础上，通过复印、缩微、数字化处理、汇编出版等方式进行保护，延长其使用寿命。

　　本省的档案抢救与保护工作始于20世纪70年代末80年代初，以国家重点档案为重点。从1987年起，省财政厅每年按照财政部拨付本省的重点档案抢救费，配套拨付资金。从1991年起，省档案局将重点档案抢救和保护工作纳入档案工作目标管理考核。从2006年起，国家和省上加大了对本省档案抢救和保护经费的投入，省档案局提出"濒危优先"的原则，不断完善抢救与保护的项目管理，采取统筹规划、分步实施、分级负责的方法，精心组织，落实配套经费，集中抢救保护，较好地完成了抢救保护的项目任务。同时，对突发的自然灾害中损毁的档案积极采取措施，进行抢救和保护。

第一节　国家重点档案抢救与保护

本省的国家重点档案是指由省、市、县各级国家档案馆永久保存的具有重要研究利用价值的下列档案：（1）1949年以前（含1949年）产生的反映中国共产党及其领导的革命组织、革命根据地、革命政权以及革命活动家的档案；（2）1949年以前（含1949年）产生的反映甘肃各个历史时期的政权机构、社会组织和著名人物的档案；（3）中华人民共和国成立以来反映党和国家领导人在甘肃活动的档案；（4）经省档案局鉴定确认并报国家档案局批准的其他重要、重点或珍贵档案。1991年以来，本省的档案抢救与保护工作主要围绕上述国家重点档案进行。

一、政策

在开展档案抢救和保护工作之初，全省各级国家综合档案馆主要利用本省各级财政的档案事业经费对馆藏档案进行抢救与保护。由于甘肃地方财政困难，每年的档案事业经费有限，投入于抢救和保护工作的经费亦有限，所以，在档案抢救和保护工作之初，各馆每年一般都是对急需抢救的破损档案进行小规模、局部性的修裱，抢救和保护工作整体进展缓慢。

1987年，财政部、国家档案局印发《全国重点档案抢救补助费管理办法》，安排了一定数额的专项抢救经费，资助保存全国重点档案较集中的地方做好抢救工作。1996年，财政部和国家档案局对《全国重点档案抢救补助费管理办法》进行修订。修订后的《全国重点档案抢救补助费管理办法》提出："全国重点档案抢救工作由国家档案局统一规划和指导，分布在各地的全国重点档案的抢救工作应在当地政府的领导下，由各级档案部门直接负责，抢救工作实行统筹规划、确保重点、分步实施、分级负责的办法。""按照现行财政管理体制，全国重点档案抢救工作坚持保管、利用和投入相统一的原则。各地档案部门所需的全国重点档案抢救经费，应以地方投入为主，抢救补助费是中央财政拨付的具有补助性质的专项经费。"还提出了抢救补助费的分配实行与地方抢救经费匹配投入的方法，具体匹配比例为：内蒙古、宁夏、广西、甘肃、青海、新疆、贵州、云南、西藏等省（自治区），中央抢救补助费与地方抢救经费的配套比例为1：2以上，即中央为1，地方为2以上；其他省（自治区、直辖市）配套比例为1：3以上，即中央为1，地方为3以上。

2001年4月，财政部、国家档案局对1996年的《全国重点档案抢救补助费管理办法》修订印发，省财政厅和省档案局联合转发。该管理办法强调："地方各级档案部门保存的全国重点档案所需的抢救经费，应以本级财政投入为主。中央财政适当安排用于对地方全国重点档案抢救的专项补助经费。"同时调整了匹配投入原则："各地财政对抢救补助费应由匹配投入。西部地区原则上按1：1的比例匹配，其他地区原则上按1：2的比例匹配。"

2006年6月，财政部、国家档案局对2001年的《国家重点档案抢救补助费管理办法》进行修订，将"全国重点档案"更改为"国家重点档案"，将中央专项补助费的使用范围由过去的"抢救"扩大为"抢救保护"，并把"档案征集"列入了补助的范围。同时，进一步明确了专项补助费应遵照奖补结合、濒危优先和专款专用的原则，按各地国家重点档案抢救和保护的实际工作量、工作进度和完成情况等因素进行经费的分配。优先支持档案抢救和保护工作进展快、质量高、地方资金投资力度大以及资金使用效果好的地区。对于破损严重、濒临危险状态的国家重点档案，在同等条件下给予优先支持。首次提出"抢救和保护补助费实行项目管理"。根据项目管理的要求，省级财政部门和省级档案行政管理部门按照当年下达的预算控制数的110%~120%及当地国家重点档案抢救和保护工作规划组织所辖区域内地方各级国家档案馆开展项目申报。同时提出："考虑到各地经济水平和财政状况差异，重点支持中西部地区的国家重点档案抢救与保护项目。"并提出了进行"效绩考评"的管理政策。同年6月20日，时任副省长冯健身召集省档案局、省财政厅负责同志专题研究国家重点档案抢救和保护工作。他指出："保护档案是各级政府不可推卸的责任。从2007年起，把档案抢救与保护经费列入财政预算，并且多方争取中央专项支持，力度要加大。要提出项目，积极协调，积极鼓励社会捐赠，调动各方面力量，积极支持档案的征集、抢救与保护工作。"

2006年8月31日，省财政厅、省档案局制定《甘肃省〈国家重点档案抢救和保护补助费管理办法〉实施细则》，进一步重申和规定了本省档案抢救和保护工作政策。择要记述如下：（1）国家财政和省财政安排档案抢救与保护经费，专项用于补助省、市（州）、县（市、区）国家综合档案馆对国家重点档案的一次性抢救及其保管条件的改善，使其达到永久保管的要求。国家重点档案抢救与保护所需经费以本级财政投入为主，国家财政和省财政给予适当补助。（2）重点档案抢救和保护补助费的使用范围：a. 档案修复。纸张破损档案的修裱、污损档案的去污处理、字迹扩散褪色档案的字迹恢复、纸张变脆发朽档案的纸张加固、破烂卷皮卷盒的更换等所发生的费用。b. 档案复制。档案复印、缩微、数字化工作所发生的设备购置和耗材购置费；外文与少数民族文字档案翻译、档案数字化工作所发生的专业人员聘用费用；档案史料编辑出版工作所发生的费用；稀有珍贵档案高标准仿真复制件制作所发生的费用。c. 档案征集。对散失在社会、民间或国外的列入国家重点档案范围的档案进行征集所发生的费用。d. 档案保护条件改善。包括库房维修改造、购置档案柜架、购置专用恒温恒湿设备、安全监控设备、自动报警和灭火设备以及相关管理系统等所发生的费用。 （3）重点档案抢救和保护补助费的分配、使用原则：a. 效绩优先原则。补助费的分配以重点档案抢救和保护的实际工作量为基础，优先考虑工作进展快、质量高、资金投入力度大、补助费使用效果好的地区。b. 濒危优先原则。补助费的分配优先考虑破损严重、处于濒危状态的档案的抢救与保护。c. 专款专用原则。国家重点档案抢救补助费专门用于国家重点档案的抢救，任何单位和个人不得截留、挤占或挪用。d. 项目管理原则。国家重点档案抢救和保护补助费的申报、使用、检查、总结和效绩考核，均按照抢救或保护的项目进行。无项目、所报项目无实质内容或不属于规定的抢救和保护范围，将不予补助。（4）各市（州）及所属县（市、区）每年度重点档案抢救和保护补助费的申报，由各市（州）财政局、档案局联合上报，经省财政厅和省档案局审核汇总后上报国家档案局和财政部。国家下达年度预算控制数后，省上连同省级财政的补助费一并确定各市（州）的预算控制数，并于一个月内下达各市（州）。

　　2009年2月6日，省档案局在转发国家档案局《国家重点档案抢救和保护工作研讨会会议纪要》时，结合甘肃情况提出具体贯彻意见。主要是：（1）努力落实本级财政对档案抢救和保护资金的投入，确保国家和省上补助费的及时到位。国家财政每年拿出近亿元经费支持各地开展抢救保护工作，但本省地方财政每年投入资金的数量与国家要求差距较大。省档案局将按照"以奖代补"原则根据各地资金落实情况进行项目资金的审核上报。同时，要坚决杜绝少数地方存在的档案抢救和保护补助经费长时间到不了位的现象。今后凡出现国家补助费不能及时到位现象的地方，省档案局一旦落实情况，将减少或暂停审批新的项目。（2）必须重视做好国家重点档案基础业务工作特别是全宗划分工作。根据《国家重点档案抢救和保护补助费管理办法》要求，除了征集、设备购置等项目外，凡属档案实体抢救保护的项目，申报补助费均应以全宗为单位进行。（3）切实提高申报项目的准确性、规范性和一次性成功率。各地凡申报馆藏重点档案抢救和保护项目，务必与本市（州）各档案馆所报并经审查通过的清查系统内登记的项目与数量一致（征集项目除外）。（4）建立健全国家重点档案抢救和保护台账。全省各级国家综合档案馆对2006年以来国家和省上补助的重点档案抢救和保护项目实施的情况，包括修裱卷数页数、数字化处理画幅、购置卷皮卷盒宣纸等用品数量、购置设备名称型号数量、征集档案资料来源与数量、资金配套与使用等基本情况，以项目为单位建立详细台账。

2011年2月24日，财政部、国家档案局对2006年的《国家重点档案抢救和保护补助费管理办法》进行修订，这个管理办法对国家重点档案抢救和保护补助费的管理起到了规范和加强的作用。同时提出："中央财政设立国家重点档案抢救和保护补助费，专项用于补助地方各级国家档案馆对处于濒危状态的国家重点档案进行一次性抢救，并改善保护条件，使之达到永久保存的要求。"还重申了重点支持西部地区的原则。

二、投资

在20世纪70年代末80年代初档案抢救工作开展之始，抢救经费从各级档案局（馆）事业经费中筹措。80年代中期，财政部和国家档案局安排一定数额的专项抢救经费资助各地的档案抢救工作。当时，绝大多数地、县档案局和档案馆的经费混在一起，大多数档案局没有单独的预算拨款户头，长期挤占档案馆十分有限的经费，使得一些专项用于抢救的经费，未能用于重点档案抢救工作。

1987年至1990年，财政部、国家档案局拨付甘肃的重点档案抢救补助费共计40万元，用于本省重点档案的抢救工作。1991年财政部、国家档案局拨付本省重点档案抢救补助费10万元；1992年为10万元；1993年为12万元；1994年为15万元。这一时期，本省财政也为重点档案抢救工作匹配了一定数额的资金。据1994年11月15日省档案局《关于重点档案抢救情况的报告》称："自1984年以来，共使用抢救经费200万元，其中国家拨付120万元，各级地方自筹80.33万元。"同年3月8日，省档案局给省财政厅《关于将档案抢救征集经费列入省财政预算计划的报告》，请求省财政厅在年度预算内，每年安排40万元专款，资助省、地、县档案馆抢救、征集档案。之后，省财政厅共为本省重点档案抢救配套补助资金104万元，其中1996年10万元，1997年70万元，1998年5万元，1999年19万元。自全国重点档案抢救工作开展以来至1999年，本省地方财政共落实配套经费154万元。

这一时期，本省依靠国家和省上两级有限的投资，抢救濒危档案和破损档案，每年分配给急需抢救的地、县抢救费亦十分有限。省财政厅、省档案局下发《关于分配1998年全国重点档案抢救补助的通知》，分配情况如下：庆阳地区档案处、定西地区档案处、张掖地区档案处、敦煌市档案局各10000元；武威地区档案处、酒泉地区档案处、嘉峪关市档案局各7000元；兰州市档案局、白银市档案局、武威市档案局各4000元；金昌地区档案局、临夏州档案局、天水市档案局、甘南州档案局、平凉地区档案处、临泽县档案局、渭源县档案局各3000元；陇南地区档案处、漳县档案局、陇西县档案局各2000元。共计100000元。

2000年，财政部、国家档案局拨付本省重点档案抢救补助费30万元，省财政厅匹配补助10万元，补助经费合计40万元。分配情况如下：省档案馆20万元；定西地区、渭源县档案馆4万元；庆阳地区、华池县、镇原县、环县、西峰市档案馆3.2万元；张掖地区、张掖市、肃南县、临泽县档案馆2.6

万元；酒泉地区、敦煌市档案馆2.3万元；嘉峪关市档案馆2万元；临夏州、永靖县、广河县档案馆1.4万元；平凉地区、华亭县、静宁县档案馆0.9万元；兰州市、永登县、榆中县档案馆0.7万元；武威地区、天祝县、武威市档案馆0.7万元；陇南地区、武都县档案馆0.7万元；天水市、秦安县档案馆0.7万元；甘南州、夏河县档案馆0.5万元；白银市档案馆0.3万元。虽然省上投入一定的经费用于重点档案抢救工作，但本省匹配资金问题仍得不到很好解决。2001年11月2日，省档案局在给省委、省政府《关于解决当前全省档案事业发展若干突出问题的请示》中提出："由国家财政每年给我省核拨一定的重点档案抢救补助费，同时规定地方财政按照1：1的比例拨付匹配资金。但我省的匹配资金落实难度大，到位情况不理想，这不仅不利于档案抢救工作的开展，也影响到向国家财政进一步争取重点档案抢救补助费的工作。"时任中共甘肃省委常委、省委秘书长洪毅作了批示。2002年3月1日，时任中共甘肃省委副秘书长翟克勇根据批示以省委办公厅、省政府办公厅名义主持召开有省计委、省财政厅、省人事厅、省档案局负责人参加的协调会，就省档案局提请省委、省政府研究解决的包括重点档案抢救费在内的若干突出问题，提出了解决方案和途径，并形成会议纪要。2002年5月20日，省委办公厅、省政府办公厅转发了《关于协调解决全省档案事业发展中若干问题会议纪要》。

"十五"计划（2001年—2005年）以后，省上用于档案抢救工作的匹配资金问题逐步理顺，全省重点档案抢救的经费投入工作走向正轨。

2001年，财政部、国家档案局拨付本省重点档案抢救补助费20万元，省财政厅按照1：1比例匹配补助20万元，补助经费合计40万元。其中，省档案馆补助20万元，张掖地区档案馆补助2万元，定西地区档案馆、临泽县档案馆等18个地、县档案馆的抢救项目各补助1万元。

2002年，财政部、国家档案局拨付本省重点档案抢救补助费25万元，省财政厅匹配补助费25万元，合计50万元。其中，省档案馆补助20万元，敦煌市档案馆补助5万元，甘南州档案馆补助2万元，其他23个市、县（区）档案馆重点档案抢救项目各补助1万元。

2003年，国家财政补助费35万元，省财政补助费30万元，合计65万元。

其中，省档案馆补助25万元，天水市档案馆补助4万元，临夏州档案馆、陇南地区档案馆、平凉市档案馆、张掖市档案馆、嘉峪关市档案馆、定西市安定区档案馆各补助2万元，民乐县档案馆、山丹县档案馆各补助1.5万元，其他21个档案馆的重点档案抢救项目各补助1万元。

2004年，财政部、国家档案局拨付本省重点抢救补助费30万元，省财政厅匹配补助费40万元，合计70万元。其中，省档案馆补助25万元，白银市档案馆补助5万元，天水市档案馆补助3万元，庆阳市档案馆、酒泉市档案馆、敦煌市档案馆、武威市档案馆、金昌市档案馆、甘南州档案馆、兰州市档案馆各补助2万元，其他23个县（区）档案馆的重点档案抢救项目各补助1万元。

2005年，财政部、国家档案局拨付本省重点档案抢救补助费40万元，省财政厅匹配补助费40万元，合计80万元。其中，省档案馆补助35万元，敦煌市档案馆补助5万元，临夏州档案馆补助3万元，天水市档案馆、平凉市档案馆各补助2.5万元，嘉峪关市档案馆、定西市档案馆、陇南市档案馆各补助2万元，其他23个县（区）档案馆重点档案抢救项目各补助1万元。

"十一五"（2006年—2010年）期间，重点档案抢救和保护补助费采取按项目申报和审批的方法进行，国家和本省对重点档案抢救和保护的补助费投入加大。2006年6月20日，时任副省长冯健身召集省档案局、省财政厅负责人专题研究国家重点档案抢救和保护工作。冯健身指出，保护档案是各级政府不可推卸的责任；2007年，要把档案抢救与保护经费问题写进财政工作会议讲话内容，从2007年开始，把档案抢救和保护列入财政预算，并且多方争取中央专项支持。同年7月26日，时任省财政厅文教处处长徐哲侃代表省财政厅参加在兰州举办的"全省实施《国家重点档案抢救和保护补助费管理办法》培训班"开班仪式。他在开班仪式上指出，今后，省财政将逐年加大对档案事业的投入力度，要将档案抢救和保护费用列入本级财政预算予以保障。各级财政和档案部门要按照国家两部门（国家档案局和财政部）的规定，严格管理，强化监督，专款专用，切实将重点档案抢救和保护费不折不扣地用到档案抢救和保护工作中去。

2006年，财政部、国家档案局拨付本省重点档案抢救补助费300万元，省财政厅匹配补助费40万元，合计340万元。其中，省档案馆补助117万元，张掖市1市5县（区）补助25万元，庆阳市1市7县（区）、天水市1市6县（区）、临夏州1州6县各补助20万元，平凉市1市6县（区）、白银市1市4县（区）、甘南州1州8县（市）各补助15万元，定西市1市6县（区）、酒泉市1市7县（区）、陇南市1市9县（区）各补助18万元，武威市1市5县（区）补助16万元，兰州市4县（区）补助9万元，金昌市1市1县补助7万元，嘉峪关市补助5万元。

2007年，财政部、国家档案局拨付本省重点档案抢救补助费340万元，省财政厅匹配补助费40万元，合计380万元。其中，省档案馆补助113万元，甘南州1州4县补助31万元，临夏州1州5县补助28万元，酒泉市1市4县（区）补助25万元，庆阳市1市4县补助25万元，陇南市1市5县补助23万元，平凉市1市4县补助21万元，天水市1市3县（区）补助19万元，张掖市1市3县补助19万元，白银市1市2县（区）补助16万元，兰州市4县（区）补助15万元，定西市1市3县补助14万元，武威市1市2县（区）补助14万元，金昌市1市1县补助11万元，嘉峪关市补助4万元。

2008年，财政部、国家档案局拨付本省重点档案抢救补助费354万元，省财政厅匹配补助费40万元，合计394万元。其中，省档案馆补助116万元，陇南市1市7县（区）补助35万元，甘南州1州6县（市）补助27万元，平凉市1市5县（区）补助25万元，庆阳市1市6县（区）、临夏州1州5县（市）7个各补助24万元，天水市1市6县（区）补助23万元，定西市1市4县（区）、酒泉市1市5县（区）各补助21万元，张掖市1市3县（区）、武威市1市3县（区）各补助18万元，白银市1市2县补助16万元，兰州市4县（区）补助12万元，金昌市补助8万元，嘉峪关市补助3万元。

2009年，财政部、国家档案局拨付本省重点档案抢救补助费360万元，省财政厅匹配补助费80万元，合计440万元。其中，省档案馆的4个项目补助158万元，天水市1市5县（区）10个项目补助27万元，临夏州1州5县7个项目、陇南市1市6县7个项目、庆阳市1市4县（市）6个项目、甘南州1州5县8个项目各补助25万元，定西市1市6县6个项目、酒泉市1市4县（区）6个项目各补助23万元，平凉市1市4县（区）7个项目、张掖市1市3县5个项目各补助

22万元，白银市1市3县（区）补助20万元，武威市1市2县（区）4个项目补助15万元，兰州市1市3区（县）4个项目补助12万元，金昌市1市2县（区）3个项目补助8万元，嘉峪关市2个项目补助5万元。

2010年，财政部、国家档案局拨付本省重点档案抢救补助费300万元，省财政厅匹配补助费80万元，合计380万元。其中，省档案馆4个项目补助85万元，天水市1市5县（区）7个项目、定西市1市4县（区）6个项目各补助30万元，平凉市1市5县（区）7个项目补助29万元，庆阳市1市6县（区）7个项目补助28万元，临夏州1州5县（市）7个项目、酒泉市1市4县（区）6个项目补助各27万元，张掖市1市4县（区）6个项目补助26万元，陇南市1市4县6个项目补助20万元，武威市1市3县（区）4个项目、甘南州1州5县（市）7个项目各补助18万元，白银市1市3县（区）5个项目补助16万元，兰州市4县（区）4个项目补助12万元，金昌市1个项目补助8万元，嘉峪关市1个项目补助4万元。

"十二五"（2011年—2015年）计划前三年，国家和省上投入于本省重点档案抢救和保护经费不断加大。2010年11月12日，国家档案局《关于贯彻落实〈国务院办公厅关于进一步支持甘肃经济社会发展的若干意见〉有关问题的批复》中指出："'十二五'期间，国家重点档案抢救和保护项目将继续实施，我们将根据你省实际，请财政部在分配补助经费时适当予以倾斜。"2011年，国家投入本省的重点档案抢救和保护经费达到400万元；省上投入的匹配经费亦达到百万元以上，2013年达到240万元。

2011年，财政部、国家档案局拨付本省重点档案抢救补助费400万元，省财政厅匹配补助费150万元，合计550万元。其中，省档案馆5个项目补助223万元，庆阳市1市6县（区）7个项目补助41万元，甘南州1州7县（市）10个项目补助40万元，天水市1市4县（区）6个项目补助32万元，平凉市1市4县（市）6个项目补助29万元，白银市1市3县（区）6个项目补助28万元，酒泉市1市3县（市）4个项目补助25万元，陇南市1市7县（区）9个项目补助24万元，临夏州1州4县6个项目补助23万元，张掖市1市4县（区）6个项目补助22万元，定西市1市4县（区）6个项目补助20万元，武威市1市3县（区）5个项目补助18万元，兰州市1市4县（区）5个项目补助13万元，金昌

甘肃省志 档案志

市1市1县2个项目补助8万元，嘉峪关市1个项目补助4万元。

2012年，财政部、国家档案局拨付本省重点档案抢救补助费370万元，省财政厅匹配补助费150万元，合计520万元。其中，省档案馆4个项目补助169万元，天水市1市5县（区）6个项目补助40万元，平凉市1市4县6个项目补助37万元，庆阳市1市5县（区）7个项目补助35万元，酒泉市1市3县（区）6个项目、武威市1市3县（区）5个项目补助各33万元，临夏州1州4县9个项目补助32万元，张掖市1市3县5个项目补助26万元，白银市1市2县（区）4个项目、定西市1市5县（区）6个项目补助各25万元，陇南市1市4县5个项目补助20万元，甘南州1州2县3个项目补助19万元，金昌市1市1区2个项目补助11万元，兰州市3县3个项目补助10万元，嘉峪关市1个项目补助5万元。

2013年，财政部、国家档案局拨付本省重点档案抢救补助费387万元，省财政厅匹配补助费240万元，合计627万元。其中，省档案馆补助170.5万元，天水市1市4县（区）补助46.5万元，张掖市1市3县（区）补助44万元，临夏州1州5县补助41万元，酒泉市1市6县（区）补助39万元，庆阳市1市5县（区）补助39万元，平凉市1市5县（区）补助37万元，甘南州1州5县补助36万元，陇南市1市5县补助35.5万元，定西市1市4县（区）补助34万元，兰州市1市6县（区）补助33万元，白银市1市3县（区）补助26万元，武威市1市2县（区）补助24.5万元，金昌市1市1区补助16万元，嘉峪关市补助5万元。

甘肃省国家重点档案抢救与保护补助费情况一览表（2000年—2013年）

表6—1

年 度	国家财政补助费（万元）	省财政补助费（万元）	补助经费合计（万元）	用于抢救与保护项目（个）
2000	30	10	50	—
2001	20	20	40	20
2002	25	25	50	27
2003	35	30	65	31
2004	30	40	70	35

续表

年 度	国家财政补助费（万元）	省财政补助费（万元）	补助经费合计（万元）	用于抢救与保护项目（个）
2005	40	40	80	35
2006	300	40	340	100
2007	340	40	380	82
2008	354	40	394	81
2009	360	80	440	84
2010	300	80	380	78
2011	400	150	550	80
2012	370	150	520	72
2013	387	240	627	–

三、做法

全省各级档案部门在抢救和保护国家重点档案工作中，主要采取以下做法：（1）强化组织领导，精心部署安排。2006年，在总结既往重点档案抢救和保护工作的基础上，省财政厅、省档案局联合制发并依据《甘肃省〈国家重点档案抢救和保护补助费管理办法〉实施细则》，组织领导、精心安排重点档案抢救工作。全省各级档案馆对馆藏重点档案认真调查摸底，详细掌握保管状况，开展社会调查，掌握了大量散存在社会、民间的珍贵档案线索。在此基础上，全省各级档案部门普遍制定了重点档案抢救和保护工作五年计划，突出工作重点，分别轻重缓急，明确抢救步骤，确保全省档案抢救工作的顺利实施。在每年全省档案工作会议上，对国家重点档案抢救保护工作专题安排部署。（2）进行目标管理考核和绩效考核。1991年，省档案局将重点档案抢救工作列入全省档案工作年度目标管理考核任务，并逐步从重点档案抢救保护经费配套与抢救保护工作完成两个方面进行考核。每年在全省档案工作会议上与各市（州）签订目标管理责任书，各市（州）也与所辖县（市、区）签订责任书，层层分解任务，把档案抢救任务落到实处。这个办法，加快和规范了自20世纪70年代末80年代初开展的重点档案抢救的工作进度。2006年，在重点档案抢救和保护工作中，增加了绩效考核内容。省档案局和省财政厅每年对各市（州）重点档案抢救和保护补助费的使用情况进行一次绩效评估，并将评估结果作为下一年度补助费分配的重要依据之一。绩效考核的内容包括：项目补助费到位情况和本级财政投入情况、项目实施情况比较、项目实施效果的结论。对于项目实施的评估情况，省档案局和省财政厅定期予以公布。这个办法，提高了重点档案抢救和保护工作的实际效果。（3）严格抢救标准，保证工作质量。20世纪90年代，各地档案抢救工作主要采取档案修复（利用优质宣纸和经过加工制作的糨糊对破损档案进行裱糊）、手工抄写（省档案馆专门印制档案手工抄写专用纸页）、字迹保护（利用陕西省档案馆李玉虎研制的"ZB——水溶色素保护剂"涂抹在褪色的字迹上）、复印（复印机复制二套）、缩微等手段，并对经修复、手抄、复印后的案卷重新组卷、更换卷皮，使大量档案得到安全管护。2000年以后，档案抢救和保护工作主要采取档案修复（传统的手工裱糊）、档案复制（主要利用计算机对档案原件进行全文数字化扫描）、档案征集（对散失在社会、民间的列入国家重点档案范围的档案史料征集进馆）、购置和完善档案保护设备与设施等措施。在上述工作中，坚持"濒危优先"的原则，把握抢救和保护两个内容。按照高标准、严要求、避免重复抢救的工作思路，实行"三定"（定任务、定标准、定进度）、"三查"（查修复、查分类、查组卷）方法，积极实施抢救保护。为确保抢救质量，各市、县把抢救难度大、不具备抢救条件的档案送到省档案馆或外地进行抢救。有的市、县还制定了《民国档案整理标准》《整理抢救民国档案人员考核办法》等工作标准和规定，使抢救工作有章可循、有规可依。（4）开展人员培训，提高抢救水平。各地档案馆采取外出培训、邀请专业人员来馆培训和聘请专业技术人员裱糊等方式，提高抢救人员工作技能。省档案馆派员到中国第一历史档案馆学习抢救技术，酒泉市档案馆举办全市档案裱糊培训班，庆阳市档案馆组织人员到裱糊书画店学习培训，兰州市档案馆聘请中国第一历史档案馆专家来馆修复重点档案"清代诏书"。2001年8月31日，省档案局贯彻落实国家档案局"中国档案文献遗产工程座谈会"精神，成立甘肃省档案文献遗产工程工作机构，举办了中国档案文献遗产工程申报工程培训班，有重点档案抢救任务的50多名地

（州、市）、县（市、区）有关人员接受了培训。（5）积极落实经费，确保专款专用。大多数市、县将事业费、档案管护费列入同级财政预算，全省重点档案抢救费逐年增加。2008年和2009年，省、市、县三级财政共筹措重点档案抢救保护专项经费500余万元，超过了"十五"（2001年—2005年）期间的资金总额。全省各级档案部门坚持"专款专用"原则，严格控制使用国家补助资金，确保资金使用效益。

四、成效

全省档案抢救和保护工作开展以来，尤其是通过实施重点档案抢救保护工程，本省国家重点档案保护状况发生了很大变化。（1）抢救效果。抢救之前，档案处于濒危状态，载体变脆发黄，毁页、褪色、掉字现象十分普遍，破损严重，无法正常提供利用，价值无法体现。抢救之后，破损档案的载体得以修裱、加固，字迹得到恢复，多数重点档案的卷皮、卷盒得以更换，部分重点档案制作了复制件、仿真件，档案分类更加科学，期限划分更加准确，检索更加符合数字化管理的要求，基本达到了永久保存、规范管理、方便查阅利用的目的。2013年底，省档案馆已抢救国家重点档案85054卷，占应抢救国家重点档案总数的96.15%。市（州）档案馆已抢救国家重点档案51829卷，占应抢救国家重点档案总数的50.36%。县（市、区）档案馆已抢救国家重点档案68543卷，占应抢救国家重点档案总数的53.5%。（2）抢救成果。"十一五"（2006年—2010年）期间，国家档案局批准本省重点档案抢救保护项目累计300余项，全省各级档案部门修复国家重点档案涉及396个全宗，计8.5万多卷（件），其中裱糊136.4万页，扫描460.4万幅，仿真复制3.3万页，输入重点档案检索目录36.2万条，购置主要用于国家重点档案和保护的计算机471台、扫描仪55台、数码照相机23台、防磁柜16个、密集架1867组，建立重点档案特藏库8个，征集珍贵档案资料22113卷（件），其中省档案馆征集到唐代两件敦煌写卷。（3）保管条件。抢救后的重点档案全部装入符合国家标准的档案盒，配备了专用档案柜；对保管库房进行了维修改造，普遍安装了防盗门、温湿度测量仪、换风扇，更换了防光窗帘；档案安全设施建设和安全设施得以落实，从根本上改善了档案的保管条件。

甘肃各级国家综合档案馆国家重点档案抢救情况一览表（1992年—2013年）

表6—2

单位：卷

年度	省档案馆		市(州)档案馆		县(市区)档案馆	
	应抢救	本年度抢救	应抢救	本年度抢救	应抢救	本年度抢救
1992	12475	2139	76231	5062	165482	4586
1993	12475	4827	79532	36977	179113	40027
1994	56223	6270	103663	4810	191349	8246
1995	56223	3600	103617	3951	200451	18127
1996	56223	15204	103578	3079	213481	12755
1997	56223	15263	106670	3332	221369	12507
1998	56223	–	127613	24669	219472	13195
1999	56223	500	126658	2288	216220	8619
2000	56223	1087	115383	1042	148491	3567
2001	–	–	93492	918	180474	3932
2002	–	–	96957	1958	190080	4556
2003	–	–	86500	1780	222708	5208
2004	–	–	104986	1893	232727	11196
2005	–	–	104986	3601	236021	5376
2006	11295	500	105050	1461	305515	6649
2007	88485	551	102910	3672	127849	6623
2008	88485	3500	102910	2730	129370	5015
2009	–	–	–	–	–	–
2010	88485	–	102910	5581	130910	4707
2011	88485	5902	102910	3826	130910	5116
2012	–	–	–	–	–	–
2013	88485	7054	102909	4678	128103	6288

2013年甘肃省各级国家综合档案馆国家重点档案抢救情况一览表

表6—3

单 位	应抢救档案总数		已抢救档案数量		2013年度抢救档案数量	
	卷	件	卷	件	卷	件
省档案馆	88485	–	85054	–	7054	–
市(州)档案馆	102909	–	51829	–	4678	–
县(市、区)档案馆	128103	–	68543	–	6288	–
合 计	319497	–	205426	–	18020	–

第二节　自然灾害中的档案抢救与保护

自2008年以来，省内一些地方各种自然灾害频发，使档案资源遭到不同程度的损失，有些甚至是毁灭性的破坏。各级档案部门在灾害发生后，积极采取各种有效措施，抢救和保护档案，使档案的损失降低到最低程度。

一、"5·12"特大地震中的档案抢救与保护

2008年四川汶川"5·12"特大地震发生后，与四川毗邻的甘肃陇南8县1区受灾严重。陇南市档案馆在旧城山的库房山体崩塌；礼县档案馆12间房屋倒塌；文县档案馆、武都区档案馆、徽县档案馆墙体和屋顶出现严重裂缝，大量档案柜被震倒，档案散落在地。5月21日，时任省委副秘书长、省档案局局长刘玉生赴陇南察看灾情，要求采取有效措施，把处于危境中的档案转移到安全地带，将档案受灾、受损情况及时上报当地政府和上级档案部门，积极做好档案抢救和保护工作，并全力做好灾后的档案安全保护管理，防止档案因天气、人为等因素二次受损，确保档案安全。6月2日，副省长郝远指示档案部门全力做好灾区档案抢救、保护和抗震救灾档案资料的收集工作，做到随着抗震救灾工作的进展将形成的各类档案资料及时收集归档，确保档案安全和抗震救灾档案资料齐全完整。

6月24日，省档案局就地震地区受灾档案抢救保护工作情况向国家档案局报告称，"由于各级档案部门及时采取措施，档案基本没有发生水淹、雨淋、丢失等情况，目前各档案馆正在组织力量重新修补、整理、归档，积极开展自救，暂不需要派人指导"。9月12日，省档案局向国家发改委投资司申报重灾区档案馆重建和维修列入建设项目计划，陇南市档案馆等受灾县档案馆列入灾后重建规划。

二、舟曲特大山洪泥石流中的档案抢救与保护

2010年8月8日，甘南藏族自治州舟曲县突发特大山洪泥石流灾害，造成重大人员伤亡和财产损失。舟曲县档案局职工及亲属共11人遇难。此外，全局职工（含离退休）的非直系亲属遇难61人，县直单位档案工作人员遇难4人。此次特大山洪泥石流距县档案馆仅七八米，淤积的泥石流与县档案馆二楼同高；全县19个单位的档案室不同程度地遭受泥石流冲击，有的被冲毁，有的被掩埋浸泡。据统计，在这些档案室存放的档案资料共有10294卷（册），其中70%以上列入县档案馆接收计划。

灾情发生后，省档案局及时召开党组扩大会议，传达省委关于迅速动员投入舟曲县抢险救灾工作的紧急通知，结合档案工作实际，部署抢险救灾工作的各项任务：（1）在第一时间向省委和国家档案局报告了舟曲县档案管护和档案部分人员伤亡情况，及时向舟曲县档案局发去慰问电，并转达了国家档案局对舟曲县档案工作者的慰问及10万元慰问金。（2）全局干部职工踊跃捐款2.11万元，通过民政部门捐往灾区；省局筹措资金5万元给舟曲县档案局用于抗洪救灾，同时转交上海市档案局向舟曲县档案局捐助的10万元慰问金。（3）向各市（州）下发了关于预防灾害确保档案安全的通知，并对档案部门在抢险救灾期间和今后一个时期的重点工作提出了要求。（4）要求舟曲县档案局及时了解上报档案受损情况，并向甘南藏族自治州档案局和舟曲县档案局下发了《关于迅速开展舟曲县特大山洪泥石流灾害档案资料收集整理工作的通知》，要求档案部门在搞好中心工作的同时，及时收集抗洪救灾中形成的文字和声像资料。为确保这项工作扎实开展，成立了以时任省委副秘

书长、省档案局局长刘玉生任组长，副局长张蕊兰、张烜，甘南藏族自治州档案局局长李生瑞任副组长的"舟曲县特大山洪泥石流灾害档案资料收集整理工作领导小组"。同时，向甘南州下拨了5万元作为这项工作的前期启动经费。

8月15日，时任省委常委、省委秘书长姜信治看望慰问了舟曲县档案局受灾干部职工。并看望慰问了2名遇难职工及家属遇难的1名职工，每人送去慰问金3000元。

9月2日，时任省档案局副局长张蕊兰赴京向国家档案局局长杨冬权汇报舟曲特大山洪泥石流灾害中被掩埋和浸泡档案的抢救情况。杨冬权要求甘肃档案部门全力做好受灾档案的抢救工作，绝不能让档案二次受损，要求省档案局积极协调舟曲县建设新馆库，不失时机地做好抢险救灾档案的收集工作。省档案局和甘南州档案局及时指导灾区档案部门组织力量保护重要档案和抢救受损档案，收集灾害中散失的档案和抗灾救灾中心形成的档案，并及时提供有关部门利用。同日，在舟曲指挥抢险救灾的省委副书记鹿心社在听取省档案局负责同志汇报受损档案抢救工作后指出，一定要尽最大努力抢救好、收集好、整理好，防止档案二次受损。

灾后，舟曲县城堰塞湖水排出，在清淤过程中，一些受损档案得到及时转移。2010年9月3日，省档案局（馆）收集整理处提出《舟曲县特大山洪泥石流灾害受损档案抢救修复指导意见》。具体办法是：1.对档案进行去污泥处理。由于遭受泥石流水浸的档案上带有淤泥、污物，需要对档案进行清洗：（1）针对泥沙处小心清洗，避免过多的蘸水和清洗导致纸张起皱变形；（2）对染有颜色、油污等污染物的档案需单独处理并分开放置，避免污染周边档案；（3）将去污处理后的档案展平置于塑料筐（袋）内，待进一步减湿干燥处理，数量大的受淹档案，采取冷冻保存，抑制霉菌等微生物生长繁殖，然后分批减湿干燥；（4）清洗过程中，小心搬运档案，避免二次损害；（5）对于单页档案的去污可放在玻璃板上，用毛笔蘸清水小心清除，待完成后，借助玻璃板将档案慢慢移动至平坦干燥处，以避免损伤纸张。2.进行减湿干燥或自然晾干。因灾区现无去湿设备，最简单的方法是自然晾干，不可暴晒和风吹。（1）将档案用吸水材料去除明水，放在通风条件好的房间展平

甘肃省志

档案志

放置，用吸水纸反复去潮，自然晾干，每天坚持翻动数次；（2）在档案中加入吸水纸，并及时更换，也可用电风扇增强通风去湿效果。对于单页档案或较薄的档案文件应将其平放在干净的吸水纸上，勤换吸水纸以加快干燥速度，快干时也需压平处理，使之平展。对水浸录音录像带的减湿干燥处理，采用滤纸等材料去除水分，置于阴凉通风处阴干，借助吹风机、电风扇等加速干燥。3．破损档案进行及时的托裱修复。利用现有的档案托裱工具或设备，对泥水浸泡中破损的档案进行托裱，使其恢复原貌。

在此次特大山洪泥石流灾害发生后，国家档案局将舟曲县档案馆列入"灾后重建"计划，拨款900万元建馆，2012年6月开工建设。

三、东乡县特大滑坡地质灾害中的档案抢救与保护

2011年3月2日，东乡族自治县县城发生特大滑坡地质灾害，县档案馆整体楼房严重倾斜，直接威胁档案的安全。灾情发生后，县档案局及时将馆藏4.9万卷档案搬迁到县城地势较高的一所学校二层教室里，作为临时库房和办公场所。时任省档案局局长张蕊兰赴灾区察看县馆受损情况，专题研究灾区档案安全事宜，省档案局拨出档案抢救和征集费15万元用于受灾档案的抢救。同年，国家发改委将东乡族自治县档案馆重建列入县城整体重建计划。同年3月8日，省档案局在全省开展"档案安全体系建设年"活动，要求通过活动的开展，使全省馆（室）藏档案安全管理水平显著提高，档案安全管理长效机制进一步巩固完善，最终建立起思想重视、组织健全、设施完备、设备先进、制度严密、措施到位、防治兼备的档案安全体系。"档案安全体系建设年"活动的开展，促进了应对自然灾害和其他突发事件的防范和应急处理机制的建立。各级档案部门设立了档案安全协调领导小组，结合本地实际，制定了包括抗震应急处置预案，汛期防暴雨、防洪水、防泥石流应急处置预案，防火、防水、防盗应急处置预案，防社会群体性事件应急处置预案等档案安全应急预案。

第七章　档案法制建设

GANSU SHENG ZHI DANG AN ZHI

第一节　地方法规体系

一、《甘肃省档案条例》

20世纪80年代末，《中华人民共和国档案法》及《中华人民共和国档案法实施办法》相继颁布，档案事业走上了有法可依的法制轨道。1995年，省档案局开始着手地方法规《甘肃省档案管理条例》的起草准备工作。1997年初，省档案局成立《甘肃省档案管理条例》起草领导小组，经过调研、征求意见和十余次修改，形成了《甘肃省档案管理条例》草案。同年7月7日，经省人民政府常务会议审议通过，并提请省人大常委会审议。省第八届人大常委会经过第二十八、二十九两次常委会议审议，于9月29日通过并于同日公布施行。《甘肃省档案管理条例》分总则、档案机构及其职责、档案的收集、档案的管理、档案的利用与公布、奖励与处罚、附则等7章40条。《甘肃省档案管理条例》是依据《中华人民共和国档案法》及《中华人民共和国档案法实施办法》，结合甘肃省档案工作的实际情况制定的，是甘肃省第一部地方性档案法规。11月15日，时任省人大常委会副主任姚文仓在甘肃电视台发表电视讲话，要求地方各级人大常委会监督本级人民政府依法管理档案事业，及时了解和掌握《档案法》和《甘肃省档案管理条例》的执行情况，切实加强档案执法工作。

2009年11月27日，《甘肃省档案管理条例》经省第十一届人大常委会第十二次会议修订通过，以《甘肃省档案条例》名称公布，自2010年2月1日起施行。修订后的《甘肃省档案条例》强化了档案工作的社会责任和服务功能，保持了与《行政许可法》《政府信息公开条例》的有效衔接，结构设置上在继承原条例的基础上，对章节名称和条款设置做了部分调整，分为总则、档案机构及其职责、档案的移交和收集、档案的管理、档案的利用与公布、法律责任和附则7章41条（见附录：档案工作重要文献辑存）。

二、地方法规体系建设

《中华人民共和国档案法》颁布后，省档案局依法行政的主要工作是使国家颁发的档案法律法规在本省具体化，建立本省的档案法规体系。1994年4月，省档案局制定了《甘肃省档案法规体系方案》，开始了本省档案法规体系建设。方案的内容构成分为三个层次。第一层次：地方档案法规。由甘肃省人大常委会制定，民族自治州、自治县人大有权制定单行条例。第二层次：地方政府档案规章。由甘肃省人民政府依法定权限和程序制定或批转本级档案局制定的规范性文件。第三层次：档案工作规范性文件。由各级档案局制定，包括与本级政府其他部门联合制定或转发行政、业务、技术、标准等有具体规定的档案工作规范性文件。方案确定了1985年《甘肃省人民政府关于批转全省城建工作会议纪要的通知》及其附件《甘肃省城市建设档案管理试行条例》政府规章1件；确定了1981年至1993年省档案局以及省档案局与省级其他部门联合制发的档案工作规范性文件39件。甘肃地方档案法规体系建设工作起步较早，同年《中国档案》第7期报道了甘肃制定档案法规体系方案的消息。

1997年9月，省人大常委会审议通过了《甘肃省档案管理条例》，全省档案法规体系有了第一层次的地方档案法规。2001年12月，省档案局对1981年至2001年的档案法规、规章和规范性文件进行了清理，对档案法规《甘肃省档案管理条例》提出修订意见。政府规章《甘肃省人民政府关于批转全省城建工作会议纪要的通知》及其附件《甘肃省城市建设档案管理试行条例》废止，执行1997年国家档案局制发的《城市建设档案归属与流向暂行办法》；36件档案规范性文件废止9件，需修订4件，继续执行23件。2009年11月，《甘肃省档案管理条例》经省人大常委会修订通过，更名为《甘肃省档案条例》。2010年11月，省档案局对本局1986年至2010年9月制发的规范性文件进行了清理。省档案局现行规范性文件37件，其中保留2004年《甘肃省档案局关于印发〈甘肃省城市社区档案管理办法〉的通知》等14件，废止1990年《甘肃省档案局关于印发〈甘肃省各级综合档案馆上等升级试行办法〉的通知》等22件，修订1992年《甘肃省利用档案收费规定》1件。2013年7月30日，省档案局转发《国家档案局关于严格执行财政部、发展改革委关于取消利用档案收费规定的通知》后，《甘肃省利用档案收费规定》自行废止。

2013年，全省档案法规体系尚缺少第二层次的政府规章。

第二节　行政执法

一、法制机构及人员

1992年，落实国家档案局《档案执法监督检查工作暂行规定》，全省14个地（州、市）档案局（处）、75个县（市、区）档案局及部分大型企业事业单位档案部门成立了档案执法监督检查领导小组，有档案执法人员监督检查员212名，档案违法案件查处、备案制度和档案行政执法情况年终报告制度逐步建立。

1993年10月7日，成立甘肃省档案局档案执法监督检查领导小组和甘肃省档案局行政复议小组，负责全省档案执法监督检查和行政复议工作。日常工作由科教宣传处法制宣传组承办。罗浩任档案执法监督检查领导小组组长，王爱彦任行政复议小组组长。

1996年省档案局设立政策法规处，作为全省档案行政执法管理的专门机构。1999年4月，省档案局成立档案行政执法领导小组和档案行政复议小组，制定并印发《甘肃省档案局行政执法责任制实施方案》。同年，又先后制定印发了《甘肃省档案行政执法部门执法责任制考核暂行办法》《甘肃省档案行政执法过错责任追究办法》等配套规范性文件，并建立了省局内部（处）室行政执法责任制度。2003年，政策法规处撤销，法规业务合并到科教宣传处。2004年11月，科教宣传处更名为法规宣传处。其职责主要是：负责《中华人民共和国档案法》《中华人民共和国档案法实施办法》和《甘肃省档案管理条例》等法律、法规的学习、宣传和贯彻实施；负责档案法规、规章的草拟、审核、报批和备案工作，对全省性档案工作法规、规章和规范性文件及时进行清理、修订或废止；组织开展全省档案行政执法检查，查处档案违反案件；负责省档案局行政许可项目、备案制管理项目以及非行政许可项目的后续监管工作；负责全省档案行政复议及应诉工作。地（州、市）档案局有的设立法制科，未设专门机构的，法制业务放在指导科。

省、地、县三级档案行政管理部门都设置了档案行政执法人员和档案行政执法监督检查人员。各级档案部门配合当地政府法制部门对档案行政执法人员进行了综合法律知识的培训，系统学习有关法律、法规，经考试合格，获取行政执法资格证和行政执法监督检查证。1998年，省档案局有行政执法员15名，行政执法监督检查员2名；地（州、市）档案局（处）有行政执法员55名，行政执法监督检查员24名；县（市、区）档案局有行政执法员299名，行政执法监督检查员127名。2002年，全省有行政执法员346人，行政执法监督检查员142人。

2013年，省档案局有执法监督员2名，行政执法员9名。

二、执法主体资格

行政执法活动是行使国家行政权的活动，承担行政执法活动的机关或组织，应具备相应的条件或资格并经国家有关机关的合法许可。1997年8月，全省14个地（市、州）、85个县（市、区）档案行政管理部门的行政执法主体资格全部确认并向社会公布。同年12月15日，甘肃省人民政府签发甘肃省档案局行政处罚实施机构资格证书，确认甘肃省档案局为档案行政处罚主体资格单位，并在《甘肃日报》登载公布。

三、执法检查

1991年1月，省档案局设立法制宣传组，隶属于省档案局科教处，配备两名工作人员，主管全省档案立法、执法和档案宣传工作。临夏、定西、武威、庆阳4个地（州）档案局（处）确定了法制工作分管领导和执法监督人员，尚有10个地（州、市）档案行政管理部门未确定和配备执法监督检查主管领导和人员。

1992年3月30日，国家档案局发布《档案执法监督检查工作暂行规定》，赋予县级以上档案行政管理部门依法行使档案执法监督检查权。是时，甘肃省、地、县档案局（处）设置档案执法监督检查小组112个、法制监督检查员400余人，对各自所辖范围内《中华人民共和国档案法》颁布以来贯彻实施情况进行监督检查。

1992年10月，省档案局派出3个检查组，首次对14个地（州、市）和部分省直机关、大型企事业单位进行档案执法检查。执法检查发现如下问题并责令整改：档案保管条件差，危及档案安全问题；档案保管不善，造成档案丢失问题；久借档案不还问题；不按规定向档案馆移交档案问题；在档案利用中涂改、折叠、损害档案、私自复制档案问题；档案法规、制度配套建设不健全、不完善问题，以及档案管理工作所需财、物等方面的问题。1994年9月进行第二次检查。检查的重点内容是贯彻实施《中华人民共和国档案法》所做的主要工作和存在问题，档案违法行为是否及时得到查处，档案执法监督检查机构（或组织）、执法监督检查员、执法工作分管领导是否落实。省内各级档案部门由主要负责人带队，有的地区还与人大工委、保密部门组成联合检查组开展检查。两次检查查处了私自挤占档案库房，以及由于个人行为造成档案损失等31起违法案件。

1996年7月5日，《中华人民共和国档案法》修正案经第八届全国人大常委会第二十次会议审议通过。26日，时任甘肃省人大常委会副主任穆永吉在甘肃电视台发表电视讲话，要求各级人大加强《中华人民共和国档案法》实施的执法监督，各级各部门领导干部，要把重视和支持档案工作提高到依法治国、依法行政，建设社会主义法制国家的高度来认识，切实为档案部门实施《档案法》，解决一些靠档案部门自身难以解决的实际问题。8月3日，省档案局在兰州东方红广场等5个地点分别举行贯彻《中华人民共和国档案法》宣传咨询活动，时任省人大常委会副主任王金堂接受甘肃电视台记者现场采访时指出，要发挥档案在国民经济和社会发展过程中的重要作用，要把档案工作纳入法制管理的轨道。1997年11月5日，时任甘肃省人大常委会副主任姚文仓在甘肃电视台发表电视讲话，要求各级人大常委会监督本级人民政府依法管理档案事业，及时了解和掌握《档案法》《甘肃省档案管理条例》的执行情况，切实加强档案执法工作，促进全省档案事业不断向前发展。同年，按照省档案局的统一安排，各地开展了不同形式的执法检查。酒泉、嘉峪关、白银、临夏等地（市）与当地人大常委会、人大工委以及政府司法部门联合进行了档案执法检查。

1998年，省、地、县三级档案行政管理部门的行政执法主体资格得到确认，《中华人民共和国档案法》也列入了当地"三五"普法内容，省档案局建立档案执法领导小组和复议小组，各地普遍建立。7月，省档案局制定《甘肃省档案局行政执法责任制实施方案》，把档案工作的法律、法规和规章分解到具有行政执法职责的处（室）和人员，明确执法责任。同年，平凉地区档案处和张掖地区档案处分别对辖区内510个、627个各级各类单位的档案执法情况进行检查。通过检查，促进了社会各方面对档案和档案工作的更多了解，解决了许多单位多年来在档案移交和业务经费等方面存在的问题和困难。金塔县档案局针对一些行政村建档工作迟缓问题，下发了档案执法检查通知书，限期完成建档任务。临夏州通过执法检查，先后向州直有关单位下达《档案执法监督检查通知书》20余份，限期整改。

1999年5月，省档案局根据几年来档案行政执法的实践，制发了《甘肃省档案局档案行政执法过错责任追究办法（试行）》，进一步确保档案行政执法部门依法行政，预防和减少错案发生。9月10日，张掖地区人大工委组织地区和所属6县、市的全国人大代表和省人大代表32人到地区档案处，视察档案行政执法工作，这是甘肃省首次由人大代表对档案行政执法工作进行检查评议。酒泉地区开展对涉农部门进行执法检查，白银市、嘉峪关市有针对性地对市直单位进行执法检查。同年，省档案局建立了依法治理联系点制度，局主要领导和分管领导各确定一个地区，对该地区的档案执法工作进行具体指导，使联系点上的工作先行一步，以点带面，促进全省依法治档工作的平衡发展。

从2000年起，各地档案局至少每年开展一次档案执法检查，把严格执法、强化监督作为依法管理档案事业的重要内容。2002年，省档案局和计划、财政、人事部门协调，先后与省财政厅联合发出《关于认真落实档案管护费的通知》，向省财政厅报送了《关于解决地、县档案馆档案管理现代化经费的函》，同时由局领导带队，分别到11个市（州）及所辖42个县（市、区）检查文件落实情况，与当地党政领导协商解决档案部门实际困难。

2003年8月，以时任国家档案局副局长、中央档案馆副馆长杨冬权为组长的国家档案局行政执法检查组来兰州、酒泉、嘉峪关、张掖、金昌等地进行档案行政执法检查。之后，省档案局采取以下措施整改检查中发现的问题：一是将检查情况向省委进行了专题汇报，省委协调解决了省档案馆新馆建馆经费不足等问题；二是由省委、省政府召开全省档案工作会议，各市（州）党委、政府分管档案工作的负责同志，省直各部门及中央在甘各单位分管档案工作的负责同志参加会议，时任中共甘肃省委副书记韩忠信到会讲话，要求各级党委、政府要把档案事业纳入全面建设小康社会的总体规划中，及时研究解决档案工作存在的突出矛盾和问题。三是经过调研分析，提出了进一步加强全省档案工作的意见，由省委办公厅和省政府办公厅联合转发；四是将档案系统存在的问题列入了省委办公厅督查项目，省委办公厅下发《关于对各市（州）档案管理工作情况进行督促检查的通知》，由分管档案工作的省委副秘书长率队到基层进行督查。2004年，各级档案部门会同人大工委等部门对2200多个机关、企事业单位进行了行政执法检查。张掖市档案局依法查处了市外贸局综合加工场涂改18名职工档案的违法事件，对有关责任人做出行政处分。武都县依法查处了县土地局档案受损问题，追究了当事人的责任，并在全县范围内进行通报。平凉市档案局针对执法检查发现的问题，积极与县（区）领导研究整改意见，为灵台、泾川、崇信三县解决了档案管护费问题，为所辖七县（区）档案馆解决了防火防盗等设施设备。同年7月，省人大常委、科教文卫委员会主任王洪宾带领的档案行政执法调研组对兰州市、永登县、皋兰县和白银市、白银区等市、县进行调研。对兰州市档案局多方努力建成新馆，筹资购置设备300万元；永登县档案馆落实档案人员接触有毒有害工作岗位津贴；白银市采取措施解决档案工作存在的突出问题给予肯定，要求市、县人大切实解决馆库建设、档案管护费等问题。各市（州）对1600多个机关、企事业单位和乡（镇）、村进行了执法检查，针对馆库存在的安全隐患、装具不足、不按时移交档案、管护费不落实等问题，提出限期整改的措施和通知。2005年，时任省人大常委会副主任杜颖到省档案局检查工作，要求积极开展档案行政执法工作，不断研究和解决档案管理工作中存在的各类问题。促进档案事业发展。

2005年11月，省档案局组成由本局法规宣传、业务指导、收集整理等部门人员参加的行政执法检查组，对省民政厅、省建设厅、省经委、省科协、省行政管理学院、省农垦总公司等14个单位进行抽查。查处以下几个普遍存在的问题：档案收集、整理、归档、移交等方面缺乏有效的法制制约；声像照片收集不全和收集困难问题；档案室均存在应移交档案未移交问题；严重火灾隐患问题，如木柜存放档案、档案室周边堆积易燃品、档案室门口用液化气做饭、没有专用库房问题等。省档案局提出整改意见，并发出通报。

2008年以来，各地将档案安全放在档案行政执法检查工作的首位。2008年6月，省档案局对省委宣传部、省教育厅、省总工会、省人防办、省旅游局等单位进行了档案执法检查。对部分单位档案库房存在安全隐患问题，提出整改措施。2010年4月，省档案局局长带队，组织各业务处室负责人和市（州）档案局长参加的5个执法检查组，先后到14个市（州）的综合档案馆和机关、社区、乡（镇）、村、企业等100多个单位的档案馆、档案室就馆库建设、安全保管、设施设备配置等情况进行检查，发出《甘肃省档案局关于全省档案行政执法检查情况的通报》。通报对绝大部分市、县现有档案馆不符合国家档案局制定的《档案馆建筑设计规范》和《档案馆建设标准》，或库容小，或年久失修，或功能不全，不能满足档案安全保管的要求；对部分县（区）还没有独立的馆舍，租借或合用，不利于档案的安全保管；对档案管护设施较差，大部分市、县档案馆无安全监控设施和报警装置，少数没有消防灭火器材或数量过少，存在安全隐患；对少数部门还没有"三室分开"，个别单位还使用木质柜保管，不符合"八防"要求；对大部分档案馆电子文件中心存在档案信息泄密、失密的安全隐患等，提出了整改要求。

2012年8月初，以时任省人大常委会副主任崔玉琴为组长的调研组进行档案工作调研和执法检查。8月3日，听取了省档案局关于全省档案工作情况的汇报。8月中下旬，调研组分三路赴兰州、天水、陇南、张掖、酒泉等市及部分县（区）调研。调研组对各级档案部门坚持依法治档，全面加强档案资源建设、安全保障、开发利用等工作给予充分肯定，指出了存在的主要问题：（1）依法管理档案工作的认识还不到位，一些地方和部门未将档案事业列入本地本部门发展规划和责任目标管理考核范围。一些地方和部门的档案工作长期处于被忽视、被弱化的境地，档案工作存在的实际困难和问题长期得不到解决；（2）经费投入不足，档案馆基础设施建设相对滞后。不少地方没有档案事业发展经费保障机制，一些市、县只将档案人员的经费列入年度预算，而没有建设配套费用；（3）基础较差，不少地方和部门的档案馆计算机设备落后，没有先进的软件系统，档案信息化工作存在一些困难。数字档案馆建设需构建"三网一库"网络体系和大容量数据库，实现熟悉档案信息的采集、网上发布、网络查询、安全贮存等功能，但缺乏资金投入，技术水平难以跟进。调研组提出了进一步重视档案事业可持续发展；加大宣传力度，为档案事业发展创造良好条件和不断加大对档案基础设施设备的资金投入等意见建议。建议从省、市、县三个不同层面，加强对档案工作的资金投入。在县级档案馆建设方面，要抓住灾后重建和国家支持中西部地区县级综合档案馆建设的机遇，协调解决档案馆建设用地、市政配套设施，提供省、市、县三级资金配套。在市级档案馆建设方面，将不符合《档案馆建设标准》的档案馆，列入当地建设规划，逐年立项，建设标准新馆。在省档案馆的数字档案馆建设方面，要支持档案部门的档案信息化建设，将档案纳入本地信息化建设总体规划。

同年9月26日，省十一届人大常委会第二十九次会议听取了时任甘肃省档案局局长张蕊兰受省人民政府委托做的关于全省档案工作情况的报告，并书面听取审议了省人大常委会调研组《关于全省档案工作情况的调研报告》。会后，省人大常委会办公厅向省人民政府办公厅转送了《关于全省档案工作情况的调研报告中提出的意见建议的函》，要求省档案局抓好会议精神和决定事项的贯彻落实。

2013年1月31日，根据《国务院办公厅关于推行行政执法责任制的若干意见》，省档案局制定《甘肃省档案局关于行政执法依据的公告》，对行政执法职权提出法规依据，供社会公众查询监督。

第八章　档案工作监督指导

GANSU SHENG ZHI DANG AN ZHI

全省各级档案局按照《中华人民共和国档案法》关于"县级以上地方各级人民政府的档案行政管理部门主管本行政区域内的档案事业，并对本行政区域内机关、团体、企业事业单位和其他组织的档案工作实行监督和指导"的规定，分层负责，进行管理，结合本地区情况，制定本地区档案工作的规则、制度和办法，指导和监督、检查本地区档案工作。

第一节　档案馆工作监督指导

1992年7月29日，省档案局印发《甘肃省地（州、市）档案管理工作定等升级试行办法》。该办法提出开展地（州、市）档案管理工作定等升级工作，等级分为省一级、省二级和省三级，内容为地（州、市）和县（市、区）档案行政管理工作、档案馆工作、机关档案工作和企事业档案工作；考核项目分别为领导工作、法制建设、干部队伍、馆库经费、业务指导五大项。

1993年，省档案局把企业的竞争、激励机制引入档案工作，在全省范围开展了目标管理责任制，将档案工作的整体目标逐级分解，落实到具体人员。当时采取的是表格式考核指标加简要文字说明的方式，这一指标体系直观明了，操作方便，易于汇总对比。同年省档案局向各地区档案部门下达了"丰富馆藏""开放档案""上等升级"和"编研工作"四项目标管理考核指标。1994年，根据工作发展需要，又增加了"档案利用""经济部门建档试点"等三项目标管理指标。这是甘肃档案部门第一次将目标责任制引入到档案事业的管理中。此后20年来，省档案局将其作为档案事业宏观管理的一个重要手段，每年与市（州）档案部门签订《档案工作目标管理任务书》，年复一年不懈探索，在实践中不断调整、完善、优化，逐步构建了一个基本符合档案事业发展规律、甘肃实际情况和实用有效原则的档案工作目标管理体系。

20世纪90年代以来，省内各地由于机构变化而产生的立档单位变化等原因，一些地、县综合档案馆在建立档案全宗、编定全宗号工作中存在认识不一致、作法不规范、特殊情况处理把握不准，甚至全宗划分编号长期确定不下来等问题。省档案局经过深入调查研究，结合本省实际和档案管理现代化的要求，于1998年12月3日，下发《甘肃省档案局关于规范地县综合档案馆建立全宗编定全宗号工作的意见》，明确了凡是能够独立行使职权，并主要以自己的名义对外行文的国家机构和社会组织，即可构成一个立档单位。凡是符合立档单位条件的，其形成的所有档案（部分类别、载体）均可单独建立全宗。这份文件还对1949年以后应单独建立档案全宗的机关单位、立档单位发生变化时如何建立全宗、特殊情况下如何建立全宗、如何确定全宗名称，以及如何编定全宗号等问题，提出规范意见。

2002年5月20日，省委办公厅、省人民政府办公厅转发《关于协调解决全省档案事业发展中若干突出问题会议纪要》。该纪要对部分地、县和省档案馆库建设、档案事业经费、档案管理现代化、档案工作人员待遇和充分发挥地方档案行政职能等问题，提出了解决的方案和途径。

2003年8月15日，省委办公厅印发《关于转发省档案局党组〈关于进一步加强全省档案工作意见〉的通知》，针对省内一些地方和单位档案部门长期存在的实际困难和档案工作面临的形势，对建立现行文件查阅中心、开展社区档案工作、加大档案行政监督检查和执法力度、按投资体制把档案馆库建设列入计划部门的基建计划、将档案事业经费列入同级财政年度预算、加速档案信息化建设步伐、按规定落实档案人员岗位津贴等一系列问题都提出明确要求。

2004年10月21日，省委、省人民政府在兰州召开全省档案工作会议，重点研究解决全省档案工作存在的突出矛盾和问题。时任中共甘肃省委副书记韩忠信指出，各级党委、政府要从贯彻落实"三个代表"重要思想的高度，从树立和落实科学发展观、统筹经济社会协调发展的高度，充分认识新时期档案工作的重要性，进一步增强做好档案工作的使命感、责任感和紧迫感，努力做到对历史负责、为现实服务、替未来着想，把全省档案工作提高到一个新水平。他强调指出，各级党委、政府要切实加强对档案工作的领导，重视档案工作，支持档案工作，想方设法为档案部门办实事。韩忠信在讲话中要求各级档案部门要科学把握全省经济社会发展需求，全面加强档案资源的开发与建设；要紧紧围绕中心工作，不断创新档案工作服务机制，积极拓展档案服务领域；要着眼于档案工作的可持续发展，加快档案信息化建设；要根据党的十六大和十六届四中全会精神，建设好各级档案部门领导班子，提高行政管理的能力和水平。

2005年，省档案局组织了由局领导带队的三个督查组，分赴全省各地，对解决档案事业发展中突出问题的情况进行深入调研和督查。省委办公厅、省政府办公厅转发了省档案局上报的《关于督查各市（州）档案工作的情况报告》。同年，省档案局在充分调研的基础上，起草了《关于进一步加快档案信息化建设的意见》和《关于确定我省各级国家综合档案馆为政务信息公开场所的请示》。这两个文件，由省委办公厅和省政府办公厅印发全省贯彻执行。

2006年是"十一五"计划开局之年，省档案局对执行了十几年的档案工作目标管理考核指标体系进行首次大的调整，即由文本式替代表格式。新的档案工作目标管理指标体系的基本构架是：选择档案工作基本的、现阶段重要的并具有普遍性的指标，将其按照性质分为"增加投入改善基础设施""夯实基础狠抓业务建设""开发档案服务中心大局"和"加强安全队伍法制宣传"四个相对独立的板块，并设立一个创新附加项，简要阐明考核的质量要求和需提供的佐证材料。这次调整的基本思路是：（1）注重工作质量管控，由粗放发展向精细管理转变；（2）化解减少发展不平衡矛盾，积极促进档案事业在不同地区、不同业务项目之间的全面均衡发展；（3）对佐证材料的要求更加严格，以确保考核结果的真实性和准确性；（4）对每个地区市、县两个层级和不同项目分别考核计分，完成任务量不能互相顶替，以免出现的突出问题、薄弱环节经过"平均""汇总"而"消失"。

同年8月31日，甘肃省国家综合档案馆功能建设工作会议在平凉市召开。会议考虑到甘肃大部分档案馆"四位一体"功能不健全，拓展档案馆社会服务功能方面具有典型意义的亮点少，提出今后5年全省要从6个方面整体推进各级国家综合档案馆"四位一体"功能建设：（1）大力推进档案馆库和设备设施建设，省、市、县三级联动，继续争取各级党委和政府的支持，努力促进基础设施落后等问题的早日解决；（2）大力推进档案资源建设，通过加大对档案资源监管和整合力度，逐步促进各级国家综合档案馆档案资料总量的增加、质量的提高和结构的优化；（3）大力推进爱国主义教育基地建设，通过基本陈列、专题展览、网上浏览、流动展览等多种形式，把各方面的社会公众吸进到档案馆来，把档案馆的社会功能释放出去；（4）大力推进馆藏档案资源的开发利用，按照统筹协调、需求导向、创新开放、确保安全的总体要求，做好基础业务工作；（5）大力推进已公开现行文件查阅服务工作，特别是要形成完善的政府公开信息收集、整合、查阅的长效机制，把档案馆建设成为名副其实的政务公开场所；（6）大力推进档案馆信息化建设努力培养大批信息化人才，多方筹集资金解决设备配置不足的问题，充分利用互联网为社会公众提供已开放档案和已公开现行文件服务，最大限度地实现档案信息资源的社会共享。

2007年1月23日，省档案局在全省开展"档案资源建设年"活动，通过面向社会广泛地收集与征集档案资料，进一步丰富馆藏。省档案局本年度在白银、金昌试点，逐步在全省市、县两级开展档案资源的整合工作。省委办公厅转发了《中共甘肃省档案局党组关于进一步加强全省档案资源建设工作的意见》。该意见指出，"大力加强档案资源的建设与开发利用，既是档案事业持续健康发展的根基和核心，又是党和国家加强新形势下信息资源开发利用工作的基本要求"；"各级档案部门要积极稳妥地探索档案资源管理模式，科学整合本行政区域内经济、政治、科技、文化等领域的档案资源，通过对国家档案资源归属和流向的调整，建立以档案行政管理部门为主导，各主管部门配合的国家档案资源建设监管体系，促进最终实现国家档案资源的优化组合"。

2012 年1月，省档案局印发《甘肃省"档案利用体系建设年"活动实施方案》，决定于2012年在全省范围内继续开展"档案利用体系建设年"活动。活动提出8项任务：(1) 加强档案利用设施建设，完善档案信息查阅平台；(2) 完善档案利用制度建设，健全档案资料检索体系；(3) 规范档案服务窗口建设，提高档案信息服务质量；(4) 推进档案数据库建设，积极开展网上查档服务；(5) 加强档案鉴定划控工作，加快档案开放步伐；(6) 加强政府公开信息查阅场所建设，做好政府公开信息查阅工作；(7) 推进档案编研工作，不断推出档案文化精品；(8) 加强档案馆爱国主义教育基地和中小学生社会实践基地建设。同年3月15日，省档案局又向各市（州）档案局发出关于在"档案利用体系建设年"活动中开展"四个十"评选活动的通知，决定树立全省档案系统"十大文明服务窗口"和"十大文明服务标兵"，评选"十大档案文化精品"（编研成果）和"十大档案利用效益典型案例"，并提出了各自的申报评选条件，用以推进全省"档案利用体系建设年"活动。

同年，省档案局印发《关于进一步加强档案工作规范化管理的通知》。该通知指出，要通过树立典型、示范带动，助推全省档案工作步入标准化、规范化和制度化轨道。

2013 年1月30日，省档案局根据《国家档案局关于开展第二届"全国档案管理与服务创新优秀案例"评选活动的通知》要求，对全省2010年—2012年间所有档案管理与服务创新优秀案例进行遴选，确定了酒泉市档案局《档案提供利用"AB"岗》、临夏回族自治州档案局《开展档案文化进校园活动，加强爱国主义教育基地宣传作用》、庆阳市西峰区档案局《区建网，乡建馆，村建室，户建档，全力构建覆盖农村方便农民助推农业的档案信息服务平台》三个优秀案例，并报送国家档案局。

第二节　机关档案工作监督指导

1992年7月29日，省档案局印发《甘肃省地（州、市）档案管理工作定等升级试行办法》。该办法提出开展地（州、市）档案管理工作定等升级工作，等级分为省一级、省二级和省三级，内容包括机关档案工作。

自20世纪80年代中期省直机关开始实行国家档案局规定的文书立卷统计通报制度以来，每年6月底，省级机关按照统一制发的表格填报文书立卷情况。省档案局每年通报省级机关文书立卷归档情况。1997年度，省直各单位文件立卷归档21431卷。其中：永久卷5430卷，占总数的25.34%；长期卷8320卷，占总数的38.82%；短期卷7681卷，占总数的35.84%。

2001年3月，省档案局从改善档案管理基础设施设备，强化档案业务基础建设，不断增强全省各级各类档案馆（室）开发利用档案信息资源的能力考虑，开展了"十馆百室示范工程"活动。拟经过三年努力，在全省范围内树立10个左右的示范档案馆，100个左右的示范档案室，将其作为反映和代表甘肃省档案工作最新发展方向和最高发展水平的样板。涉及档案室的实施范围包括省、地、县、乡各级党政机关、人民团体综合档案室，各级各类企业、事业单位的综合档案室，街道办事处、公安派出所、工商管理所、税务所等类似单位的综合档案室和行政村综合档案室。

2002年3月4日，甘肃省档案局印发《甘肃省〈归档文件整理规则〉》，自此，文书档案由以"卷"为单位改为以"件"为单位整理。

2006年12月18日，国家档案局以8号令的形式，颁布《机关文件材料归档范围和文书档案保管期限规定》，这是国家档案局第五次对文书档案管理做出的重大改革。2007年10月30日，省档案局印发《甘肃省〈机关文件材料归档范围和文书档案保管期限规定〉实施意见》，针对甘肃省实际，提出具体实施意见。全省文书档案保管期限从2007年开始由原来的永久、长期、短期，改为永久、30年、10年。同时，各级各类机关档案室开始《机关文件材料归档范围和文书档案保管期限一览表》编制工作。

2007年1月，省档案局党组印发《关于进一步加强全省档案资源建设工作的意见》。该意见提出，为了加强全省档案资源建设，各级各类机关单位要在档案行政管理部门的指导下，建立齐全完整、标准规范的档案，并按规定向档案馆移交优质档案资源。要从省直机关做起，逐步向档案馆移交电子文件目录和电子档案。同年，省档案馆先后派出80多人次到省直单位督促指导到期档案接收工作，与省国资委商讨破产企业档案移交事宜。

2008年7月，《甘肃省档案工作规范化管理实施办法》出台，规定了各级档案馆和机关、企事业单位档案工作规范化管理的水平等级、评定办法和监督管理的要求。涉及档案室的档案工作规范化管理水平评估，按照机关（含街道办事处和乡镇）、企业事业单位分别进行。档案工作规范化管理水平等级按照"千分制"办法评估。并且规定，档案工作规范化管理水平分为省特级、省一级、省二级、省三级四个等级。

2012年10月22日，省档案局印发《甘肃省档案馆收集档案范围细则》，规定电子档案自形成之日起5年内移交。

第三节　企事业单位档案工作监督指导

1993年11月26日，省人民政府办公厅批转省档案局《关于进一步加强企业档案工作的意见的通知》。要求在企业转换经营机制，进一步推向市场的情况下，各级人民政府应当加强对档案工作的领导，把档案事业的建设列入国民经济和社会发展计划。各级档案行政管理部门和专业主管机关应当转变管理职能，从微观管理转向宏观管理，从行政手段管理转向用法律手段管理。

1994年，贯彻省政府办公厅批转省档案局的《关于进一步加强企业档案工作意见的报告》，在企业档案升级活动停止后，省档案局在全省大中型企业中开展档案工作"创三优"（即优质管理、优质服务、优质设施）活动，制发了"三优"标准和相应规定。1996年底，全省有151家企业跻身"三优"单位行列。

1997年3月6日，省档案局和省经贸委联合召开全省企业档案工作会议，这是本省首次召开的专门研究企业档案工作的会议，旨在全省各级各类企业中推行档案工作目标管理，把企业档案工作提高到一个新水平。会议要求全省企业档案工作为企业"三改一加强"（企业档案工作要为企业的改革、改制、改组做好服务，在企业加强管理工作中，进一步加强企业档案管理工作，并为企业加强管理做好服务）做好服务。同时，研究了活动与目标管理活动的有效衔接问题。同年3月15日，省档案局和省经贸委联合印发《甘肃省企业档案工作目标管理办法》，自1997年4月1日起，全面开展企业档案管理目标认定工作，规定企业档案工作目标管理认定，分为"国家一级、国家二级、省级"三个等级。企业"创三优"活动不再进行。

1998年2月24日，全省档案工作会议提出，要加强国有企业档案工作，做好国有企业资产、产权变动中的档案处置工作，防止档案的流失、损毁，确保档案的安全和有效利用。

2004年7月20日，省档案局、省发展改革委员会、省建设厅联合发出《关于进一步加强重点建设项目档案管理工作的通知》，要求各地、各有关主管部门、各有关项目建设单位加强重点建设项目档案管理，进一步提高对做好重点项目档案工作重要意义的认识，建立健全并认真落实重点建设项目档案工作规章制度，支持抓好档案资料的收集、保管、利用三个关键环节，把档案管理纳入重点建设项目管理的全过程。

同年10月25日，甘肃省工商业联合会、甘肃省非公有制经济办公室和甘肃省档案局联合召开民营企业档案工作座谈会。时任省档案局局长刘玉生指出，各级档案部门要逐步实现以管理为主向以服务为主的方式转变，采取切实有效的措施，大力扶持和促进民营企业档案工作，竭诚为民营企业搞好档案服务。

2006年8月24日，省档案局在全省范围内开展"甘肃省民营企业'十百千'工程"创建活动，即"十一五"期间，在全省树立10家民营企业建档示范单位、100家民营企业建档标准单位，抓好1000家民营企业建档工作，通过创建活动全面提高甘肃的民营企业档案管理整体水平。2007年在与各市（州）签订的目标管理责任书中下达了民营企业建档任务。

同年12月5日，省档案局与省发改委、省建设厅联合印发《甘肃省建设项目竣工档案专项验收办法》，规范本省范围内各级政府、行业主管部门管理的各种建设项目和国家有关部门委托验收的国家重点建设项目，包括新建、扩建、改建和迁建的基本建设项目、技术改造项目和外商投资等项目竣工档案的验收。该办法提出，"项目档案验收是项目竣工验收前进行的重要专项验收之一，是项目竣工验收的重要组成部分。凡是建设项目档案符合验收标准的必须及时组织验收，未经档案验收或档案验收不合格的项目，不得进行或通过项目竣工验收"。该办法规定，国家管理的重点建设项目，其档案由国家档案局负责组织验收；省列重点建设项目和按重大建设项目管理的大中型项目，由省档案局组织验收；市（州）、县（区）政府管理的建设项目，其档案分别由市（州）、县（区）档案局组织验收，验收结果必须在省档案局备案。凡是在城市市区范围的省列重点建设项目和按重大建设项目管理的大中型建设项目以及国家委托验收的建设项目档案专项验收，由省档案行政管理部门负责组织，项目所在地城建档案接收部门参加；城市市区范围内的其他建设项目，由项目所在地档案行政管理部门会同城建档案部门共同组织验收。

2007年4月20日，省档案局给国家档案局《关于全省国有企业转制档案归属与流向情况的报告》，总结本省加强国有改制企业档案处置工作的主要做法：（1）加强领导和部门协调，加大改制企业档案归属与流向的宏观监管力度。省档案局与省体改委、省经贸委、省国资局联合转发《国有企业资产与产权变动档案处置暂行办法》，并结合本省实际提出具体实施意见，在制定全省档案事业发展"十五""十一五"规划中对继续做好国有企业资产与产权变动中的档案处置，推动非公有制经济领域的档案工作提出了明确要求。各市（州）在此基础上陆续出台了具体处置意见，如平凉市制发《关于国有企业资产与产权变动档案处置办法的实施意见》、张掖市制发《关于国有、集体企业资产产权变动后档案如何处置的通知》并出台《张掖地区非公有制企业档案管理暂行办法》。（2）提出规范要求，严肃操作程序。要求被确定为改制的企业，未经档案部门检查并许可，不得销毁任何档案资料，更不得据为私有；档案移交必须严格按照规定程序进行，档案处置前要积极做好所有档案的整理登记造册等工作；档案的具体归属与流向要严格按照《国有企业资产与产权变动档案处置暂行办法》规定的各条款执行，根据企业改制的具体情况妥善做好档案的分类处置工作；对于违反国家规定擅自处理档案造成档案损毁的，依据《档案法》有关规定严肃处理。（3）积极组织接收破产企业档案进馆，确保反映经济社会发展重要史料的齐全完整。省局在与各市（州）档案局签订年度目标管理责任书时把接收工作作为一项重点任务下达。

2011年1月20日，甘肃省档案局、甘肃省政府国有资产监督管理委员会印发《关于"十二五"时期促进省属国有企业档案工作发展的指导意见》，提出"十二五"时期省属国有企业档案工作发展的主要任务。同年2月18日，为了加强省属国有企业之间档案工作的相互学习与交流，促进企业档案管理水平不断提高并更好地为企业发展服务，省档案局开展省属国有企业档案工作协作组活动，并印发《甘肃省省属国有企业档案工作协作组工作制度》。

2013年10月16日，全省建设项目档案工作工作会议召开。时任国家档案局经济科技档案业务指导司副司长王燕民出席会议并讲话。时任中共甘肃省委副秘书长、省档案局局长赵国强要求，在当前甘肃处于转型跨越时期，做好建设项目档案工作，既是时代对档案工作的要求，也是档案工作发展的重大机遇。做好建设项目档案工作要从五方面着手：一是要抓提高认识，不断增强做好建设项目档案工作的自觉性；二是要抓重点领域，强力推进建设项目档案工作迈向新台阶；三是要抓关键环节，努力提高项目档案工作的有效性；四是要抓规范管理，严把建设项目建档的四道关；五是要抓督查落实，切实保证建设项目档案工作健康推进。

第四节　农业和农村档案工作监督指导

1998年12月25日，省档案局印发《甘肃省村级档案管理暂行办法》，要求每个村民委员会为一个立档单位，村民委员会应根据具体情况设置档案室或档案专柜，集中保管本村形成的各种档案。村级档案工作由村党支部或村民委员会领导，应配备专职或兼职档案工作人员，每年的文书材料应在次年6月底之前归档完毕。

2000年9月18日，全省农业和农村档案工作经验交流会在张掖召开。会议工作报告中指出，要全面完成乡镇档案室达标升级、建立村级档案室和县乡村三级农业科技档案信息网络工作，在档案收集整理、保管利用、管理制度、库房装具等方面有一个明显进步，经过两三年的不懈努力，全面提高甘肃省农业和农村档案工作的整体水平。省档案局要求各地、县档案部门从五个方面继续全面推进农业和农村档案工作：（1）围绕村务公开、土地承包和小康村、小城镇建设抓好村级建档工作；（2）抓好乡镇机关档案管理达标工作，强化乡镇对村级档案工作的监督指导；（3）抓好以县、乡、村农业科技档案信息网络建设为重点的农业科技档案工作；（4）加强乡镇企业和农业产业化的档案工作；（5）扩大档案开放范围，改革信息传播方式，开发农业和农村档案信息资源，为农村基层组织和农民朋友提供良好服务。

2005年3月2日，全省召开第二次农业农村档案工作经验交流会，要求全省各级档案部门紧紧围绕全省社会主义新农村建设实践新发展，不断拓宽服务领域，创新服务方式，努力构建档案信息资源服务平台，为农业发展、农村稳定、农民致富做好服务。会议提出，要努力实现工作领域由以乡村两级档案工作为主向新农村建设各项档案工作领域的拓展，管理水平上由普遍建档向标准化、规范化提高，服务对象上由主要面向乡村干部向面向广大农民群众转变。2005年、2006年、2007年，省档案局每年都抽查80个左右新农村建档工作点，通过目标考核推动新农村档案工作在巩固中发展，在发展中提高。各市（州）将新农村建档工作列入各县年度考核目标。各县（区）档案部门把乡（镇）档案整理纳入"归档整理月"工作中，要求所属乡（镇）每年在规定时间统一到县级档案部门集中整理档案，确保乡镇档案整理工作年年清。针对行政村量大距离分散的实际，一些县（区）以乡（镇）为依托，要求各村集中时间、集中人员、集中档案统一到乡（镇）集中整理，还有一些县（区）克服档案部门无车、无经费、人员少的困难，采取"两年一轮换"的办法，每年组织人员对辖区内一半的行政村帮助整理文件，保证村级档案两年一归档。

2008 年1月22日，省档案局、省民政厅、省农牧厅联合转发国家档案局、民政部、农业部《关于加强社会主义新农村建设档案工作的意见》，要求各地根据实际情况，对村级文件材料归档范围进行调整充实，特别要加强种植养殖专业农户档案、现代农业生产经营档案、农村经营社会保障档案、村镇规划和历史文化遗产保护档案的收集和管理工作。

2009 年6月23日，全省新农村建设档案工作经验交流会在庆阳召开。会议指出，新农村建设工作的首要任务是要建立一个适应新农村建设需要的档案资源体系。一是要覆盖新农村建设的各个方面，将各项工作中形成的有价值的文件材料收集齐全，归档管理。二是要覆盖广大农民群众，把涉及农民各个方面利益的文件收集齐全，归档管理；要按照"人的档案最重要"的新观念，切实把涉及每个农民各方面利益的文件材料纳入归档范围，管好用好。三是要根据新农村建设发展的新形势、新情况，把握重点，特别是关注新农村建设发展的新变化，把各种农民新型合作经济组织和新的工作领域产生的文件材料纳入归档范围；要特别关注广大农民各方面的利益，把有关民生的土地、林权、就业、教育、医疗等涉及农民切身利益的文件材料纳入归档范围，并延长保管期限；要特别关注地方特色、把反映和代表地方特色的、具有典型性的人物和事件形成的文件材料纳入归档范围。

同年3月18日，省档案局印发《甘肃省"千村百乡"档案工作示范工程实施办法》，培养树立800多个乡镇、行政村为新农村建设档案工作示范单位，在新农村建设档案工作实践中形成上下联动、运行高效的新农村建设档案工作机制和管理体制。

2010 年3月2日，省档案局下发《甘肃省行政村档案管理办法》。该办法对行政村档案的含义、行政村档案工作的领导体制、人员配备、保管条件、归档范围、分类整理、提供利用等都做出了明确规定。提出："一个行政村为一个立档单位，所形成的档案为一个独立全宗。""行政村应建立健全档案的收集整理、保管利用、安全保密、鉴定销毁、移交和岗位职责等各项规章制度。""要将档案工作纳入村务公开、民主管理、文明村建设、小康村建设或村民自治建设等活动中。"并制定了《甘肃省行政村文书档案分类方案、归档范围、保管期限一览表》。

省民政厅、省档案局按照《社会主义新农村建设档案工作示范县预验收方案》的要求，于2012年8月7日至8日组成预验收组，对全省首次创建全国社会主义新农村建设档案工作示范县西峰区工作进行了预验收，预验收组通过听取工作汇报、观看区档案局档案信息利用平台演示、查阅相关佐证资料，并深入区档案馆、区城乡低保大厅、陇东建材公司，以及温泉乡黄官寨村、董志镇北门村等四个乡镇六个村组进行全面细致实地检查，对西峰区新农村建设档案工作示范县（区）创建工作给予肯定。2012年10月15日，全省新农村建设档案工作经验交流会在西峰区召开。省档案局对全省档案部门积极服务新农村建设提出四点意见：第一，积极建好国家档案局提出的新农村建设档案信息资源共享工程，不断增强为新农村建设提供档案服务的能力。第二，深入贯彻《甘肃省行政村档案管理办法》，大力提升新农村建设档案工作的规范化水平。第三，充分利用"两个平台"，即2010年7月以来国家档案局组织开展的社会主义新农村建设档案工作示范县创建活动，以及2009年省档案局组织开展的"千村百乡"档案工作示范工程创建活动，积极推进新农村建设档案工作的全面发展。第四，坚持突出"六个重点"，即一是按照省上有关建档工作的精神，积极开展档案业务咨询服务工作，努力为扶贫工作留下真实可靠、完整系统的档案资料。二是突出农村扶贫开发重点，大力帮助本省六盘山区、秦巴山区和藏族聚居区的58个国扶贫困县及其所辖的733个重点乡、8347个重点村，做好扶贫开发档案工作。三是突出农村土地承包经营权确权重点，积极配合农业部门、国土资源管理部门，及时做好农村集体土地确权登记建档的调研指导工作。四是突出现代农业示范区、农业产业园区、文化产业园区建设重点。用5年时间重点建设一批国家级、省级现代农业示范区、农业科技园区、农业产业化园区、农耕文化产业园。五是突出城镇化建设重点，及时掌握撤村并镇、城镇化、社区化建设等新情况新问题，指导有关部门和镇、村做好宅基地、房产权、小城镇建设管理和农村土地资源整合形成的各类文件材料的收集归档工作。六是突出民生档案工作重点，大力开展新农村建设领域的民生档案工作，积极开展农村赈灾、低保、五保、医保和养老保险的建档工作，让民生档案资源在服务农民群众方面更好地发挥作用。之后，西峰区、华池县、西和县相继通过国家档案局验收，被树立为全国社会主义新农村档案工作示范县（区）。

第五节　新领域档案工作监督指导

2003年10月13日，甘肃省档案工作服务机制创新经验交流会在酒泉召开。甘肃省14个市（州）档案部门负责人参加会议。会议认为，自2002年以来，甘肃省档案工作服务机制创新在现行文件查阅服务和城市社区建档等方面取得了较大突破。各地档案部门要进一步深化对创新档案工作机制重要性的认识，不断探索创新的思路和方法，加强服务机制的创新的领导与指导，真正把服务机制创新的各项任务落到实处。

2004年2月18日，省档案局发布《甘肃省城市社区档案管理办法》，规范本省城市社区居民委员会（简称社区）档案工作。该管理办法提出，"社区应根据工作需要，指定专职或兼职人员负责档案工作，建立健全档案工作制度，配备档案专柜"；"社区文件材料的形成、积累、整理、归档等工作应列入有关领导和工作人员的岗位职责"。规定社区档案分为文书档案、基建档案、设备档案、会计档案、声像档案、实物档案、电子档案七个大类，并制定了《甘肃省城市社区文件材料分类方案与归档范围一览表》《甘肃省城市社区建档工作合格标准》。

2005年10月24日，省委办公厅、省人民政府办公厅转发《甘肃省档案局关于加强全省档案信息化建设的意见》。该意见提出全省档案信息化建设的指导思想和总体目标。根据总体目标要求，在"十一五"期间，全省14个市（州）和86个县（市、区）国家综合档案馆全部建立起档案数据库内网、档案数据库和电子文件归档系统，14个市（州）国家综合档案馆和有条件的县（市、区）国家综合档案馆还要建成档案信息网站。全省计算机管理档案并开展档案信息化工作的普及率：省直各部门档案室和市（州）档案馆达到100个，县（市、区）档案馆达到95个。全面开展馆、室藏档案文件级目录的录入和全文扫描录入工作，实现馆、室藏开放档案的网络检索和利用。

2007年6月5日，《兰州日报》头版刊登题为《爱心档案让困难居民有了依靠》的文章，介绍了兰州市七里河区龚家湾街道各社区通过建立民生档案改善民生状况的情况。消息登出后，省档案局、兰州市档案局去现场调研。之后，由赵海林、刘承业、权庆文撰写《紧贴民生建档，建档改善民生——兰州市七里河区龚家湾街道建立民生档案改善民生状况的调查报告》，介绍龚家湾街道及所辖各社区紧贴民生建立档案、建好档案改善民生的做法，并在《档案》杂志和中国档案报刊登，省档案局于同年10月30日向各市（州）档案局转发，希望全省各级档案部门结合实际，学习借鉴。

进入21世纪以来，档案事业面临着全新的发展形势，社会各界利用档案信息需求多样趋势，向档案工作提出更高更新的要求，同时，随着计算机等现代技术手段在档案管理中的广泛应用，信息化建设已经成为档案工作的重要组成部分，电子文件管理已成为档案工作的一个新领域。面对新形势新要求，原来许多指导档案工作的标准、规范已经明显不能适应档案事业发展的需要。2008年3月22日，省档案局结合实际制定了《甘肃省档案工作规范化管理实施办法》。

2009年2月27日，省民政厅、省档案局印发《甘肃省城乡居民最低生活保障档案管理办法》，对城乡居民最低生活保障的申请、审核、审批及日常管理与服务工作中形成的档案进行规范管理。确定了低保对象基础资料全部建档、日常工作资料随时归档、档案整理统一规范、档案保管安全有序的管理目标。

同年4月8日，省档案局决定在全省范围内开展"城乡万户家庭建档"活动，并印发《甘肃省"城乡万户家庭建档"指导意见》。省档案局决定利用三年时间，选择、动员、帮助一万户家庭建立具有不同特色的家庭档案，具体包括六类：家庭历史、家庭成员履历类；家庭经济活动类；医疗健康、人身安全类；个人特长、爱好、收藏类；书信、通讯类；声像类。

2012年10月17日，在静宁县召开的全省档案工作规范化管理现场会上，省档案局提出，为全省档案工作规范化管理打下基础，应努力做到"四个更加注重"的意见：第一，更加注重把握形势、未雨绸缪，努力在贯彻执行国家档案工作标准规范上有新举措。要全面准确地理解国家和省上的各项档案业务标准内容，准确掌握各项档案业务标准的操作要领，把档案工作的标准、规范融会贯通到各项档案业务工作之中，变成每个档案管理人员的自觉行动。第二，更加注重解放思想、转变观念，努力在"精细化管理"上有新提高。要把"精细化管理"理念切切实实地融化到档案管理人员的思想之中，贯穿到档案规范化管理的过程之中，渗透到档案业务建设的各个环节之中。要强化精品意识，无论是哪一个业务环节，都要坚持精益求精、细致入微、一丝不苟，争创一流，为"精细化管理"打下牢固的思想基础。只有这样，我们才能一步一步地把全省的每一个档案馆、每一个档案室打造成精品工程。第三，更加注重转变方式、调整思路，努力在提高档案工作规范化管理水平上有新进展。各地特别要注重克服工作发展不平衡、选点质量不够高、业务指导不到位等问题，以确保档案工作规范化管理国家级档案馆和省特级单位的质量，使其真正起到示范带动作用。第四，更加注重靠实责任和绩效考评，努力在建立政治素质强业务水平高的档案业务指导队伍上有新进步。

第九章 档案宣传、科技和教育

第一节 档案宣传

一、档案宣传

甘肃省的档案宣传工作与档案事业的发展相适应，主要通过各种新闻媒体以及档案期刊等宣传档案工作，不断扩大档案工作影响，为档案事业的发展创造良好的社会氛围。

1992年4月，省电视台派记者先后采访了临夏州档案局、永靖县档案局和榆中县档案馆的档案利用工作，记者拍摄档案工作现场，制作档案新闻片，并于同年5月22日在甘肃电视台《甘肃新闻》栏目中播出。1993年8月4日《人民日报》刊载文章称，"甘肃省近年来大力开发档案信息资源为经济建设服务"，综合档案馆"举办了档案资料陈列室，现已开放档案16万卷"。

1996年7月5日，《中华人民共和国档案法》公布实施。同年8月3日，省档案局、省级机关以及兰州市档案部门在兰州东方红广场等五个点，组织了千人上街宣传活动。悬挂标语，举办展览，出动宣传车，散发传单6万多份，宣传群众达10万人次。时任省人大常委会副主任王金堂参加主会场活动并接受了记者采访。时任省人大常委会副主任穆永吉在甘肃电视台发表讲话。《甘肃日报》《人民之声报》《兰州晚报》、甘肃电视台、兰州电视台等多家新闻媒体对此进行报道。在此期间，省档案局在兰州人民广播电台举办了"档案法知识讲座"，为期一个半月。同年3月28日《甘肃日报》刊登记者张志刚、张洞若撰写的题为《我省加强档案工作基础建设》的专题报道。5月3日，《甘肃日报》发表了省档案局张启安《迎接第十三届国际档案大会，我省各级档案部门开展宣传活动》的文章。8月3日，《甘肃日报》刊登式路撰写的《档案守护神——记优秀共产党员刘莉》（注：刘莉系礼县档案局局长）。同年12月，经中共甘肃省委宣传部、甘肃省新闻出版局批准，《中国档案报》甘肃记者站成立，并在《甘肃日报》上刊登注册。

同年，为迎接第13届国际档案大会在北京召开，省档案局配合甘肃电视台在该台连续两个月开办了《档案与社会》栏目，宣传本省各行各业档案事业的发展和档案工作与社会的联系。7月，电视专题片《庆阳兰台报春晖》在西峰市开拍，专题片分为上、下两集，反映庆阳地区档案工作和档案工作为革命老区建设带来的丰硕成果。9月2日至7日，第13届国际档案大会在北京召开，甘肃筹备的《敦煌遗书档案展览》，参加了为会议举办的《中国档案事业成就展》。同年12月，中共甘肃省委宣传部、省新闻出版局批准成立《中国档案报》甘肃记者站，并在《甘肃日报》刊登注册。

1997年7月10日，省档案局开展"国际档案周"宣传活动。活动的主题是"档案连着我和你"，宣传档案与公民的联系和对社会的作用，宣传《中华人民共和国档案法》规定的公民保护档案的义务和利用档案的权利。同年，《中国档案报》《甘肃日报》等省级以上报刊刊登报道本省档案工作的文章75篇，其中《中国档案报》头版、头条发表消息6篇。甘肃电视台播放档案新闻16条。

1999年，省档案馆成立40周年之际，举办了"甘肃新民主主义革命斗争史"展览，在《甘肃日报》上开辟《陇上珍档》栏目，介绍馆藏档案；在《中国档案报》开辟专版介绍本省档案事业发展的成就。同年，省、地、县共有18家新闻媒体刊载播发宣传档案工作的文章、新闻154篇次。省档案局有2条信息被国家档案局采用，有9条信息被省委采用，其中4条上报中共中央办公厅；各类新闻媒体刊播档案工作信息44条。

2000年3月3日，省档案局向国家档案局、中央档案馆办公室上报的《甘肃省档案局办公室关于档案信息工作情况的报告》称，省档案局在全省各地建立信息网络，组织20多名素质较高，有一定文字水平的人员为信息员，规定每个信息员每年至少报送2条以上的信息。省档案局建立了奖励机制，凡被兰州市、甘肃省及国家报刊、电台、电视台等新闻媒体采用的信息，给予与稿酬同等数额的奖励；凡是被省委、省政府及国家档案局采用的信息，每条给予50元奖励。

2001年1月1日，省档案馆依据馆藏在《西部商报》推出《甘肃百年10件大事》专版。这10件大事是：（1）1900年敦煌发现藏经洞；（2）1906年彭英甲掀起甘肃第一次开发高潮；（3）1929年甘肃大灾荒；（4）1935年中国工农红军长征胜利的标志——会宁会师；（5）1949年甘肃全境解放；（6）1953年16个重点项目奠定兰州重工业基础；（7）1957年中国第一个石油工业基地在玉门建成；（8）1974年刘家峡水电站建成发电；（9）1987年"引大入秦"工程全面开工；（10）1995年"121雨水集流"工程实施。同年7月25日，为纪念中国共产党成立80周年，省档案馆在《河西晨报》开辟《在党旗指引下·陇原革命斗争史》专栏，刊登系列文章20余篇。

2003年2月11日，《甘肃日报》刊发记者《"红头文件"揭开神秘面纱》专题报道，报道省档案馆开辟现行文件中心，为公民查阅政府文件提供方便。7月2日，《甘肃日报》刊登省档案局张蕊兰《充分发挥档案信息资源的作用》的文章。同年12月12日，省档案局（馆）邀请甘肃省电视台、《甘肃日报》等7家省内新闻单位负责人和记者召开档案宣传工作座谈会，协商进一步加强联系，支持和配合省档案局（馆）做好档案宣传工作问题。同年，省内各级档案部门在《中国档案报》《中国档案》《甘肃日报》等媒体刊发文章70余篇，举办档案专版5个，省电视台、省广播电台、甘肃档案信息网等发布新闻35条。

2002年12月25日，甘肃档案信息网正式投入使用，省档案局的《档案工作简讯》于2003年6月上网。

2005年4月，省档案馆在甘肃电视台《中国的西北角》栏目推出《天下黄河第一桥》专题片。同年5月5日，为纪念中国人民抗日战争暨世界反法西斯战争胜利60周年，《档案》杂志开辟"以档案见证日军轰炸兰州罪行"专刊。

2006年3月17日，陇南市档案馆拍摄制作的反映礼县第一人民医院医务工作者抗击"非典"的电视片《白衣丹心》在陇南市电视台播出。同年12月，省档案局（馆）以及《档案》杂志编辑部与兰州电视台合作推出《兰州往事》栏目。至2008年，已有《邱宅血案》《兰州大空战》《敦煌卷子流散记》等50余部档案史料专题片在兰州电视台播出。

2007年4月12日，省档案馆举行兰州市民杨遇春先生珍藏史料捐赠仪式，杨遇春先生把收藏多年的两件敦煌卷子捐赠给省档案馆。甘肃电视台、兰州电视台、《光明日报》《甘肃日报》等多家媒体对活动进行报道。同年6月1日，《中国档案报》新闻宣传工作座谈会在兰州召开，省档案局局长刘玉生在座谈会上发言称："《中国档案报》作为档案工作宣传、交流的平台，为我们提供了广阔的空间，也为档案事业的发展营造了良好的社会氛围。近年来，在中国档案报社的帮助、支持下，我省档案宣传工作取得了较好的成绩，每年发稿量都在30篇以上，为宣传甘肃档案工作、扩大社会影响发挥了重要作用。"同年7月，省档案馆依据《中华人民共和国档案法》和《甘肃档案管理条例》，决定广泛、长期地在全国范围内开展甘肃历史档案、资料的征集工作。《甘肃省档案馆关于征集历史档案资料的通告》在《甘肃日报》上刊登。同年，省档案局与省电视台合拍全省爱国主义教育基地巡展专题片，在香港《文汇报》撰稿登载了《羊皮筏子——黄河上流动的文化》《甘肃不可磨灭的红色记忆》《成吉思汗灵柩移甘始末》等文章。

2010年省档案馆与省博物馆、兰州广播电视总台联合拍摄的纪录片《中山桥的言说》获兰州市电视政府一等奖。

2011年1月18日，省档案局根据《全省档案宣传工作评比办法》做出决定，表彰2010年度全省档案宣传工作先进单位，授予白银市档案局全省档案宣传工作一等奖，授予平凉市档案局、张掖市档案局全省档案宣传工作二等奖，授予临夏州档案局、嘉峪关市档案局、定西市档案局全省档案宣传工作三等奖。2011年，档案工作服务经济社会发展的独特作用引起新闻媒体的更多关注。各级档案部门加强与新闻媒体的联系，利用各种媒体宣传档案工作，省内外媒体共刊登、播放本省档案工作的信息和文章870多篇（条），为档案事业发展营造良好的舆论氛围。

2012年2月20日，省档案局举办档案文化建设报告会，邀请国家档案局副局长、中央档案馆副馆长李明华作专题主讲。李明华阐述了档案文化建设的地位与作用，结合档案事业发展实际，对甘肃档案文化建设的内容和形式提出意见。全省14个市（州）、86个县（区）档案局（馆）长和省档案局干部职工听取了报告。

2013年1月5日，省档案局通过对各市（州）档案部门档案宣传工作的实绩考评，决定表彰2012年度全省档案宣传工作先进单位和个人。白银市档案局、天水市档案局、酒泉市档案局、平凉市档案局、陇南市档案局、张掖市档案局为全省档案工作宣传先进单位，陈仲斌等14人为档案宣传工作先进个人。

二、《档案》期刊

1981年2月，省档案管理局、省档案学会创办了《甘肃档案》，双月刊。1984年6月，中共甘肃省委办公厅核定《甘肃档案》为内部刊物（甘肃省报刊登记证第103号）。1985年1月，经中共甘肃省委宣传部批准，《甘肃档案》改刊名为《档案》，双月刊，内文48页，彩色封面。1987年9月2日，省新闻出版局批准《档案》为国内外公开发行刊物（国内统一刊号：CN62—1025；国际标准刊号：ISSN1004—2733）。1991年，《档案》主要有"要闻""理论探索""史料研究""业务园地""经验交流""史海钩沉""专题报道""档案与社会""译文选登""讯息点击"等栏目。

1992年5月，《档案》杂志首次成为全国档案学、档案事业类核心期刊。之后，在1996年、2000年、2004年、2008年连续获得"全国中文核心期刊"称号。1994年3月11日，《档案》召开市场经济与档案工作座谈会。1997年

《档案》出版档案史料增刊。同年，与兰州大学历史系合作举办敦煌文献研讨会。1998年11月，《档案》在甘肃省新闻出版局开展的1998年全省报刊编校质量检查工作中，以1.1／万的差错率列33家编校质量达标期刊的第5名。1999年5月30日，中共甘肃省委宣传部、省新闻出版局、省出版工作者协会期刊研究会组织全省第二届社科类期刊评选工作，《档案》被评为甘肃省一级期刊。

2000年第1期，《档案》改48页为56页。2001年第6期采取新的版式设计，增加"老照片""往事回眸""黄土地""读档札记""信笔漫谈"栏目。2003年，《档案》依据档案史料分别开辟"左公柳"和"兰州水车"档案文化专刊，省内外有关媒体对其中的文章进行转载。2004年《档案》第1期改为大开本，增加彩色插页8页。2005年5月，为纪念中国人民抗日战争暨世界反法西斯战争胜利60周年，《档案》期刊开辟"日军轰炸兰州及甘肃各地，以档案见证日军侵华罪行"专刊。2006年6月，为纪念中国工农红军三大主力会宁会师暨长征胜利70周年，《档案》期刊开辟"红军长征在甘肃"专刊。

2006年，《档案》期刊与兰州电视台合作，根据档案史料制作专题片《兰州往事》，连续在兰州电视台播出。省档案局为专题片的顾问单位，先后有8名人员在专题片中作为嘉宾出镜。至2008年，《兰州往事》专题片播出40余部，其光盘于2009年移交省档案馆。

2007年第1期，《档案》由56页增加到64页。同年3月13日，《档案》期刊出刊200期座谈会在兰州召开。时任中共甘肃省委宣传部副部长马成洋、省新闻出版局副局长李玉政以及读者、作者代表50余人出席座谈会。

《档案》期刊系《中文核心期刊要目总览》《中国科学文献计量评价数据库》（ASPT）来源刊，被《中国学术期刊全文数据库》（CJFD）全文收录。

第二节 档案科技

本省的档案科技工作起步较晚，由于科研经费等诸多条件限制，20世纪90年代初，除了"永靖县文件中心课题研究"项目于1988年由国家档案局列入项目外，列入国家和省上的档案科技项目极少，档案科技工作滞后。

1991年9月22日，"甘肃永靖县文件中心课题研究"成果鉴定会在永靖县召开。鉴定会听取了研究成果报告，国家档案局和省、州专家认为，在县级机关组建文件中心是符合中国国情的高层次的机关档案管理组织形式，是有效可行的，具有推广价值。1996年7月12日，国家档案局二司副司长刘淑英考察永靖县文件中心称，"要认真总结永靖县文件中心8年来的实践经验，把我国第一个文件中心的事情办好，真正起到在全国典型示范作用"。

1992年4月，由省政府办公厅承担的"省政府办公厅自动化管理系统"项目，通过省级鉴定，该项目于次年获甘肃省计算机应用成果二等奖和甘肃省科技进步三等奖。金川公司档案馆开发的"档案信息微机网络管理系统"课题，获1994年国家档案局科技进步四等奖。

1996年，省内有两项科技成果通过了省科委组织的鉴定。

其一是甘肃省卫生防疫站开发研制的"甘肃省卫生防疫站档案管理软件"。该软件设计了收、发文两种录入方式，并根据每份文件的特点，设计了文件库的结构，包括了每份文件名、发文（成文）或收文日期、文件查询编号、归档号、发文（成文）单位、主送单位、签发人、文件序号、密级、保管期限、柜号等；设有随机数字化码替换模块，即录入单位代码，马上替换成单位名称；设计了修改模块，可直接在屏幕上进行修改、删除、增加等；设计有统计系统，包括对档案数量及有关类型的统计，如通过编号方式、时间方式、文号方式、文件名称方式、归档号方式、保存期限方式、主题词方式、发文单位方式等八种方式分别进行统计。还可按不同统计排序进行浏览打印，全过程采用汉字提示，操作方便灵活，易于掌握。检索系统可通过主题词、文件名称、发文单位、归档号、编号、日期6种途径进行检索、查询和提供利用。满足了不同用户的需求，提高了工作效率和工作质量。1996年1月13日通过了省科委组织的鉴定，并在全省卫生防疫系统推广应用。

其二是甘肃省科技情报研究所承担的软件科学研究项目。这个软件以pc486为基本硬件工作平台，windows为软件工作平台，具有档案登录、检索、汇总统计、系统维护、相关代码管理5种功能。查询模块分为是10个检索点，即分类号、档号、课题名称、完成单位、完成日期、鉴定单位、获奖等级、关键词等，利用者可通过这些途径进行检索。输出方式有屏幕浏览、

第九章　档案宣传、科技和教育

显示卡片、打印等。还具有单项查询和组合查询功能，纠错功能、统计图形功能，数据录入、删除、修改功能，打印功能，实行密码管理，并与国际互联网接口。该项目于1996年10月30日通过了省科委组织的鉴定。

1997年7月30日，省档案局向国家档案局技术部上报《关于我省档案科技成果登记情况的报告》。1997年7月，全省各地报送档案科技成果31项，经省档案局初审，符合成果登记条件的有：永靖县档案局的"永靖县文件中心"，甘肃省政府办公厅的"甘肃省人民政府办公厅管理信息系统"，兰州铁道学院的"档案管理信息系统"，天水市档案局的"'检验颁证'——业务指导的好形式"，金川公司档案馆的"金川有色金属档案信息微机网络管理系统""金昌市区金川有色金属公司气象站气象资料延伸与数据处理的研究"，中国地质资料局、甘肃地矿局资料处的"全国矿产储量数据库系统研究与建设——甘肃省矿产储量数据库建设"，甘肃省地矿局甘肃省地质资料处的"甘肃省1989年矿产资源现状及前景分析""甘肃省矿产储量表""甘肃省近况资源汇编""甘肃金川—张掖地区矿产资源开发的综合评价（我国主要地区矿产资源开发综合评价之二十五）"，甘肃省地矿局资料处、陕西省地矿资料处的"甘肃省两成—陕西省凤太地区矿产资源开发的综合评价（我国主要地区矿产资源开发综合评价之二十六）"，甘肃省卫生防疫站的"甘肃省卫生防疫站档案管理软件系统"，甘肃省科技情报所的"甘肃省科技成果档案信息管理系统"。

1997年9月19日至22日，国家档案局科技研究所调研组来本省调研档案科技工作。调研组结合西北地区风沙大、气候干燥等特点，重点对档案害虫、库房温湿度及风沙尘埃对档案的危害等问题进行深入了解，就"西北地区档案虫害分布研究"课题与省气象档案馆达成合作意向。同年，省档案局向全省推广珠海市泰坦计算机有限公司和重庆思源软件公司开发的档案管理软件。

1999年6月，国家档案局、中央档案馆首次下达甘肃档案科技立项项目。天水市档案馆"综合深度开发多媒体档案管理系统"、嘉峪关市档案局"档案库房温湿度测定及人工调节基本方法"、敦煌市档案局参与研究的"国际敦煌艺术档案信息系统"列入国家档案局、中央档案馆下达的1999年度科技项目计划。同年10月20日，天水市档案馆市列科技项目"综合深度开发多媒体档案管理系统"通过市科委的鉴定验收。鉴定认为，该项目选题准确，硬件配置合理，具有较高的性价比和可扩充性，软件系统技术成熟，多媒体功能健全，实现了文、图、声像档案计算机一体化，达到省内领先水平。

2000年5月18日，国家档案局、中央档案馆下发《国家档案局中央档案馆关于下达2000年度国家档案局科技项目计划的通知》。甘肃省档案局与西北师范大学共同承担电子文件归档问题研究的科技项目计划，资助资金1万元，西北师范大学曹振江为项目负责人，项目编号为2000-J-10。2001年9月5日，国家档案局技术部发出通知，确认天水市档案馆"综合深度开发多媒体档案管理系统"项目结题。

2002年3月，国家档案局下发通知，同意确认完成甘肃省档案局关于对"嘉峪关市档案库房温湿度测定及人工调节基本方法初探"项目申请结题的报告。

2004年10月20日，"永靖县文件中心的得失与发展"项目被国家档案局和中央档案馆列入2004年国家档案局科技项目计划。该项目通过对永靖县文件中心15年来得失与发展前景的研究，使其不断充实和发展中国档案文件管理理论。

永靖县于1984年4月建立了中国第一家"文件中心"——永靖县文件中心，对24个参联机关单位的文件、档案实行一体化管理；同时，"文件中心"把联合档案室与现行文件利用（阅览）机构紧密结合起来，实现了文档一体化管理。

2007年4月29日，省档案局向国家档案局、中央档案馆办公室上报平凉市、庆阳市档案局2007年科技计划项目。9月11日，省档案局印发《甘肃省档案科技项目管理办法（试行）》，规定甘肃省档案科技项目管理内容，包括项目的申报、立项和中期管理，项目的结题、验收及推广。申请立项项目应具备下列条件：（1）项目要围绕档案工作中心，解决档案事业发展中面临的理论和技术问题，有创新和应用推广价值；（2）具备完成本项目所需要的研究力量，人员分工明确；（3）具备开展本项目研究所需要的基本条件；（4）个人立项必须由档案行政管理部门推荐。同时，各市（州）档案局和省直各部门负责本地区、本系统的科技项目申请报送工作，按要求统一报送省档案局。同年，"稀有少数民族保安特色档案史料收集、管理及开发利用研究""电子多媒体海量存贮系统研究"等科研项目立项。

2011年12月4日，由省档案局、中国移动通讯集团甘肃有限公司合作的科研课题"数字化档案馆建设及面临的主要问题"通过国家档案局鉴定，是为甘肃档案科研项目首次通过国家级鉴定。

2011年3月23日，省档案局对2007年9月制发的《甘肃省档案科技项目管理办法》进行修订并印发。同日向各地发出《甘肃省档案局组织申报全省档案科技项目的通知》，提出"结合工作实际确定课题，注重研究解决对我省档案事业发展有长远影响的档案安全保障技术和档案信息资源共享技术问题"。提出选题重点方向是：（1）档案资源体系的基本构架与建设方案研究；（2）档案服务体系的基本构架与建设方案研究；（3）档案安全保障体系的基本构架与建设方案研究；（4）国家综合档案馆信息化体系的基本构架与建设方案研究；（5）档案局（馆）档案专业人员的需求构成与培养方案研究；（6）民生档案资源体系建设和服务体系建设研究；（7）档案资源整合模式研究；（8）档案行政执法责任制，档案执法检查工作方法、效果研究；（9）档案馆库建设和档案馆功能建设的理论和方法研究；（10）电子文件（档案）备份中心定位及建设方案研究、档案异质异地备份策略研究；（11）电子文件管理规范标准研究；（12）档案信息资源共享和服务策略研究；（13）档案的保护技术、数字化处理技术、数据库设计与开发技术、计算机网络通讯技术及其安全保证技术等方面的研究；（14）档案馆灾害防治研究、西北地区档案库房防风沙技术方法研究；（15）档案抢救修复操作规程、技术规范与质量指标体系规范研究；（16）专门档案管理规范和开发利用研究。同年5月26日，省档案局成立档案科技项目评审委员会。确定了评审委员会的工作任务与职责："评审委员会负责对全省申报的档案科技项目进行评审。召开评审会议提出是否同意立项和项目资助额度的建议，报省档案局批准后向全省下达科技项目立项通知。科技项目的立项和管理包括科技项目材料前期审查、立项项目下达、项目材料的整理存档、项目的跟踪管理、项目的结题验收等工作由省档案局科技教育处承办。"

同年8月5日，省档案局下达2011年度档案科技项目计划，同意甘肃省农业科学院"农业科学技术研究档案安全管理和有效利用的研究"、庆阳市档案局"庆阳市非物质文化遗产档案管理研究"立项。

2012年7月23日，2012年度国家档案局优秀科技成果奖励评审会议在兰州召开。会议对全国档案系统申报的软科学、现代化技术、保护技术、标准研究、科技著作和推广转化等6个类别的60项优秀科技项目成果进行评审，甘肃申报的"数字化档案馆建设及面临的主要问题"课题，获优秀科技成果二等奖。

同年9月4日，省档案局下达2012年度档案科技项目计划，平凉市档案局"现代档案馆功能建设研究"，甘肃省中医院"甘肃省医疗系统档案管理模式研究"，张掖市档案局、张掖市政府信息中心"电子文件归档、移交与接收和数据库建设问题研究"被列入2012年度甘肃省档案局科技项目计划。

2013年7月26日，省档案局下达2013年度档案科技项目计划，张掖市档案局、张掖市政府信息中心的《电子文件归档、移交与接收和数据库建设问题研究》，甘肃省科学技术情报研究所的《甘肃省全文科技档案信息网络平台构建与共享机制研究》，甘肃省地震局信息中心的《地震科技类非物质文化遗产档案在甘肃华夏文明传承区建设中的作用和实现》，西北民族大学档案馆的《西部欠发达地区民族高等院校档案异地备份策略及方法研究》，兰州理工大学的《电子档案管理及其数字化建设研究》，金昌市档案局的《档案在社会主义文化建设中的作用》，庆阳市西峰区发展和改革局的《档案在社会主义文化大发展大繁荣中发挥作用的研究》被列为2013年度甘肃省档案局科技项目计划。省档案局决定，自2013年起在完成的项目中评出奖励项目，设立一、二、三等奖，并给予资金奖励。

第三节　档案教育

1991年—2000年，全省档案教育工作主要按照全国档案事业十年规划（1991—2000）和本省档案专业教育实际，发展高等和中等档案专业教育，加强在职档案干部的培训和提高，坚持在职档案人员学历教育和业务培训并举成为这一时期的档案教育工作基本方针。

2000年以后，由于高等院校扩招，以及在职档案人员学历普遍提高，报名参加在职学历教育的档案人员逐步减少，档案专业学历教育趋于弱化。在这种情况下，省档案局将档案教育的重点转移到在职干部培训上来，提出"全面落实大规模教育培训干部任务，健全和完善干部教育培训机制，进一步加强干部教育培训基础建设"的任务，重点开展市（州）、县（市、区）档案局（馆）长、档案室负责人的教育培训，档案人员岗位培训和开展档案专业技术人员继续教育。鼓励档案人员本着工作需要、学用一致的原则，积极参加档案及相近专业学历学位教育。

2007年—2010年，《甘肃省档案干部教育培训规划》提出，"十一五"期间，进一步完善全省档案干部教育培训机制，进一步加大教育培训基础建设和教育培训力度，初步建立具有档案特色的分层次、分类别、多渠道、大规模、重实效的干部教育培训的格局。

一、学历教育

（一）大学教育

本省档案专业大专学历教育始于1984年省档案局与兰州大学历史系联合举办的档案干部专修科。至1990年，兰州大学历史系档案干部专修科、兰州大学图书情报系档案学专修科、金城联合大学档案专修科和西北师范学院历史系档案干部专修科共招生277人，其中成人招生173人，普通招生104人，中央广播电视大学档案专业成人招生650人。1990年底，全省各级各类档案部门1860名人员中，大学本科和专科学历的485人，占26.88%，其中档案专业学历229人。

1991年和1996年，省档案局制定《甘肃省档案专业教育"八五"（1991—1995）规划和实施意见》和《甘肃省档案专业教育"九五"（1996—2000）规划和实施意见》，继续委托省内外高校开展档案专业学历教育。

1993年9月23日，兰州大学图书情报系档案专业班开班，学员36名，学制两年。同年至1995年，省档案局依托兰州大学历史系、图书情报系开办两年制档案专业大专班，招生档案专业大专生82名；依托西北师范大学开办档案教育，普通高校招生193人。1996年，兰州大学档案专业大专班19名学生毕业。同年，省档案局和西北师范大学历史系联办的文秘档案专业自学考试大专班招生70余名。

1996年至2000年，省档案局与兰州大学历史系、西北师范大学历史系开办档案大专班5期，培养大专生（含98级、99级在校生）296人。2001年，西北师范大学文秘档案大专班改为应用型秘书学专业（档案方向）"高升本""专升本"两个自学考试本科班。2001年和2002年，档案系统共输送考生11名。

1998年，省档案局抓住全国开考档案专业独立本科段自学考试的契机，积极争取甘肃省自考办同意后，在全省开考档案专业独立本科段。4月，省高等教育自学考试委员会和省档案局发出通知，决定档案学专业（独立本科段）自1998年在全省开考。5月29日，省档案局和省自考委、西北师范大学在兰州召开档案学专业（独立本科段）助学工作协调会，会议根据甘肃地处边远、人才缺乏的实际，商定适当放宽报考条件。之后，省档案局成立自学考试指导办公室，省档案局、天水市档案局、酒泉市档案局三个自学考试辅导站也相继成立，开展招生、管理、考试报名、考前辅导等一系列考务和助学工作。因自学考试具有全面开放、制度灵活、工学结合、质量可靠、费用较低的特点和优势，因此，报名十分踊跃，但考取人数较少。1998年度，本省档案学专业（独立本科段）自学考试参加考试50人，参考课程102科次，及格70科次，及格率为68.6%。其中，兰州考区为63科次，及格43科次，占69.4%；酒泉考区23科次，及格17科次，占73.9%；白银、平凉、临夏、定西17科次，及格10科次，及格率为59.5%。2000年上半年档案学专业（独立本科段）自学考试继续进行，全省参考49人，111科次，及格率为62.2%。其中，兰州考区参考57科次，及格率为59.7%；白银、平凉、临夏、定西参考33科次，及格率为48.5%。至2004年，本省档案学专业（独立本科段）自学考试结束，共有23名考生毕业。

1998年9月，经甘肃省自学考试委员会批准，省档案局与西北师范大学联合举办自学考试应用型短线文秘档案专业大专班，脱产学习，学制两年。

共招收一个班，招生50名。

2000年，西北师范大学两年制文秘档案专业自学考试大专班20人。

2001年8月8日，省档案局下发《甘肃省档案局关于与西北师范大学文学院联合举办秘书学专业（档案方向）自学考试本科班的通知》。省档案局本年度与西北师范大学文学院联合举办秘书学专业（档案方向）（专升本）和秘书学专业（档案方向）（高升本）两个自学考试（应用型）本科班。其中，秘书学专业（档案方向），高中起点本科，学制四年，脱产全日制授课，共开设30门课程，招收应、往届高中毕业生，中专、中技及同等学力者亦可报名，文理兼收；秘书学专业（档案方向），专升本，学制三年，采取不脱产（利用双休日上课）、脱产两种形式授课，开设15门课程，招收专科毕业生或取得中级以上职称者，文理兼收。学员按教学计划学完全部课程，经考试成绩全部合格者，由甘肃省自学考试委员会和西北师范大学联合发给本科毕业证书，国家承认学历。本科毕业生符合《中华人民共和国学位条例》规定的，由西北师范大学授予学士学位。2001年和2002年档案系统共输送考生11名。

这一时期，由于高等院校扩招，以及档案人员学历水平的普遍提高，报名参加在职学历教育的档案人员逐步减少，档案专业学历教育趋于弱化。2002年，省档案局与西北师范大学联合举办最后一期自考本科班。2004年，甘肃省档案专业独立本科段自学考试停止招生。

（二）中专教育

本省档案专业中专学历教育始于1982年临夏回族自治州民族学校三年制的文书档案班。1982年，临夏民族学校开办档案专业中专班，每年招生50人。1985年8月甘肃档案学校经省计划委员会、省教育厅批准筹建。甘肃档案学校成立后，每隔一年招生50人。两所学校到1990年共培养中专人才476名。

1991年1月14日，省档案局和兰州医学院签署甘肃档案学校和甘肃省联合中专联合办学的协议，甘肃档案学校在甘肃省联合中专学校校址内办学，两个学校一个班子，实行统一管理。学校工作隶属兰州医学院领导，教学业务等工作接受省教委领导，其中省档案学校同时接受省档案局领导。4月19日，省教委批复，同意甘肃档案学校和省联合中专联合办学，并从1991年起省档案学校恢复招生。省档案学校招收初中毕业生，学制四年；招收高中毕业生，学制两年。同年5月21日，甘肃档案学校清理财产，搬迁至联合中专驻地联合办学。

1991年，甘肃档案学校招生49人。1992年，招生48人。1993年未招生。1994年招生46人。1995年，甘肃档案学校招生40人，在校学生88人。1987年至1998年，甘肃档案学校共毕业272名。

"九五"（1996—2000年）期间，甘肃档案学校、临夏回族自治州民族学校4年共培养档案专业中专毕业生305人。

1998年5月11日，甘肃省档案局（馆）下发《甘肃省档案局关于推荐甘肃省档案学校1998届毕业生的通知》。1998年甘肃省档案学校应届毕业生共计45人，其中男19人，女26人。

2002年3月14日，副省长李重庵到甘肃联合中专调研中等专业教育情况。甘肃联合中专是由甘肃档案学校等几所中专学校共同组成的一所联办学校。李重庵要求进一步建立规范的办学体制，保持灵活的办学方式，为甘肃经济建设和社会发展培养更多的中专人才。2000年至2004年，甘肃档案学校档案专业中专生毕业生61名。

这一时期，由于高等院校扩招，档案中等专业学历教育趋于弱化。2004年以后，甘肃档案学校专业学生培养规模也不断压缩。

二、干部培训

（一）岗位培训班

20世纪80年代以来，随着档案工作的恢复、整顿、提高和发展，全省档案干部数量增长很快，1982年，县以上档案部门实有427人，1990年增加到898人（以上均不含省、地、县机关和大型企事业单位档案人员以及兼职人员），同时，兼职人员比重大、流动性大，使未受过任何教育培训的档案干部比例居高不下。为了提高档案人员对档案岗位的适应能力，1991年，省档案局印发《关于加强全省档案岗位培训工作的通知》，要求所有在职档案人员必须培训后上岗，并将岗位培训合格证书规定为上岗任职的资格证明。岗位培训由人事部门和档案部门联合发文、共同签章发证，强化了培训的约束力。从1992年起，省档案局举办全省档案干部岗位培训班，每年两期，每期30天，主要培训全省各级档案行政管理部门、各级综合档案馆和大中型企业在职档案干部。培训课程以档案专业课程为主，同时，根据不同时期的岗位工作需要，开设新技术、新方法等课程。学员培训合格，取得《岗位培训结业证书》。1996年至2000年，省档案局与省人事厅联合举办岗位培训班9期，培训档案干部593人；天水、定西、张掖等地（市）与人事部门联合，举办岗位培训班15期，培训档案干部1000余人。

2000年8月2日，省档案局、省人事厅下发《甘肃省档案局、甘肃省人事厅关于举办2000年第二期全省档案干部岗位培训班的通知》。2000年8月，举办第二期全省档案干部岗位培训班，培训对象为各级党政机关、企事业单位从事档案工作的专（兼）职人员中尚未取得省档案局和省人事厅共同颁发的档案干部岗位培训证书者。培训期间主要学习档案管理学、科技档案管理学、机关文书与文书工作、档案保护技术学、档案编研概论、档案法学、计算机知识讲座7门课程。41人学习期满、考试成绩合格，由省人事厅和档案局共同颁发全省档案干部岗位培训结业证书。

2001年8月8日，省档案局和省人事厅共同下发《甘肃省档案人员持证上岗暂行规定》，规范岗位培训工作。培训对象为全省各级党政机关、群众团体、企业事业单位档案工作岗位未接受档案专业专科、本科教育的专、兼职档案人员，以及拟从事档案专、兼职工作的人员。规定档案工作岗位实行档案人员资格认定、持证上岗制度。档案人员经过档案管理学、科技档案管理学、机关文书与文书工作、档案保护技术学、专门档案管理等课程学习，培训时间不少于176学时。学员学习期满，考试成绩合格，由省档案局与省人事厅共同签章颁发档案工作岗位资格证书，作为本人从事档案工作的上岗资格凭证和本地区、本单位档案工作目标管理的考核依据之一。

2002年5月13日，省档案局和省人事厅联合举办全省档案干部岗位培训班。全省各级档案部门和企事业单位的档案人员90多人参加培训。本期培训班重点对2002年1月1日起实施的《甘肃省归档文件整理规则实施细则》进行示范性培训。

1992年以来参加省档案局、省人事厅举办的全省档案干部岗位培训班，已取得岗位培训结业证书的，凭此证换发档案工作岗位资格证书。档案工作人员的岗位培训工作由省、地两级档案部门承办。不具备办班条件的地区，由该地区档案局（处）负责输送本地区档案人员参加省档案局举办的档案干部岗位培训班。1992年至1998年，省档案局与省人事厅共同举办全省档案干部岗位培训班12期，培训学员1530名，每期30~60天不等，开设7~8门课程。

"九五"期间，省局与人事厅联合举办岗位培训班9期，培训档案干部593人。同时省档案局制定了《兼职教师考核聘任办法》，对承担教学任务的教师实行考核聘任制度。

至2006年，全省档案干部岗位资格培训班已经举办28期，为各市、县，各行业培训档案工作人员2500多人。这个数字接近本省现有专职档案人员总数，相当于全省专职档案人员在近十几年间得到了一次普遍的轮训。接受培训的人员回到工作岗位，大多数已经成为业务骨干。2007年8月15日，甘肃省档案局在《2007—2010年甘肃省档案干部教育培训规划》中进一步强调，"继续实行档案人员持证上岗制度，全省各级机关、团体、企业事业单位专兼职档案工作人员都要经过专门培训，取得档案工作岗位资格证书，才能从事档案工作"。2007年至2013年，全省档案干部岗位培训班共举办8期，培训干部2269人。

（二）继续教育培训班

1997年6月16日，全国档案专业技术人员继续教育研讨会在兰州召开。会议对中国档案专业技术人员继续教育和档案干部在职培训问题进行研讨。会议认为，要根据档案事业发展的需要和档案干部队伍的特点，不断探索行之有效的继续教育形式，研究和丰富继续教育内容，为进一步发展档案继续教育事业提供可靠保障。

本省面向档案专业技术人员，开展继续教育培训工作始于2000年。同年11月2日，省档案局（馆）印发《甘肃省档案局关于举办2000年档案专业技术人员继续教育培训安排的通知》，于11月中旬举办了2000年度档案专业技术人员继续教育培训班，参加人员为省直机关及要求参加省局组织培训的企事业单位（含中央在兰大型企业事业单位）从事档案专业技术工作的人员。学习内容是《档案法》《档案法实施办法》和《甘肃省档案管理条例》的基本内容和有关知识。培训结束时由省档案局组织统一考试，成绩合格者颁发由省人事厅和省档案局共同盖章的甘肃省档案专业技术人员继续教育证书，考试成绩计入档案专业技术人员继续教育记录卡，并存入本人继续教育档案。共培训153人。

2000年11月16日，省档案局、省人事厅印发《甘肃省档案专业技术人员继续教育实施办法》，规定全省各级档案部门及企事业单位从事档案专业技术工作的在职档案人员应有计划、有目的、有考核地进行知识和技能的不断增新、补充、拓展和提高。高、中级专业技术人员接收继续教育脱产学习时间每年累计不少于40学时，初级专业技术人员每年累计不少于32学时。档案继续教育实行证书等级认证和考核制度，各参训单位对接收继续教育的实际情况，如实在专业技术人员继续教育登记卡和专业技术人员继续教育证书上做记载，并建立继续教育学习档案，定期考核。每年举办一期。同年10—12月，省档案局举办了"省直档案专业继续教育培训班"3期，培训学员135人。截至12月份，全省共培训学员893人。

2008年8月25日，省档案局举办本年度档案专业技术人员继续教育培训班，学习课程主要为：公修课一门——最新现代信息技术与办公自动化应用教程，专业课四门——机关文件材料归档范围和文书档案保管期限规定、公文写作、公文处理和撰写稿件应注意的几个问题。

2010年9月13日，省档案局举办本年度档案专业技术人员继续教育培训班，全省近百名档案专业技术人员参加培训。培训班邀请兰州商学院、甘肃行政学院以及省档案局（馆）的专家，本次培训班采用案例式和互动式教学方法，运用多媒体教学手段。

（三）局（馆）长培训班

从1988年起，省档案局举办"地、县档案局（馆）长培训班"，旨在提高地、县档案局（馆）长行政管理能力和档案业务管理水平。1988年和1989年分别举办了一期局（馆）长培训班，学习内容为中国档案分类法、档案著录、档案法、档案主题标引、档案工作标准化和档案保护技术。1988年培训86人，1989年培训92人。1991年，省档案局举办"档案局（馆）长培训班"，共110人参加学习，培训时间为一个月。之后，全省未举办档案局

甘肃省志

档案志

（馆）长培训班。

2002年和2003年，继续举办局（馆）长培训班，分别培训15人、36人。2008年10月7日至13日，"全省市、县档案局（馆）长培训班"在天津举办，此次培训班是天津市档案局贯彻实施党中央西部大开发战略以及天津市委、市政府关于以实际行动支援对口省、市经济社会发展要求，与甘肃省档案局共同商定、联合举办的。省内各市（州）、县（市、区）档案局（馆）长共50人参加了培训。培训班由天津的专家、学者授课，甘肃的市、县档案局（馆）长通过在经济发达地区的学习、参观、考察，学有所获。

2009年和2010年，省档案局又分别在上海、深圳举办了全省市、县档案局（馆）长培训班。

（四）专题培训班

专题培训班是档案部门根据某一时期的特定需要有针对性地进行的一种专题培训。1991年10月，省档案局根据各地档案教学对科技档案师资的需要，开班了一期"科技档案师资培训班"，请中国人民大学档案学院教授沈永年讲授科技档案管理学，全省50人参加培训。此后，又于1993年5月、1993年10月和2000年4月，分别举办了"档案干部法制培训班""企业档案干部和'三资'企业、乡（镇）企业档案干部培训班"和"档案标准化著录暨民国档案案卷级目录报送培训班"。

1995年，省档案局与湖北省档案干部培训中心联合举办"声像档案管理与保护培训班"，专题培训声像档案管理与保护人员，本省由33名档案人员参加学习。

2000年5月9日，甘肃省档案局第一期计算机培训班开班，这是省档案局为局（馆）干部职工全面掌握计算机基础知识和基本操作技能而开办的，为期40天。同年12月6日，国家档案局颁布《归档文件整理规则》，适应档案管理现代化的需要，提出了完全不同于以往"立卷"方法的"文件级"整理方法，省档案局于次年连续举办3期"《归档文件整理规则》培训班"。

2001年4月13日，省档案局在平凉市举办"全省基建档案管理研习班"，省直机关、地（州）和大中型企业、县（团）级以上科技事业单位的基建、档案部门110多人参加培训，培训班听取平凉电厂基建档案工作的经验介绍。

同年8月27日，省档案局首期"计算机管理软件暨办公自动化管理软件培训班"在珠海市举办，全省21名档案员参加培训。同年8月31日，省档案局贯彻落实国家档案局中国档案文献遗产工程座谈会精神，举办了"中国档案文献遗产工程申报工程培训班"，有重点档案抢救任务的50多名地（州、市）、县（市、区）有关人员接受了有关申报业务的培训。2003年4月、9月、10月，为了满足省内计算机人才培训的急需，省档案局在兰州连续举办了三期"计算机档案管理软件及办公自动化管理软件培训班"。2004年3月，省档案局在兰州举办了一期"建设项目档案电子档案新标准培训班"。

2006年7月26日，省财政厅和省档案局在兰州联合举办"全省实施《国家重点档案抢救和保护补助费管理办法》培训班"，各市（州）财政部门和市、县档案部门110名学员参加培训。同年12月18日，国家档案局以第8号令颁布《机关文件材料归档范围和文书档案保管期限规定》，这是国家档案局第五次对文书档案管理的重大改革。

2007年10月15日至31日，省档案局在兰州举办"全省档案信息化建设技术培训班"。主要讲授档案信息化建设的政策与规章、电子政务建设、电子文件归档与管理以及档案数字化处理等课程。

2008年3月27日，省档案局举办各市（州）档案局业务指导科科长和业务骨干、各县（市、区）档案局业务骨干参加的专题培训班，开展以《机关文件材料归档范围和文书档案保管期限规定》为专题的培训。

2009年3月26日，省档案局为了做好国家重点建设项目档案和会计档案的整理归档工作，举办"建设项目档案和会计档案管理学习班"。82人参加学习。

2011年3月23日，省档案局举办"新农村建设和社会保险业务档案培训班"。主要培训内容为：国家档案局关于农业农村档案信息资源共享工作的要求；国家档案局、民政部、农业部关于社会主义新农村建设档案工作示范县的实施办法;《甘肃省"千村百乡"档案工作示范工程实施办法》和《甘肃省行政村档案管理办法》；人力资源和社会保障部、国家档案局《社会保险业务档案管理规定（试行）》;《甘肃省社会保险业务档案管理暂行办法》和《甘肃省社会保险业务材料归档整理规则》。同年4月20日，省档案局举办

"档案信息化建设培训班"。培训内容为国家档案局2005年行业标准《纸质档案数字化技术规范》和省档案局2010年颁发的《甘肃省纸质档案数字化操作规范（试行）》。

2012年2月23日，省档案局（馆）邀请国家档案局副局长、中央档案馆副馆长李明华作"档案文化建设"专题学术讲座。同年9月25日，省档案局举办全省档案业务指导人员培训班。

三、档案专业技术职务资格评审

本省档案专业干部业务职称评聘工作始于1981年，当时规定图书、档案、资料三个专业为一个业务职称系列，统一开展职称评定工作。档案专业干部各级技术职称的名称分别为：高级职称为研究馆员、副研究馆员；中级职称为馆员；初级职称为助理馆员、管理员。1986年3月，档案专业从图书、档案、资料系列中划出，单独设立档案专业技术职务，档案专业单独开展档案专业技术职务资格评审工作。省上成立"甘肃省档案专业高级职务评审委员会"，评审档案专业副高级（副研究馆员）资格、代评中级、初级资格。档案专业正高级职务（研究馆员）报由国家档案局档案系列高级职务评审委员会评审。至1990年底，全省有档案专业技术职务人员1014人。其中副研究馆员10人，馆员193人，助理馆员383人，管理员228人。

1991年11月16日，国家档案局在兰州召开档案系列职称改革工作座谈会。会议讨论修改了《档案专业人员职务系列》《档案馆专业职务设置分类管理办法》和档案专业初级职务资格考试暂行规定》三个文件。

1992年10月13日，省档案专业高级职务评审委员会组成。主任委员王爱彦，副主任委员刘郁采，评委会由22人组成。同年10月26日，经省档案专业高级职务评委会评审，4人为副研究馆员；代评23人为馆员，11名为助理馆员、8名为管理员。1993年，经省档案专业中级职务评审委员会评审，11人为副研究馆员；代评馆员95名，助理馆员70名、管理员41名。

1994年至1999年，经省档案专业中级职务评审委员会评审，27人为副研究馆员；代评269人为馆员，助理馆员195名、管理员73名。

2001年7月25日，甘肃省职称改革工作领导小组办公室印发《甘肃省评审高、中级专业职务推行公示制度的意见》，规定从2001年起，在评审高、中级专业技术职务推荐过程中推行公示制度。公示的内容是：（1）本单位本次拟推荐的高、中级职务岗位数额；（2）单位考核推荐领导小组确定上报的评审高、中级职务人员名单；（3）被推荐人员情况。公示采用单位张榜公布、发布公示通知等多种方式，公示时间为3天。单位纪检、监察部门要对公示进行监督。群众对公示对象的问题也可向上级主管部门反映，对群众反映的意见和问题单位要认真及时地进行核实落实，并公布公示结果。同年12月18日，甘肃省职称改革领导小组印发《关于重新组建甘肃省档案专业高级职务资格评审委员会的通知》，同意甘肃省档案局重新组建甘肃省档案专业高级职务资格评审委员会，负责评审全省档案专业副研究馆员职务任职资格。评委会由23人组成，任期到2002年底，评委会成员不向外公布。主任委员张前林，副主任委员张蕊兰、方荣。

从2004年起，甘肃省档案专业高级职务资格评审委员会受青海省委托，为青海省档案部门代评副研究馆员以下专业技术职务任职资格。2004年为青海评审4名副研究馆员任职资格。至2009年，为青海省代评副研究馆员69名，馆员10名。

2007年7月30日，新一届甘肃省档案专业高级职务评审委员会组建，评委会由25人组成。主任委员为刘玉生，副主任委员为李虎、赵海林。评委会除了负责评审档案专业副高级职务任职资格之外，还承担代评甘肃省党史专业副高级职务任职资格。同年，甘肃省档案专业高级职务评审委员会受委托为新疆维吾尔自治区档案部门代评副研究馆员以下专业技术职务任职资格，同年，为新疆代评副研究馆员2名。2007年至2010年，省档案专业高级职务评审委员评审副研究馆员45人；代评馆员146人，助理馆员132人、管理员30人。

2011年10月9日，组建新一届甘肃省档案专业高级职务评审委员会，评委会由下列25人组成。主任委员为张蕊兰，副主任委员为孙小林、赵海林。2011年至2013年，省档案专业高级职务评审委员会评审副研究馆员54人；代评馆员94人，助理馆员105人、管理员11人。

档案专业正高级职务（研究馆员）由国家档案局档案系列高级职务评审

委员会评审。从1996年至2009年，本省有6人被国家档案局档案系列高级职务评审委员会评审为研究馆员资格。

甘肃省档案专业高、中、初级技术职务资格评审情况表（1992年—2013年）

表 9—1   单位：人

年份	副研究馆员	馆员	助理馆员	管理员	备注
1992	4	25	11	8	
1993	11	106	75	43	
1994	4	11	45	16	
1995	3	58	47	11	
1996	4	74	40	14	
1997	2	40	19	11	
1998	5	14	17	8	
1999	9	72	27	13	1. 研究馆员由国家档案局档案系列高级职务评审委员会评审。
2000	6	–	–	–	
2001	–	–	–	–	
2002	13	–	–	–	
2003	6	44	18	–	2. 本表不含历年为青海省、新疆维吾尔自治区代评的副研究馆员。
2004	12	52	25	1	
2005	7	37	30	18	
2006	13	42	18	3	
2007	10	34	28	1	
2008	11	37	38	7	
2009	12	40	46	8	
2010	12	35	20	14	
2011	14	30	26	1	
2012	21	27	31	7	
2013	19	37	48	3	

第十章　学术交流与档案学会

第一节　国内交流与对外交流

一、国内交流

（一）敦煌历史档案与徽州历史档案开发利用研讨会

甘肃和安徽两省档案部门联合召开两次敦煌历史档案与徽州历史档案开发利用研讨会。2001年5月22日至26日，安徽省档案局、甘肃省档案局在合肥市联合举办"首届徽州历史档案与敦煌历史档案开发利用研讨会"。这是两省档案部门首次进行的中西部文化合作与学术交流活动。两省档案部门、安徽大学、兰州大学、敦煌研究院等单位的专家学者40人参加了研讨会。研讨会就敦煌历史档案和徽州历史档案、敦煌学与徽学等诸多问题进行了热烈讨论。研讨会期间，专家学者们还访问了歙县西递、宏村、歙县牌坊群、屯溪老街、休宁县档案馆，实地考察了徽州历史档案和徽州历史文化，对徽州文化与敦煌文化进行了直观的比较和研究。专家学者们在讨论和考察中认为，徽州历史档案与敦煌历史档案、徽学与敦煌学，具有许多可比性。特别是作为同以历史文书文献为主要研究对象的两大新兴学科，徽学与敦煌学有许多共同性，其交流与合作很有必要，不仅有利于拓展敦煌学和徽学的研究领域，而且丰富了我国档案学、文书学的研究内容。会议商定，应将两地这种学术交流活动延续下去。研讨会收到发言稿和论文共有30多篇。会后，两省档案局从中挑选出20篇，收录于《徽州历史档案与敦煌历史档案研究——首届徽州历史档案与敦煌历史档案开发利用研讨会论文集》。

"第二届敦煌历史档案与徽州历史档案开发利用研讨会"于2002年9月13日在兰州举办。两省档案部门、兰州大学、安徽大学、敦煌研究院等单位的专家学者30余人参加研讨会。研讨会采取先考察、后研讨的办法，与会专家沿着丝绸之路到张掖、嘉峪关、敦煌等地进行实地考察，增加对敦煌历史文化的感性认识。会议收到论文20篇，其中甘肃7篇，大会交流6篇，书面交流4篇。论文从不同角度、不同侧面探讨了敦煌历史档案和徽州历史档案的开发利用问题，收录于《第二届敦煌历史档案与徽州历史档案开发利用研讨会论文集》。

（二）西北地区档案工作协作会

西北地区档案工作协作组建立于1958年，由陕西、甘肃、青海、宁夏、新疆五省（区）组成，同年11月在西安召开首次档案工作协作会议。之后，中断了24年。1982年9月，西北五省（区）在甘肃临夏回族自治州召开协作组恢复后的第一次会议，议定每年召开一次会议，在五省（区）轮流举行。此后，形成了定期的交流与协作制度。至1990年8月，西北五省（区）分别在西宁、乌鲁木齐、西安、银川、嘉峪关等地召开了六次协作会议。

1991年至2011年，西北五省（区）先后召开了第七次至第十六次协作会，其中在甘肃召开的两次会议由甘肃省档案局承办。

2000年9月15日至16日，西北地区第十一次档案工作协作会在甘肃省敦煌市召开。五省（区）和西安、新疆建设兵团、兰州军区档案部门的代表及上海、天津、云南、南京等省、市档案界的特邀代表共70余人参加会议。国家档案局科技司负责同志参加会议。会议主要议题是交流西北五省（区）档案部门如何参与和服务西部大开发问题。与会同志认为，参与和服务西部大开发是西部档案工作者义不容辞的责任，档案部门应围绕西部大开发的重点，选准切入点，努力延伸档案工作的服务功能，为西部大开发做出应有贡献。西部档案工作者要适应大开发的需要，应以解放思想、转变观念为先导，冲破思维惯性与不适宜的条条框框的束缚，探求新的思路，寻求新的方法，以思想观念的转变实现西部档案事业的跨越式发展。会议期间举行了"西部大开发档案专题研讨会"，收到论文30篇，其中甘肃8篇。

2010年7月20日至23日，西北地区第十六次档案工作协作会在兰州召开。西北五省（区）和西安市、新疆生产建设兵团档案部门的代表60余人参加会议。时任国家档案局政策法规司司长郭嗣平、北京市档案局局长陈乐人应邀参加会议。中共甘肃省委常委、秘书长姜信治到会致辞。与会代表参观了甘肃省档案馆和临夏回族自治州、甘南藏族自治州档案工作。会议围绕"加强和改进档案行政执法工作"主题，交流了西北地区档案部门开展档案行政执法工作的情况和经验，分析了档案行政执法工作存在的问题及原因。会议认为，档案行政执法是档案工作的重要组成部分，是档案事业沿着法制化轨道发展的重要保障。针对档案行政执法工作存在的档案法制法规落实不到位、档案行政执法手段单一、档案违法行为查处难度较大问题，与会代表提出加强档案行政执法工作，促进档案法律法规贯彻落实的具体办法和意见。会议形成了《西北地区第十六次档案工作协作会议纪要》。会议收到论文30篇，其中甘肃12篇。

（三）西部十二省（市、区）档案工作研讨会

2001年11月10日由四川省档案局倡议召开的西部十二省（市、区）档案工作研讨会在成都市召开了第一次会议。四川、重庆、贵州、云南、西藏、广西、新疆、青海、宁夏、甘肃、陕西、内蒙古12个省、市、自治区档案部门的57名代表参加会议，甘肃省赵海林、颜世莉等代表参加会议。会议的主旨是：落实中央关于西部大开发的战略，研究西部大开发中的档案工作，以及西部档案事业发展面临的重大理论和实际问题。

2005年8月30日至9月2日，西部十二省（市、区）第四次档案工作研讨会在兰州召开，研讨会由甘肃省档案局承办。国家档案局经济科技司、《中国档案报》负责同志应邀参加会议。会议围绕"以民营企业为主体的非公有

制经济组织的建档工作"进行研讨。会议认为，随着社会主义市场经济体制的建立和不断完善，民营企业已经成为市场经济建设的重要参与者和建设者，西部地区各省（市、区）档案行政管理部门要坚持"经济建设发展到哪里，档案工作就延伸到哪里"的指导思想，主动开展以民营企业为主体的非公有制经济组织的建档工作。档案部门要贯彻落实国务院《关于鼓励支持和引导个体私营等非公有制经济发展的若干意见》，依法监管，积极引导，深化服务，遵循"自主管理，高效实用，因企制宜"的原则，营造有利于民营企业档案工作开展的舆论环境，使档案工作真正成为企业发展壮大不可缺少的组成部分。形成了《第四次西部档案工作研讨会纪要》。会议收到论文33篇。会议期间，与会代表参观考察了甘肃省档案馆和甘肃省奇正藏药集团有限公司的档案工作。

西部十二省（市、区）档案工作研讨会在本省召开两次，之后分别在贵阳（2004年）、乌鲁木齐（2007年）、昆明（2008年）、重庆（2010年）、（银川2011年）、拉萨（2012年）、西宁（2013年）召开。

附：《第四次西部档案工作研讨会纪要》

第四次西部档案工作研讨会于2005年8月30日至9月2日在甘肃兰州召开，由甘肃省档案局主办。四川、重庆、贵州、云南、西藏、广西、新疆、青海、宁夏、甘肃、陕西、内蒙古12个省（市、自治区）档案部门的66名代表参加了会议。

会议交流了西部地区档案部门近年来开展民营企业档案工作的情况和经验，并就如何进一步提高民营企业建档意识、创新民营企业档案工作管理体制，为民营经济发展提供档案服务等问题进行了广泛深入的研讨。会议期间，与会代表考察了甘肃省档案馆和甘肃奇正藏药集团有限公司的档案工作。

会议共收到论文33篇。这些论文围绕如何进一步培养、提高民营企业建档意识、调动建档自觉性、因企制宜地创建档案管理新模式和大力创新档案工作服务机制、搭建良好的服务平台，以及开展民营企业档案人才培养等方面进行了深入探讨，对进一步做好西部地区民营企业档案工作提出了许多切实可行的意见和建议。

会议认为，随着社会主义市场经济体制的建立和不断完善，民营企业的发展势头迅猛、增长快速，已经成为改革开放的重要参与者和推动者，成为市场经济建设的重要力量。西部地区各省（市、自治区）的档案行政管理部门密切注视经济发展新动向，紧贴经济建设主战场，坚持"经济建设发展到哪里，档案工作就延伸到哪里"的指导思想，解放思想、务实创新、大胆实践，及时、主动开展了以民营企业为主题的非公有制经济组织的建档工作。目前，各省（市、自治区）档案行政管理部门都将民营企业档案工作纳入服务范畴，强化服务意识，广泛宣传引导，深入调查研究，对民企建档实行了更加灵活、更富特色和更有成效的管理办法。通过培育建档典型、制发管理规范或办法、无偿培训人员、主动上门服务等方式，满腔热情的支持民企建档，引导民营企业经营者不断提高档案意识，自觉依法开展档案工作，打开了民营企业建档工作局面。但从总体情况看，民营企业的档案意识还比较淡薄，工作开展存在种种困难。对此，档案行政管理部门要进一步提高对开展民营企业档案工作重要性和艰巨性的认识。要认识到民营企业档案是反映社会市场经济建设真实面貌、记录我国社会经济发展的宝贵财富，开展民营企业档案工作是档案部门落实科学发展观、拓宽服务领域、促进事业发展的重要任务，引导和促进民营企业建立和做好档案工作是档案部门服务经济建设的基本职责。各级档案行政管理部门要深入贯彻落实国务院《关于鼓励支持和引导个体私营等非公有制经济发展的若干意见》和全国民营企业档案工作会精神，依法监管，积极引导，大胆创新、迎难而上、深化服务，遵循"自主管理、高效实用、因企制宜"的原则，通过广泛、深入的社会宣传，营造有利于民营企业档案工作开展的舆论环境。通过典型培育，研究民营企业档案规律，把握民营企业的档案需求，大力创新民营企业档案管理模式，务实高效的开展建档工作，使档案工作真正成为企业发展壮大不可缺少的组成部分，为企业规避市场风险、维护自身利益和可持续发展提供可靠保证。

经过友好协商，2006年第五次西部档案工作研讨会由广西壮族自治区档案局（馆）主办。会议的主题、时间、地点等有关事项，由广西壮族自治区档案局（馆）届时与各兄弟省、市、自治区档案局协商确定。

二、对外交流

（一）敦煌遗书档案国际研讨会

1994年8月3日至5日，由国家档案局、甘肃省档案局联合举办，中国档案学会、甘肃省档案学会和甘肃省敦煌学会协办的"敦煌遗书档案国际研讨会"在敦煌市召开。研讨会的主题是：研究敦煌遗书档案的管理方法与制度，进一步开发敦煌遗书档案信息资料，提高档案学研究水平。中国、日本、美国等国家和地区的78名档案学、敦煌学专家学者参加研讨会。会议收到中外学者的论文15篇，会议交流10篇，书面交流5篇。时任国家档案局副局长刘国能、甘肃省人民政府省长助理孔令鉴、敦煌市副市长任全德、日本全国史料协议会高野修、美国密执根大学亚洲图书馆馆长万惟英在研讨会上致辞。研讨会认为，敦煌遗书是全人类的珍贵文化遗产，从档案学角度对敦煌遗书进行研究，不仅可以丰富档案学的研究内容，而且为敦煌学的研究开辟了新的领域和新的途径。研讨会通过了《敦煌遗书档案国际研讨会倡议书》。这次研讨会是甘肃档案部门第一次联办的国际研讨会，为甘肃档案部门打开了国际交流的大门。

研讨会收到的15篇论文是：日本小川千代子、铃木邦男《日本敦煌档案的管理——龙谷大学大谷馆藏研究》，日本国立史料馆安藤正人、广濑睦《日本古代档案的管理》，英国弗朗西斯·伍德《大英图书馆保存的敦煌档案》，北京大学荣新江《档案与敦煌学研究》和《英国图书馆藏敦煌汉文残卷的史料价值》，北京图书馆刘一平、申国美《试析北京图书馆对敦煌遗书的收藏与利用》，国家档案局杨冬权《敦煌遗书历史命运对档案学的启示》，敦煌研究院李正宇《敦煌遗书若干档案史资料》，兰州大学郑炳林《唐五代敦煌文书档案管理机构初探》，甘肃省图书馆周丕显《敦煌佛教宗教档案文献析分》，甘肃省社会科学院颜廷亮《敦煌西汉金山国档案文献考略》，甘肃省档案局张启安《从敦煌遗书看唐代公文制度》，甘肃省档案馆向全福《敦煌遗书中档案与资料区分之我见》，甘肃省档案馆方荣《敦煌遗书的档案属性初探》，甘肃省档案馆姜洪源《敦煌契约文书初探》。

附：《敦煌遗书档案国际研讨会倡议书》

由中国国家档案局和甘肃省档案局于1994年8月3日至5日在中国甘肃省敦煌市联合召开的"敦煌遗书档案国际研讨会"，是国际档案界首次召开的此类会议。通过中外档案、历史和敦煌学者对敦煌档案的研究、交流和对敦煌文化古迹的实地参观，与会代表深受感动。现做出如下倡议：

1. 鉴于敦煌遗书是全人类珍贵的文化遗产，敦煌文化在人类文化宝库中的重要地位，以及人们对敦煌文化的重视和不断增长的兴趣，大会建议今后不定期召开类似的国际研讨会，并同时组织对丝绸之路的考察旅游，以扩大敦煌文化在世界上的传播和影响。

2. 鉴于敦煌遗书由于各种历史原因而保存在世界各地，以及复制、汇集敦煌遗书对研究敦煌文化的重大意义，大会建议以本次研讨会为扩大国际交流的新起点，与各国敦煌遗书保存单位建立适当渠道，交流目录，共享信息，为敦煌学研究的深入发展，为专家学者的学习研究提供便利。

3. 认识到档案馆、博物馆、图书馆及其他机构在敦煌遗书档案的收集、保管、提供利用等方面的共同之处，大会建议上述机构互相学习，取长补短，以便更好地保管好这些珍贵资料。

4. 认识到敦煌遗书对档案学研究的重要性，大会建议中国国家档案局、甘肃省档案局和敦煌市档案局加强联系与合作，鼓励各国档案工作者对敦煌档案的研究。

5. 为使更多的中外档案、历史及敦煌学者分享本次研讨会成果，大会建议中国国家档案局和甘肃省档案局联合出版本次研讨会的中英文论文集。

6. 与会中外代表特向主办及协办此次研讨会的中国国家档案局、甘肃省档案局、中国档案学会、甘肃省档案学会、甘肃敦煌学学会、敦煌研究院、酒泉地区档案处、敦煌市档案局表示感谢，并向甘肃省人民政府、敦煌市人民政府对本次研讨会的大力支持表示诚挚的感谢。

（二）甘肃组团参加第13届国际档案大会

1996年9月2日至7日，第13届国际档案大会在北京召开。出席这次大会的有130个国家和地区的代表2600多人。中国代表团由时任国家档案局局长、中央档案馆馆长王刚任团长，国家档案局副局长、中央档案馆副馆长刘国能、沈正乐为副团长。中国代表团下设第一、第二两个分团。第一分团由中央国家机关、各省（自治区、直辖市）、副省级市档案部门组成，第二分团由企事业单位档案部门和热爱档案事业的企业家组成。由王爱彦、张启安、王威琴、胡雁、康斗南、庞慧征、李淑萍、鄂璋等8人组成甘肃团参加中国代表团第一分团。甘肃团参加了围绕这次国际档案大会的主题"本世纪末的档案工作——回顾与展望"的相关活动、学术报告会和3次自由论坛，参观了由88家中外企业参展的"档案管理暨现代办公设备用品展示会"和各省（自治区、直辖市）参展的"中国档案事业成就展"。甘肃的"敦煌遗书档案展览"参展。会议期间，甘肃省的代表积极开展各种交谊活动，时任甘肃省档案局局长王爱彦分别与日本、俄罗斯、哈萨克斯坦、加拿大、立陶宛、埃及、也门等档案界同行进行了广泛交流，增进相互间的了解与友谊，并欢迎各国档案工作同行来甘肃参观和学术交流。

（三）出国（境）考察与接待来访

1. 出国（境）考察

甘肃省档案部门参与和组织出国考察档案工作始于1994年。是年6月14日，国家档案局组织甘肃、云南、广东、河南四省档案局负责人赴美国进行档案工作考察访问，时任甘肃省档案局局长王爱彦参加了考察访问。考察团参观考察了美国国家档案馆老馆和新馆、国家档案馆东北地区分馆、联合国档案馆、罗斯福和尼克松档案馆、国会图书馆手稿部、国务院文件档案管理处和曼哈顿大通银行档案馆等，对档案馆建筑、分散与集中相结合的管理体系、一体化的文件档案管理和开放利用，以及档案馆工作的现代化管理手段等进行考察。

1996年7月2日至17日，以时任辽宁省档案局局长艾鸿举为团长、甘肃省档案局局长王爱彦为副团长的中国档案工作者代表团一行8人对澳大利亚、新加坡进行了为期15天的考察访问。考察期间，代表团参观考察了澳大利亚国家档案馆、国家音像档案馆、联邦政府档案馆悉尼分馆、西南威尔士州档案馆、悉尼市档案馆、悉尼大学档案馆以及新加坡国家档案馆、新加坡报社档案馆。代表团重点考察了两国档案现代化管理和档案保护技术工作。

1997年11月6日，由美国第二国家档案馆、中国国家档案局、马里兰大学共同主办的第三届中国地方档案馆史第三次国际研讨会在美国马里兰州举行。时任国家档案局副局长、中央档案馆副馆长沈正乐以及西藏、新疆、青海、甘肃、宁夏等省（区）档案局（馆）长参加了研讨会。时任甘肃省档案局副局长张前林参加了研讨会。张前林介绍了甘肃省档案馆馆藏和档案开放利用情况，引起美方学者的关注。美国南伊利诺大学中国历史系教授陈兼在评述时认为，甘肃省档案馆具有多方面历史档案相结合的特点，应当很好地利用，并表示对中国工农红军西路军档案史料的关注和兴趣。美国霍士顿大学陈嘉定博士对甘肃省档案馆收藏敦煌遗书档案资料表示赞许。研讨会期间，中国档案工作者参观了1996年投入使用的美国第二国家档案馆、哥伦比亚大学东亚图书馆以及该校口述历史档案馆。

1998年10月8日至20日，兰州市档案工作者赴美考察团一行10人考察了佐治亚州档案馆，参观了美国国家博物馆。

1999年，国家档案局组织档案专业人员经过英语考试，选拔部分人员赴国外学习交流。甘肃省档案局办公室副主任魏宏举参加了考试与选拔。7月18日至8月18日，魏宏举赴美参加了密执安大学本特利图书馆举办的档案管理人员培训班学习。

2002年8月20日，时任甘肃省档案局副局长拓志平随中国档案宣传出版工作者考察团赴加拿大参观考察。考察团考察了加拿大国家档案馆、魁北克档案馆、安大略省档案馆，并听取了有关加拿大档案宣传出版工作的介绍。

2005年，省档案局组织部分市（州）、县（市、区）档案局长赴欧洲学习考察。是年10月，庆阳、张掖、甘南等5个市（州）、3个县档案局的8名人员赴法国、德国、荷兰、比利时、卢森堡等国考察档案工作。

2012年12月9日至18日，以时任甘肃省档案局（馆）长张蕊兰为组长，以庆阳市档案局局长张君洋、省档案局办公室主任冯志萍为成员的甘肃省档案工作公务考察组一行三人赴澳大利亚、韩国考察档案工作。考察组在澳大利亚考察了昆士兰州档案馆、悉尼大学、国家图书档案馆、墨尔本图书档案馆，在韩国考察了韩国青瓦台总统府展览馆。

2. 接待来访

甘肃省档案部门接待来访国外和境外档案工作同行始于1995年。是年8

月21日，原美国史密森研究院档案馆馆长威廉·W·莫斯到敦煌市档案馆参观访问。市档案馆同行与莫斯就档案保管、利用以及经费、人员等问题进行了交流。这是敦煌市档案馆也是甘肃档案部门接待的第一位外国档案界同行。

1996年9月9日，出席第十三届国际档案大会的美国开放社会档案馆执行主任特鲁迪·H·皮特森女士、律师格里·M·皮特森，日本驹泽大学图书馆馆长所理喜夫、公证会会计师山本茂四名代表赴甘肃参观考察，参观了甘肃省档案馆。省档案馆与外国学者进行交流，双方希望继续加强相互交流，共同促进和繁荣国际档案事业。皮特森女士等表示非常想了解甘肃档案事业的历史及其发展，对省档案馆应用中国传统的档案修裱工艺进行档案修复、抢救表示出极大兴趣，并就此与省档案馆工作人员进行交流和切磋。

2002年8月20日，日本学术振兴会博士后特别研究员安藤一郎，就"抗日战争时期的西北回族问题"到甘肃省档案馆查阅档案资料。这是自《档案法》实施以来首例外国人来省档案馆查阅档案资料。

2005年9月30日，曾协助甘肃地方政府开办清末甘肃近代工业的比利时人林辅臣的后裔弗兰克·凯特先生、安吉拉·艾略特女士、安妮·斯普林格·麦格婉女士三人到甘肃省档案馆查阅其先祖的档案史料。省档案局局（馆）长刘玉生接待了他们并进行座谈。刘玉生说，林辅臣父子在清末协助甘肃创办甘肃近代工业的史实，省档案馆档案中有详细记载，甘肃人对林辅臣父子在甘肃近代工业发展做出的贡献是不会忘记的，希望双方多交流这方面的史料。座谈会商定了交换有关晚清甘肃举办实业资料的事宜。省档案馆向安妮女士提供了有关其祖辈林阿德协助甘肃办实业签订的合同复印件，并赠送了省档案馆编纂的《天下黄河第一桥》。安妮女士向省档案馆赠送了林氏父子的珍贵照片与当年兰州黄河铁桥竣工典礼的照片复印件。

1999年7月27日，庆阳地区档案馆首次接待外国查档者。韩国籍中国南京大学留学生朴尚洙查阅陕甘宁地区有关档案，为其撰写论文收集资料。

第二节　档案学会

一、档案学会组织建设

　　1991年是甘肃省档案学会成立10周年。省档案学会成立伊始，就建立了会员代表大会制度，组成理事会和常务理事会。会员代表大会是学会的最高权力机构，会员代表大会闭会期间，理事会为学会的执行机构，学会的日常工作由常务理事会研究决定，由其办公室负责处理。1981年4月省档案学会第一次会员代表大会时有会员367名；1984年7月第二次会员代表大会时有会员638名；1988年9月第三次会员代表大会时有会员1091名。1991年省档案学会10周年时有会员2000余名。是年3月，甘肃省档案学会通过了省民政厅社团登记，取得了法人资格。在社团登记之后，各地（州、市）档案学会成为独立社团，不再是省档案学会的下属分会，但仍作为省档案学会的团体会员参加活动。省档案学会还积极向中国档案学会推荐发展会员，1991年在甘肃的中国档案学会会员有80名。

　　1993年12月7日，甘肃省档案学会在兰州召开第四次会员代表大会。70名代表参加会议。会议总结了省档案学会第三届理事会的工作，审议通过了新的学会章程，讨论了1994年至1997年学会工作和学术计划要点。大会选举了省档案学会第四届理事会，理事41人，常务理事11人；聘请了名誉理事长。名誉理事长：仲兆隆（时任中共甘肃省委常委、省委秘书长）、杨怀孝（时任甘肃省人民政府副省长）、孔令鉴（时任省人民政府秘书长）、刘汝茂（第二届理事会理事长）。理事长：王爱彦。副理事长：罗浩、向全福。秘书长：张启安。

　　1993年，省档案学会有会员2085名。

　　1998年2月26日，甘肃省档案学会第五次会员代表大会暨学术讨论会在兰州召开。77名代表参加会议。会议讨论制定了《甘肃省档案学会1998年至2001年工作及学术活动要点》，修改并通过了《甘肃省档案学会章程》，章程中增加了"以邓小平理论为指导"以及档案学会"是依法成立的全省档案

第十章　学术交流与档案学会

363

工作者的群众性学术团体"等内容。会议以"市场经济与档案工作"为主题，进行了学术研讨。会议选举省档案学会第五届理事会，理事49名，常务理事17名；聘请了名誉理事长。名誉理事长：仲兆隆（时任中共甘肃省委常委、省委秘书长）、韩修国（时任甘肃省人民政府副省长）、翟克勇（时任中共甘肃省委副秘书长）。理事长：王爱彦；副理事长：张前林、拓志平、李虎、张启安、方荣。秘书长：张启安（兼）。省档案学会内设办公室、学术部两个办事机构，副秘书长刘志强兼任办公室主任，副秘书长姜洪源兼任学术部主任。1998年，省档案学会有会员2224名，中国档案学会会员29名。

1999年6月26日，中国档案学会第五次会员代表大会在北京召开，王爱彦当选为中国档案学会第五届理事会常务理事。

2004年2月13日，甘肃省档案学会第六次会员代表大会在兰州召开。48名代表参加会议。会议讨论通过了甘肃省档案学会第五届理事会工作报告，修订通过了《甘肃省档案学会章程》和《甘肃省档案学会2004年至2007年学术活动计划》。会议选举甘肃省档案学会第六届理事会，理事43名，常务理事17名。理事长：罗浩。副理事长：张启安、杨泽荣、向全福、方荣。秘书长：张启安（兼）。

2010年1月14日，甘肃省档案学会第七次会员代表大会在兰州召开。80余名代表参加会议。会议讨论通过了甘肃省档案学会第六届理事会工作报告，修订通过了《甘肃省档案学会章程》，制定了《甘肃省档案学会2010年至2014年学术活动计划要点》。会议选举甘肃省档案学会第七届理事会，理事43名，常务理事19名。理事长：李虎。副理事长：许宝林、白静。秘书长：王艾邦。省档案学会内设办公室、学术部、咨询部3个办事机构，办公室主任为郝英，学术部主任为宛志亮，咨询部主任为胡建荣。

2011年1月25日，省档案学会召开七届二次理事会，增补孙小林为省档案学会七届理事会理事长，白海军为副理事长。2011年，省档案学会有团体会员39个，会员2647名。

2013年4月19日，省民政厅组织档案学会评估专家组对省档案学会工作进行评估。专家组从省档案学会的基础条件、内部治理、工作绩效、资产管理等方面进行了全面评估后给予充分肯定。

二、学术研究与交流

1991年9月12日，省档案学会召开第二次档案学优秀学术成果颁奖暨学会成立10周年学术讨论会。省档案学会对张掖地区档案学会等6个先进学会和全文汉等16名优秀学会工作者予以表彰奖励；对36项优秀学术成果予以奖励，其中一等奖4项，二等奖10项，三等奖16项，纪念奖6项。甘肃省档案馆方荣《档案利用周期初探》，永靖县档案局罗斌《建立群体性管理实体——联合档案室》，甘南藏族自治州档案局邱巧英、甘肃省档案局张克复《拉卜楞寺藏文档案史料概述》，文县档案局谭昌吉《白马人论稿》获一等奖。时任中共中央顾问委员会委员王世泰、省人大常委会副主任刘毓汉等向先进学会、优秀学会工作者和优秀成果奖代表颁发了奖状、证书和奖金。

1992年1月15日，中国档案学会举办档案学优秀学术成果评奖活动，临夏回族自治州档案局范振国《组建联合档案室管见》获论文类二等奖；甘肃省档案局张克复《档案诗词选》获综合作品类二等奖。同年8月6日，省档案学会和省图书馆学会、省科技情报学会首次联合召开"甘肃省档案、图书、情报学首次联合学术讨论会"，对档案、图书、情报为经济建设服务问题，档案、图书、情报一体化管理问题进行了交流研讨。90余位作者的82篇学术论文参加了交流，22位作者的19篇论文获优秀论文奖。讨论会认为，要破除文献工作在经济建设中无所作为的观念，真正在围绕为社会主义经济建设服务上做文章。时任中顾委委员王世泰、省人大常委会副主任刘毓汉参加会议。同年，省档案学会与省敦煌学会联办了"敦煌艺术与古代档案"研讨会，对敦煌遗书中的档案种类、载体、内容作了初步探讨。

1993年5月29日，省档案学会举办第三次档案学优秀学术成果评奖活动，评选出一等奖7项，二等奖17项，三等奖15项。省档案局马定保《档案与文化试析》，省档案馆方荣《怎样从根本上解决档案著录问题》，兰州军区档案馆白文坤《加强军事档案工作，为创建军事档案学而努力》，临夏回族自治州档案馆张士年《新编档案文献编纂学》，省档案局张克复《档案专业期刊漫议》，省档案局张启安《我国现存汉代档案略述》，永靖县档案局罗斌、董玉玺《永靖县文件中心》获一等奖。省档案学会希望各级档案学会组织，重视学术研究，积极开展各种研讨活动，形成浓厚的学术空气，为繁荣和发展甘肃档案事业做出努力。

1994年6月26日，省档案学会获省民政厅、省总工会、省妇联、团省委、省科委、省社科联、省文联"建功立业，兴陇强省"活动先进社团称号。张步云获社团先进工作者称号。同年9月11日，全国民族地区档案工作会议在新疆召开。时任甘肃省档案局副局长罗浩、甘南藏族自治州档案局副局长邱巧英、临夏回族自治州档案局副局长毛明英参加会议。

1995年5月，省档案学会召开"实物档案"问题学术研讨会，对"实物档案"争论的缘由及其主要观点进行了研讨，对国内外档案学研究现状和趋势进行了交流。同年，省档案学会为中国档案学会在海口市召开的首届全国青年档案学术讨论会组织撰写论文3篇。同年，省档案学会召开"市场经济与档案工作"学术讨论会。论文作者紧紧围绕建立社会主义市场经济体制过程中档案工作出现的新情况新问题进行了多方面的研究和探讨。

1996年3月14日，省档案学会举办第四次档案学优秀学术成果评奖活动。申报项目共66项，其中论文39项，编研成果27项。经过评选，获得一、二等奖的各6项，三等奖的10项，纪念奖的27项。参加评奖的成果范围，为1993年至1994年在省级以上期刊公开发表的优秀论文，经过有关部门确认的优秀编研成果。省档案局王爱彦《结合实际大胆改革》、省档案馆张启安《敦煌遗书档案略述》、省档案馆寇雷《浅谈新形势下档案信息资源的开发利用》、省档案馆方荣《全宗理论辨析》、省气象档案馆李士钧《自然气候与档案保护》、临夏县档案馆《韩家集简志》获一等奖。是年，经全国部分档案期刊第八次研讨会优秀论文评选委员会评定，1994—1995年度30篇在全国各档案期刊上发表的论文获得优秀论文奖。其中，1995年第3期《档案》刊登的省档案馆向全福《关于"实物档案"的争议及其启示》获优秀论文奖。

1996年8月25日，甘南藏族自治州档案局邱巧英《拉卜楞寺藏经楼概览》，被国际图联组委会评为优秀论文，并作为大会发言作者被邀请出席在北京召开的62届国际图联大会。

在1997年5月13日举办的中国档案学会第三次档案学优秀成果（1991—

1995年）评奖活动中，评出获奖成果210项，其中甘肃省5项。省档案局张启安的《汉代简牍档案的管理》获论文类二等奖，嘉峪关市档案局胡雁的《建设馆库环廊要因地制宜》、天水市档案局臧耀成的《当前县级机关档案人员素质问题的调查与思考》获调研报告类四等奖，甘肃省档案馆编纂的《国民党军追堵红军长征和西路军西进档案史料汇编》获汇编类成果四等奖。同年，省社会科学联合会举办"兴陇杯"优秀学术成果评奖活动，省档案馆向全福《关于"实物档案"的争论及启示》获三等奖。

1998年3月26日，召开省档案学会第五次会员代表大会。其间以"市场经济与档案工作"为主题，开展了学术交流与研讨活动。这次活动从1995年开始筹备，论文经所在分会推荐，经省档案学会学术部审查通过，共提交会议交流21篇，内容涉及档案事业管理和档案工作，从宏观和微观角度对市场经济条件下档案事业管理和档案工作中出现的新情况、新问题以及未来发展趋势等进行了深入研究和探讨。其中有多篇对"三资"企业、乡（镇）企业档案工作以及村级建档等新领域的总结和探索，对完善和发展这方面工作提供了理论借鉴和实践参考。

1999年1月21日，省档案学会举办第五次档案学优秀成果评奖活动。共有34项成果获奖。其中一等奖6项，二等奖10项，三等奖18项。方荣《"大事记"编写勾要》、张启安《唐代公文制度研究》、赵海林《抓住机遇加速西部地区发展》、臧耀成《企业档案工作如何适应社会主义市场经济的建立》、胡静山《加快档案信息互联网建设》获论文类一等奖，省档案馆《甘肃历史人口资料汇编》获编研成果类一等奖。同年9月13日，全国档案学会秘书长座谈会在兰州召开，各省、市、自治区和计划单列市档案学会代表61人参加会议。会议交流了做好档案学会的经验，并对学会工作深化改革问题进行了深入研讨。

2003年2月28日，省档案学会举办第六次档案学优秀成果评奖活动，评选出档案学术论文类成果29项，其中一等奖10项，二等奖9项，三等奖10项；档案学术编研类成果5项，其中一等奖2项，二等奖2项。方荣《档案的价值及其鉴定方法》、白文坤《档案价值的演变与文件生命周期》、张启安《面向新千年的档案工作》、魏宏举《利用与启迪——敦煌文化及其现实意义》、姜洪源《利用档案深入研究敦煌遗书流散问题》、臧耀成《浅析以件为保管单位的利与弊》、程菊《科技档案的价值及如何实现》、黄志诚《透视会计档案》、张邦彦《谈谈电子文件和电子档案的管理》和马春兰《提高档案人员专业外语水平的思考》获档案学术论文类成果一等奖。临夏县档案局、临夏县民政局主编《临夏县民政志》、白银区档案局主编《白银区档案志》获档案学术编研类成果一等奖。

2004年12月10日，省档案学会召开"全省档案信息化建设学术研讨会"。研讨会就努力加快档案信息化步伐，缩小与东南沿海发达地区信息化的差距等问题进行交流。近100名会员参加会议，会议收到论文26篇，会议交流24篇。

2006年11月29日，省档案学会在兰州市召开"新农村建设与档案工作学术研讨会"，30多名代表参加研讨会。研讨会就新农村建设档案的主要内容、管理机制和档案工作为新农村建设服务的切入点等问题展开研讨，针对档案管理不规范，乡村档案室档案结构单一、与新农村建设的实际需求不相适应等难点问题提出相应解决措施。研讨会收到96篇论文，其中46篇论文在会上交流。

2007年9月18日，甘肃省档案馆陈乐道应邀参加"重庆大轰炸暨日军侵华暴行国际学术讨论会"，并作大会发言。其论文《日本飞机轰炸兰州及甘肃各地史实初探》入选重庆出版集团、重庆出版社编著的《给世界以和平》。同年11月27日，省档案学会在金昌市举办"档案资源建设"论坛。收到论文83篇，在论坛交流40篇，50余名会员参观学习了金昌市档案馆整合档案资源的经验与做法，并围绕论坛主题进行学术交流。

2008年9月23日，省档案学会召开"实现档案工作'两个转变'、建立'两个体系'学术研讨会"，40余名代表参加研讨会。会议收到各级档案部门的学会会员提交的论文83篇，涉及档案工作与和谐社会建设、民生档案工作、农业农村档案工作、城镇社区档案工作等内容。省档案学会对论文进行评选，庆阳市王晓灵的《加强民生档案工作，为改善民生服务》等8篇论文获一等奖，评出二等奖13篇，三等奖24篇。

从2009年起，省档案学会执行年会制度，每年定期围绕一个学术或业务主题开展学术研讨，年会学术论文收入每年由省档案学会编辑的年会论文集。是年9月2日，省档案学会在嘉峪关市举办全省档案工作者年会，主题为"档案事业科学发展，档案工作服务科学发展"。年会收到论文90篇。其中省档案局胡建荣的《试析我省新农村建设档案工作现状与发展》等9篇论文获一等奖。年会学术论文收入《档案事业科学发展，档案工作服务科学发展——2009年全省档案工作者年会论文集》。2010年6月23日，省档案局在兰州承办了由中国档案学会主办的2010年全国青年档案工作者研讨会，研讨会主题为"档案事业的发展与青年档案工作者的责任"，各省、自治区、直辖市档案部门及有关高校、企事业单位的100余名中青年档案工作者参加研讨会。研讨会收到论文300余篇，其中102篇入选《档案事业的发展与青年档案工作者的责任》文集。会议讨论并通过了向全国青年档案工作者发出的倡议书。同年8月25日，由省档案局主办、省档案学会承办的主题为"加强业务建设，提升服务能力"全省档案工作者年会在兰州召开。年会收到论文110篇。省档案学会对省档案局胡建荣的《解析民营企业档案工作发展之困》等33篇论文的36名作者给予表彰，为酒泉市档案学会等8个单位颁发优秀组织奖。

2011年8月17日，全省档案工作者年会在庆阳市召开，年会围绕"档案安全与档案服务"主题，就进一步提升全省档案安全保障能力进行了交流研讨。时任国家档案局政协法规司司长郭嗣平作专题辅导报告。年会对优秀论文作者进行了表彰。

2012年10月18日，省档案学会在天水召开2012年全省档案工作者年会，120余人参加年会。年会围绕"档案利用与档案文化"主题进行交流和研讨。年会收到论文180篇，获奖论文44篇。

附 录

一、先进个人与先进集体名录

（一）荣获国家级及省级表彰人员

1. 国家级

（1）荣获人事部、国家档案局授予的"全国档案系统先进工作者"称号：

李利平（女）　　环县档案局（1995年）

廉　毓　　　　　张掖地区档案处（1999年）

李金香（女）　　酒泉市档案局（2003年）

高正录　　　　　景泰县档案局（2007年）

沙银花（女）　　甘肃省档案馆（2011年）

（2）荣获国家档案局、中央档案馆授予的"全国优秀档案工作者"称号：

李廷奇　　　　　甘肃省地矿局第二水文地质队科技档案情报室（1995年）

廖　群（女）　兰州市国税局档案室（1995年）

庞慧征（女）　甘肃省审计厅文书档案科（1995年）

刘占英（女）　甘肃农业大学综合档案室（1995年）

王建华（女）　甘肃省粮食局综合档案室（1999年）

谭雅枝（女）　甘肃省林业勘察设计院综合档案室（1999年）

陈　曦（女）　甘肃省卫生厅综合档案室（1999年）

单景忱　　　　兰州铁路局档案馆（1999年）

朱兰芳（女）　兰州军区档案馆（1999年）

荀迎春（女）　甘肃省人民检察院（2003年）

程　菊（女）　中国市政工程西北设计院档案科（2003年）

裴月娥（女）　甘肃省交通厅综合档案室（2007年）

吴　静（女）　中国人民银行兰州中心支行档案科（2007年）

2. 省级

1996年3月12日，中共甘肃省委办公厅、甘肃省人民政府办公厅授予112名个人为全省档案工作先进工作者：

李利平（女，环县档案局）、鄂璋（女，兰州市档案局）、李玉荣（女，兰州市城关区档案局）、周逢棣（榆中县档案局）、郑梅兰（女，兰州市红古区档案局）、张爱玲（女，兰州市七里河区档案馆）、胡雁（女，嘉峪关市档案局）、潘发义（金昌市档案局）、耿贵（景泰县档案局）、张俊明（会宁县档案局）、杜新民（天水市秦城区档案局）、刘映香（女，天水市档案馆）、王利民（天水市城市建设档案馆）、李金香（女，酒泉地区档案处）、刘金益（肃北蒙古族自治县档案局）、阿米娜（女，阿克塞哈萨克族自治县档案局）、张盛宗（安西县土地管理局）、阎富国（金塔县档案馆）、廉毓（张掖地区档案局）、关福（高台县档案局）、吕国相（山丹县档案局）、韩殿斗（武威地区档案局）、魏盛文（民勤县档案局）、任淑贤（女，定西地区档案处）、董毓英（女，定西县土地管理局）、阎世春（成县档案局）、周琳娅（女，文县档案馆）、许根梅（女，两当县档案馆）、王淑芳（女，平凉地区中级人民法院）、苟儒珍（灵台县档案馆）、王永恒（庄浪县档案局）、刘锡成（庆阳地区档案处）、马宏州（宁县档案馆）、贾展（镇原县档案局）、毛明英（女，临夏回族自治州档案馆）、雍秀珍（女，康乐县档案局）、高巨英（女，临夏市档案局）、任明芳（女，卓尼县档案馆）、刘玉兰（女，甘南藏族自治州水电局）、石玉花（女，甘南藏族自治州水电局）、朱玉琴（女，中共甘肃省委党校）、刘惠琴（女，中共甘肃省委统战部）、张凤英（女，甘肃省妇女联合会）、周秀林（女，甘肃省公安厅）、李春生（女，甘肃省技术监督局）、王建华（女，甘肃省粮食局）、王元森（女，中国工商银行甘肃省分行）、庞慧征（女，甘肃省审计厅）、王武芳（女，甘肃省体育运动委员会）、李宁春（女，民革甘肃省委员会）、盛香兰（女，甘肃省电子工业总公司）、赵邦玉（甘肃机械工业集团公司）、刘金玲（女，甘肃省气象局）、白洁兰（女，甘肃省建筑工程总公司）、李青莲（女，西北民族学院）、刘占英（女，甘肃农业大学）、董国英（女，甘肃中医学院）、赵菊荣（女，中国科学院兰州分院）、张俊禄（甘肃省档案局）、王海洲（甘肃省档案局）、孟明君（女，甘肃省档案局）、苗江（女，甘肃省档案局）、候刚（长庆石油勘探局档案馆）、郭芳（女，甘肃省刘家峡化工总厂）、施静哲（女，中国石油化工总公司兰州石油化工设计院）、王爱华（女，甘肃省电力工业局陇南地区电力工业局）、杨丽华（女，甘肃省电力工业局西固热电厂）、杜德珍（甘肃省电力工业局电力试验研究所）、白金（国营红峰机械厂）、石魁先（中国核工业总公司五〇四厂档案馆）、张娥玲（女，甘肃省张掖公路总段）、范立群（女，兰州制药厂）、许秀兰（女，甘肃省建筑运输公司）、李秀银（女，甘肃省国营条山农场）、王华（女，甘肃省农垦勘测设计院）、乔兰芳（女，甘肃省水产养殖总场）、李秀兰（女，甘肃省粮食局天水储运站）、刘玉香（女，兰州商业通用机械厂）、马芳兰（女，甘肃省金属物资储运供销总公司）、李廷奇（甘肃省地质矿产局第二水文地质工程地质队）、燕梅芳（女，甘肃稀土公司）、杨玉宏（女，中国有色金属工业第二十一冶金建设公司）、孙斌（女，白银有色金属公司）、白秀娟（女，兰州钢铁集团公司）、辛华（女，窑街矿务局二矿）、谢伟（女，天水风动工具厂）、刘建银（兰州通用机器厂）、牟天兰（女，兰州毛条厂）、甘伙生（国营庆华仪器厂）、杨克桢（甘肃省邮政运输局）、席景平（甘肃省养蜂研究所）、王秉义（甘肃省景泰川电力提灌工程指挥部）、沈秀荣（女，甘肃省武山水泥厂）、王惠婷（女，甘肃省铜城监狱）、王润清（甘肃省卫生防疫站）、李修甘（女，甘肃省兰州第一中学）、张辉（女，甘肃省体育科学研究所）、喻霞（女，中国人民建设银行金川专业支行）、张厚斌（工商银行张掖地区中心支行）、刘海源（甘肃省小陇山林业实验局）、李跃辉（中国人民保险公司天水市分公司）、鲁维垣（女，甘肃省音像资料馆）、廖群（女，兰州市国家税务局）、王秀兰（女，甘肃省兰州农业学校）、候延华（女，安西县地方税务局）、谢素芳（女，中国农业银行甘肃省定西地区中心支行）、田英（女，甘肃省储备物资管理局173处）、程菊（女，中国市政工程西北设计研究院）、施红刚（卫生部兰州生物制品研究所）、杨淑贞（女，中国人民解放军某工厂）、赵波（女，中国科学院兰州文献情报中心）。

2000年3月20日，中共甘肃省委办公厅、甘肃省人民政府办公厅授予176名同志为"甘肃省先进档案工作者"：

鄂璋（女，兰州市档案局）、李玉荣（女，兰州市城关区档案馆）、蔡荣珍（女，兰州市安宁区档案馆）、王凤英（女，兰州市西固区档案局）、魏立中（皋兰县档案馆）、周香兰（女，永登县档案局）、马俊祥（临夏州档案局）、陶霞（女，永靖县档案局）、王爱萍（女，康乐县档案局）、朱巍（东乡县档案局馆）、王武和（临夏县档案局馆）、张文明（武威地区档案处）、高培玉（民勤县档案局）、张向东（古浪县档案局）、习斌（酒泉地区档案馆）、周博德（酒泉市档案馆）、李淑萍（女，敦煌市档案局）、娜仁（女，肃北县档案局）、康斗南（天水市档案局）、董建中（天水市秦城区档案局）、韦彩娥（女，天水市北道区档案馆）、马桂珍（女，张家川县档案局）、高峰（定西地区档案处）、王淑英（女，岷县档案局）、姚新兰（女，通渭县档案局）、张淑琴（女，渭源县档案局）、崔晓明（女，平凉地区档案处）、赵俊兰（女，泾川县档案局）、闫晓霞（女，静宁县档案局）、李旺太（庄浪县档案局）、赵慧玲（女，白银市档案局）、李得湖（白银市平川区档案局）、李中元（会宁县档案局）、廉毓（张掖地区档案处）、盛文云（张掖地区档案处）、马勇敢（女，民乐县档案馆）、陈彩云（女，山丹县档案馆）、关福（高台县档案馆）、张会民（庆阳地区档案处）、赵俊生（宁县档案局）、庞金芳（女，华池县档案局）、刘建华（镇原县档案局）、牛九堂（环县档案局）、杨翠英（女，金昌市档案局）、焦多宏（嘉峪关市档案局）、薛兰明（甘南州档案局）、罗长胜（甘南州档案局）、卢桂兰（女，合作市档案局）、胡秀琴（女，舟曲县档案局）、何兰芳（女，迭部县档案局）、刘莉（女，礼县档案局）、许根梅（女，两当县档案局）、方荣（甘肃省档案局）、李永新（甘肃省档案局）、王卫东（女，甘肃省档案局）、胡建荣（女，甘肃省档案局）、王武芳（女，甘肃省体委）、陈曦（女，甘肃省卫生厅、陈晖（甘肃省政法学院）、曹振江（西北师范大学）张新（女，兰州商学院）、尹桂荣（女，甘肃教育学院）、杨瑞萍（女，甘肃省煤炭工业局）、延萍（女，甘肃省建筑材料工业局）、赵邦玉（甘肃机械集团公司）、苏文锦（女，甘肃省冶金工业局）、刘金玲（女，甘肃省气象局）、徐志锁（女，甘肃省水利厅）、王建华（女，甘肃省粮食局）、牟玉玲（女，甘肃省财政厅）、周兰波（女，审计署驻兰州特派员办事处）、吴静（女，中国人民银行兰州中心支行）、石立丽（女，甘肃省国家税务局）、张如海（女，甘肃省环境保护局）、康金凤（女，中国市政工程西北设计研究院）、李珊珊（女，甘肃省物资局）、黄利群（女，甘肃省物价局）、罗中兰（女，甘肃省监狱管理局）、任彬（女，甘肃省旅游局）、李秀琴（女，甘肃省公安厅）、荀迎春（女，甘肃省人民检察院）、王威琴（女，甘肃省农业科学院）、孙维华（女，中国科学院兰州分院）、王黎红（女，甘肃省工商联合会）、雷电（女，甘肃省政协）、陈友菊（女，甘肃省总工会）、敬玉英（女，中共甘肃省纪律检查委员会）、娄保民（中共甘肃省委办公厅）、王小华（女，兰州市卫生局）、杨黎（女，兰州房地产产权产籍监理处）、于霞（女，兰州市公共交通总公司）、卜天林（临夏州公安局）、张亚军（女，康乐县教育局）、尤世伟（临夏县人民政府办公室）、郭春兰（女，武威地区行署计划处）、韩新民（女，甘肃皇台实业［集团］有限责任公司）、胡桂兰（女，酒泉地区行署办公室）、王丽君（女，中共酒泉地委秘书处）、杨静（女，甘肃省阿克塞石棉工业［集团］有限责任公司）、邢小平（清水县上卦乡政府）、周香玉（女，中国人民银行武山县支行）、于凤玲（女，天水市农业局）、王文菊（女，临洮县公安局）、彭粉桃（女，漳县财政局）、冯素峰（女，定西地区林业处）、岳瑞珍（女，庆阳地区卫生防疫站）、连晓云（女，合水县水利局）、罗晓霞（女，庆阳县人民检察院)、陈静兰（女，嘉峪关市财政局）、邹燕红（女，平凉市土地管理局）、张亚军（中国人民银行灵台县支行）、杜海燕（女，中国农业银行崇信县支行）、师永沿（白银市农业科学研究所）、刘小兰（女，白银磷肥厂）、刘萍（女，白银市公安局）、赵一坚（甘肃省张掖公路总段）、杨儒林（甘肃省张掖师范学校）、张惠玲（女，张掖地区行署办公室）、贾玲（女，金昌市乡镇企业管理局）、姚月梅（女，甘南州政府办公室）、赵生堂（中共玛曲县委组织部）、孙云才（中国人民银行临潭县支行）、王瑜彩（女，中国工商银行陇南地区支行）、余艳丽（女，西和县城乡建设环境保护局）、苗锐（宕昌县地方税务局）、李保华（康县国家税务局）、雷小兰（女，甘肃省丰收机械厂）、白金（国营红峰机械厂）、任志春（女，国营长风机器厂）、程秀芝（女，甘肃电视机厂）、海娜宁（女，甘肃河西制药厂）、张春爱（女，兰州制药厂）、赵多佩（甘肃省电力工业局永昌电厂）、裴红（女，武威地区电力局）、杜德珍（女，甘肃省电力工业局电力试验研究所）、邵新荣（窑街矿务局）、解亚玲（女，华亭矿区建设管理委员会）、董红英（女，兰州电机责任有限公司）、谭冬梅（女，天水电气传动研究所）、侯秀芳（女，兰州化学工业公司）、王桂绒（女，甘肃庆化［集团］有限责任公司）、岳峤（兰州碳素有限公司）、蒋立红（女，酒泉钢铁［集团］有限责任公司）、赵华（女，甘肃省白银棉纺厂）、罗风琴（女，甘肃省轻工业科学研究所）、李胜涛（甘肃省交通基建工程质量监督站）、李秀琳（女，甘肃省定西公路总段）、黄美英（女，武山水泥厂）、张生兰（女，甘肃省第二建筑工程公司）、蒋维英（女，甘肃省第一建筑工程有限责任公司）、杜英（甘肃省科学技术情报研究所）、杨凤英（女，甘肃省经济贸易学校）、李媚（女，甘肃省粮油贸易总公司）、王志斌（甘肃省储备物资管理局二七四处）、吴得强（甘肃省地方病防治研究所）、毛春燕（女，甘肃省妇幼保健院）、刘云（女，甘肃省水利水电勘测设计研究院）、申正香（女，甘肃省景泰川电提灌管理局）、谭雅枝（女，甘肃省林业勘察设计研究院）、王红梅（女，甘肃省林业科学研究院）、张小梅（女，甘肃省定西监狱）、张勤（女，甘肃省柳湖监狱）、蒋德惠（甘肃省经济学校）、李敏英（女，西北铝加工厂）、李修甘（女，甘肃省第一中学）、丁巧民（女，甘肃省种子管理总站）、王一丁（女，甘肃省兰州农业学校）、滕兴山（甘肃省渔业技术推广总站）、张惠琴（女，甘肃省地质矿产局酒泉地质矿产调查队）、郭相珂（女，甘肃省地质矿产局地质科学研究所）、刘玉香（女，兰州商业通用机械厂）、李宝玲（女，甘肃省食品总公司）、高勇（女，甘肃省畜牧学校）、周文集（甘肃省国营张掖农场）、轩宝琴（女，甘肃省金昌农垦公司）、魏玲（女，兰州卷烟厂）。

2004年1月14日，甘肃省人事厅、甘肃省档案局授予147名个人为甘肃省档案工作先进工作者：

杨天礼（兰州市档案局）、范惠春（女，兰州市七里河区档案局）、王凤英（女，兰州市西固区档案局）、赵亚琴（女，嘉峪关市档案局）、吕建成（嘉峪关市档案局）、张中存（金昌市档案局）、赵金城（金昌市档案局）、邬宾勤（张掖市档案局）、吕树成（肃南县档案局）、段进泓（高台县档案局）、李兴革（酒泉市档案局）、王小梅（女，肃北县档案局）、李玉霞（女，玉门市档案馆）、任孝录（白银市档案局）、滕焕君（白银市白银区档案局）、周毛加（女，甘南藏族自治州档案局）、李玉玺（甘南藏族自治州档案局）、吴月英（女，卓尼县档案局）、麻德科（临潭县档案局）、郭秀珍（女，平凉市档案局）、王友忠（静宁县档案局）、席小琳（女，平凉市崆峒区档案局）、王建基（临夏州档案局）、郝永华（临夏州档案局）、段淑梅（女，临夏州档案局）、雍秀珍（女，康乐县档案局）、牟爱玉（女，定西市档案局）、剡玺（定西市安定区档案局）、杨德录（临洮县档案局）、徐秀珍（女，武威市档案局）、张玉兰（女，武威市凉州区档案局）、刘文侠（女，天祝县档案局）、臧耀成（天水市档案局）、薛惠玲（女，秦安县档案局）、夏晓燕（女，武山县档案局）、王小红（女，礼县档案局）、孙林利（女，武都县档案局）、杨红梅（女，陇南地区档案馆）、张大年（西和县档案局）、刘治华（庆阳市档案局）、张培枫（女，华池县档案局）、姚晓慧（正宁县档案局）、张发全（甘肃省档案局）、栗震中（甘肃省档案局）、卢毓刚（兰州大学档案馆）、包金花（女，西北民族大学）、董国英（女，甘肃中医学院）、宋小琴（女，西北师范大学档案馆）、陈丽（女，兰州理工大学）、徐秀英（女，兰州师范高等专科学校）、王晓琴（女，甘肃省人大常委会办公厅）、朱小燕（女，甘肃省人民政府外事侨务办公室）、张献琴（女，甘肃省司法厅）、马连珍（女，甘肃省科技厅）、李春生（女，甘肃省质量技术监督局）、秘淑英（女，甘肃省林业厅）、王威琴（女，甘肃省农业科学院）、裴月娥（女，甘肃省交通厅）、刘萍（女，甘肃移动通信公司）、刘惠琴（女，中共甘肃省委统战部）、张丽娟（女，九三学社甘肃省委员会）、许茜（女，中国民主促进会甘肃省委员会）、傅秀华（女，甘肃省电信公司）、周曙红（女，中国工商银行甘肃省分行）、曹瑞兰（女，中国人民财产保险股份有限公司甘肃省分公司）、任雪芳（女，甘肃医药集团公司）、赵邦玉（甘肃机械集团公司）、关冬东（女，甘肃省建筑工程总公司）、韩萱（女，中国石化集团第五建设公司）、刘黑虎（中国石化集团兰州设计院）、牟玉玲（女，甘肃省财政厅）、石立丽（女，甘肃省国家税务局）、王建华（女，甘肃省粮食局）、吕军玲（女，甘肃省邮政局）、文成锁（中共甘肃省委政策研究室）、王桂兰（女，中共甘肃省委办公厅）、张凤英（女，甘肃省妇女联合会）、熊丽（女，甘肃省供销合作社）、朱梅香（女，甘肃省医药职工中等专业学校）、张锦芸（女，甘肃省林业厅三北防护林建设局）、王红梅（女，甘肃省林业厅科学研究所）、马辉（甘肃省膜科学技术研究院）、姚美荣（女，甘肃省公路局）、吴爱珠（女，甘肃省甘南公路总段）、李瑨（女，甘肃交通职业技术学院）、刘芳（女，甘肃省平凉监狱）、范淑英（女，甘肃省武都监狱）、李小琼（女，甘肃省地勘局第四地质矿产勘查院）、孙长辉（甘肃省地勘局第三地质矿产勘查院）、张月玲（女，甘肃储备物资管理局五三四处）、魏爱萍（女，甘肃储备物资管理局六三八处）、刘梦华（女，甘肃省中医院）、郭兰（女，甘肃省卫生学校）、张晏龙（甘肃移动通信公司武威分公司）、崔霞云（女，甘肃移动通信公司兰州分公司）、李五星（兰州铁路局主任管理员）、高秋凤（女，兰州铁路建设集团有限责任公司）、郝良琴（女，甘肃省核地址二一二大队）、朱永玲（女，甘肃省核地质二一三大队）、韩文卫（靖远煤业有限责任公司王家山煤矿）、王肃东（甘肃省饮马实业公司）、轩宝琴（女，甘肃省金昌农垦公司）、杨凤英（女，甘肃省经济贸易学校）、张宏香（女，甘肃省粮食局长城仓库）、段新元（甘肃省粮食局武威南仓库）、唐红（女，甘肃省铝业公司）、颜世莉（女，白银有色金属公司档案馆）、陈贤华（女，甘肃省第七建筑工程集团公司）、曾繁华（甘肃省畜牧学校）、王晓丽（女，甘肃省水利厅水利

甘肃省志 档案志

管理局）、牛海娟（女，甘肃省烟草兰州公司）、史晓兰（女，甘肃省电力工业局兰州供电局）、王庆国（甘肃省电力公司武威电力局）、杨惠荣（甘肃小三峡水电开发有限责任公司）、边娜（女，白银甘宝棉纺织有限责任公司）、马玲（女，甘肃省电力公司平凉电力局）、刘芳（女，甘肃省电信公司白银分公司）、葛瑞玲（女，甘肃省电信公司分公司）、杨燕（女，甘肃省电信公司兰州市分公司）、陆蕴婷（女，天水锻压机床有限公司）、谷明锁（女，兰州通用机器厂）、崔秀丽（女，定西市邮政局）、于霞（女，兰州公交集团公司）、张青兰（女，兰州市审计局）、吕凤云（女，政协嘉峪关市委员会）、王萍（女，金昌市环境保护局）、陆登华（女，张掖医学高等专科学校）、赵思辉（张掖市公安局交警支队）、陶秀萍（女，酒泉市财经学校）、于晓佳（女，阿克塞县发展计划经贸局）、刘萱（女，白银市劳动和社会保障局）、张艳敏（女，中共白银市委办公室）、杨素芬（女，迭部县人事劳动局）、慕蓉（女，中共平凉市纪委）、姚敏（女，平凉市审计局审计员）、杜海云（女，临夏州政协副科长）、马国宏（东乡县人民政府办公室）、郭金花（女，定西地区国家税务局）、李桂芳（女，甘肃定西西源国家粮食储备库）、齐卫（女，中共武威市委办公室）、张小林（女，古浪县林业局）、冯喜梅（女，天水市中级人民法院）、陈芳（女，甘肃省天水农业学校）、李彩云（女，甘肃省武都第一中学）、安文丽（女，庆阳市建设局）、马志勇（宁县财政局）。

2008年2月21日，甘肃省人事厅、甘肃省档案局授予149名个人为"全省档案工作先进工作者"：

张会民（庆阳市档案局）、朱琏学（华池县档案局）、刘建华（镇原县档案局）、任孝录（白银市档案局）、杨菊梅（女，白银市白银区档案局）、李莉（女，白银市平川区档案局）、王丽君（女，酒泉市档案局）、何英姿（女，敦煌市档案局）、张明泉（肃北县档案局）、刘丽萍（女，天水市档案局）、刘兰香（女，清水县档案局）、杨东玲（女，张家川县档案局）、祁波（陇南市档案局）、童彦清（宕昌县档案局）、梁永芳（张掖市档案局）、龚红生（肃南县档案局）、马勇敢（女，民乐县档案局）、刘月琴（女，渭源县档案局）、龚平（岷县档案局）、黄志诚（定西市档案局）、马万龙（平凉市档案局）、席小琳（女，平凉市崆峒区档案局）、贾思刚（庄浪县档案局）、刘美芬（女，积石山县档案局）、马玉萍（女，东乡县档案局）、封华（女，临夏州档案局）、马新民（兰州市档案局）、李顺兴（皋兰县档案局）、杨吉庆（永登县档案局）、张秋霞（女，嘉峪关市档案局）、韩建魁（武威市档案局）、刘文侠（天祝县档案局）、焦多来（民勤县档案局）、魏之清（夏河县档案局）、雍学仁（玛曲县档案局）、张中存（金昌市档案局）、吴有贤（永昌县档案局）、冯志萍（女，甘肃省档案局）、陈政（甘肃省档案局）、王桂兰（女，中共甘肃省委办公厅）、敬玉英（女，中共甘肃省纪律检查委员会办公厅）、许春玲（女，共青团甘肃省委）、刘月馥（女，甘肃省水利厅）、郭宇萍（女，甘肃省气象局）、周曙红（女，中国工商银行甘肃省分行）、曹瑞兰（女，中国人保财险甘肃省分公司）、焦晓敏（女，中国证监会甘肃监管局）、张仓录（甘肃省审计厅）、卫孺雅（女，甘肃省商务厅）、王薛焰（甘肃出入境检验检疫局）、苟迎春（女，甘肃省人民检察院）、师伟（女，甘肃省人事厅）、王晓琴（女，甘肃省人大常委会办公厅）、朱晓燕（女，甘肃省人民政府外事办公室）、何慧（女，甘肃省国防科学技术工业办公室）、张小莉（女，甘肃省冶金有色工业协会）、王洁（女，中国网通甘肃省分公司）、庞昊文（女，中国联通甘肃分公司）、付秀华（女，甘肃省电信有限公司）、乔立华（女，甘肃省地矿局）、李春生（女，甘肃省质量技术监督局）、赵建瑾（女，甘肃省建筑工程总公司）、李晓琳（女，中共甘肃省委统战部）、曾晖（女，甘肃省工商业联合会）、侯晓军（女，甘肃省人口和计划生育委员会）、徐黎（女，甘肃省卫生厅）、马连珍（女，甘肃省科技厅）、李耀文（女，甘肃省社会科学院）、唐秀红（女，中科院兰州分院）、张洪伟（兰州有色冶金设计研究院有限公司）、杨华玲（女，兰州商学院）、董黎利（女，甘肃广播电视大学）、赵悦（女，甘肃联合大学）、王云（女，甘肃中医学院）、梁桢（女，甘肃农业大学）、李爱芹（女，兰州工业高等专科学校）、王春（女，甘肃省山丹粮油储备库有限公司）、牛利梅（女，甘肃省景家店粮油储备库有限公司）、吴建香（女，甘肃省水利厅水土保持局）、周增章（甘肃省水土保持科学研究所）、王品基（武威市气象局）、娄明雯（女，甘肃省疾病预防控制中心）、刘峰云（女，甘肃省人民医院）、朱永玲（女，甘肃省核地质二一三大队）、陈淑芬（女，甘肃工业职业技术学院）、姜小芹

（女，中央储备粮兰州直属库）、张桂萍（女，甘肃省地矿局第二地质矿产勘察院）、姚立红（女，甘肃省地矿局第三地质矿产勘察院）、张小燕（女，甘肃省计算中心）、慕翠峰（女，兰州公路总段）、周玉仙（女，甘肃省交通厅工程处）、张冬梅（女，甘肃小三峡水电公司）、梅烨（女，兰州铁路局兰州西电务段）、佟雯（女，兰州铁路局兰州西车辆段）、董云梅（女，甘肃省电信有限公司陇南市分公司）、刘定红（女，甘肃省电信有限公司定西市分公司）、张锦芸（女，甘肃省林业厅三北防护林建设局）、王惠光（女，甘肃省小陇山林业实验局）、刘艳华（女，中国联通嘉峪关分公司）、谢宛玲（女，兰州邮区中心局）、闫虹（女，嘉峪关市邮政局）、齐小宁（女，庆阳市邮政局）、魏建宏（庆城县公安局）、卜天林（临夏州公安局）、高晓娟（女，甘肃省第二建筑工程公司）、魏立华（女，中国网络通信集团兰州市分公司）、张健芃（甘肃省兰州监狱）、史利东（甘肃省金昌监狱）、王惠婷（女，甘肃省白银监狱）、刘萍（女，中国移动通信集团甘肃有限公司兰州分公司）、王辉英（女，中国移动通信集团甘肃有限公司酒嘉分公司）、白普本（金川集团有限公司）、李小晶（华亭煤业集团有限责任公司）、董桂祥（酒钢集团公司档案馆）、刘永翠（女，甘肃省陇西物资贸易储运总公司）、段健鹏（兰州西固热电有限责任公司）、孙政荣（庆阳市烟草公司）、尚丽萍（女，酒泉市烟草公司）、胡建敏（女，甘肃省电力公司）、黄桂林（女，甘肃送变电工程公司）、程丽华（女，兰州供电公司）、王爱华（女，陇南供电公司）、孙晓辉（女，甘肃省农业机械鉴定站）、孙永康（女，甘肃储备物资管理局）、赵艳霞（女，甘肃储备物资管理局一七三处）、王晖（女，甘肃储备物资管理局五七四处）、苏国纲（甘肃省农垦农业研究院）、许萍（女，甘肃亚盛集团公司）、刘惠咏（女，甘肃省陇剧院）、李雪萍（女，庆阳市教育局）、谢会萍（女，环县畜牧局）、曾海若（女，白银市国土资源局）、徐笑吟（女，酒泉市劳动和社会保障局）、穆惠俊（甘肃海涛物流集团有限公司）、苏定贤(天水市房地产产权交易管理服务中心)、赵镜华（女，天水市畜牧兽医局）、贾江平（陇南市国家税务局）、王晓荣（女，张掖市水务局）、喻雅妮（女，张掖师范学校）、张玉英（女，定西市卫生学校）、贾敬义（定西市水务局）、辛元芳（女，平凉医学高等专科学校）、朱改梅（女，平凉市农牧局）、兰秀萍（女，甘肃省临夏回民中学）、王小华（女，兰州市卫生局）、李秀萍（女，嘉峪关市政府办公室）、宋鲜梅（女，武威市公安局）、杨素芬（女，迭部县人事局）、唐玉莲（女，金昌市公安局）。

2012年2月20日，甘肃省人力资源和社会保障厅、甘肃省档案局授予164名个人为"全省档案工作先进个人"：

魏麟懿（女，甘肃省档案局）、郝瑛（女，甘肃省档案局）、李海洋（女，甘肃省档案局）、张卓（女，甘肃省档案局）、文天翔（兰州市档案局）、谢长英（酒泉市档案局）、张秋霞（女，嘉峪关市档案局）、胡学诚（金昌市档案局）、梁永芳（张掖市档案局）、吕海玲（女，定西市档案局）、何国彦（白银市档案局）、陈鹏（女，临夏回族自治州档案局）、万玛草（女，甘南藏族自治州档案局）、彭忠红（天水市档案局）、郭阿龙（陇南市档案局）、吕平（平凉市档案局）、王晓灵（女，庆阳市档案局）、石生峰（永登县档案局）、吕林娟（女，兰州市西固区档案局）、王梅（女，兰州市安宁区档案局）、王大忠（酒泉市肃州区档案局）、杨兴基（金塔县档案局）、蒋丽年（女，永昌县档案局）、松润华（女，山丹县档案局）、吕芹（女，甘州区档案局）、杨秀兰（女，天祝藏族自治县档案局）、焦多来（民勤县档案局）、罗永红（临洮县档案局）、张明礼（岷县档案局）、李中元（会宁县档案局）、洪澜涛（景泰县档案局）、张红霞（女，临夏市档案局）、辛菊兰（女，临夏县档案局）、马伟贤（东乡族自治县档案局）、吴晓兰（女，舟曲县档案局）、王廷艳（女，碌曲县档案局）、李德玉（女，卓尼县档案局）、温爱华（女，武山县档案局）、王金娥（女，张家川回族自治县档案局）、石永红（西和县档案局）、邹玉平（两当县档案局）、周琳娅（女，文县档案局）、王友忠（静宁县档案局）、张建伟（崇信县档案局）、赵俊生（宁县档案局）、赵治文（正宁县档案局）、王薇（女，合水县档案局）、高松柏（镇原县档案局）、张红霞（女，甘肃省人民政府办公厅）、王晓琴（女，甘肃省人民代表大会常务委员会办公厅）、武建霞（女，甘肃省人民政府国有资产监督管理委员会）、张宏（女，甘肃省发展和改革委员会）、李桂勤（女，甘肃省国家安全厅）、杨春梅（女，甘肃省民政厅）、罗中兰（女，甘肃省监狱管理局）、孟海兰（女，甘肃省粮食局）、熊丽（女，甘肃省供销合作社）、张仓录（甘肃省审计厅）、唐秀红（女，中国科学院兰州分院）、卫世和（中国市政工程西北设计研究院有限公司）、黄梅（女，中国信达资产管理股份有限公司甘肃省分公司）、陆瑾（女，招商银行股份有限公司兰州分行）、郑隽（女，甘肃省物资流通协会）、赵霞（女，甘肃省物产集团）、李瑞红（女，中国保险监督管理委员会甘肃监管局）、武永琴（女，中国太平洋财产保险股份有限公司甘肃分公司）、张丽娟（女，九三学社甘肃省委员会）、尹华敏（女，中国国民党革命委员会甘肃省委员会）、侯晓军（女，甘肃省人口和计划生育委员会）、田瑞（女，甘肃省广播电影电视局）、张振红（女，中国移动通信集团甘肃有限公司）、刘莉（女，兰州铁路局）、傅秀华（女，中国电信股份有限公司甘肃分公司）、胡建敏（女，甘肃省电力公司）、王洁（女，中国联合网络通信有限公司甘肃省分公司）、段小平（兰州大学）、王瓃（西北师范大学）、周嘉辰（女，兰州商学院）、董黎利（女，甘肃广播电视大学）、罗晓玲（女，西北民族大学）、刘玉兰（女，甘肃政法学院）、孙文娟（女，甘肃交通职业技术学院）、曹海春（女，甘肃省国土资源厅）、乔立华（女，甘肃省地质矿产勘查开发局）、王玲（女，中共甘肃省委政法委员会）、张玉琴（女，甘肃省档案局）、敬玉英（女，中共甘肃省纪律检查委员会）、廖永莲（女，甘肃省妇女联合会）、王志斌（甘肃省人力资源和社会保障厅）、李锋（甘肃省社会保险事业管理局）、张志峰（甘肃省人力资源市场）、刘云（女，甘肃省水利水电勘测设计研究院）、吴建香（女，甘肃省水利厅水土保持局）、王剑（中央储备粮管理酒泉直属库）、郭惠琴（女，中央储备粮高台直属库）、朱琴（女，中国联合网络通信集团有限公司武威市分公司）、杨旭东（甘肃农垦西部水泥集团有限责任公司）、李钟梅（女，甘肃亚盛实业（集团）股份有限公司）、邹玉蓉（女，甘肃条山农工商（集团）有限责任公司）、王树敏（女，中国移动通信集团甘肃有限公司平凉分公司）、刘云（女，中国移动通信集团甘肃有限公司定西分公司）、李晓苹（女，甘肃省气象信息与技术装备保障中心）、张卉（女，甘肃省分析测试中心）、吴亮（女，甘肃省农机监理总站）、朱文芳（女，甘肃省农牧厅会计核算中心）、周永利（甘肃省文化艺术档案馆）、贾士宝（甘肃省地质环境监测院）、张桂萍（女，甘肃省地质矿产勘查开发局第二地质矿产勘查院）、王勤

（女，甘肃省妇幼保健院）、张秀玲（女，甘肃省第二人民医院）、朱惠琴（女，甘肃省白银监狱）、冯英（女，甘肃省兰州监狱）、史利东（女，甘肃省金昌监狱）、王雪娥（女，甘肃电投河西水电开发有限责任公司）、耿峰（女，甘肃电投九甸峡水电开发有限责任公司）、李香漫（女，甘肃省粮油贸易有限公司）、袁玉霞（女，甘肃省打柴沟粮油储备库有限公司）、姚冰（女，大唐甘肃发电有限公司）、王璐（女，大唐甘谷发电厂）、王立（甘肃警察职业学院）、魏妍萍（女，甘肃省皋兰物资储运石化工贸总公司）、王克敏（甘肃省木材总公司）、王晖（女，甘肃储备物资管理局五七四处）、刘玉琳（女，甘肃省林业科学技术推广总站）、李兰萍（女，甘肃省林业厅三北防护林建设局）、刘瑾（女，中国电信股份有限公司金昌分公司）、王晓军（女，中国电信股份有限公司酒泉分公司）、周玉仙（女，甘肃省交通厅工程处）、于岚（女，甘肃省交通科学研究院有限公司）、马兰（女，甘肃省交通规划勘察设计院有限责任公司）、姚美荣（女，甘肃省公路管理局）、韩蕾（女，兰州电力修造厂）、徐全红（女，甘肃省电力公司张掖供电公司）、常志岩（女，甘肃省电力公司白银供电公司）、白金义（甘肃省第八建筑工程公司）、孙霞（女，甘肃第六建筑工程股份有限公司）、李博（甘肃省教育厅基础教育课程教材中心）、李向葵（甘肃省高等学校招生办公室）、沈媛萍（女，兰州市住房保障和房地产管理局）、何莎（女，兰州中石油昆仑燃气有限公司）、王军涛（白银市人力资源和社会保障局）、殷燕（女，嘉峪关市总工会）、唐玉莲（女，金昌市公安局）、陈晓琴（女，酒泉市中级人民法院）、贺治霞（女，敦煌市人民检察院）、王为芸（女，张掖市人民检察院）、王晓荣（女，张掖市水务局）、胡青（女，中国农业银行股份有限公司武威分行）、杜丽云（女，天水市人民代表大会常务委员会办公室）、令亚怡（女，天水市国家税务局）、崔晓兰（女，中国人民银行平凉市中心支行）、史学军（平凉市人民检察院）、高海山（华池县人民法院）、陈菊兰（女，定西市疾病预防控制中心）、赵惠琴（女，定西市第一中学）、李红霞（女，陇南市人民检察院）、赵晓娟（女，礼县住房和城乡建设局）、包永红（女，甘南藏族自治州交通运输局）、刘瑜（女，甘南藏族自治州卫生学校）、刘佩文（临夏回族自治州人民检察院）、方健（临夏回族自治州道路运输管理局）、邓红英

甘肃省志

档案志

（女，甘肃省有色金属企业管理公司）、徐敏（女，八冶建设集团有限公司）、田兰宁（女，白银有色集团股份有限公司）。

（二）荣获国家级及省级先进集体

1. 国家级

（1）荣获人事部、国家档案局授予的"全国档案系统先进集体"称号：

张掖地区档案局（1995年）

天水市秦城区档案局（1995年）

武威市档案局（1999年）

天水市档案局（1999年）

定西市档案局（2003年）

徽县档案局（2003年）

金昌市档案局（馆）（2007年）

平凉市档案局（馆）（2007年）

酒泉市档案局（馆）（2011年）

静宁县档案局（馆）（2011年）

（2）荣获国家档案局、中央档案馆授予的"全国档案系统优秀集体"称号：

甘肃省土地管理局档案室（1995年）

中国石化兰州化学工业公司情报档案处（1995年）

甘肃省电力公司档案馆（1999年）

酒泉钢铁（集团）有限责任公司档案馆（1999年）

甘肃省公安厅档案馆（2003年）

甘肃省储备物资管理局档案室（2003年）

西北师范大学档案馆（2003年）

刘家峡水电厂科技中心档案室(2003年)

甘肃省电信有限公司档案馆（2007年）

甘肃省财政厅综合档案室（2007年）

附

录

甘肃省白银监狱综合档案室（2007年）

2. 省级

1996 年 3 月 12 日，中共甘肃省委办公厅、甘肃省人民政府办公厅授予 192 个单位为全省档案工作先进集体：

张掖地区档案局、庆阳地区档案局、武威地区档案局、定西地区档案局、金昌市档案局、兰州市档案局、临夏回族自治州档案局、兰州市城关区档案局、兰州市七里河区档案局、兰州市红古区档案馆、榆中县档案局、兰州市城市建设设计院、皋兰县西岔电灌工程水利管理处、兰州市邮政局、中国人民银行永登县支行、兰州市安宁区吊场乡、嘉峪关市人民法院、金昌市档案馆、永昌县供销合作社、甘肃省长通电缆厂、靖远县档案馆、白银市白银区档案局、中国工商银行白银市支行、白银市平川区土地管理局、天水市秦城区档案局、天水市北道区档案馆、天水市国家税务局、甘谷县国家税务局、秦安县土地管理局、武山县武山中学、清水县土地管理局、张家川回族自治县计划生育委员会、酒泉地区行政公署办公室、酒泉地区行政公署公安处、酒泉地区水泥厂、酒泉市档案局、酒泉市教育委员会、玉门市档案局、敦煌市教育委员会、肃北蒙古族自治县档案局、中共酒泉地委秘书处、中共张掖地委组织部、甘肃张掖师范学校、甘肃张掖糖厂、张掖市档案局、临泽县档案局、民乐县档案局、肃南裕固族自治县档案局、天祝藏族自治县档案馆、民勤县档案馆、武威地区对外经济贸易总公司、甘肃凉州皇台酒厂、古浪县人事局、定西地区水土保持科学研究所、中共定西地委秘书处、定西地区电力工业局、定西地区邮电局、临洮县工商行政管理局、通渭县档案馆、定西县档案馆、渭源县国家税务局、陇南地区邮电局、武都县农业区划办公室、中国人民银行康县支行、成县土地管理局、宕昌县一中、徽县土地管理局、礼县土地管理局、文县档案局、两当县档案馆、西和县土地管理局、平凉市档案局、平凉地区行政公署审计处、崇信县档案馆、平凉地区行政公署水利处、中国人民银行平凉地区分行、中国人民银行泾川县支行、中共华亭县委组织部、静宁县土地管理局、环县档案局、华池县档案局、庆阳地区国家税务局、正宁县电力工业局、中国人民银行宁县支行、庆阳县劳动人事局、西峰市土地管理局、镇远县财政局、合水县土地管理局、甘南藏族自治州档案馆、甘南藏族自治州公路总段、碌曲县国家税务局、舟曲县档案馆、中共玛曲县委组织部、夏河县工商行政管理局、迭部县档案馆、临潭县档案局、临夏回族自治州人民检察院、中共临夏回族自治州委秘书处、临夏回民中学、临夏回族自治州公安局、临夏县档案馆、永靖县档案馆、临夏市劳动人事局、广河县统计局、康乐县土地管理局、中共甘肃省委办公厅秘书二处、甘肃省人民政府办公厅文档处、甘肃省总工会、甘肃省监狱管理局、共青团甘肃省委、甘肃省地质矿产局、甘肃省统计局、中国银行甘肃省分行、甘肃省财政厅、甘肃省国家税务局、中国人民保险公司甘肃省分公司、甘肃省卫生厅、甘肃省广播电视厅、中国人民政治协商会议甘肃省委员会办公厅、甘肃省工商业联合会、甘肃省邮电管理局档案馆、甘肃省煤炭工业局、甘肃省电力工业局、甘肃省农垦总公司、甘肃省土地管理局、甘肃省测绘局、甘肃省建筑工程总司、西北民族学院、甘肃工业大学、兰州大学、甘肃省地震局、甘肃省农业科学院、兰州铁路局、、兰州机车厂、铁道部第一勘测设计院、中国科学院近代物理研究所、中国科学院兰州化学物理研究所、长庆石油勘探局档案馆、玉门石油管理局档案馆、兰州化学工业公司情报档案处、兰州化学工业公司合成橡胶厂、庆阳石油化工总厂、刘家峡化总厂、西北油漆厂、甘肃省电力工业局刘家峡水电厂、甘肃省电力工业局天水供电局、甘肃省电力工业局张掖地区电力工业局、甘肃省电力工业局靖远电厂、甘肃省电力工业局兰州第二热电厂、中国核工业总公司五○四厂档案馆、中国核工业总公司五○四厂档案馆、甘肃银光化学工业公司档案馆、金川有色金属公司档案馆、兰州连城铝厂、黄河铝业有限公司、酒泉钢铁公司档案馆、兰州炭素厂、兰州钢铁集团公司、靖远矿务局王家山煤矿、兰州电机厂、天水长城开关厂、甘肃省白银棉纺厂、国营长风机器厂、甘肃省邮政运输局、甘肃省交通厅公路局、甘肃省河西制药厂、兰州平板玻璃厂、甘肃省第一安装工程公司、甘肃省张掖农垦公司、甘肃省黄羊河实业公司、甘肃省动物检疫总站、甘肃省渔业技术推广总站、甘肃省科学技术情报研究所、甘肃省粮食局景家店仓库、甘肃省商业储运总公司、甘肃省黑色金属材料总公司、甘肃省地矿局探矿机械厂、甘肃省卫生防疫站、甘肃省图书馆、甘肃省高等学校招生办公室、甘肃省体育运动学校、中国人民建设银行兰州电力专业支行、中国工商银行张掖地区中心支行、甘肃省庆阳林业学校、中国人民保险公司定西地区中心支公司、中国银行临夏支行、甘肃人民广播电台、甘肃省白银市国家税务局、甘肃省农业勘测设计院、兰州市地方税务局、甘肃省柳湖监狱、中国农业银行甘肃省张掖地区中心支行。

2000年3月20日，中共甘肃省委办公厅、甘肃省人民政府办公厅授予117个单位为全省档案工作先进集体：

天水市档案局（馆）、甘南州档案局（馆）、武威地区档案局（馆）、酒泉地区档案局（馆）、兰州市红古区档案局（馆）、临夏市档案局（馆）、武威市档案局（馆）、安西县档案局（馆）、秦安县档案局（馆）、定西县档案局（馆）、宁县档案局（馆）、平凉市档案局（馆）、白银市白银区档案局（馆）、临泽县档案局（馆）、张掖市档案局（馆）、夏河县档案局（馆）、成县档案局（馆）、甘肃省档案局（馆）收集整理一处、甘肃省广播电视厅、兰州大学、甘肃工业大学、兰州医学院、甘肃省邮政局、甘肃省电力公司、甘肃省林业厅、中国建设银行甘肃省分行、中国工商银行甘肃省分行、甘肃省审计厅、铁道部第一勘测设计院、甘肃储备物资管理局、甘肃省地质矿产局、甘肃省国家安全厅、甘肃省科学技术委员会、甘肃省妇女联合会、兰州市七里河区教育局、兰州市第一人民医院、兰州市房地产产权产籍监理处、榆中县人民检察院、临夏州计划委员会、临夏市人民法院、永靖县文件中心、甘肃省黄羊糖业有限责任公司、天祝县炭山岭镇、酒泉地区行政财政处、金塔县古城乡、中共玉门市委办公室、天水市卫生防疫站、天水市第二师范学校、甘谷县邮政局、定西地区水土保持科研所、定西地区邮政局、陇西县公安局、庆阳地区中级人民法院、正宁县国家税务局、西峰市卫生防疫站、中共嘉峪关市委办公室、嘉峪关市汽车运输公司、中国人民银行平凉地区中心支行、华亭县国家税务局、静宁县人大常委会、中国白银市委办公室、白银市教育委员会、张掖地区行署人事处、中共张掖地委组织部、张掖地区行署财政处、金昌市环境保护局、永昌县东寨乡、甘南州电力有限责任公司、中国人民银行卓尼县支行、碌曲县国家税务局、甘肃省陇南公路总段、甘肃省白水江国家级自然保护区管理局、武都县水土保持局、甘肃省丰收机械厂、兰州兰新通信设备集团有限公司、甘肃省河西制药厂、甘肃省电力工业局陇南地区电力工业局、甘肃省电力工业局平凉电厂、甘肃省电力工业局盐锅峡水电厂、兰州煤矿设计研究院、靖远矿务局王家山煤矿、天水长城开关厂、甘肃省机械科学研究院、兰州化学工业公司、兰州刘化（集团）有限责任公司、酒泉钢铁（集团）有限责任公司、甘肃省轻纺工业学校、甘肃省交通规划勘察设计院、永登水泥厂、兰州平板玻璃厂、甘肃省邮政运输局、甘肃省建筑工程总公司珠海分公司、甘肃省畜牧技术推广总站、甘肃省科学技术情报研究所、甘肃省粮油储运公司、甘肃省粮食局酒泉储运站、甘肃储备物资管理局六三八处、甘肃省卫生学校、兰州医学院第二附属医院、兰州医学院第一附属医院、甘肃省水土保持科学研究所、甘肃省小陇山林业实验局、甘肃省林业勘察设计研究院、甘肃省铜城监狱、中国科学院近代物理研究所、甘肃省金属材料有限责任公司、甘肃省种子管理总站、甘肃省渔业技术推广总站、甘肃省气象档案馆、甘肃省地质矿产局第一地质队、甘肃省小三峡水电开发有限责任公司、兰州商业通用机械厂、甘肃武威啤酒厂、甘肃省饮马实业公司、甘肃省高等教育自学考试办公室、白银有色金属公司、金川有色金属公司。

2004年1月14日，甘肃省人事厅、甘肃省档案局授予99个单位为甘肃省档案工作先进集体：

天水市档案局（馆）、张掖市档案局（馆）、酒泉市档案局（馆）、华亭县档案局（馆）、迭部县档案局（馆、）、景泰县档案局（馆）、酒泉市肃州区档案局（馆）、榆中县档案局（馆）、临泽县档案局（馆）、永靖县档案局（馆）、渭源县档案局（馆）、民勤县档案局（馆）、张家川县档案局（馆）、环县档案局（馆）、礼县档案局（馆）、兰州大学、兰州交通大学、甘肃省人民政府办公厅、中共甘肃省纪委办公厅、甘肃省气象局、甘肃省国土资源厅、甘肃省国家安全厅、甘肃省地震局、甘肃省烟草专卖局、甘肃省国防科学技术工业办公室、甘肃省地质矿产勘查开发局、甘肃省计划生育委员会、甘肃省广播电视局、甘肃省审计厅、兰州铁路局、铁道第一勘察设计院、中国人民银行兰州中心支行、中国农业银行甘肃省分行、甘肃省气象档案馆、中国农业银行庆城支行、甘肃省白银监狱、甘肃省兰州监狱、长风信息集团、甘肃省林业科学技术推广总站、甘肃林业职业技术学院、甘肃丰收机械有限责任公司、窑街煤电有限责任公司、甘肃省地勘局第三地质矿产勘查院、甘肃省地勘局第四地质矿产勘查院、甘肃黄羊河农工商（集团）有限责任公司、甘肃省农垦农业研究院、甘肃省粮食局天水储运站、甘肃省粮食局长城仓库、金川集团有限公司、酒泉钢铁（集团）有限责任公司、甘肃省第二建筑工程公司、甘肃省兰州农业学校、白银甘宝棉纺织有限责任公司、甘肃省水土保持科学研究所、天水供电局、白银供电局、甘肃平凉发电有限责任公司、甘肃靖远第一发电有限责任公司、盐锅峡水电厂、武威铁路分局、甘肃省交通厅工程处、甘肃省交通规划勘察设计院、甘肃省公路局、甘肃省电信公司金昌市分公司、甘肃省电信传输局、甘肃省疾病预防控制中心、兰州医学院第二附属医院、天水长城开关厂、甘肃省机械工业学校、甘肃省医药职工中等专业学校、兰州邮区中心局、嘉峪关市邮政局、甘肃储备物资管理局五七四处、兰州市公安局、兰州市卫生局、酒泉市公安局、安西县公安局、白银市工商行政管理局、白银市交通局、张掖市甘州区人民法院、张掖市五色建筑材料有限责任公司、甘南公路总段、夏河县公安局交警大队、甘肃华亭煤电股份有限公司、华亭煤业集团有限责任公司、临夏州国家税务局、临夏州财政局、中共定西地委秘书处、通渭县公安局交警大队、武威市房地产管理局、武威市凉州区水利局、天水市房地产权交易管理服务中心、天水市城建档案馆、中共陇南地委秘书处、甘肃白水江国家级自然保护区管理局、庆阳市林业局、庆阳市西峰区董志镇、中国农业银行金昌市分行、中国人民银行嘉峪关市中心支行。

2008年2月21日，甘肃省人事厅、甘肃省档案局授予138个单位为甘肃省档案工作先进集体：

张掖市档案局（馆）、酒泉市档案局（馆）、庆阳市档案局（馆）、定西市档案局（馆）、白银市档案局（馆）、天水市档案局（馆）、嘉峪关市档案局（馆）、庆阳市西峰区档案局（馆）、华池县档案局（馆）、会宁县档案局（馆）、景泰县档案局（馆）、阿克塞县档案局（馆）、玉门市档案局（馆）、酒泉市肃州区档案局（馆）、天水市麦积区档案局（馆）、天水市秦州区档案局（馆）、徽县档案局（馆）、礼县档案局（馆）、临泽县档案局（馆）、张掖市甘州区档案局（馆）、陇西县档案局（馆）、定西市安定区档案局（馆）、华亭县档案局（馆）、静宁县档案局（馆）、康乐县档案局（馆）、永靖县档案局（馆）、榆中县档案局（馆）、兰州市七里河区档案局（馆）、武威市凉州区档案局（馆）、舟曲县档案局（馆）、中共甘肃省委政法委员会、甘肃省妇联、甘肃省林业厅、甘肃省农牧厅、中国人民银行兰州中心支行、中国长城资产管理公司兰州办事处、中国保监会甘肃监管局、中国建设银行甘肃省分行、中国信达资产管理公司兰州办事处、中国银行甘肃省分行、甘肃省国家税务局、审计署驻兰州特派办、甘肃省商务厅、甘肃省公安厅、甘肃省国家安全厅、甘肃省人民政府办公厅、甘肃省民政厅、甘肃省残疾人联合会、甘肃省烟草专卖局、甘肃省有色金属企业管理公司、甘肃省电力公司、中国石油甘肃销售分公司、兰州铁路局、甘肃省邮政公司、中国移动通信集团甘肃有限公司、甘肃省统计局、甘肃省环境保护局、九三学社甘肃省委员会、民革甘肃省委员会、甘肃省广播电影电视局、甘肃省地震局、中国市政工程西北设计研究院有限公司、兰州大学档案馆、兰州城市学院档案馆、西北师范大学档案馆、兰州理工大学档案馆、兰州交通大学档案馆、西北民族大学档案馆、甘肃省粮油储运有限公司、甘肃省疏勒河流域水资源管理局、甘肃省气象档案馆、甘肃省卫生厅卫生监督所、甘肃省核地质二一九大队、中央储备粮平凉直属库、甘肃省地矿局第二地质矿产勘察院、甘肃省地矿局第三地质矿产勘察院、甘肃省科学技术情报研究所、甘肃省交通规划勘察设计院有限公司、甘肃省公路局、甘肃省酒泉公路总段、甘肃省平凉交通征稽处、兰州石化公司档案中心、靖远第二发电有限公司、兰州铁路局兰州车站、甘肃省电信传输局、甘肃省电信有限公司金昌市分公司、甘肃省电信有限公司兰州市分公司、甘肃省电信有限公司酒泉市分公司、甘肃省林业调查规划院、甘肃省小陇山林业实验局、中国联通定西分公司、定西市邮政局、敦煌市公安局、甘肃第一建设集团有限责任公司、中国网络通信集团兰州市分公司、甘肃省酒泉监狱、甘肃省武都监狱、中国移动通信集团甘肃有限公司定西分公司、靖远煤业有限责任公司、中核四〇四总公司、甘肃奇正实业集团有限公司、华亭煤业集团有限责任公司、甘肃省万达实业总公司、大唐八〇三发电厂、甘肃省烟草公司兰州分公司、刘家峡水电厂、天水供电公司、甘肃省动物疫病预防控制中心、甘肃储备物资管理局二七四处、甘肃黄河农工商（集团）有限责任公司、中科院兰州化学物理研究所、甘肃省文化艺术档案馆、庆阳市公安局、中国人民银行庆阳市中心支行、白银市广播电影电视局、中共白银市委办公室、酒泉市人民检察院、天水市财政局、天水市天盼精工机械有限公司、中国人民银行陇南市中心支行、陇南市财政局、中共张掖市委组织部、甘肃省张掖中学、定西市疾病预防控制中心、定西市政府办公室、平凉市水务局、平凉市检察院、临夏州财政局、中共临夏州委秘书处、兰州燃气化工集团公司、兰州公交集团公司、兰州市人民检察院、嘉峪关市人民检察院、中油甘肃武威销售分公司、武威市公安局交通警察支队、卓尼县教育局、中共合作市委组织部、金昌铁业（集团）有限责任公司。

2012年2月20日，甘肃省人力资源和社会保障厅、甘肃省档案局授予130个单位为甘肃省档案工作先进集体：

平凉市档案局（馆）、天水市档案局（馆）、白银市档案局（馆）、兰州市城关区档案局（馆）、皋兰县档案局（馆）、敦煌市档案局（馆）、肃北县档案局（馆）、永昌县档案局（馆）、临泽县档案局（馆）、高台县档案局（馆）、武威市凉州区档案局（馆）、定西市安定区档案局（馆）、渭源县档案局（馆）、靖远县档案局（馆）、白银市白银区档案局（馆）、永靖县档案局（馆）、康乐县档案局（馆）、夏河县档案局（馆）、玛曲县档案局（馆）、清水县档案局（馆）、秦安县档案局（馆）、西和县档案局（馆）、徽县档案局（馆）、平凉市崆峒区档案局（馆）、华亭县档案局（馆）、庆城县档案局（馆）、环县档案局（馆）、甘肃省档案局（馆）保管利用处、甘肃省档案局（馆）收集整理处、中共甘肃省委办公厅、甘肃省人民防空办公室、甘肃省质量技术监督局、甘肃省人民政府外事办公室、甘肃省人民检察院、甘肃省公安厅、甘肃省卫生厅、甘肃省交通运输厅、甘肃省国家税务局、甘肃省地震局、甘肃省人力资源和社会保障厅办公室、中国人民银行兰州中心支行、中国银行股份有限公司甘肃省分行、交通银行股份有限公司甘肃省分行、中国工商银行股份有限公司甘肃省分行、中国长城资产管理公司兰州办事处、甘肃省烟草专卖局、中华人民共和国兰州海关、中国人民财产保险股份有限公司甘肃省分公司、中国民主促进会甘肃省委员会、甘肃省工商业联合会、甘肃省电力公司、兰州大学、西北师范大学、兰州理工大学、兰州城市学院、甘肃省引大入秦工程管理局、甘肃省残疾人联合会、兰州市人力资源和社会保障局、兰州市人民检察院、嘉峪关市人民检察院、金昌市人民检察院、中国人民银行酒泉市中心支行、酒泉职业技术学院、甘肃黑河水电开发股份有限公司、张掖市社会保险事业管理中心、古浪县人民法院、武威市社会保险事业管理局、中共白银市委办公室、白银市发展和改革委员会、天水市房地产产权交易管理服务中心、天水市烟草专卖局、静宁县威戎镇、中共平凉市纪委监察局、庆阳市西峰区温泉乡、庆阳市人民检察院、甘肃清吉洋芋集团、陇西县人民检察院、陇南市公安局交通警察支队、陇南市武都区汉王镇、中共甘南州委秘书处、甘南藏族自治州人民检察院、临夏回族自治州水务水电局、东乡族自治县人民检察院、中国移动通信集团甘肃有限公司庆阳分公司、中国移动通信集团甘肃有限公司金昌分公司、甘肃省疏勒河流域水资源管理局、甘肃省景泰川电力提灌管理局、中央储备粮平凉直属库、中国联合网络通信有限公司庆阳市分公司、甘肃莫高实业发展股份有限公司、甘肃省国营八一农场、中国气象局兰州干旱气象研究所、甘肃省科学技术情报研究所、甘肃省农业机械管理局、甘肃省草原技术推广总站、甘肃省文化艺术档案馆、甘肃省文化艺术研究所、甘肃省地质矿产勘查开发局第一地质矿产勘查院、兰州大学第二医院、甘肃省白银监狱、甘肃省兰州监狱、甘肃电投张掖发电有限责任公司、甘肃省军粮配送服务中心、甘肃大唐国际连城发电有限责任公司、兰州西固热电有限责任公司、甘肃省陇西物资贸易储运总公司、甘肃省小陇山林业实验局、甘肃省治沙研究所、中国电信股份有限公司陇南分公司、中国电信股份有限公司平凉分公司、中国电信股份有限公司定西分公司、甘肃路桥建设集团有限公司、甘肃省张掖公路分局、甘肃省甘南公路总段、甘肃省道路运输管理局、甘肃省电力公司兰州供电公司、甘肃省电力公司刘家峡水电厂、甘肃送变电工程公司、甘肃第一建设集团有限责任公司、甘肃第三建设集团公司、甘肃省电化教育中心、酒泉钢铁（集团）有限责任公司、靖远第二发电有限公司、窑街煤电集团有限公司、甘肃省电力投资集团公司、华能平凉发电有限责任公司、甘肃省建设投资（控股）集团总公司、华亭煤业集团有限责任公司、靖远煤业集团有限责任公司、金川集团股份有限公司。

二、档案工作重要文献辑存

甘肃省档案局　甘肃省档案馆
关于征集历史档案资料的通告

（1994年3月）

　　甘肃是中华民族古老文明的发祥地之一，历史悠久。亘古几千年来，甘肃各族人民在创造光辉灿烂的历史过程中，形成了用各种文字书写、各种材料制作的形式多样、种类繁多、内容丰富的历史档案和资料。这些历史档案和资料，是甘肃历史文化遗产的重要部分。长期以来，历经战乱和自然灾害的洗劫，虽大量归于毁灭，但也有相当数量散失于社会和民间。中华人民共和国成立后，党和国家采取了很多措施进行收集，但仍有很多重要历史档案资料还未收集起来，其保管条件很差，随时都有遭到自然和人为损毁的危险。为抢救这些宝贵的文化遗产，把它集中到档案馆用科学的方法保管起来，使其能在社会主义两个文明建设中发挥应有作用，并传之子孙万代，根据《中华人民共和国档案法》和《中华人民共和国档案法实施办法》，特此发出通告：

　　一、从本通告发布之日起，甘肃省档案馆在全省、全国范围内广泛征集中华人民共和国成立以前形成的各种各类历史档案和资料。在甘肃省范围内，除各级档案部门已经收集保存的档案资料以外，一切散失在机关、团体、企事业单位和国家公民个人所保存的中华人民共和国成立以前形成的历史档案和资料，不管内容如何，不论何种形式，不论用何种材料制成，不论何种文字符号的档案、资料，均在征集之列。在外省、市地区，凡属反映甘肃历史情况的历史档案和资料，均予征集。

　　二、征集历史档案资料，广泛、长期地进行。通过平等协商、本人自愿、方式自选的办法进行征集，使历史档案资料的保存者政治上放心、脸面上有光、经济上有利、利用上优先。

三、征集历史档案资料的范围：

1.原始社会形成的、刻（或烧灼）有各种文字、符号的石片、木片、陶土片，以及记事、演算用的结绳。

2.夏、商、周以来至新中国建立的几千年中，各个历史朝代，各个历史民族、古国、部族、土司等，用甲骨、陶片、金石、竹、木、纸张、兽皮、树皮、树叶等各种材料制作的官方文书。包括典、谟、训、诰、誓、命、教、令、方、简、契、判、符、玺书、上书、檄、移书、制、诏、奏、议、策书、敕、铁券、表、封事、疏、状、奏记、白事、露布、牒、诉状、敕文、启、贺表、列、发敕、敕旨、批、告身、德音、敕牒、堂帖、榜子、关、刺、辞、诰命、御札、敕、故牒、公牒、咨、呈状、申状、敕命、下帖、告示、牌面、勘合、照会、题本、揭帖、咨呈、牒呈、牒上、参评、谕、堂谕、札、揭、禀、摺、谕帖、布告、公函、呈、封寄、交片、详、饬、咨陈、示、大总统令、国务院令、委任状、委任令、任命令、手谕、指令、通告、布告、电令、代电、手谕、赏格、广告、牌示、条示、揭示、给示、榜示、电呈、说帖、意见书、理由书、建议书、报告书、请愿书、节略、签呈、手折、质问书、电函、便函、通知、告书、宣言、通电、提议案、会议录、诉愿书、辩明书、决定书、护照、证书、证明书、摺报、册报、誓词等及其他官方文书，以及各种国玺、御玺、关防、图章、印鉴、证件。

3.中华人民共和国成立以前各个历史时期的各民族、古国、部族、土司和人民大众进行生产劳动、建设、科学技术活动的记录、图样、示意图、文字符号说明和有关文书、账、册、簿、表，以及记载我国、我省疆域、行政区划、地形地貌、山川河流、地质水文、气象、资源、物产、森林、草原、戈壁沙漠、自然灾害、人口、奇闻逸事等的各种文书、著作、记录、日记、游记、图表及其他有关资料。

4.历史上各个历史时期各个历史民族的劳动人民进行反剥削、反压迫斗争、起义的书信、记录、图表及有关资料。

5.反映历史上各种战争的公私文书、图表、日记、书信、著作及有关各种资料。

6.历史上各个历史朝代所制定的法典、章则、制度、契约、条约；历代所修省（路）志、府志、州志、厅志、县志、历史上进行的各种社会调查、经济调查、民族调查的记录和调查报告；历史上各个历史时期所形成的墓志、碑文、题记、壁书、桥志、路志、楼记等等；历史上的塘报、报纸、刊物、传单等。

7.历史上进行文武举考试和其他考试的题目、试卷、榜文、科举人员名册及有关文书；历史上各种宗教文书、寺庙文书、教堂文书、会道门文书及其照片、录音、活动记录、人员名单、行话隐语汇编等；历史上记载各地区、各民族的风俗风情、方言俚语、谚语、名胜古迹等各种资料。

8.历代正反面历史人物、各类专家学者、宗教上层人士、社会名流的笔记、日记、书信、著作手稿、传记、年谱、游记和回忆录。

9.历史上的各种契约；各种家谱、族谱、医案；各种历史照片、影片、录音、幻灯片等。

10.中华人民共和国成立前中国共产党、青年团、革命政权、革命军队和革命群众组织形成的各种文件、章程、电报、信函、报刊、传单等革命历史档案资料；以及革命领袖人物、革命先烈的笔记、日记、著作手稿、书信、讲话稿及其照片、传记、回忆录等。

11.历史上各民主党派和其他党派的章程、文件、电报、书信等档案资料。

12.“文化大革命”中的革命委员会筹备委员会、革命委员会及各种群众组织的各种文件、大小字报、战报、章程、宣言等，以及照片、影片、录音、录像、毛主席像章和石膏像，各种胸章、臂章、宣传画、资料汇编等档案资料也在征集范围之内。

13.中华人民共和国成立前其他有历史价值的公私文书、日记、手稿、笔记、表、报、簿、册等历史档案和资料。

四、征集办法：

1.凡发现有上述历史档案、资料的单位或保存有历史档案资料的个人，可派人直接到省档案馆收集部联系，也可通过信函或电话与省档案馆收集部联系。

2. 凡在单位发现的历史档案和资料,可向省档案馆移交保存,省档案馆可向保存资料的单位计付一定的费用。具体问题协商解决。也可由当地档案馆征集。

3. 凡个人保存的历史档案资料,可根据本人意愿在下列几种方式中进行选择:

(1) 捐赠。欢迎、鼓励向省档案馆捐赠个人保存的档案资料。凡捐赠者,省档案馆将视捐赠档案资料的数量和价值给予表彰和奖励,并一律载入省档案馆《捐赠档案资料史册》;颁发《捐赠档案资料证书》,以资征信;一律保证捐赠者利用其捐赠档案资料的优先权,并按照捐赠者的保密要求为捐赠者保密;一律免费向捐赠者赠送一套所捐赠档案资料的复制件。

(2) 寄存。即个人所收藏的档案资料送到省档案馆寄托保管,以保证档案资料的安全,省档案馆依法保证寄存者对档案资料的所有权,并向寄存者提供寄存、利用、保密等免费服务;凡寄存者,省档案馆将向其颁发《寄存档案资料证书》,以为永久凭证,并受法律保护。

(3) 征购。由省档案馆与档案资料收藏者进行协商,按双方签订的协议有价征购;

特别需要指出的是,前述各种档案资料,现在无论是保存在单位里还是个人手里,都是中华民族的文化遗产,受《中华人民共和国档案法》及其《实施办法》的法律保护,由国家有关单位进行依法征集,其他无关单位和任何个人无权进行征集、收购和倒买倒卖。否则,将依法进行追究。

同时,保存档案资料的单位或个人,其权益也受《中华人民共和国档案法》及其《实施办法》的保护。在征集过程中,省档案馆将依法尊重并保证档案资料收藏者的合法权益。档案资料保存者应积极配合省档案馆做好档案资料的征集工作,这是每个国家公民的义务,也是光荣的爱国行为,理当受到赞赏和奖励。但任何人不得将自己收藏的档案资料向任何个人或文物走私犯和招摇撞骗者进行出售。否则,也属违法行为。

希望一切档案资料收藏者和我们一道共同努力,搞好历史档案资料的征集工作,为抢救和保护宝贵的历史文化遗产做贡献。

附
录

甘肃省档案局关于规范地县综合档案馆
建立全宗编定全宗号工作的意见

（甘肃省档案局1998年12月3日印发 甘档发〔1998〕145号）

按全宗接收、管理档案，是综合档案馆科学管理档案的一个重要原则。多年来，我省地县综合档案馆基本坚持了这一原则，较好地接收并保管着各自接收范围内的档案，保持了文件之间的有机联系，反映了立档单位的历史面貌，方便了档案信息资源的开发利用。但是，由于各地历史演变情况不同、立档单位变化情况复杂、工作人员业务素质参差不齐，加之近些年来档案工作实践中出现的新问题、新情况，一些地县综合档案馆在建立档案全宗、编定全宗号工作中还存在着认识不一致、做法不规范、特殊情况处理把握不准，甚至全宗划分编号长期确定不下来等问题。为了逐步克服这些不利于档案科学管理的因素，便于工作人员具体操作，我们根据国家档案局有关规定，在深入调查研究、认真听取各地意见的基础上，结合我省实际和档案管理现代化的要求，特提出如下规范地县综合档案馆建立档案全宗、编定全宗号工作的意见：

一、建立全宗的条件

凡是能够独立行使职权，并主要以自己的名义对外行文的国家机构和社会组织（以下简称"机关单位"），即可构成一个立档单位（也称"全宗构成者"）。凡是符合立档单位条件的机关单位，其形成的所有档案（部分门类、载体）均应单独建立全宗。

二、中华人民共和国成立后应单独建立档案全宗的机关单位

1. 中共地、县（含市、州、区，下同）委（包括办公厅、室），中共地、县纪律检查委员会、直属机关单位、党校的档案，应各建立一个全宗。中共地、县委的组织部、宣传部、统战部、农村工作部、财贸工作部、政策研究室、政法委员会、保密委员会、老干局（处）、党史办等单位，可单独设立

全宗。如这些单位原包括在地、县委大全宗之内，要分开，涉及问题较多，也可维持现状。

2. 地县人大常委会的档案各建立一个全宗。

3. 地区行政公署、县人民政府（包括办公室）及各局、委、处、科、人民银行的档案各建立一个全宗。

4. 地县检察院、法院的档案各建立一个全宗。

5. 地县政协、工会、共青团、妇联及各民主党派的档案各建立一个全宗。

6. 各乡（镇）机关的档案各建立一个全宗（与原公社机关档案相接续）。

7. 具有法人资格的各级各类企业、事业单位，如工厂、学校、公司、商业银行、农场、所、站、馆、文艺团体的档案，各建立一个全宗。

三、立档单位发生变化时如何建立全宗

（一）下列情况属于根本性变化，产生了新的立档单位，应建立新的全宗：

1. 新成立的机关单位，自成立之日起，其形成的档案建立一个新的全宗。

2. 几个机关单位合并后形成一个新的机关单位，其形成的所有档案自合并之日起，建立一个新的全宗。

3. 一个机关单位分成几个机关单位，分出来的机关单位形成的档案，自分开之日起建立一个新的全宗。

4. 一个机关单位的某一内部机构独立出来成为一个新的机关单位，其形成的所有档案，自独立之日起建立一个新的全宗。

5. 明朝、清朝、民国和中华人民共和国各不同历史时期政权机关形成的档案，应分开历史时期建立全宗。

（二）下列情况不是根本性变化，没有产生新的立档单位，其变化前后的档案仍属于一个全宗，不建立新的全宗：

1. 机关单位的职能范围部分地扩大或缩小，不建立新的全宗。

2. 机关单位内部机构（包括党、政、工会组织）局部进行调整，不建立新的全宗。

3. 机关单位的名称、地址或领导关系发生变化，不建立新的全宗。

4. 由于某种原因，机关单位工作中断，隔一段时间后又恢复，其档案应前后接续，不建立新的全宗。

5. 几个机关单位虽合署办公，但文件是分别处理的，其形成的档案可与合署办公前后各自形成的全宗相接续，不建立新的全宗。

6. 历史上出现的党派、政治团体或宗教组织等，如其宗旨、性质和组织成分未发生根本性变化，其形成的档案应不分历史时期建立一个全宗。

四、特殊情况下如何建立全宗

1. 几个机关单位合署办公，一套人马，统一管理，形成的文件难以分开，其档案可以合并建立联合全宗。

2. 两个机关单位有比较密切的前后继承关系，且在相互更替期间形成的文件混在一起，难以分开，其档案可以建立联合全宗。

3. 对于某些案卷数量很少、单独编号存放多有不便的全宗，可依某种联系将其放在一起，建立汇集全宗。列入汇集全宗的每个小全宗具有相对的独立性，不应分散。如果汇集全宗内的某个小全宗的档案数量增加较多时，应独立出来单独建立新的全宗。

4. 馆藏中成立不起全宗或无处可归的零散文件，可按一定规律排放在一起，建立一个档案汇集。

5. 临时机构一般不单独建立全宗，其档案归入主管机关全宗管理，但属于各级党委、政府直接领导，执行全局性任务且时间较长、档案数量较大者，可单独建立全宗。

6. 机关单位的直属单位或派出机构，如税务局下面的税务所、粮食局下面的粮站、银行下面的营业所等类似的机构，其档案一般不单独建立全宗，而归入主管或排除机关单位全宗管理。但少数相对固定常设、机构较大、文件较多者，也可从方便管理利用角度考虑，单独建立全宗。

7. "文化大革命"期间成立的地、县革命委员会形成的档案，可以其起止时间为限单独建立全宗，也可根据本地情况整体归入党委全宗或政府全宗，但不能将其分为几个部分归入几个全宗。

8. 档案馆收集到的本地区有一定社会影响的家庭、家族或个人形成的各种档案，可按立档单位对待，单独建立全宗。

五、如何确立全宗名称

1. 一般情况下，全宗名称就是机关单位也即立档单位名称，如"某某县人民政府""某某市财政局"等。

2. 立档单位名称几经变化的，全宗名称以立档单位现有名称为准，变化情况在全宗介绍中加以说明。

3. 联合全宗不管涉及几个机关单位，均按一个独立的全宗对待，其名称由所涉及的机关单位名称或适当的概括性文字构成，如"某某县手工业管理局、某某县手工业联社"。

4. 汇集全宗不管涉及几个机关单位，均按一个独立的全宗对待，其名称由汇集中所涉机关单位名称的概括性文字构成，具体情况在全宗介绍中加以说明。

5. 零散档案汇集按一个独立的全宗对待，其名称由所汇集档案内容的概括性文字加"零散档案汇集"构成。

6. 人物或家庭、家族全宗由人名、家名或族名构成。

7. 中华人民共和国成立之前的档案，应在全宗名称之前加上"［明］""［清］""［民国］""［革历］"（指革命历史档案）等区别历史时期或性质的字样，如"［民国］某某县政府"。

六、如何确定全宗的排列顺序（这里是指编定全宗号之前，各全宗的先后次序如何确定，不是指档案实体在库房里的排列次序）

根据我省实际，地县综合档案馆的全宗按照历史时期可分为中华人民共和国成立前与成立后两部分。中华人民共和国成立前的全宗，首先按政权性质分为旧政权机关全宗和革命历史档案全宗，然后按时间顺序分别排列，时间相同的再按照重要程度排列。或编一个系列，统一排列；中华人民共和国成立后的全宗，一般按照进馆先后顺序排列。

七、如何编定全宗号

1. 根据我省地县综合档案馆中华人民共和国成立前档案不多的实际情况，一般宜将中华人民共和国成立前全宗排列在前，中华人民共和国成立后全宗排列在后，统一编定一个顺序号；无中华人民共和国成立前档案的馆，按照中华人民共和国成立后档案全宗的进馆顺序，统一编定一个顺序号。

2. 一个全宗只能使用一个全宗号，一个全宗号只能使用于一个全宗。全宗号编定后，不可随意变动，以免造成档案管理的混乱和检索工具的失灵。

3. 在一个档案馆内，全宗编号原则上不预定预留，不出现第二个顺序号。

4. 全宗号统一使用单纯的阿拉伯数字编制书写。

八、编制全宗单和全宗名册

对于已经确定建立并编定顺序号的档案全宗，档案馆应编制本馆的全宗单，全宗单按照1992年12月发布的国家标准《全宗单》的规定建立。同时，应在全宗单的基础上编制出简明的全宗名册，标明馆藏各全宗的全宗号、全宗名称、立档单位成立终止时间和案卷数量等主要项目，以便于使用。

甘肃省重大活动(事件)声像档案管理办法

(中共甘肃省委办公厅 甘肃省人民政府办公厅2002年10月8日印发

省委办发〔2002〕84号)

第一条 为确保重大活动（事件）形成的声像档案的齐全完整，使其更好地服务于社会主义两个文明建设，依据《中华人民共和国档案法》和《甘肃省档案管理条例》，制定本办法。

第二条 重大活动（事件）的范围：

（一）党和国家领导人及全国著名人士在我省的活动；

（二）外国政府首脑、政党领导和国际组织负责人、著名外国人士在我省的活动；

（三）以党中央、国务院名义在我省召开的会议；

（四）本级党委、人大、政府、政协主要领导的重要公务活动；

（五）本级党委、人大、政府、政协、纪委召开的重要会议；

（六）本地区、本系统的重大政治、经济、科技、文化、外事及宗教活动；

（七）本地区、本系统的重要庆典、纪念活动；

（八）本地区、本系统重点项目建设及城市重大改造工程的开工、竣工典礼等重大活动及主要建筑物外貌；

（九）严重自然灾害、重大突发事件与党和政府处置的情况；

（十）其他具有重要意义、重大影响的活动或事件。

第三条 重大活动（事件）的声像档案包括：

（一）录音带、录像带、照片；

（二）光盘、磁盘、磁带。

第四条 重大活动（事件）中形成的声像档案属党和国家所有，按照分级分专业的原则，由有关单位或所在地档案部门统一收集、整理、保管并按规定向社会各界提供利用。

第五条　主办或承办重大活动的地区、单位应在活动结束后一个月内；发生重大事件的地区、单位应在事件处置完毕后两个月内，由有关人员承办单位档案馆、室或同级档案馆移交声像档案。重大活动主办或承办单位和发生重大事件的地区、单位或部门，如摄制声像档案有困难，应提前或及时通知有关档案馆直接拍摄、录制、收集声像档案。

第六条　有关单位或部门，应配置必要的拍摄、录制设备，以适应拍摄、录制声像档案工作的需要。

第七条　重大活动（事件）中形成的声像档案归档时，应逐张（盘）如实写出简要的文字材料，说明时间、地点、人物、内容、拍摄人等事项，并编制目录，履行交接手续。

第八条　公民个人、私营企业和民间组织等收藏的重大活动（事件）声像档案，各有关档案馆可通过捐赠、寄存或收购等方式征集。向档案馆捐赠或寄存声像档案的组织和个人，有优先查阅所捐赠、寄存声像档案的权利。

第十条　有关单位或部门有重大活动应及时通知本单位档案部门或同级档案馆参加，由档案部门收集的录音、录像、照片等声像档案全部归入档案室或档案馆。

第十一条　新闻单位参与拍摄的重大活动（事件）的录音、录像、照片等，不管是否经过新闻媒体采用，均应在活动（事件）结束后即向主办或事发单位（地区）档案部门移交。

第十二条　各级档案行政管理部门负责对重大活动（事件）声像档案工作依法进行监督和指导，对有下列行为之一的单位或个人，视其情节给予限期改正、通报批评、经济处罚或依法追究法律责任等处理：

（一）不按规定收集、整理、移交应归档的声像档案的；

（二）将声像档案据为己有的；

（三）损毁、丢失或擅自销毁、非法买卖声像档案的。

第十三条　本办法自2003年1月1日起施行，有关事项由省档案局负责解释。

中共甘肃省档案局党组
关于进一步加强全省档案资源建设工作的意见

（省委办发〔2007〕9号　2007年1月23日）

近年来，在省委省政府的重视下，经过广大档案工作者的不断努力，我省的档案资源建设取得可喜成就。目前省、市、县三级101个国家综合档案馆收藏对国家和社会具有长远利用价值的重要档案资料已达434.6万卷（册），累计抢救国家重点档案21万多卷。这些档案资料记录了自明代以来600多年间甘肃政治、经济、人口、历史、文化、宗教等各个方面的情况，是党和国家一笔不可再生的信息资源和宝贵财富。各级档案部门积极采取编辑出版史料、依法开放档案、接待查档人员、举办陈列展览、创建爱国主义教育基地、拍摄电视专题片、撰写理论研究文章等多种形式，大力开展档案资源开发服务工作，仅"十五"期间就为社会各界的99.1万人次查阅档案资料247.2万卷（册），解决了领导决策、编史修志、工作查考、经济建设、宣传教育、科学研究和人民群众切身利益等方面的大量问题，在传承历史文明、构建和谐社会、促进经济发展、推动先进文化建设等方面，做出来应有贡献。但是，与全国档案事业发展的总体目标和我省国民经济与社会发展的需求相比，我省的档案资源建设还存在着不少差距，有许多影响档案资源抢救保护和开发利用的问题与困难亟待解决。

为了更好地发挥档案在全省国民经济和社会发展中的重要作用，现就进一步加强我省档案资源建设工作提出如下意见：

一、充分认识档案资源建设的重要性，切实加强对档案资源建设的领导

档案是记录历史、传承文明的重要载体，是国家信息资源的重要组成部分。大力加强档案资源的建设和开发利用，既是档案事业持续健康发展的根基和核心，又是党和国家加强新形势下信息资源开发利用工作的基本要求。

各地各部门要充分认识档案资源建设的重要意义，坚定不移地把这项工作推向深入。要通过各种途径广泛宣传档案在促进科技发展、构建和谐社会方面的重要参考借鉴作用，宣传档案资源与社会公众的密切联系，努力提高全社会档案意识，为档案资源建设工作营造良好的社会氛围。

要进一步加强对档案资源建设工作的领导，按照《档案法》和《甘肃省档案管理条例》的规定，把档案资源建设推向深入。各级党委和政府要将档案资源建设列入重要议事议程加以研究安排，及时解决遇到的问题与困难，大力协调各有关部门自觉服从全省档案资源建设总体部署，积极配合档案部门开展档案资源建设工作。要支持档案部门充分发挥职能作用，扎扎实实地做好本地区的档案资源建设。要把档案资源信息化工作纳入本级政府的信息化规划，同步实施。为了进一步推动档案资源建设工作，省档案局今年将在全省开展"档案资源建设年"活动，通过面向社会广泛地收集与征集档案资料，进一步丰富馆藏档案资源。

二、认真借鉴外地经验，积极整合档案资源，创新档案管理模式

2005年12月，中共中央政治局候补委员、中央书记处书记、中央办公厅主任王刚同志就安徽省改革国家档案管理模式的做法做出重要批示，要求各级档案部门认真学习借鉴安徽省整合档案信息资源的经验，进一步发挥档案工作在全面建设小康社会中的特殊作用。安徽经验的主要内容是将城建、房产、交通等原由各部门分散管理的专业档案，尽可能地集中于国家综合档案馆。这一经验说明，整合并集中统一管理国家各种档案资源，有利于档案的齐全完整和有效保护；有利于降低档案管理成本，提高档案综合服务能力；有利于实现档案资源社会共享，最大限度地发挥档案资源整体效益。根据国家档案局的要求并结合我省实际，今后我省将从抓试点开始，逐步在全省市、县两级开展档案资源的整合工作。今年起将首先在白银、金昌搞好试点。在这一工作中，各级档案部门要积极稳妥地探索创新档案资源管理模式，科学整合本行政区域内经济、政治、科技、文化等领域的档案资源，通过对国家档案资源归属和流向的调整，建立以档案行政管理部门为主导，各主管部门配合的国家档案资源建设监管体制，促进并最终实现国家档案资源的优化组合。要通过档案资源管理模式的创新，不断加大我省档案资源建设的力度，逐步为档案资源的深度开发和高度共享打下雄厚而坚实的基础。

三、积极做好接收征集工作，不断丰富馆藏档案资源

档案资源是档案工作赖以存在的根本，丰富的档案资源是开展档案信息服务的必要物质条件。各级档案馆要把档案资源建设当作自己的大事抓紧抓好，常抓不懈。

开展档案资源建设工作，首先要抓好机关团体、企业事业单位的档案工作。各级各类机关单位要认真贯彻执行党和国家有关档案管理的规定，在档案行政管理部门的指导下，建立齐全完整、标准规范的档案，并按规定向档案馆移交优质档案资源。要从省直机关做起，逐步向档案馆移交电子文件目录和电子档案。档案馆特别是档案资源明显贫乏的档案馆，要努力克服困难，积极接收按规定应当进馆的档案，尽快解决到期档案进馆难得突出问题。档案部门要积极参与重大活动（事件），采取先进技术手段，现场拍摄收集重大活动（事件）档案。要广泛征集流落散失在社会上的珍贵档案、名人档案、地方特色档案、部门特色档案，不断丰富馆藏档案内容，努力提高档案文化品位。要对已进馆档案及时进行整理编目和信息化处理，及时入柜上架有序保管，确保开发利用工作的顺利进行。总之，要通过加大对档案资源监管和整合力度，全面整合各类档案资源，逐步促进各级国家档案馆档案资源总量的增加、质量的提高和结构的优化。

四、抓住国家财政支持机遇，努力抢救保护重点档案

积极抢救濒危重要珍贵档案，是加强档案资源建设、有效延长档案资源使用寿命的一项重要内容。我省目前有应抢救重要档案69万卷，约6905万页。各级财政、档案部门要认真学习贯彻《国家重点档案抢救和保护补助费管理办法》，紧紧抓住国家加大支持西部档案抢救和保护工作力度的大好机遇，最大限度地用好用足国家政策，加大重要珍贵档案保护的力度，加快濒临损毁重要档案资源抢救的进度。要强化项目意识，积极做好项目申报工作，争取国家对我省档案抢救保护工作的更多支持。要管好用好档案抢救和保护专项资金，做到专款专用，使其在我省档案资源建设中产生积极有效的作用，力争使我省的档案资源抢救和保护工作在今后几年内迈上一个新的台阶。

甘肃省档案条例

（1997年9月29日甘肃省八届人大常委会第二十九次会议通过
2009年11月27日甘肃省十一届人大常委会第十二次会议通过）

第一章 总 则

第一条 为了加强档案管理，有效保护和利用档案，为经济社会发展服务，根据《中华人民共和国档案法》及其实施办法，结合本省实际，制定本条例。

第二条 本省行政区域内机关、团体、企业事业单位和其他组织以及个人档案的管理和利用适用本条例。

第三条 档案工作实行统一领导、分级管理，维护档案完整与安全，便于社会利用和保守国家秘密的原则。

第四条 各级人民政府应当把档案事业列入国民经济和社会发展计划，建立健全档案行政管理和保管机构，保障档案事业发展所需经费。

第五条 机关、团体、企业事业单位和其他组织应当加强档案管理工作，提供必要条件，依法保证档案工作的正常开展。

第二章 档案机构及其职责

第六条 省档案行政管理部门主管全省档案事业，对全省档案事业实行统筹规划，组织协调，监督和指导。

市（州）、县（市、区）人民政府档案行政管理部门主管本行政区域内的档案事业，对本行政区域内的机关、团体、企业事业单位和其他组织的档案工作履行监督和指导职责。

乡、民族乡、镇人民政府和街道办事处应当有专（兼）职人员管理本机关的档案，并对所属单位和辖区内村民委员会、居民委员会的档案工作进行监督和指导。

第七条　机关、团体、企业事业单位和其他组织应当设置档案机构或者配备专（兼）职档案工作人员，负责本单位档案的管理，依照有关规定向同级档案馆移交档案，并对所属单位的档案工作进行监督和指导。

第八条　档案馆分为地方国家档案馆、部门档案馆和企业事业单位档案馆。

地方国家档案馆包括综合档案馆和专门档案馆。综合档案馆由县级以上人民政府批准设立。专门档案馆由其业务主管部门提出意见，经档案行政管理部门同意后，报本级人民政府批准设立。

部门档案馆经县级以上档案行政管理部门同意后，由本级人民政府批准设立。

企业事业单位根据需要可以设立档案馆并报所在地县级以上档案行政管理部门备案。

地方国家档案馆和部门档案馆的变更和撤销由其批准设立的部门审批。

第九条　各级各类档案馆业务接受本级和上级档案行政管理部门的监督和指导，其主要职责是：

（一）综合档案馆负责接收、征集、整理、保管和提供利用本行政区域内各种门类的档案和公开的政府信息；

（二）专门档案馆负责接收、征集、整理、保管和提供利用专门领域或者特殊载体形态的档案；

（三）部门档案馆负责接收、征集、整理、保管和提供利用本部门及其所属单位形成的档案；

（四）企业事业单位档案馆负责接收、征集、整理、保管和提供利用本单位及其所属机构形成的档案。

地方国家档案馆可以向社会开展档案寄存有偿服务。

第十条　档案工作人员应当具备档案管理专业知识，接受档案管理岗位培训和档案继续教育培训，经考核合格后上岗。

第十一条　鼓励社会力量建立从事档案咨询、评估、整理、鉴定和寄存等业务的中介服务机构。

档案中介服务机构注册登记后，应当向注册机关所在地的档案行政管理部门备案，并接受档案行政管理部门的监督和指导。

从事档案中介服务的人员，应当具备档案基础理论知识和档案价值鉴定、档案等级评估等专业知识。

第三章　档案的移交和收集

第十二条　机关、团体、企业事业单位和其他组织及其工作人员在公务活动中形成的文件材料，按国家和省档案行政管理部门规定应当立卷归档的，由单位文书部门、业务部门收集整理，按规定时间交本单位档案机构集中管理，任何单位或者个人不得据为己有或者拒绝归档。

第十三条　机关、团体、企业事业单位和其他组织举办有重大影响的社会活动时，应当做好纸质、声像、电子等档案的收集、整理、移交工作。其中声像档案应当在活动结束后30日内向本单位档案馆（室）或者同级综合档案馆移交。

第十四条　机关、团体、企业事业单位和其他组织的建设工程、科研成果、试制产品以及其他技术项目进行验收、鉴定时，应当有本单位的档案工作人员参加，对该项目档案进行验收。

县级以上人民政府确定的重点建设工程、重大科学技术研究、重要技术改造和设备更新等项目进行验收、鉴定时，应当有同级档案行政管理部门和项目主管部门档案机构的工作人员参加，对该项目档案进行验收。

城市规划区范围内的建设工程竣工验收时，应当有城建档案机构的工作人员参加。

第十五条　综合档案馆收集档案的范围按照国家和省档案行政管理部门的规定进行。

专门档案馆和部门档案馆收集档案的范围由省级有关主管部门制定，经省档案行政管理部门审核同意后实施。

企业事业单位档案馆收集档案的范围由本单位规定并报同级档案行政管理部门备案。

第十六条　机关、团体、企业事业单位和其他组织按照下列规定向有关档案馆移交档案：

（一）列入省综合档案馆收集范围的档案，自形成之日起满15年，向省综合档案馆移交；

（二）列入市（州）、县（市、区）综合档案馆收集范围的档案，自形成之日起满10年，向市（州）、县（市、区）综合档案馆移交；

（三）列入专门档案馆收集范围的档案，自项目验收之日起半年内，向专门档案馆移交；

（四）列入部门档案馆或者企业事业单位档案馆收集范围的档案，于形成之日的次年6月30日前，向部门档案馆或者企业事业单位档案馆移交。

特殊情况需要提前或者延期向综合档案馆移交的，应当征得同级档案行政管理部门同意。

第十七条 机关、团体、企业事业单位已公开的涉及公共利益的现行文件，应当在公开后3个月内按照国家和本省有关规定报送同级综合档案馆。

第十八条 机关、团体、企业事业单位和其他组织应当将本单位编印出版的志书、年鉴、大事记等出版物送同级综合档案馆保存。

第十九条 因保管条件恶劣，可能导致档案不安全或者严重损毁的，按照下列规定办理：

（一）列入档案馆收集范围的档案，经县级以上档案行政管理部门同意，由有关档案馆提前接收入馆；

（二）未列入档案馆收集范围的档案，由档案行政管理部门督促档案保管者改善保管条件，或者征得其同意后由综合档案馆代为保管。其中属集体或者个人所有的对国家和社会具有保存价值的档案，经档案行政管理部门批准，可由综合档案馆收购或者征购。

第二十条 综合档案馆向社会征集本行政区划的历史档案、地方特色档案、少数民族档案和名人档案时，有关单位和个人应当支持和配合。

鼓励集体、个人向综合档案馆捐赠、寄存或者出卖其所有的对国家和社会具有保存价值的档案。

第二十一条 对档案的移交和收集范围有争议的，经与有关主管部门协商后，由上一级档案行政管理部门裁定。

第四章　档案的管理

第二十二条　禁止出卖属于国家所有的档案。需要向国外组织或者个人赠送、交换、出卖其复制件的，应当经省主管机关同意，并报省档案行政管理部门审查批准。

政府部门或者企业事业单位与外国团体和组织签订含有利用档案内容的协定时，应当报省档案行政管理部门备案。

第二十三条　中外合资企业、中外合作企业以及中外合资、合作项目的档案属中外双方共同所有。合资、合作的协议或者合同终止时，档案原件归中方所有，外方可以保存复制件。

外商独资企业的档案管理，按照国家有关规定执行。

第二十四条　机关、团体、企业事业单位撤销或者变更时，其上级机关应当按照国家有关规定确定档案的归属，并报同级档案行政管理部门备案。

国有企业事业单位资产转让时，档案转让按国家档案行政管理部门的规定办理，并接受原主管部门、同级档案行政管理部门和国有资产管理部门的监督和指导。

第二十五条　档案馆和机关、团体、企业事业单位鉴定档案的保存价值时，应当组成鉴定委员会或者鉴定小组，按照国家档案行政管理部门或者主管部门的规定，确定档案的保存价值和保管期限。

销毁档案应当依照国家档案行政管理部门规定的程序办理，禁止擅自销毁档案。

第二十六条　机关、团体、企业事业单位应当建立档案登记统计制度，按照规定向同级档案行政管理部门和上级主管部门报送档案统计材料。

第二十七条　档案馆建设应当符合国家和本省制定的档案馆建筑设计规范。机关、团体、企业事业单位应当具有保管档案的专用库房。

档案库房应当具备防盗、防火、防潮、防高温、防虫、防鼠、防尘、防光等条件和设施。

第二十八条　档案馆和机关、团体、企业事业单位应当定期检查档案保管情况，对破损、霉变、字迹褪变的档案应当及时修复、复制，对珍贵档案、特种载体档案应当采取特殊措施加以保护。

第二十九条　档案馆和机关、团体、企业事业单位应当建立健全科学的档案管理制度，推进利用数字技术管理档案，提高计算机和网络的应用水平，逐步实现档案数字化管理。

第三十条　档案馆和机关、团体、企业事业单位应当加强电子文件的归档和管理，有效维护电子文件的真实性、完整性、安全性和可识别性。

电子文件的归档和管理按照国家有关规定执行。

第五章　档案的利用与公布

第三十一条　地方国家档案馆应当依法分期分批向社会开放馆藏档案，并同时公布开放档案的目录。

第三十二条　综合档案馆应当设立专门的政府信息查阅场所，公众可以免费查阅国家机关制发的与本地区经济建设、社会发展和人民群众利益密切相关的各种非涉密和已解密的政策性文件。

综合档案馆应当为政府信息查阅配备相应的设施、设备，简化查阅手续，为公民、法人或者其他组织获取信息提供便利。

第三十三条　档案馆提供社会利用的档案，可以按照国家规定收取费用。

单位和个人利用其移交、寄存、捐赠的档案，档案馆应当优先或者无偿提供。

第三十四条　档案的公布按照国家有关规定办理，任何组织和个人不得擅自公布档案。

向社会公布档案，可以通过报刊、广播、电视、图书、网络等媒介，采取出版、播放、陈列、展览等形式。

第三十五条　档案馆应当建立和完善档案信息网络查阅系统，根据经济建设和工作的需要，开展对档案的研究整理，有计划的编纂档案史料。

第六章　法律责任

第三十六条　违反本条例，有下列情形之一的，由县级以上档案行政管理部门责令改正；情节严重的，由主管部门对直接负责的主管人员或者其他直接责任人员给予行政处分：

（一）对本单位档案不实行集中统一管理，档案管理混乱的；

（二）拒绝接受档案行政管理部门监督检查或者对存在的问题拒不改正的；

（三）不按规定归档或者不按规定向档案馆移交档案的；

（四）不按规定向社会开放和提供利用档案的；

（五）擅自设立、变更、撤销档案馆的。

第三十七条 违反本条例规定，有下列情形之一的，由县级以上档案行政管理部门对直接责任人员给予警告；根据有关档案的价值和数量，对个人可以并处500元以上5000元以下的罚款，对单位可以并处1万元以上10万元以下的罚款；造成损失的，责令赔偿损失：

（一）损毁、丢失属于国家所有的档案的；

（二）擅自提供、抄录、公布、销毁属于国家所有的档案的；

（三）涂改、伪造档案的。

第三十八条 单位和个人擅自出卖或者转让档案、倒卖档案牟利或者将档案卖给、赠送给外国人的，由县级以上档案行政管理部门给予警告；根据有关档案的价值和数量，对个人可以并处500元以上5000元以下罚款，对单位可以并处1万元以上10万元以下罚款；有违法所得的，没收违法所得，并依法征购被出卖或者赠送的档案。

第三十九条 擅自携带、运输、邮寄禁止出境的档案或者其复制件出境的，依照国家有关法律和行政法规的规定处罚。

第四十条 档案行政管理部门工作人员玩忽职守、徇私舞弊、滥用职权的，由其所在部门或者上级主管部门给予行政处分。

第七章 附 则

第四十一条 本条例自2010年2月1日起施行。

甘肃省档案局　甘肃省政府国有资产监督管理委员会关于"十二五"时期促进省属国有企业档案工作发展的指导意见

（2011年1月27日）

"十二五"时期（2011年至2015年）是我国全面建设小康社会的关键时期，是国家深化改革开放、加快转变经济发展方式的攻坚时期。为了促进国有企业档案工作在这一重要历史时期获得新的更大的发展，为国有资产的保值增值乃至甘肃经济社会发展做出新的更大的贡献，特提出如下指导意见：

一、"十二五"时期省属国有企业档案工作的指导思想、总体要求和奋斗目标

"十二五"时期，国有企业档案工作要坚持以邓小平理论和"三个代表"重要思想为指导，全面贯彻落实科学发展观，紧紧围绕党的十七届五中全会、省委十一届十次全委扩大会议和全国、全省档案工作会议精神，不断探索、创新现代企业档案工作机制，进一步加强档案基础业务建设和档案基础设施设备建设，大力提高档案管理标准化、规范化、信息化、网络化、制度化水平，努力构建覆盖国有企业各项工作及其所属单位的档案资源体系、档案利用体系和档案安全体系，把档案工作的整体管理水平和开发利用能力提升到一个新的高度。

二、"十二五"时期省属国有企业档案工作的主要任务

（一）紧紧围绕改革、发展、稳定大局，提供优质高效的档案信息服务。国有企业档案部门要组织广大档案工作人员，结合自身实际，认真学习领会党的十七届五中全会、省委十一届十次全委扩大会议和全国全省经济工作会议精神，了解掌握新形势下档案工作服务企业生产科研、经营管理、技术改造的热点和重点，找准服务切入点，超前做好准备工作。要进一步完善档案信息检索体系，推广网上查询档案信息服务，不断提高档案信息的查全率、查准率和整合共享程度。要根据馆（室）藏内容和利用需求，有计划有步骤地系统开发档案信息资源，编辑专题档案资料，及时印发领导和有关部门参考。要建设好查阅场所，及时周到地做好查档服务工作。要根据新的形势和新的要求，修订完善档案查阅制度，既要为企业各项工作提供优质高效的档案信息服务，又要坚持做好档案安全保密工作。

（二）采取切实措施，保障企业档案实体安全和档案信息安全万无一失。2010年5月12日，国家档案局在四川召开会议，把应对各种灾害、建设国家档案安全体系提高到档案事业发展全局的战略高度。我省各国有企业档案部门要认真学习贯彻会议精神，充分认识安全工作对于档案事业发展的极端重要性，坚持预防为主、防治结合方针，做到安全记心中、警钟要长鸣。要完善安全保密制度，使档案安全工作制度化、常态化。要完善对火、盗、水、鼠、虫监控和处置的设施设备，坚决避免档案实体直接遭受毁灭性破坏。要切实做好防光、防尘、防潮、防磁、防高温等工作，努力控制自然因素对档案实体的渐进性损毁，最大限度地延长档案实体寿命。要通过建立健全规章制度和不断完善技术保障措施，确保电子档案文件的安全与保密。要对重要珍贵档案资源采取异地异质备份保存措施，以防不可预见、不可抗拒的灾害给档案造成毁灭性破坏。要针对突发性人为事故或自然灾害，制定切实可行的应急预案并进行实战演练，不断提高档案部门对突发性事件和灾害的处置能力。要在近期内对档案安全进行一次全面检查，采取有力措施，及时彻底消除隐患。

（三）深入贯彻国家政策标准，积极稳妥地推进企业档案信息化建设。近年来，国家陆续制定了一系列档案信息化和电子文件归档管理的政策和标准规范。各国有企业要据此积极稳妥地推进档案资源信息化、网络化建设，使档案信息化工作一开始就步入规范化、标准化的轨道。要及时掌握和紧跟现代先进的计算机技术、网络技术，将其融入档案工作的各个方面。要把档案信息化纳入企业信息化总体规划，同步实施、同步发展。要制定企业档案信息化的发展规划和技术规范，做到总体规划、逐步推进、规范操作、安全实用。要有计划有步骤地建立馆（室）藏档案资源的文件级目录数据库、重要珍贵和常用档案文件的全文数据库、声像档案数据库，为多途径、系统性、网络化检索查阅创造条件。要逐步扩大档案信息网上查询范围，完善档案信息网上查询的流程和安全措施。

（四）坚持做好归档整理工作，建立科学实用的企业档案资源管理体系。各国有企业档案部门要深入学习贯彻国务院国有资产监督管理委员会和国家档案局制定的《国有企业文件材料归档办法》，结合实际制定或修订本企业的文件材料归档制度，正式印发企业各部门和下属单位执行。要把好文件材料形成关，从源头上保障文件材料载体和字迹的质量。要坚持按年度做好文书、会计等门类文件材料的归档整理工作，结合实际适时做好建设项目、特殊载体文件材料的归档整理工作。归档要做到齐全完整，整理要坚持标准规范。要制定并认真执行符合本企业实际的文件材料分类方案，构建起本企业安全保密、管理有序、检索快捷、存取方便的档案资源管理体系。

（五）全面贯彻实施新的规范，着力提升国有企业档案管理整体水平。2009年11月发布并自2010年1月1日起实施的《企业档案工作规范》（DA/T 42-2009），是新时期规范企业档案工作的一个行业标准，从组织、制度、业务、信息化、设施设备等方面为企业档案工作提出了一个全方位的规范。"十二五"时期，全省各国有企业档案部门要认真学习领会、全面贯彻实施《企业档案工作规范》。要逐条逐项对照检查并切实整改本企业档案工作存在的薄弱环节，逐步把档案管理的整体水平提升到一个新的高度。省上将从2012年起，采取千分制评分方法，分期分批对所有省属国有企业贯彻实施《企业档案工作规范》的情况逐个进行评估，并将评估结果向企业领导通报，在全省范围公布。

三、促进"十二五"时期省属国有企业档案工作发展的措施

（一）深入贯彻实施档案法律法规，促进档案工作沿着法制化轨道健康发展。《档案法》《甘肃省档案条例》《企业档案管理规定》等有关档案工作的法律法规，是开展档案工作的法律依据。国有企业档案部门要利用重大节假日、纪念日或员工集会活动的有利时机，广泛宣传档案法律法规和档案利用工作，努力提高社会档案意识，提升依法管理档案事业观念，为开展档案工作营造良好的舆论环境。要组织档案工作人员认真学习、准确理解档案法律法规，强化依法管理档案工作的自觉性。要重视档案规章制度的时效性、系统性和完整性，及时清理、废止、修订不合时宜的档案规章制度。要加大档案行政执法力度，严肃查处违反档案法律法规的案件，为档案工作的正常开展创造有利条件。

（二）坚持人才第一资源思想，多层次多途径加强档案专业队伍建设。人才是档案事业发展的第一资源，高素质队伍是档案工作不断进步的根本保证。各国有企业要高度重视档案专业队伍建设，配备政治素质高、文化基础好、业务素质强的人员从事档案工作。要创造条件，组织档案人员参加系统的专业培训和必要的业务交流，增长他们的知识、见识和能力。要重视既熟悉档案业务又精于协调管理、既熟悉档案业务又有较强文字能力和丰富历史知识、既熟悉档案业务又精通信息化技术、既熟悉档案业务又掌握档案法律法规、既熟悉档案业务又熟悉新闻媒体传播等多种复合应用型档案专业人员的培养。档案人员要忠于职守，坚持结合本职工作学习业务，钻研理论，努力把自己锻炼成一专多能的档案专业人才。档案行政管理部门要经常组织上岗培训、继续教育、学术研讨、考察交流等多层次、多形式的档案业务学习活动，为国有企业档案工作队伍建设创造有利条件。

（三）加强企业对档案工作的领导，切实解决好档案工作的条件性问题。档案是企业资产的重要组成部分，档案工作是企业生产、经营、管理和持续发展不可或缺的重要支撑。各国有企业要加强对档案工作的领导，明确分管档案工作的领导和部门。要把档案工作列入企业发展规划和目标管理考核体系，促进档案工作与企业同步发展。要及时研究解决档案工作的机构设置、人员配备、库房建设、设备购置、经费投入等问题，为档案工作提供必要的条件。要关心档案人员的政治进步、职称评定和福利待遇，为他们热爱档案工作、安心档案工作、钻研档案工作、搞好档案工作营造良好氛围。

（四）密切档企联系互动，发挥好国资监管、档案行政管理部门的监督指导职能和支持服务作用。各级国有资产监督管理部门、档案行政管理部门要密切配合，监督指导国有企业档案工作按照党和国家的规定健康发展。要加强与企业分管档案工作领导和企业档案部门的联系，及时掌握企业档案工作出现的新动态，认真研究企业档案工作遇到的新情况，积极解决企业档案工作遇到的新问题。要积极协调帮助企业解决档案工作方面遇到的困难与问题，为企业档案工作发展提供支撑和服务。要加强国资、档案、企业三者间的互动，为企业档案工作营造一个和谐有序、健康向上的发展环境。

附

录

中共甘肃省委办公厅、甘肃省人民政府办公厅关于进一步加强新形势下国家综合档案馆工作的意见

中共甘肃省委办公厅2011年8月1日印发 （甘办发〔2011〕75号）

　　为了进一步加强新形势下国家综合档案馆工作，更好地发挥档案信息资源在经济社会发展中的独特作用，根据《中华人民共和国档案法》《甘肃省档案条例》和新时期档案馆工作的新要求，提出如下意见。

　　一、充分认识进一步加强新形势下全省国家综合档案馆工作的重要性和紧迫性

　　档案馆作为党和国家档案事业的重要组成部分，依法承担着保管保护和开发利用档案资源的历史使命。改革开放以来，在党委政府的高度重视下，经过广大档案工作者的辛勤工作，我省已经基本形成一个馆藏档案资源内容丰富特色鲜明、综合开发利用档案信息能力不断增强、服务经济社会发展和人民群众方便快捷利用的国家综合档案馆事业体系，在服务领导决策、社会稳定、经济建设、改善民生、繁荣先进文化等方面发挥了重要作用，取得了良好的社会效益和经济效益。但在新的形势下，我省档案信息化设备配置明显滞后、人才缺乏等问题。各级党委、政府和有关部门要充分认识当前加强我省档案馆工作的重要性和紧迫性，切实增强使命感和责任感，依法加强组织领导，努力推动全省档案馆工作迈上新台阶。

　　二、准确把握新形势下全省国家综合档案馆工作的指导思想和奋斗目标

　　根据党和国家对档案馆工作的新要求，结合我省档案馆工作的实际，当前和今后一段时间我省档案馆工作的指导思想和奋斗目标是：以邓小平理论和"三个代表"重要思想为指导，深入贯彻落实科学发展观，紧紧围绕省委、省政府工作大局，以提高档案实体和档案信息的安全保障能力、馆藏档案信息和政府信息的公共服务能力为工作重点，以构建覆盖全体人民群众的档案资源体系、服务全体人民群众的档案利用体系、档案实体和档案信息

的安全保障体系为奋斗目标，以全面推进馆库建设、馆藏建设、信息化建设、公共服务建设、安全建设、干部队伍建设为主要内容，努力把各级国家综合档案馆建成党和国家重要珍贵档案安全保管基地、爱国主义教育基地、档案利用中心、政府信息查阅中心、电子文件管理中心"五位一体"的公共档案馆，更好地服务全省经济社会发展。

三、努力完成新形势下全省国家综合档案馆工作的主要任务

（一）加强档案馆库建设。建设面积和功能符合国家标准规范的档案馆库，是档案馆完善档案安全保管基本功能、更好地坦当党和国家档案资源安全保管历史使命的前提条件。各地各有关部门要按照各项社会事业统筹发展原则和《档案馆建筑设计规范》（JGJ—2000）、《档案馆建设标准》（建标103—2008），积极推进档案馆库建设项目，从根本上改善档案资源保管保护和开发利用的条件。要把档案馆库作为文化建设和基础设施建设的重要内容，纳入城市建设总体规划和政府投资计划。档案馆库建设差距较大的市（州）要积极筹集安排资金，尽快建设新的档案馆库，力争在"十二五"建设项目和灾后重建规划的县（市、区）要按照规定和承诺，落实配套资金、建馆用地和市政配套设施，力争尽快开工建设，早日建成启用。各级发展改革、档案管理部门要依法加强对档案馆库建设项目的监督指导，严格按照国家的标准规范和核定面积设计施工，努力把市县级档案馆库建成质量优良、安全可靠、功能齐全、设施完善、技术先进、经济实用的精品工程。要坚持档案馆单独设计、单独建筑、专馆专用原则，确保档案馆的相对独立性和安全保密要求。

（二）加强档案信息化建设。信息化是档案工作发展的必然趋势。各地各有关部门要切实将档案信息化建设纳入本地区信息化建设的总体规划，同步建设。要着力加强档案信息化关键性设备配置和技术队伍建设，制定档案信息化建设规划和实施方案，建立健全档案信息化建设各项业务标准和管理制度，确保档案信息化建设标准化、规范化、制度化。要按照《电子公文归档管理暂行办法》（2003年国家档案局令第6号）和《电子文件归档与管理规范》（GB/T18894-2002），积极开展电子文件中心建设，加强电子文件归档管理工作。要按照国家档案局制定的《数字档案馆建设指南》，加快数字档案馆建设，为区域性档案资源的深度开发和高度共享创造条件。要积极发挥网络优势，最大限度地实现不同层次、不同范围内档案信息资源的广泛整合和高度共享。要高度重视电子文件安全工作，采取积极有效措施应对来自人为、技术、自然等方面的危险，确保电子文件的真实有效和长期可读。各有关部门要积极支持档案信息化建设，为建立现代先进的档案信息服务体系提供便利条件。

（三）加强档案安全保障体系建设。档案安全是档案工作的生命线。各地各有关部门要高度重视档案安全保密工作，居安思危，警钟长鸣。要广泛开展档案安全保密宣传教育工作，提高全员档案安全保密意识和基本技能。要建立健全并认真贯彻执行包括档案安全保密事故责任追究办法在内的档案安全保密制度。要制定并不断完善档案安全事故应急处置预案，积极开展重要档案异地异质备份工作，最大限度地预防和减少各种突发性事故对党和国家重要珍贵档案资源的破坏。要投入必要资金，改善档案安全保密条件，建立档案馆安全技术防范系统，实现档案安全保密工作的现代化、自动化。要根据国家有关规定和当前物价水平，适当提高档案管护费标准，加快濒危国家重点档案抢救速度，加大馆藏档案保管条件改善力度。

（四）大力加强档案资源体系建设。档案资源是档案馆赖以生存和发展的根本。各地各有关部门要在加强档案馆档案资源建设上下功夫，努力建立内容丰富、配置合理、具有地方特色的馆藏档案资源体系。要根据省委、省政府工作大局和服务民生需要，积极调整档案资源接收整合范围，完善档案资源建设制度。要在逐步改善档案馆库条件的同时，加大到期档案接收力度，进一步丰富馆藏档案内容，完善馆藏档案资源体系。要创新思路拓展领域，通过多种方式和途径积极开展区域档案实体资源、信息资源的整合工作，积极推进档案资源的综合开发和社会共享。要紧密结合档案信息化建设要求，全面开展馆藏档案资源的标准化整理编目工作，为档案信息资源的充分开发利用奠定坚实基础。要继续主动参与本地重大活动、重大事件；现场拍摄、收集相关声像、文字材料，坚持征集散存民间的重要珍贵档案，不断充实馆藏档案内容。

（五）大力加强档案利用体系建设。为社会各界人士和基层人民群众提供方便快捷的档案信息服务，是档案馆依法履行社会公共服务职能的重要任务，也是体现档案价值、实现档案工作根本目的的基本途径。全省各级国家综合档案馆要紧紧围绕省委、省政府工作大局和领导需要、社会需要、群众需要，全面加强新形势下档案馆的社会公共服务能力建设，构建适应多层次、多方位需求的档案利用体系。要加强档案利用设施设备和场所建设，为各种不同类型利用者提供方便快捷的个性化服务。要通过网络、电视、展览、出版等多种途径，系统、综合、深度开发档案资源，为公众提供多种形式的档案文化产品，充分发挥档案馆的社会教育功能。要积极做好档案鉴定工作，依法加大档案开放力度。要加强政府信息查阅场所建设，为社会公众和组织查阅政府信息提供便利。

四、切实加强领导，为实现全省国家综合档案馆事业发展新目标提供有力保障

各级党委和政府要进一步加强对新形势下档案馆工作的领导，将其列入经济社会发展规划，列入党委、政府工作议事日程。党委和政府分管档案工作的领导同志要切实负起责任，定期听取档案工作汇报，针对实际提出加强档案馆工作的指导意见，及时协调解决人员配备、馆库建设、信息化设备、交通工具、经费投入等突出问题，为档案馆事业发展创造良好条件。

各级档案行政管理部门要依法加强对档案馆工作的监督指导，着力推进档案馆安全保障体系建设、基础业务规范化建设、档案信息化建设和档案信息资源开发利用工作。要加大档案行政执法检查力度，依法解决档案馆工作中存在的突出问题与矛盾，促进档案馆工作的科学发展。

各地要加强档案部门领导班子建设，配齐配强领导班子，优化档案干部队伍结构，稳定档案专业人才队伍。要进一步关心档案干部成长，重视和加强档案干部的培养、选拔、使用和交流，促进干部合理流动，调动他们干事创业的积极性，逐步培养一批高素质的档案专业人才，努力打造一支政治过硬、作风优良、业务精熟、富有创新精神的档案队伍。

2011年8月1日

甘肃省档案馆收集档案范围细则

第一条　为了加强档案资源建设、安全保管和有效利用党和国家的档案财富，保证省直机关及其他相关单位向省档案馆顺利地移交档案，根据《中华人民共和国档案法》《中华人民共和国档案法实施办法》《全国档案馆设置原则和布局方案》《各级各类档案馆收集档案范围的规定》《甘肃省档案条例》有关规定，结合我省实际，制定本办法。

第二条　甘肃省档案馆属省级国家综合档案馆，负责接收和保管省直机关及其他相关单位具有永久保存价值的档案，各单位应依法按期向甘肃省档案馆移交档案。

第三条　甘肃省档案馆依法接收下列中华人民共和国成立后的组织机构形成的具有永久保存价值的档案。

1. 中共甘肃省委员会及所属各部门；

2. 甘肃省人民代表大会及其常设机构；

3. 甘肃省人民政府及其所属各部门和单位；

4. 甘肃省政协及其常设机构；

5. 甘肃省高级人民法院、甘肃省人民检察院；

6. 甘肃省各民主党派机关；

7. 甘肃省总工会、共青团甘肃省委员会、甘肃省妇女联合会、甘肃省科学技术协会、甘肃省文学艺术联合会等人民团体；

8. 省属国有企业、事业单位或破产转制的省属国有企业及撤销、合并的事业单位；

9. 隶属关系发生变化，归属省级管辖的中央在甘单位。

省档案馆还负责全部或部分接收以上机构的下属单位和临时机构的档案。

经协商同意，省档案馆收集或代存本行政区域内有代表性的社会组织、集体和民营企事业单位、基层群众组织、家庭和个人形成的对国家和社会有利用价值的档案。因为可通过接受捐赠、购买等形式获取有利用价值的档案。

第四条　甘肃省档案馆收集本省省级行政区域内重大活动、重大事件、各界知名人士形成的档案及涉及民生的专业档案。

1.党和国家领导人、重要外宾、国际友人等在我省工作、学习、参观访问、交流等活动；

2.重大政治、经济、科技、文化、外事及宗教活动；

3.重要庆典、纪念活动；

4.严重自然灾害、重大突发事件；

5.省级领导干部及省级人事管理权限内，在社会上有一定名望、权威、影响的知名人士；

6.被中共中央、国务院和中共甘肃省委、省政府授予英雄、模范称号的人物；

附

录

7.省级组织、人事部门管理范围内的已故干部和知名人士；

8.社会保险、移民、纪检监察机关案件、信访、农产品质量安全、保健食品登记、会计、林权登记、新闻宣传报道等专业档案。

第五条　甘肃省档案馆收集中华人民共和国成立前本省行政区域内各个历史时期政权组织机构形成的具有永久保存价值的档案。

1.中共甘肃省各级党组织、革命政权、地方武装和革命群众团体；

2.历代甘肃地方政权机关以及其他机构、社会组织；

3.甘肃历史上出现的具有一定社会影响的人物、家族。

第六条　甘肃省档案馆收集与档案内容有关的史料，如简报、通讯、大事记、专题史料、史志、年鉴、地图、手册、图片、照片集以及公开出版或内部发行的报刊、书籍、画报、回忆录、参考材料、会议特刊、科技资料、科研成果汇编、地方志和各种族谱、家谱等；收集有助于管理和利用档案所必需的专用设备、

第七条　甘肃省档案馆收集以下所列具有永久保存价值的文书、照片、音像、实物等各种门类和载体的档案。

1.文书档案，包括纸质档案和与之相对应的电子档案；

2. 基建、科研项目等专业档案，包括纸质档案及其电子版本；

3. 照片档案，包括纸质照片和数码照片；

4. 音像档案，包括录音带、录像带和音、视频光盘；

5. 实物档案，包括中共甘肃省委、省人大、省政府和省政协在对外交往活动中互赠的纪念品，甘肃省重大活动、重大事件形成的有纪念意义的物品以及各单位获得的省部级以上的综合性荣誉奖品、证书、宣传纪念品等实物原件。

第八条 各单位在档案移交前，应对纸质档案逐卷（件）进行鉴定，提出开放或不开放意见；对电子档案应当逐件按相对应纸质档案进行密级标示，没有密级的按内部、公开两个等次标示。

第九条 凡向省档案馆移交的档案，移交单位必须做到收集齐全、整理规范、正确划定保管期限；编制档案目录、全宗说明一式三份（省档案馆保存二份，机关档案室保存一份），省档案馆按照国家相关档案整理规范和标准检查验收，验收合格方可进馆。各移交单位还应当向省档案馆移交档案的机读目录。

第十条 列入接收范围的档案，应当按规定时间向省档案馆移交。

1. 党政机关、民主党派、人民团体的档案自形成之日起满15年移交，电子档案自形成之日起5年内移交，照片档案、音像档案和实物档案自形成之日起满3年移交；

2. 重大活动、重大事件及中华人民共和国成立前的档案可随时移交；

3. 撤销单位和因保管条件恶劣可能导致档案不安全或者严重损毁的，经档案形成管理部门同意，可以提前接收；专业性较强或者需要保密的档案，可以适当延长接收时间；

4. 社会组织、集体和民营等其他单位和个人档案的接收时间，可以参照党政机关档案接收时间确定，也可以协商确定。

第十一条 本细则由甘肃省档案局（馆）负责解释。

第十二条 本细则从公布之日起实行，原《甘肃省档案馆档案接收办法》同时废止。

2012年10月22日

甘肃省地方史志编纂委员会文件

甘志委发〔2018〕12 号

甘肃省地方史志编纂委员会
关于《甘肃省志·档案志（1991-2013）》
出版的批复

省档案局：

　　你局 2017 年 9 月 8 日《关于送审〈甘肃省志·档案志〉（1991-2013）的报告》及志稿收悉。经省地方史志编纂委员会 2018 年 1 月 17 日主任会议终审，批准该志出版，公开发行。

　　此复。

甘肃省地方史志编纂委员会
2018 年 9 月 19 日

甘肃省地方史志办公室　　　　　　　　2018 年 9 月 19 日印

后 记

　　第二轮《甘肃省志·档案志》的编写工作，于2010年1月正式启动，省档案局组成二轮志书编辑部，聘请《档案》杂志原总编姜洪源专职从事编写工作，抽调具有研究生学历的陈杰参与资料收集与编写工作。但由于此前省档案局尚未编写第一轮《甘肃省志·档案志》，省地方史志办公室省志处的意见是，先编纂第一轮志书，待一轮志书出版后，再行编写二轮志。所以，我们从当年1月起，全力投入编写第一轮《甘肃省志·档案志》工作。

　　2013年9月，《甘肃省志·档案志》编写完毕并由甘肃文化出版社出版。之后，我们着手收集资料，开始撰写第二轮志书的初稿。

　　由于第一轮《甘肃省志·档案志》的时间下限为1990年，所以二轮《甘肃省志·档案志》从1991年开始编写，下限为2013年。最初，志文设为档案资源、体制、机构与人员，档案管理，档案开发利用，安全保管，档案抢救与保护，档案事业管理，学术交流与档案学会八章，按照这八章收集资料，撰写志稿。

　　2016年4月，省地方史志办公室陈青处长和牛建文同志到省档案局编志办公室，对志书的编写和进度情况进行督查。同年6月，省地方史志办公室在兰州举办培训班时，对第二轮《甘肃省志·档案志》的编写进度提出要求。我们严格按照省地方史志办的要求，加紧志书的编写工作。

2017年5月，志书初稿编成。我们把初稿报送给省地方史志办公室，同时把初稿分发给14个市（州）档案局和省档案局各处室以及部分省档案局退休的专家，征求修改意见。6月10日，省地方史志办公室省志编纂处处长贺红梅提出评审意见。评审意见认为，"志稿的篇目设置在很好地继承前志篇目结构的基础上，根据档案事业发展变化的实际，突出了档案管理的行业特点、时代特征和地域特色，体例完备，资料翔实，内容客观真实，立志观点正确，文字表述较为规范，总体基本符合二轮省志的规范要求"。同时，就志书的图片、凡例、目录、概述、第一章"档案资源"、第二章"体制、机构和人员"及用语规范等提出进一步修改和完善的具体意见，希望逐条吸收，尽最大可能把志稿修改完善。

2017年6月16日，省档案局副局长白静主持会议，对志稿进行初审。初审会对志书提出38条修改意见，其中省档案局退休老同志方荣、杨兴茂、杨泽荣等对书稿修改提出许多很有价值的具体意见。会议提出，志稿整体框架不变，一些重要的资料在修改时补充进去，进一步完善志稿。会后，省档案局原副局长赵海林也将他对志书的修改意见与我们进行了沟通。

为了全面吸收各方面的意见，保证书稿质量，初审会后，省委副秘书长、省档案局局长赵国强要求把征求意见的范围进一步扩大，我们又将书稿分发给部分退休的老局长和老馆长，进一步征求意见。之后，我们同时综合了14个市（州）档案局提出的书面修改意见，对志书进行全面修改。

2017年7月16日，完成志书修改工作，形成复审稿，报送省地方史志办公室。同年8月23日，省地方史志办公室召开复审会议，原则同意第二轮《甘肃省志·档案志》通过复审。

同年9月13日，形成终审稿，报省地方史志编纂委员会终审。2018年1月17日，甘肃省副省长、甘肃省地方史志编纂委员会主任黄强主持召开省地方史志编纂委员会主任会议，省委副秘书、办公厅主任、省地方史志编纂委员会副主任李德新，省人大常委会副秘书长、办公厅主任、省地方史志编纂委员会副主任马森，省政府办公厅主任、省地方史志编纂委员会副主任滕继国，省政府副秘书长、省地方史志编纂委员会副主任张正锋，省政协副秘书长、办公厅主任、省地方史志编纂委员会副主任张永贤，省地方史志编纂委员会副主任、省地方史志办公室主任张军利出席会议。会议原则通过本志终审。会后，省档案局组织人员按照终审会议的要求，对志稿进行修改完善，于2018年9月14日形成终审修改稿。2018年9月19日，省地方史志编纂委员会批准本志出版，公开发行。

感谢甘肃省博物馆研究馆员李永平、副研究馆员王科社为志书提供资料，还要感谢杨兴茂、邓明、管卫中、方荣、杨泽荣、尚季芳等同志为志书修改提出了宝贵意见。

编　者

2018年9月20日

后
记

431